Der ›Kleine Bayerische Sprachatlas‹ gewährt einen Einblick in die Vielfalt der Sprachlandschaften in Bayern und zeigt anhand von ausgewählten Wortschatzkarten, wie reich jede der Mundarten ist, die zwischen Spessart und Karwendel (noch) gesprochen werden.
Die 121 Karten, die auf den wissenschaftlichen Ergebnissen von sechs regionalen bayerischen Sprachatlasprojekten basieren, erfassen nicht nur die geographische Verbreitung von Mundartausdrücken und den Verlauf von Sprachgrenzen, sie veranschaulichen auch, wodurch sich einzelne Dialekte unterscheiden und worin sie übereinstimmen. Auf den gegenüberliegenden Textseiten finden sich allgemein verständliche Erläuterungen und Hinweise zu Herkunft und Verwandtschaft der Wörter sowie zu ihrer sprachgeschichtlichen Entwicklung. In Exkursen werden allgemeine sprachliche Phänomene behandelt und der volkskundliche Hintergrund für Tätigkeiten und Arbeitsgeräte erläutert.
Die Sprachbelege stammen inhaltlich vorwiegend aus der Arbeits- und Lebenswelt, sie sind nach den Themengebieten »Mensch und Gesellschaft«, »Haus und Haushalt«, »Natur und Landwirtschaft« geordnet.
Vorangestellt sind eine kurze sprachgeschichtliche Einführung sowie ein Überblick über die Besonderheiten des Lautsystems und der Verbformen in den Dialekten Bayerns.

Prof. Dr. Werner König, geb. 1943, lehrt Sprachwissenschaft an der Universität Augsburg. Er ist Herausgeber des ›Sprachatlas von Bayerisch-Schwaben‹ sowie Autor des ›dtv-Atlas Deutsche Sprache‹ und zahlreicher wissenschaftlicher Publikationen.

Dr. Manfred Renn, geb. 1948, studierte Germanistik und Romanistik. Er ist seit 1984 Mitarbeiter am ›Sprachatlas von Bayerisch-Schwaben‹ und hat vier Jahre lang die Aufnahmearbeiten bei den anderen Projekten des ›Bayerischen Sprachatlas‹ koordiniert.

Manfred Renn, Werner König

Kleiner Bayerischer Sprachatlas

Mit 121 Abbildungsseiten in Farbe

Erstellt in Zusammenarbeit folgender Projekte:
Sprachatlas von Bayerisch-Schwaben (SBS), Leitung: W. König
Sprachatlas von Mittelfranken (SMF), Leitung: H. H. Munske
Sprachatlas von Niederbayern (SniB), Leitung: H. W. Eroms
Sprachatlas von Nordostbayern (SNOB), Leitung: R. Hinderling
Sprachatlas von Oberbayern (SOB), Leitung: L. Eichinger
Sprachatlas von Unterfranken (SUF), Leitung: N. R. Wolf

Deutscher Taschenbuch Verlag

Originalausgabe
1. Auflage Januar 2006

www.dtv.de
Umschlagkonzept: Balk & Brumshagen
Umschlaggestaltung: Bettina Wengenmeier unter Verwendung eines Fotos
von Josef Albl, Oberammergau (www.albl-oberammergau.com)
Gesamtherstellung: Appl, Wemding
Printed in Germany ISBN 3-423-03328-2

Vorwort

Dieser kleine Sprachatlas will einer breiten Öffentlichkeit eine Auswahl bieten aus dem umfangreichen Material der sechs Forschungsprojekte, die in den letzten zwei Jahrzehnten unter dem Namen "Bayerischer Sprachatlas" (vgl. S. 9) die Dialekte Bayerns wissenschaftlich erhoben und dokumentiert haben. Eine kleinere Fläche im Südwesten Bayerns (Allgäu, Bodensee) ist von den bayerischen Sprachatlasprojekten nicht erfasst; sie wird aus Karten oder aus Material des "Vorarlberger Sprachatlas" (VALTS) ergänzt, wofür wir Herrn Professor Eugen Gabriel ganz herzlich danken. Die Karten in diesem Atlas basieren fast ausschließlich auf dem Material dieser Sprachatlanten; ältere Kartenwerke und andere Quellen konnten nur in Einzelfällen berücksichtigt werden.

Die Arbeit an dem hier vorliegenden Atlas begann 1999 in enger Zusammenarbeit der sechs Sprachatlas-Projekte, wobei zunächst geplant war, dass jedes Projekt nach einheitlichen Kriterien einen gleich großen Anteil an Karten und Texten aus den Bereichen Grammatik und Wortschatz erstellen sollte. Diese gemeinschaftliche Arbeitsweise war sehr aufwendig, da dazu nicht nur große Mengen an Sprachdaten, sondern auch das in den einzelnen Regionen vorhandene Wissen an die verschiedenen Bearbeiter der Kartenthemen weitergereicht werden mussten. Außerdem erwies es sich sehr bald als äußerst schwierig, bei der großen Anzahl von Bearbeitern (insgesamt über 20) an fünf verschiedenen Orten eine relative Einheitlichkeit in der kartographischen Darstellung und in der Interpretation herzustellen. Deshalb wurde im Frühjahr 2000 die Arbeit beim "Sprachatlas von Bayerisch-Schwaben" (SBS) in Augsburg konzentriert, wo dem Hauptbearbeiter Manfred Renn eine vom Bayerischen Staatsministerium für Wissenschaft, Forschung und Kunst finanzierte halbe Stelle zur Verfügung stand.

Bis Mitte 2000 waren von jedem Projekt neun Entwürfe von handgezeichneten Karten und Kommentaren erstellt und sind, nachdem sie an den verantwortlichen Herausgeber Werner König und an alle Einzelprojekte zur Begutachtung und Stellungnahme verschickt worden waren, überarbeitet worden. Sechs der damals gewählten Grammatik-Themen erwiesen sich im Nachhinein als wenig lohnend oder aus unterschiedlichen anderen Gründen als ungeeignet für die Publikation in diesem Atlas. In einigen Fällen konnten zwei oder mehr Karten- und Kommentarentwürfe aus der Anfangsphase später in einer Karte und in einem Kommentar zusammengefasst werden.

Seit Juli 2000 wurden die Karten und ein Großteil der Kommentare an der Universität Augsburg von Manfred Renn erstellt und in Abstimmung mit Werner König überarbeitet. Ab diesem Zeitpunkt wurden alle Karten in CorelDRAW gezeichnet. Die verwendete Grundkarte basiert auf Vorlagen von Sibylle Reichel aus Erlangen, der der Bearbeiter auch Hilfestellungen bei der Einarbeitung in das Graphik-Programm verdankt. Sie steuerte auch, zusätzlich zu den Kartenentwürfen des Sprachatlas von Mittelfranken, vier Karten- und Kommentarentwürfe zum Thema Adverbien bei.

Trotz der Zentrierung der Hauptarbeit beim SBS in Augsburg blieb den übrigen Einzelprojekten die arbeitsaufwendige Aufgabe, die notwendigen Sprachdaten, regionale Kartenentwürfe und das spezielle Wissen aus den einzelnen Regionen nach Augsburg zu übermitteln und die dort erstellten Karten kritisch auf ihre regionale Stimmigkeit zu überprüfen.

Das Autorenverzeichnis auf S. 9 gibt Auskunft darüber, von wem bzw. von welchem Projekt die ersten Entwürfe zu den einzelnen Karten und Kommentaren stammen und von wem sie wesentlich überarbeitet wurden. Bei den Texten sind die Augsburger Überarbeiter nur dann aufgeführt, wenn sie über redaktionelle Eingriffe (z. B. Kürzungen) hinaus substanzielle Änderungen oder Ergänzungen vorgenommen haben. Auch bei jenen Karten und Texten, bei denen nur die Erstbearbeiter genannt werden, sind doch letztlich die Augsburger Herausgeber Werner König (vornehmlich für die Texte) und Manfred Renn (vornehmlich für Inhalt und Gestaltung der Karten) verantwortlich.

Im Rahmen eines Hauptseminars von Werner König an der Universität Augsburg und in daraus hervorgegangenen Magister- bzw. Zulassungsarbeiten wurden von Studierenden Interpretationen zu KBSA-Karten angefertigt, die bei der Abfassung der Kommentare teilweise sehr gute Dienste leisteten.

Wir danken allen, die bei dem Projekt mitgearbeitet haben, wir danken besonders für die von allen gezeigte Kompromissbereitschaft; und wir hoffen, dass mit diesem Atlas ein Werk entstanden ist, das trotz der komplizierten Entstehungsgeschichte und der vielen Bearbeiter ein einheitliches Ganzes darstellt und bei einer breiten Leserschicht auf Interesse stößt.

Augsburg, im Sommer 2005

Werner König
und Manfred Renn

Inhalt

Abkürzungsverzeichnis

ahd.	= althochdeutsch
alem.	= alemannisch
bair.	= bairisch
dt.	= deutsch
engl.	= englisch
f.	= feminin ('weiblich')
fränk.	= fränkisch
franz.	= französisch
germ.	= germanisch
ital.	= italienisch
Jh.	= Jahrhundert
lat.	= lateinisch
m.	= maskulin ('männlich')
Mfr.	= Mittelfranken
mhd.	= mittelhochdeutsch
n.	= neutrum ('sächlich')
N	= Norden
Nby.	= Niederbayern
nördl.	= nördlich
O	= Osten
Obb.	= Oberbayern
Ofr.	= Oberfranken
östl.	= östlich
Pl.	= Plural ('Mehrzahl')
S	= Süden
Schw.	= (Bayerisch-)Schwaben
schwäb.	= schwäbisch
Sg.	= Singular ('Einzahl')
südl.	= südlich
Ufr.	= Unterfranken
W	= Westen
westl.	= westlich

Lautschrifterklärung (vgl. dazu auch das "Vokalviereck" S. 22)

Die lautnahe Verschriftlichung von Wörtern, Wortteilen und Einzellautungen erfolgt grundsätzlich in *Schräg-* bzw. *Kursiv*schrift. Dies gilt für die Karten und die Kommentartexte gleichermaßen. Dabei werden weitgehend die normalen Zeichen des Alphabets mit den Lautwerten der Standardsprache verwendet, so wie sie in den Ausspracheworterbüchern beschrieben sind (z. B. *ä* wie in "Käse"). Außerdem gelten die normalen Regeln der Groß-/Kleinschreibung.
Folgende Zeichen werden zusätzlich oder in einer besonderen Weise verwendet:

aa, ii . . . Vokallänge wird durch Verdoppelung angezeigt.

è, ò sind gegenüber den geschlossenen oder neutralen Vokalen *e* und *o* mit leichter Öffnung gesprochen, sie sind aber noch nicht so offen wie *ä* bzw. *å*.

à steht für einen geringfügig "dumpfen" *a*-Laut.

å, Å stehen für stärker "dumpfe" *a*-Laute, die schon deutlich in Richtung *o* gehen.

e, a, ä (verkleinert gedruckt) repräsentieren die häufig im Auslaut und in unbetonten Silben vorkommenden unklaren "Murmellaute", die in ihrem Lautwert entweder näher dem *e*, dem *a* oder dem *ä* stehen, z. B. *schwimma* (eher im Osten) und *schwimme* (eher im Westen) 'schwimmen' oder *Ladä* 'Leiter' in Teilen Frankens. Als Zweitbestandteil in fallenden Diphthongen wird immer *a* geschrieben (z. B. *guat* 'gut', *Liad* 'Lied').

~~o~~, ~~u~~, ~~ou~~ Durchgestrichene Vokale markieren besonders auffällig zentralisierte, also im mittleren Mundraum gesprochene Vokale (Monophthonge und Diphthonge).

n, m (verkleinert und hochgestellt) zeigen die Nasalität des vorausgehenden Vokals an, die entweder aus einem *n* oder einem *m* resultiert (z. B. *Zau*^{n} 'Zaun', *schee*^{n} 'schön', *Båu*^{m}*m* 'Baum').

gg repräsentiert den harten, aber unbehauchten hinteren Fortisverschlusslaut, vergleichbar der hochsprachlichen Verwendung in Wörtern wie "Roggen" oder "Egge". Dem stehen die Zeichen *k* und *ck* entgegen, die entweder behauchte oder affriziert (mit Reibegeräusch) gesprochene Verschlusslaute darstellen.

Weitere in Einzelfällen auf Karten und in Texten verwendete Zeichen oder Zeichenkombinationen (z. B. *kch* für sehr stark geriebenen *k*-Laut oder *ạ* für sehr helles *a*) werden jeweils im entsprechenden Kommentar erklärt.

Projekt- und Autorenverzeichnis

Beteiligte Projekte:

SBS (= Sprachatlas von Bayerisch-Schwaben, Universität Augsburg)

SMF (= Sprachatlas von Mittelfranken, Universität Erlangen-Nürnberg)

SNiB (= Sprachatlas von Niederbayern, Universität Passau)

SNOB (= Sprachatlas von Nordost-Bayern, Universität Bayreuth)

SOB (= Sprachatlas von Oberbayern, Universität Passau)

SUF (= Sprachatlas von Unterfranken, Universität Würzburg)
Die Karten- und Kommentarentwürfe aus dem SUF sind Teamarbeit von Marion Bayer, Monika Fritz-Scheuplein, Manuela Grimm, Almut König, Sabine Krämer-Neubert, Jens Wichtermann; sie erscheinen deshalb nur unter dem Projektkürzel SUF.

Autoren:

Werner König (SBS):
Texte S. 11–21, 22, 23f., 25, 27, 31, 35, 37, 41, 43, 47, 49, 51f., 53, 57, 59, 61–64, 67, 69 (-st- in Husten), 71f., 77, 79, 81, 83, 85, 87, 91, 95f., 99, 101, 103, 105 (Wochentagsnamen), 107, 109, 113, 115 (nach M. Stelzer), 117, 119 (nach M. Weber), 121 (nach U. Jokisch), 123, 125, 127 (nach M. Menter), 129, 131 (nach R. Kempter), 133 (nach S. Kollarovics), 135 (nach M. Weber), 137 (nach S. Kollarovics), 143, 145 (nach R. Kempter), 147 (nach M. Menter), 151, 152 (nach S. Kollarovics), 155 (Textkasten), 159 (nach M. Weber), 161, 163 (nach S. Kollarovics), 165, 167 (nach M. Stelzer), 169 (nach M. Stelzer), 173, 175, 177, 179, 181, 183, 185 (nach T. Gerstmeyer), 187, 189, 191, 193, 195, 199, 201, 203, 205 (nach S. Kollarovics), 207 (nach T. Gerstmeyer), 209, 211 (nach T. Gerstmeyer), 213, 215, 219, 221, 223 (nach R. Hellmich), 225, 229, 235, 237, 239, 241 (nach M. Menter), 243 (nach M. Weber), 245 (nach R. Kempter), 249, 251, 253 (nach R. Kempter)

Manfred Renn (SBS):
Karten 1–3 (nach W. König: ›dtv-Atlas Deutsche Sprache‹), 4–121
Texte S. 22, 23f., 27 (Mhd. ä), 29, 31, 33, 41, 43, 45, 47, 49, 51f., 53, 55, 57, 59, 61, 62, 63, 64, 65, 67, 69, 71f., 75, 77, 79, 81, 83, 85, 87, 89, 91, 95f., 103, 105 (Wochentagsnamen), 107, 109, 111, 113, 115 (nach M. Stelzer), 119 (nach M. Weber), 121 (nach U. Jokisch), 123, 125, 129, 135 (nach M. Weber), 139, 141, 143, 149, 153, 155 (Rauchabzug), 157 (nach U. Jokisch), 159 (nach M. Weber), 161, 163 (nach S. Kollarovics), 165, 167 (nach M. Stelzer), 169 (nach M. Stelzer), 171, 173, 175, 177, 179, 181, 183, 187, 189, 191, 193, 195, 197 (nach T. Gerstmeyer), 199, 201, 203, 205 (nach T. Gerstmeyer), 209, 211 (nach T. Gerstmeyer), 213, 217, 219, 221, 223 (nach R. Hellmich), 225, 227, 229, 231 (nach T. Gerstmeyer), 233, 235, 237, 243 (nach M. Weber), 247, 249, 251

Karten- und Textentwürfe von Mitarbeitern der anderen bayerischen Sprachatlas-Projekte:
Alois Dicklberger (SNiB): Karte 115; Text S. 241
Tatjana Heinl (SNOB): Texte S. 163, 169, 171
Elfriede Holzer (SNiB): Karte 27; Text S. 67
Isabel Knoerrich (SOB): Karten 28 (-st- in Husten), 63; Text S. 139
Günter Koch (SNiB): Karten 29, 30, 32, 33, 35; Texte S. 71, 73, 77, 79, 83
Ulrike Krieg-Holz (SOB): Karte 120; Text S. 251
Tatjana Lau (SOB): Karte 64; Texte S. 141
Cordula Maiwald (SOB): Karten 31, 32 (3. Pers. Pl.); Texte S. 75, 77 (3. Pers. Pl)
Anja Püschel (SNOB): Karten 76, 79, 80
Karin Rädle (SMF): Karten 8, 12; Texte S. 31, 39 (Mhd. ö)
Sibylle Reichel (SMF): Karten 5, 6, 41–44; Texte S. 25 (Mhd. a), 27 (Mhd. ä), 95–101, 239
Stefanie Rigoll (SMF): Karten 45, 46, 119; Texte S. 103, 105 (Donnerstag), 249
Gunther Schunk (SMF): Karte 10; Text S. 35
Rosemarie Spanbauer-Pollmann (SNiB): Karten 91, 92; Texte S. 193, 195
Anneliese Stein-Meintker (SMF): Karte 114; Text S. 239
Bernhard Stör (SOB): Karte 28; Text S. 69 (Mhd. -b-)
SUF-Team: Karten 9, 11, 83, 102, 104, 105; Texte S. 25 (Acker), 27 (Mhd. e-Laute), 33 (Mhd. o), 37, 177, 215, 219, 221

Weitere Mitarbeiter:

Über die zuvor als Autoren von Karten- und Kommentarentwürfen genannten Personen hinaus haben bei den verschiedenen Atlasprojekten folgende Mitarbeiter in größerem Maße die Materialzulieferung nach Augsburg und die kritische Durchsicht der Karten und Kommentare besorgt: Steffen Arzberger und Daniela Kersten (SMF), Daniel Nützel (SNOB), Oliver Herbst (SUF).
Tatkräftige Unterstützung erfuhren die Bearbeiter auch aus dem Umfeld des SBS, namentlich von Gerda Berger, Edith Funk, Astrid Jaschke, Regina Kempter, Stefan Kleiner und Michael Köck.
Wertvolle Anregungen und Korrekturvorschläge bekamen die Bearbeiter dankenswerterweise auch von Alfred Klepsch und Anthony Rowley.

Vor- und Frühgeschichte

Der Mensch hat sich als Gattung vor ungefähr 5 bis 10 Millionen Jahren von den Vorfahren der heutigen Affen getrennt, d. h., er hat seit dieser Zeit eine eigene Entwicklungsgeschichte. Es gibt Indizien, die auf den Besitz einer komplexeren Sprache seit ca. 500 000 Jahren hindeuten. In Europa überblickt man ungefähr 4000 Jahre Sprachentwicklung, im Vorderen Orient, für die semitischen Sprachen, ca. 1000 mehr; das ist ungefähr 1 Prozent der gesamten Sprachgeschichte, weniger als die Spitze des berühmten Eisbergs. Der größte Teil der Sprachentwicklung des Menschen liegt also im Dunkeln; trotzdem können wir sagen, dass der Besitz der Sprache dem Menschen den Entwicklungsvorteil gegeben hat, der zur heutigen Dominanz dieser Spezies auf dem Erdball geführt hat.

Die Geschichte des Menschen war in den letzten 600 000 Jahren geprägt vom Rhythmus der Eiszeiten. Die letzte Eiszeit endete in unserer Region vor 11 000 Jahren (also 9000 v. Chr.), vorher reichten die Gletscher bis zu den voralpinen Seen, nördl. davon breitete sich eine menschenfeindliche, kaum besiedelte baumlose Steppe aus, vergleichbar den Tundren im heutigen Nordkanada bzw. Nordsibirien. Mit der neuen Vegetation nach der Eiszeit kam der Mensch, zuerst als Jäger und Sammler, dann als Ackerbauer. Die Einwanderer kamen von Südwesten, vom heutigen Südfrankreich, und auch vom Osten. Der Ackerbau kam von Südosten her, mit hoher Wahrscheinlichkeit vor ca. 6000 Jahren mit sich von dorther ausbreitenden Menschengruppen (Bandkeramiker). Nach Auffassung der meisten Forscher aber waren es die einwandernden Völker aus dem Osten, die die Vorstufen der meisten unserer heutigen europäischen Sprachen, die indogermanischen Sprachen, nach Europa brachten. Das Baskische gehört nicht zu dieser Gruppe, es ist alt und besitzt unter den Sprachen der Welt keine Verwandten; auch das Finnische, Estnische und Ungarische gehören nicht zum Indogermanischen, sie bilden zusammen mit einigen sibirischen Sprachen eine eigene Gruppe, die des Finnougrischen.

Die erste Kultur, die man in Süddeutschland einem Volk sicher zuordnen kann, ist die La-Tène-Kultur der Kelten in der Jüngeren Eisenzeit (450–240 v. Chr.). Als sich die Römer in der Zeit um Christi Geburt in Süddeutschland einrichten, leben dort keltische Völkerschaften. Von nun an kann man die sprachlichen Verhältnisse in der Region, die heute Bayern heißt, etwas konkreter beschreiben. Mitten durch dieses Gebiet geht die römische Reichsgrenze, trennen der Limes und die Donau einen keltisch-römisch-lateinischen Bereich im Süden von einem germanischen Bereich im Norden.

Diese Germanen werden später die Sprachgeschichte des gesamten Raumes prägen. Sie kommen vom Norden. Seit Ende des 2. Jahrtausends v. Chr. lässt sich im Gebiet der unteren Elbe und Oder, im heutigen Dänemark, in Südnorwegen und Südschweden ein einheitlicher Kulturkreis nachweisen, der durch Verschmelzung der dort älteren, wohl nicht indogermanischen Trichterbecherkultur, die in ihrer jüngeren Periode auch Megalithgräber baut, mit der Schnurkeramikkultur (Streitaxtkultur, östl. Kurgan-Kultur) entstanden sein dürfte. Diesem Kreis sind die Germanen zuzuordnen. Man rechnet mit einer Überlagerung der Megalithgräber- bzw. Trichterbecherkultur durch die Streitaxtleute, wobei man den pferdezüchtenden Streitaxtleuten die indogermanische Sprache zuschreibt. Der Verschmelzungsprozess dürfte um 1200 v. Chr. beendet gewesen sein.

Die dabei entstandenen Völker, deren heutiger Name "Germanen" erst viel später (um Christi Geburt) aufkommt, bilden in Norddeutschland eine Kultur, die man in der Eisenzeit (ca. ab 600 v. Chr.) Jastorfkultur nennt. Sie ist der nördl. Nachbar der keltischen La-Tène-Kultur, die allmählich verschwindet; die nach Süden vorrückenden Germanen werden die nördl. Nachbarn der Römer. Der Limes bildet die Grenze. In der Mitte des 3. Jh. überrennen diese Germanen (Alemannen) den Limes und rücken in das Gebiet zwischen Rhein, Bodensee und Iller ein; Iller und Donau bilden nun die neue Reichsgrenze.

Mit dem Zusammenbruch des Römischen Reiches besiedeln ab dem 5. Jh. germanische Gruppen auch die Gebiete südl. der Donau. Das spätere Bayern wird fortan politisch und sprachlich von ihnen dominiert. Es sind im Wesentlichen drei germanische Stämme, die den Sprachlandschaften ihren Namen geben: die Franken, die Alemannen, die beide schon in den antiken Quellen präsent sind, und eine Gruppe, die um 500 wie aus dem Nichts erscheint, die als politische Gemeinschaft den Namen "Baiern" annimmt und die ein Zusammenschluss von einheimischen und eingewanderten Volksgruppen (Naristen, Skiren, Alemannen, Herulern, Langobarden, Romanen, Slawen) mit eindeutig germanischer Dominanz ist. Die heute "fränkisch" genannten Gebiete erhalten ihren Namen von germanischen Eroberern, die im 6. Jh. von Westen (vgl. "Frank"reich) kamen; hier siedelten im Westen auch Alemannen und Thüringer, im Osten slawische Stämme. Die Schwaben erhielten ihren Namen von den Sueben, einer großen germanischen Völkerschaft, aus der auch die Alemannen hervorgegangen waren.

Vom 5./6. Jh. an ist Kontinuität in der Besiedlungs- und damit auch in der Sprachgeschichte des Raumes gegeben; die Geschichte in dem Raum, der später Bayern heißen sollte, beginnt.

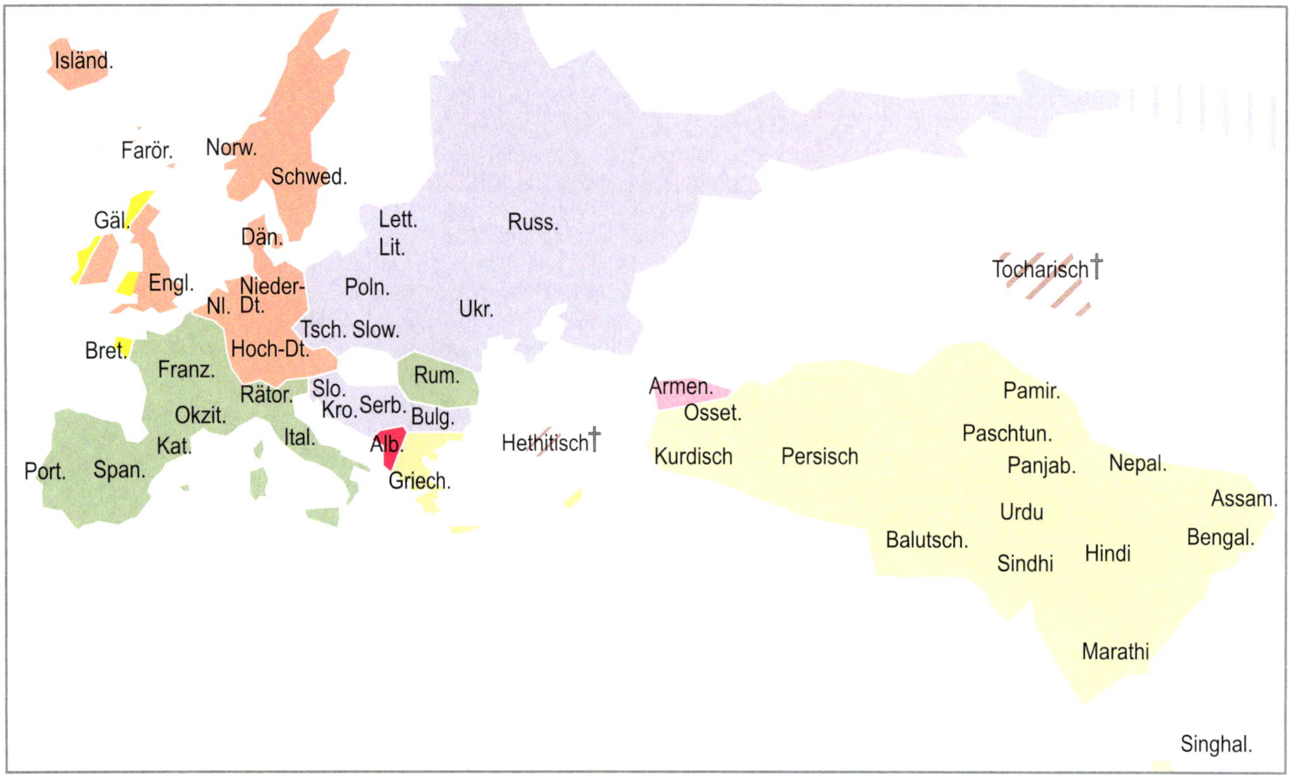

Karte 1: Die geographische Verteilung der indogermanischen Sprachen

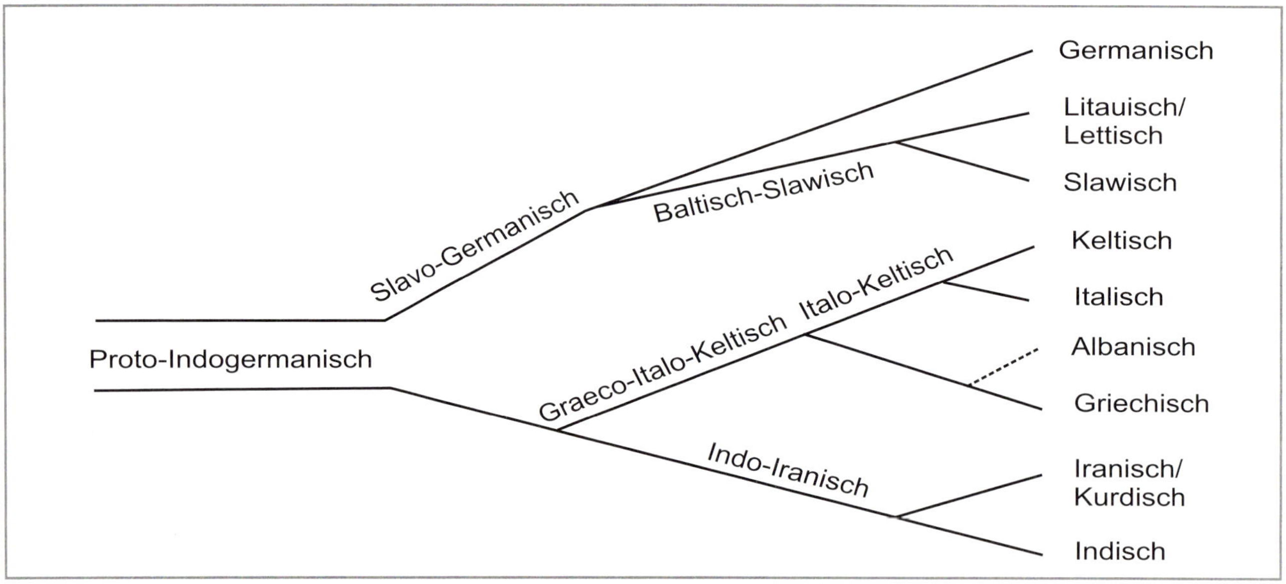

Skizze 1a: Modell zu den Verwandtschaftsverhältnissen der indogermanischen Sprachen

Die indogermanischen Sprachen

Die europäischen Sprachen gehören – wenn man vom Baskischen, Finnischen, Estnischen und Ungarischen einmal absieht – zu einer Sprachfamilie, die man indogermanisch oder indoeuropäisch nennt, weil ihre Mitglieder ursprünglich von Indien bis Europa reichten. Sprachfamilie nennt man diese Gruppe deshalb, weil die ihr angehörenden Sprachen alle aus einer "Ursprache", die im 3. Jahrtausend v. Chr. gesprochen worden ist, hervorgegangen sind. Diese Ursprache kann man aus den Folgesprachen rekonstruieren. Von diesen sind die am ältesten überlieferten:

- das Indische mit dem Vedischen (2. Jahrtausend v. Chr.) und dem Sanskrit, der heiligen Sprache des Hinduismus
- das Iranische mit dem Avestischen, der Sprache der Schriften Zarathustras, und dem Altpersischen (ab 500 v. Chr.)
- das Hethitische in Anatolien ab dem 18. Jh. v. Chr.
- das Griechische (ab 1500 v. Chr.)
- das Lateinische (ab dem 6. Jh. v. Chr. belegt).

Die anderen Mitglieder dieser Sprachfamilie sind erst später überliefert. Zu ihr gehören u. a. das Armenische, das Keltische (heute noch in Irland oder Wales), das Baltische, das Slawische und das Germanische. Heute dominieren in Europa die Abkömmlinge des Germanischen und die Nachfolger des Lateinischen, die romanischen Sprachen wie Spanisch, Französisch, Italienisch, sowie die slawischen Sprachen.

Aufgrund der vorhandenen Verwandtschaft dieser Sprachen hat man nicht nur eine indogermanische Grundsprache zu rekonstruieren versucht, man wollte auch ein "Urvolk" finden, das diese Sprache gesprochen habe. Dieses wird von den meisten Forschern in den südrussischen Steppengebieten um das Schwarze und Kaspische Meer vermutet. Von dort aus seien in immer wieder neuen Schüben nomadisierende Reitervölker nach Süden in den Iran und weiter nach Indien, nach Anatolien, auf den Balkan und nach Mittel- und Südeuropa eingedrungen. Diese frühest festzumachende Völkergruppe waren viehzüchtende Nomaden, die den Wagen kannten und auch das Pferd domestiziert hatten. Wenn altüberlieferte west- und ostindogermanische Sprachen z. B. ein gemeinsames Wort für das Schaf haben, dann kann man davon ausgehen, dass sie in der gemeinsamen Urheimat auch Schafe kannten. Auf diese Weise lässt sich einiges zur Kultur dieses Volkes sagen, z. B. dass es Gold und Silber kannte, auch ein drittes Metall (lat. *aes*, dt. *Erz*), aber nicht das Eisen. Die Rekonstruktion des Indogermanischen, die Sprachformen des 3. Jahrtausends herstellen lässt, ermöglicht uns, mehr als 4000 Jahre Sprachgeschichte zu überschauen.

Die germanischen Sprachen

Die Germanen sind eines dieser indogermanischen Völker. Sie verlassen mit dem Auftauchen in der antiken Literatur das relative Dunkel der Vorgeschichte.

Die ältesten germanischen Sprachzeugnisse sind uns von römischen Autoren überliefert. Sie repräsentieren einen Sprachzustand, den man als gemeingermanisch bezeichnet, d.h., die germanischen Sprachen hatten sich zu diesem Zeitpunkt noch nicht sehr weit auseinander entwickelt. Wörter aus dieser Periode sind *ūrus* 'Auerochse', *alcēs* (Pl.) 'Elche', *framea* (Speerart), *glēsum* 'Bernstein' (vgl. dt. "Glas"), *ganta* 'Gans', *sāpo* 'Schminke' (vgl. dt. "Seife").

Die zum frühesten Zeitpunkt für uns in größeren Texten greifbare germanische Sprache ist das **Gotische**. Im 4. Jh. hatte der gotische Bischof Wulfila für eine Gruppe der damals im Donauraum siedelnden späteren Westgoten die Bibel übersetzt. In einer in Oberitalien entstandenen Prachthandschrift (Codex Argenteus, heute in Uppsala) aus dem 6. Jh. ist sie uns überliefert. Eine weitere früh belegte germanische Sprache ist das **Altnordische**, der Vorläufer der heutigen skandinavischen Sprachen, wobei das Urnordische vor allem in Runeninschriften vom 3. bis 8. Jh. überliefert ist; das Altnordische im engeren Sinne kennen wir vor allem aus Island, mit den ältesten Handschriften aus dem 12. Jh. Das **Altenglische** oder Angelsächsische wird seit dem 7. Jh. geschrieben und ist im 8. und 9. Jh. in vielen religiösen und weltlichen Texten bezeugt. Auf dem Kontinent in Mitteleuropa wird seit dem 8. Jh. in germanischen Sprachen geschrieben, im Norden **altsächsisch** (= altniederdeutsch), in der Mitte und im Süden **althochdeutsch**. Zwar ist in dieser Zeit die normale Schreibsprache das Lateinische, doch finden vor allem religiöse deutsche Texte den Weg aufs Pergament.

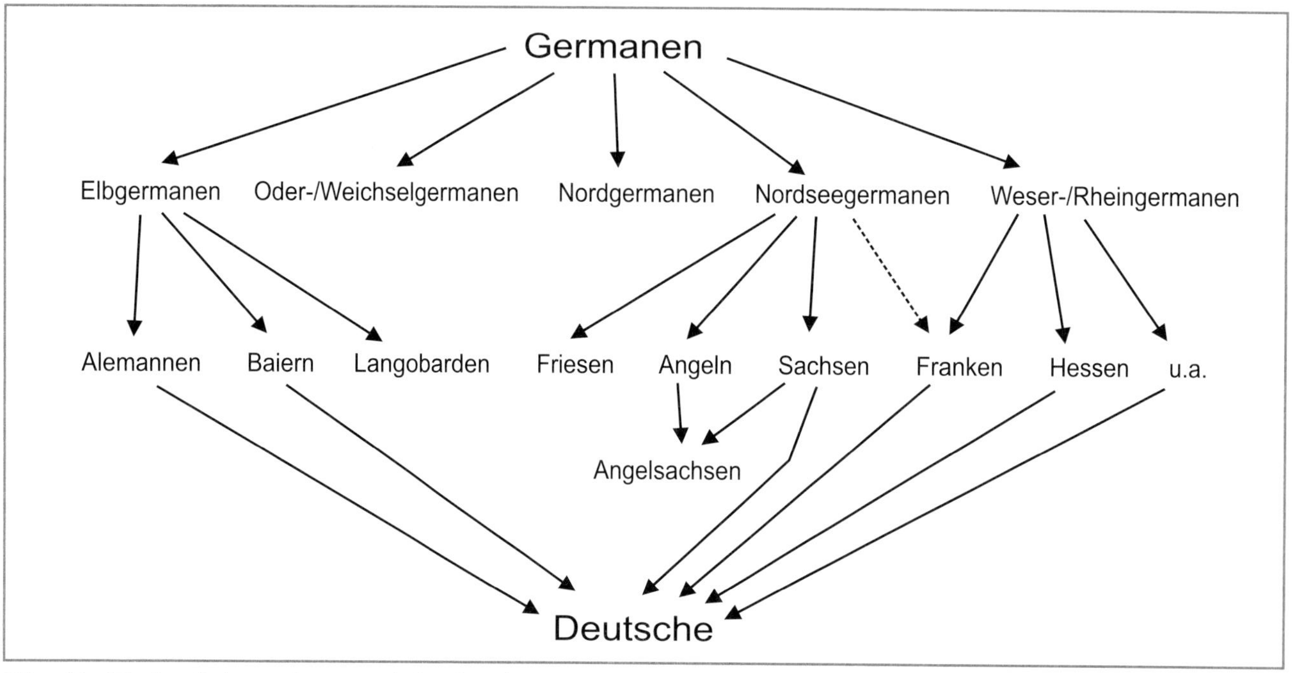

Skizze 1 b: Die Ausgliederung der germanischen Sprachen

Vor allem aus archäologischen Daten hat man die Germanen der Zeit nach Christi Geburt in fünf Gruppen einteilen können, nämlich in die Ostgermanen (Goten), die Nordgermanen (in Skandinavien), die Nordseegermanen (Angeln, Sachsen), die Weser-Rhein-Germanen (Franken) und die Elbgermanen; zu Letzteren zählt man die Alemannen und Langobarden und eventuell auch die Baiern, sofern es sie um diese Zeit als eigene Gruppe schon gegeben haben sollte, was von der neueren Forschung eher bezweifelt wird; man setzt ihre Entstehung erst um die Zeit um 500 an. Auf jeden Fall gehören die Baiern sprachlich zu den Elbgermanen. Die frühen altbairischen Sprachzeugnisse des 8./9. Jhs. zeigen fast keine Unterschiede zu denen der Alemannen und denen der Langobarden, wobei von Letzteren allerdings nur wenig Schriftliches in ihrer Muttersprache erhalten ist.

Im 7./8. Jh. haben wir in Mitteleuropa mit folgender sprachlichen Situation zu rechnen: Eine Sprachgruppe mit den Baiern und Alemannen im Süden und mit einem Teil der Franken (Ost- und Rheinfranken) in der Mitte. Ihre drei Dialekte fasst man unter dem Begriff "althochdeutsch" zusammen. Im Norden sitzt ein anderer Teil der Franken, die altniederfränkisch (= Vorläufer des Niederländischen) sprechen, und die Sachsen, deren Idiom altniederdeutsch (altsächsisch) ist.

Das große sprachliche Ereignis, das die beiden Gruppen auseinander gerissen hat, ist die **Zweite Lautverschiebung** (LV). Sie lässt das Althochdeutsche dadurch entstehen, dass man alle Sprachformen, die diese Lautverschiebung in Mitteleuropa mitgemacht haben, als (alt)**hoch**deutsch bezeichnet und die, die sie nicht mitgemacht haben, als **nieder**deutsch bzw. niederländisch. Diese Gliederung ist vom 4. bis 7. Jh. entstanden, und sie hat heute noch Bestand als Gliederung der deutschen Dialekte. Den Begriff "deutsch" in unserem heutigen Sinn hat es damals noch gar nicht gegeben; das entsprechende lat. Wort theodiscus bezeichnete jede germanische Volkssprache (auch z. B. das Altenglische) im Gegensatz zum Latein der Gelehrten. Was es gegeben hat, waren zwei Großdialekte, zwei Sprechergruppen, von denen die einen *Water* sagten und die anderen (mit LV) *Wasser*, die einen *maken* und die andern (mit LV) *machen*, die einen *Tīd* und die anderen (mit LV) *Zīt* (Zeit), die einen *slāpen* und die andern (mit LV) *slāfen* (schlafen). Diejenigen Dialekte, die diese Lautverschiebung mitgemacht haben, nennt man – unter rein geographischen Gesichtspunkten – hochdeutsch, die andern niederdeutsch. Aus diesen hochdeutschen Dialekten ist in einem lange andauernden Prozess unsere heutige Schriftsprache entstanden (vgl. Karte 3).

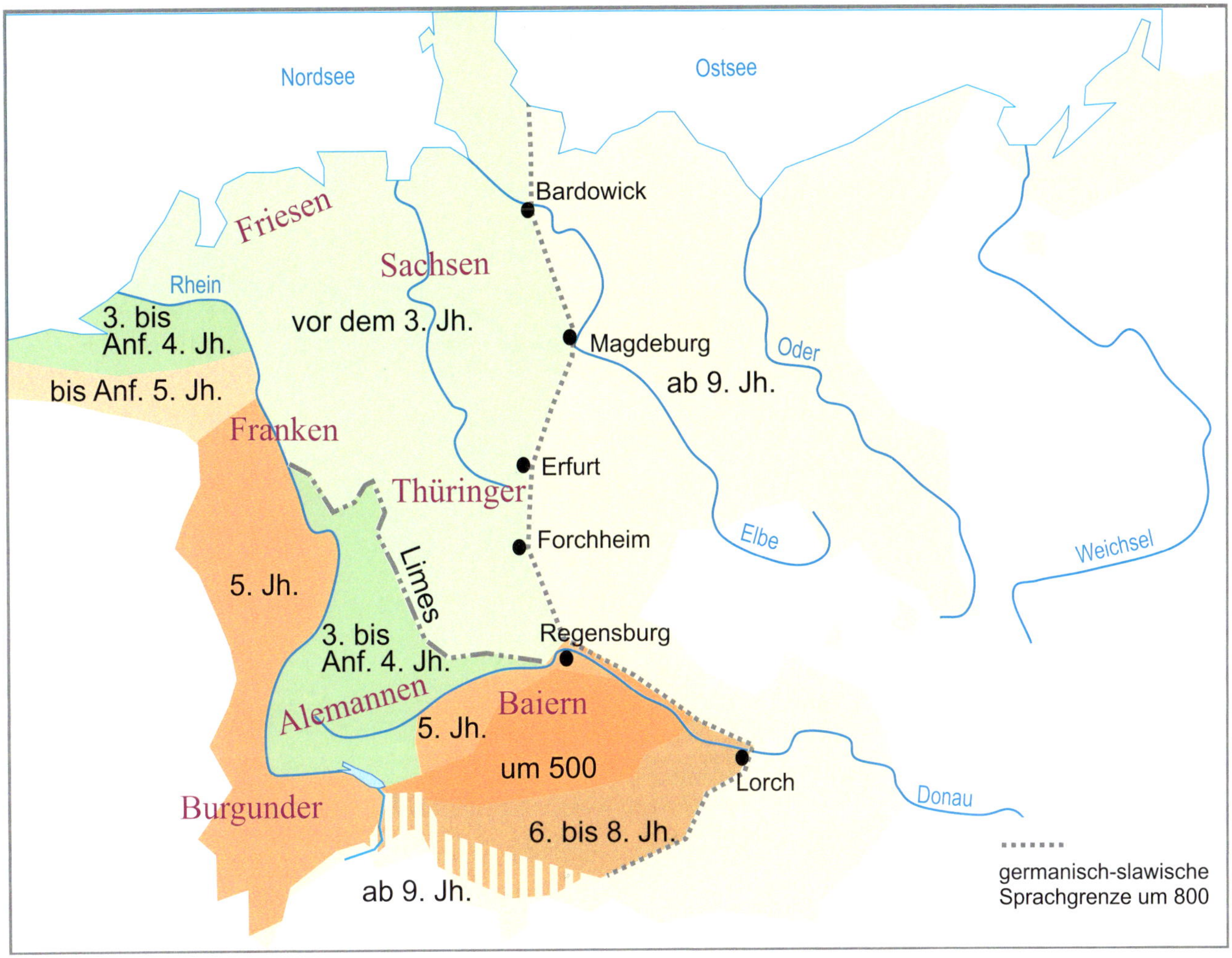

Karte 2: Die Ausbreitung des Germanischen/Deutschen im Mittelalter

Sprachverhältnisse im Mittelalter
Im 8. Jh. finden wir in Mitteleuropa eine von Norden nach Süden – weniger von Westen nach Osten – gegliederte Dialektlandschaft vor, wobei die Großdialekte in sich nicht allzu verschieden erscheinen. Die Kleinräumigkeit und Verschiedenheit der heutigen oberdeutschen Dialekte entsteht vom frühen Mittelalter an in den langen Jahrhunderten, in denen in Süddeutschland keine großräumigen Wanderungsbewegungen mehr stattfinden, dafür aber im Landesausbau immer mehr Wald gerodet und Land unter den Pflug genommen wird. Der fehlende überregionale Verkehr bei den Bauern, das Nichtvorhandensein einer überregionalen deutschen Schreibsprache (Normal-Schriftsprache war Latein) und die fehlende Schriftkenntnis der großen Masse der Bevölkerung ermöglichten und bewirkten sprachliche Sonderentwicklungen in der Mündlichkeit des Kleinraums, die sich je nach Bedingungen schnell ausbreiteten oder regional blieben. Kleinräumige kirchliche und politische Organisationsformen, auch vielfach gegliederte Naturräume begünstigen solche auf kleine Landschaften beschränkte Entwicklungen.
Wo hingegen großräumige Territorien und keine natürlichen Hindernisse vorhanden waren und wo viele Menschen aus verschiedenen Gegenden zusammenkamen, wie z. B. im ostelbischen Raum, in den Gebieten der deutschen Ostsiedlung (ab 9. Jh.), entstanden größere Dialekträume. Die heutige bunte Dialektlandschaft Süddeutschlands ist Ergebnis solcher mittelalterlicher Entwicklungen. Die scharfe Dialektgrenze z. B. zwischen dem Schwäbischen und

Karte 3: Die Gliederung der Dialekte (bis 1945) nach Lautverschiebungen

dem Bairischen am (unteren) Lech ist Zeugnis nicht einer alten Stammesgrenze, sondern Ergebnis von mittelalterlichen Sprachbewegungen, die an diesem Flussabschnitt auch infolge der dort vorhandenen Territoriengrenze zum Stillstand kamen.

Die mittelalterlichen Sprachverhältnisse sind geprägt von einer weitgehenden Dialektalität in der Mündlichkeit und Schriftlichkeit. Von einer Einheitlichkeit, die die Termini **althochdeutsch** (750–1050), **mittelhochdeutsch** (1050–1350) und **frühneuhochdeutsch** (1350–1650) suggerieren, weil man sie mit dem heutigen Neuhochdeutschen parallelisiert, kann keine Rede sein!

Und die Buntheit des Gesprochenen gab es auch in der mittelalterlichen Schriftlichkeit. Diese spiegelt i. d. R. weniger den dialektalen Kleinraum als den Mittel- und Großraum. Das liegt einmal an dem vorhandenen Buchstabensystem (dem lat. Alphabet), das nur stark abstrahierend das Gesprochene wiedergeben konnte und damit man-

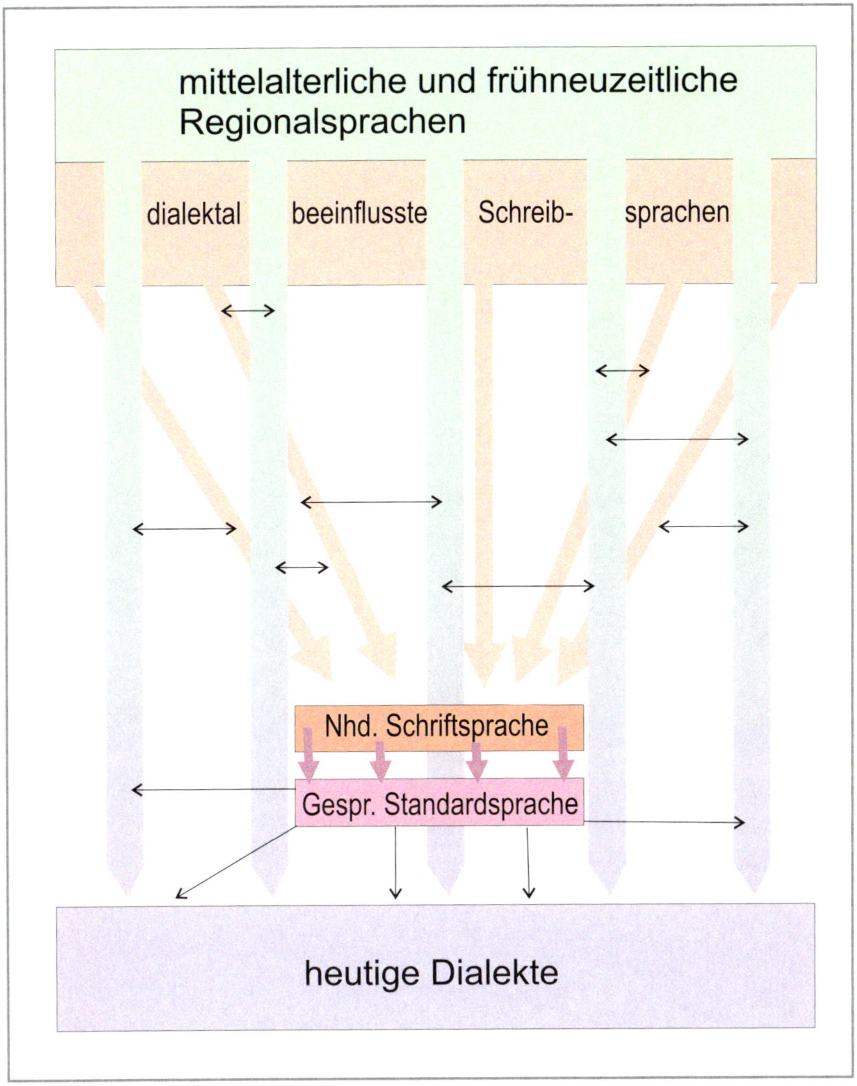

Skizze 2: Modell zur Entwicklung und zu Beeinflussungsrichtungen im Verhältnis von Mündlichkeit und Schriftlichkeit

che Unterschiede verdeckte, und zweitens liegt es an schnell entstandenen Schreibtraditionen, die dafür sorgten, dass man so schrieb, wie man immer schon geschrieben hat.
Die gesprochene Sprache früherer Zeiten aber können wir uns gar nicht dialektal genug vorstellen: Noch vor 100 Jahren waren in Bayern Ausspracheformen wie *miad* für 'müde' oder *guat* für 'gut' auch beim gebildetsten Sprecher normal. Um 1780 sagt eine österreichische Gräfin zu einer bairischen Standesgenossin am Kaiserhof in Wien, sie möge kein so "schlechtes Deutsch" sprechen: Sie sage immer *die Koaserin*, wo es doch richtig *die Kaaserin* heiße; diese für uns heute als grob mundartlich empfundene Lautung war damals am kaiserlichen Hof üblich! Die inzwischen vorhandene relativ einheitliche gesprochene Standardsprache ist im süddeutschen Raum erst eine Entwicklung der allerjüngsten Zeit.

Das Neuhochdeutsche
Wie kommt es nun, dass wir heute diese relativ einheitliche Schreib- und Sprechsprache besitzen? Das ist vor allem eine Entwicklung in der Schriftlichkeit, in den Schreibsprachen der frühen Neuzeit. Der Buchdruck revolutioniert die Kommunikationsverhältnisse: Die Drucker haben ein Interesse an hohen Auflagen, sie wollen ihre Bücher überall verkaufen. Als 1522/23 ein Basler Drucker Luthers Übersetzung des Neuen Testaments nachdruckt, gibt er eine Wortliste von ca. 200 Wörtern mit, damit der Text auch von der einheimischen Leserschaft verstanden werden könne. So ein Verfahren kann nur ein Behelf sein, besser ist es, gleich Sprachformen zu wählen, die überall verstanden werden. Formen, die dialektal großräumiger verbreitet waren, wurden von den Druckern bevorzugt, nur lokal Verbreitetes gemieden. Dieser Selektionsprozess dauerte einige Jahrhunderte und ist im Grunde bis heute noch nicht abgeschlossen. Bei diesem Vorgang konnten Dialektformen aus der Schriftlichkeit verbannt werden, sie starben in der Schriftsprache aus (z. B. das bairische *enk* für 'euch'), es konnten sich die verschiedenen Dialektformen bedeutungsmäßig spezialisieren und so in der Schriftsprache überleben (z. B. sind *Kamin*, *Schornstein*, *Schlot*, *Esse* ursprünglich regionale Synonyme, die das Identische, nämlich den 'Rauchabzug im Haus' bezeichneten), oder mehrere regionale Formen haben sich als Synonyme in der Schriftsprache bis heute gehalten (wie *Samstag* und *Sonnabend*, *Fleischer* und *Metzger*).
Nicht nur geographische Gesichtspunkte spielten bei diesem Prozess eine Rolle, sondern auch Sprachautoritäten, nach deren Vorbild man sich richtete. Im 15. Jh. und im ersten Drittel des 16. Jhs. waren die Druckersprachen der süddeutschen Reichsstädte, z. B.

Karte 4: Dialekträume, Verwaltungsbezirke und markante Landschaften in Bayern

Augsburg und Nürnberg, führend, danach vor allem der ostmitteldeutsche Raum. Dieser vor allem auch deswegen, weil Martin Luther aus dieser Region stammte. An seiner Sprache orientierte sich das protestantische Deutschland. Auf ihn beriefen sich die führenden Köpfe in Mittel- und Norddeutschland, die dem Deutschen vom 17. Jh. an in Kunst und Wissenschaft immer mehr Geltung verschafften, während die Gelehrten des katholischen Südens sich im Lateinischen bewegten. Im katholisch-jesuitisch geprägten bairischen Raum wurden die neuen Schreibformen als "lutherisch" abgelehnt. Das führte zu einem Entwicklungsvorsprung des von den protestantischen Regionen geprägten Deutschen, der vom Süden ab 1750 dadurch aufgeholt wurde, dass man die dort entwickelte Form der Schriftsprache übernahm.

Sprachwechsel im Niederdeutschen
Der niederdeutsche Raum hat in der frühen Neuzeit einen radikalen Sprachwechsel vollzogen. Dort begann man nämlich ab Anfang des 16. Jhs. die angestammte und als Sprache der Hanse einst im Nord- und Ostseeraum führende niederdeutsche Schreibsprache aufzugeben zugunsten einer im Süden entwickelten Schriftsprache, die (geographisch motiviert) "hochdeutsch" hieß. Mit der Übernahme der südlichen Schreibnorm entsteht daraus sekundär auch eine neue gesprochene Sprache im Norden, eine Sprache, die sich an den Lautwerten der Buchstaben des geschriebenen "Hochdeutschen" orientierte. Diese norddeutsche Aussprache der im Süden entwickelten Schreibformen wird dann die Basis für unsere heutige gesprochene Standardsprache.

Die Dialekte in Bayern
Die Grundstruktur der Gliederung der dt. Dialekte in Mitteleuropa war schon im früheren Mittelalter durch die Zweite Lautverschiebung (= 2. LV) gegeben (vgl. Karte 3). Mit der Abtrennung des Hochdeutschen hätten auch zwei verschiedene Sprachen entstehen können (vgl. z. B. das Niederländische); die politisch-wirtschaftlichen Verhältnisse haben aber ab 1500 dazu geführt, dass sich der niederdeutsche Norden sprachlich dem hochdeutschen Süden angeschlossen hat. Durch die 2. LV wurde das Hochdeutsche noch einmal in sich gegliedert, nämlich in das Mittel- und Oberdeutsche. Die Dialekte Bayerns gehören zu einem geringen Teil zum Mitteldeutschen, nämlich in der Nordwest-Ecke um Aschaffenburg. Dort sagt man *Appel* und *Pund* für *Apfel* und *Pfund* (mit 2. LV). Die Gegend um Ludwigstadt am Nordrand des Frankenwaldes rechnet man ebenfalls zum Mitteldeutschen/Thüringischen. Der größte Teil Bayerns aber wird von oberdeutschen Dialekten eingenommen, im Norden vom Ostfränkischen, im Südwesten vom Schwäbischen und im Osten vom Bairischen. Während der größte Teil des Ostfränkischen im heutigen Bayern liegt, ist das Schwäbische in Bayern nur ein Teil des Gesamtschwäbischen, das sein geographisches Zentrum ungefähr in Ulm hat und das selbst wiederum ein Teil des Alemannischen ist, das den ganzen deutschsprachigen Südwesten, einschließlich der Schweiz und des Elsass, einnimmt. Eine kleine Ecke Bayerns (im Allgäu und am Bodensee) wird zum Alemannischen im engeren Sinne gerechnet, genauer: zum Niederalemannischen. Das Bairisch-Österreichische wird von der Dialektologie als Einheit gesehen. Das Nordbairische ist ganz auf Bayern (und ehemals auf Gebiete in West-Böhmen, etwa das Egerland) beschränkt, den größten Teil nimmt das Mittelbairische ein, das von München bis Wien reicht, im Süden (Werdenfels) hat Bayern auch noch Anteil am Südbairischen.
Großräumige Dialekteinteilungskarten suggerieren bei den eingezeichneten Dialekträumen Einheitlichkeit im Innern und scharfe Grenzen nach außen, und die Benennungen fränkisch/schwäbisch/bairisch legen nahe, dass die Dialektgrenzen alte Stammesgrenzen widerspiegeln. Beide Annahmen sind so nicht richtig. Die in der Karte eingezeichneten Dialekträume sind vielfach in sich gegliedert. Würde man z. B. alle Grenzen in der Verwendung verschiedener Wörter, Laute, Formen und syntaktischer Regularitäten, die man inzwischen kennt, gemeinsam in eine Karte einzeichnen, dann ergäbe sich ein Bild von großer Regellosigkeit. Franken und Schwaben wären voller Linien, der altbairische Raum vielleicht etwas weniger beladen. An den Rändern der Dialekträume würden die Linien eher einen parallelen Verlauf annehmen, sich bündeln. An solchen Linienbündeln macht die Dialektologie Dialektgrenzen fest, wohl wissend, dass das nur Abstraktionen sind, Festlegungen, die den mehr oder weniger allmählichen Übergang eines Dialektes in einen anderen vernachlässigen. Wer von Aschaffenburg nach Passau läuft und jeweils die Sprache der Orte, die er durchwandert, lernt, der muss von Ort zu Ort immer nur einige Eigenheiten dazulernen bzw. umstellen: In den Kerngebieten der Dialekte vielleicht etwas weniger als an den Rändern. In Aschaffenburg spricht er rheinfränkisch/hessisch und in Passau mittelbairisch, seine Sprache ist eine ganz andere geworden. Auch im Bewusstsein der Bevölkerung spiegeln sich solche Übergangsgebiete. Früher haben die Stadtmünchner die Pasinger schon scherzhaft als "Schwaben" bezeichnet, diese wiederum sahen sich selbst als Baiern und ließen die Schwaben erst weiter westl. beginnen. Nach diesem Schema ging es in Stufen bis zum Lech, der als westlichste Grenze des Bairischen gelten kann. Auch die Wissenschaft kann angesichts der vorhandenen Übergangs- bzw. Stufenlandschaften die häufig gestellte Frage "Wo beginnen die Franken, die Schwaben, die Baiern?" nicht eindeutig beantworten. Wer z. B. sagt, dass die Grenze zwischen Baiern und Schwaben die von *enk* zu *euch* sei

(vgl. Karte 39), der muss die Grenze am Lech ansetzen, muss aber dann in Kauf nehmen, dass es Baiern gibt, die *Wassr* und *Fässla* sagen und nicht *Wåssa* und *Fassl*, wie man es erwartet.
Die eben gestellte Frage interessiert deshalb viele Menschen, weil sie wissen wollen, zu welcher Herkunftsgruppe von Menschen, zu welchem historischen Stamm sie gehören, wo ihre Wurzeln sind. Und diese Frage wird dem Dialektologen gestellt, weil sich seine regionalen Sprachbezeichnungen an Stämmen orientieren, die sich – so stellt man sich das gewöhnlich vor – als geschlossene, organisierte Gruppen in der Völkerwanderung in der Region niedergelassen hätten. Die Sprachgrenzen würden damit alte Stammesgrenzen reflektieren. Es mag kurze Stücke geben, wo das der Fall ist, für die Grenze der beiden südl. Stämme gilt es jedoch nicht. Oben wurde schon festgestellt, dass sich Baiern und Alemannen im 8. Jh. sprachlich noch kaum unterschieden haben und dass die heutigen Dialektunterschiede auf Entwicklungen des Mittelalters basieren. Für die damals entstehenden Dialektgrenzen waren Herrschaftsverhältnisse, wirtschaftliche Einflusszonen, geographische Verhältnisse, kurz Verkehrs- und Kommunikationsräume, maßgeblich. Diese haben sich im 20. Jh. grundlegend geändert, mit der Folge, dass sich die kleinräumigen Dialektareale auflösen zugunsten von überlandschaftlich geltenden, aber noch regional geprägten Umgangssprachen.

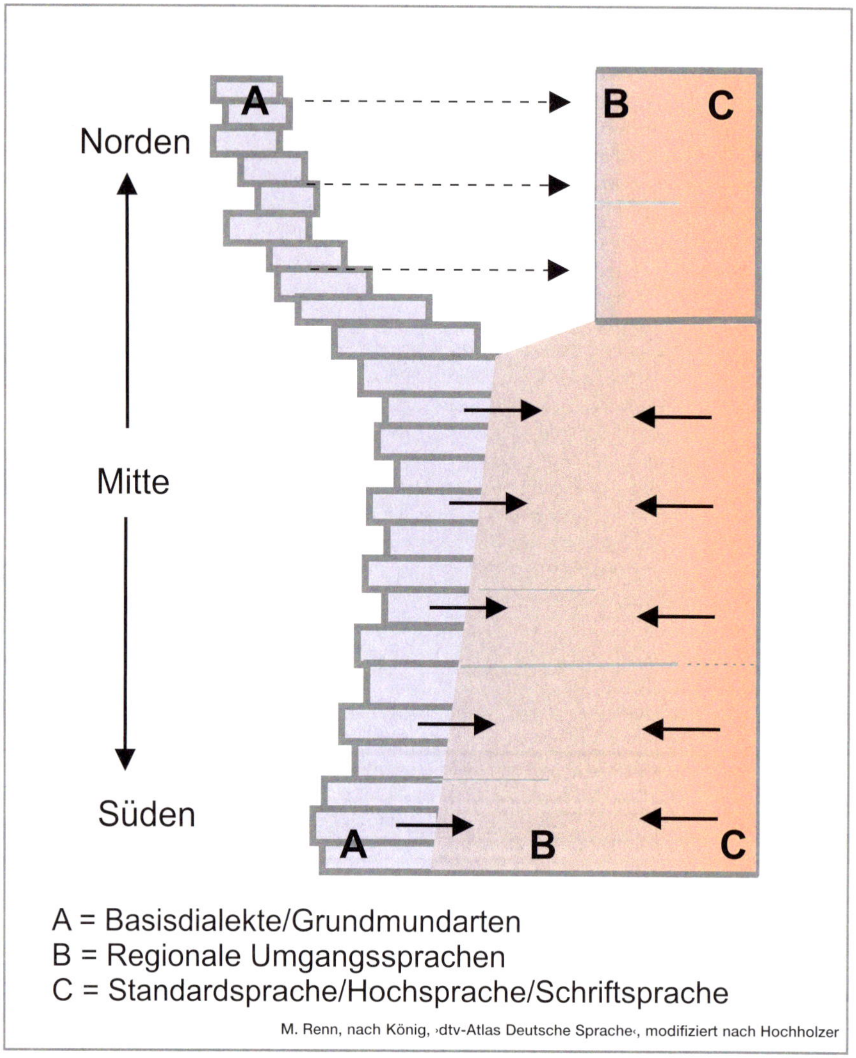

Skizze 3: Modell zum Verhältnis von Dialekten, regionalen Umgangssprachen und Hochsprache im Deutschen

Dialekte, Umgangssprachen und Hochsprache

Diese drei Termini bezeichnen nicht drei voneinander leicht abgrenzbare, in hierarchischer Ordnung stehende Sprachformen. Während sich die beiden Pole Dialekt und Hochsprache eher fassen lassen, ist das bei dem, was man Umgangssprache nennt, nicht der Fall. Als **Dialekt** tritt in den hier vorliegenden Karten jene Sprachform auf, die im Rahmen der Befragungen zum "Bayerischen Sprachatlas" in den 80er und 90er Jahren des 20. Jhs. von der älteren Generation noch erfragt werden konnte. **Hochsprache, Standardsprache** nennen wir hier die Musteraussprache, so wie sie in den Normen der Aussprachewörterbücher niedergelegt ist. Diese Normen spricht zwar niemand wirklich, sie sind auch nicht einheitlich, doch können sie relativ gut als Fixpunkt für hohe Formen des Sprechens verwendet werden. Zwischen Dialekt und Hochsprache sind irgendwo die **Umgangssprachen** angesiedelt. Man darf sie sich aber nicht als einheitliche Sprachformen vorstellen. Auch in einer relativ einheitlichen Region sind sie nicht als feste, starre Größe vorhanden. Und zudem versteht man unter ihnen im Süden und der Mitte etwas anderes als im Norden, und bei den Philosophen heißt "Umgangssprache" die normale Alltagssprache, die im Gegensatz steht zur wissenschaftlichen Fachsprache.

Im Norden wird unter Umgangssprache eine stilistisch niedrigere, "lässigere", gleichsam abgesunkene Form der Standardsprache verstanden. In der Mitte und im Süden (mit Ausnahme der Schweiz, wo andere Verhältnisse herrschen) ist sie eine zwischen den Dialekten und der Hochsprache stehende Zwischenschicht, relativ uneinheitlich, ohne feste Norm, mit vielen Übergangsformen, die häufig interpretierbar sind als Tendenz der Sprecher, der Einheitssprache näher stehende Formen zu verwenden. Man kann diese Zwischenschicht auch als dialektale Stufenleiter beschreiben, die von der Grundmundart ausgeht und sich in mehr oder weniger großen Schritten in Richtung Standardsprache bewegt.
Die zwischen Grundmundart und Standardsprache vorkommenden sprachlichen Formen sind nicht alle beliebig kombinierbar, bestimmte Merkmalsgruppen kommen nur miteinander vor, es herrscht aber auch eine hohe Variabilität. Welche Merkmale und Merkmalsgruppen, welche Kombinationen gleichzeitig vorkommender Sprachmerkmale innerhalb eines solchen Spektrums von den Sprechern jeweils verwendet werden, hängt von pragmatischen Faktoren ab, z. B. vom Kommunikationspartner, von der Sprechsituation, vom Thema, von der beabsichtigten Wirkung und auch davon, welche Varianten dem Sprecher überhaupt zur Verfügung stehen.

Solche Faktoren konnten hier im Modell nicht berücksichtigt werden, dieses zeigt aber, dass z. B. die tatsächlich gesprochene Standardsprache nur wenig regional geprägt ist und dass sie in hohem Maße die regionalen Umgangssprachen beeinflusst. Diese weisen wiederum größere regionale Unterschiede auf, in der Mitte und im Süden größere als im Norden, aber bei weitem nicht so viele wie die Dialekte, die relativ kleinräumig gegliedert sind. Die Dialekte haben deshalb die geringste kommunikative Reichweite, in geographischer Hinsicht ebenso wie in sozialer. Heutzutage ist die Anzahl der Situationen, in denen der Dialekt die angemessene Sprachform ist, weitaus geringer gegenüber jenen, die mit Umgangssprachen oder dem Standard bewältigt werden. Deshalb ist die Beherrschung "höherer" Sprachformen Voraussetzung für jeden sozialen Aufstieg. Erlernt werden solche Formen wenn nicht in der Familie, dann in der Schule. Die höhere Mobilität der heutigen Bevölkerung, regional wie sozial, die allgemein verbreitete höhere Schulbildung, die anhaltende Abnahme der in der Produktion tätigen Bevölkerung sind Ursachen für den Rückgang des Dialekts auf dem Lande und in den Städten. Der viel zitierte Einfluss der Massenkommunikationsmittel führt zwar zur passiven Beherrschung des Standards, ist aber nicht primäre Ursache für den Dialektschwund. Die Situationen, in denen der Dialekt das angemessene Verständigungsmittel ist, werden immer weniger, wenn beispielsweise der Ehepartner, der Nachbar oder Mitglieder des Fußballvereins aus einer anderen Region stammen.
Die alten Dialekte im Norden (Platt) sind wegen der nicht durchgeführten Zweiten Lautverschiebung (s. S. 14 sowie Karte 3) sehr viel weiter von der Hochsprache entfernt als die im Süden, die strukturellen Unterschiede sind so groß, dass keine dialektale Stufenleiter entstehen konnte; das Plattdeutsche wird sehr viel weniger gesprochen als die Dialekte im Süden und in der Mitte. Der alte Dialekt ist dort nur mehr auf dem flachen Land, vorwiegend an der Küste, vorhanden. Im Süden wandeln sich die Dialekte, indem sie nur kleinregional verbreitete Formen aufgeben zugunsten von Formen, die eine größere Verbreitung haben; das, was wir heute als Umgangssprache bezeichnen, werden die Dialekte der späteren Generation sein.
Nur im Ballungsraum **München** scheint die Entwicklung eine andere Richtung zu nehmen. Bairischer Klang ist dort weitgehend aus den Mündern der jungen Generation verschwunden; diese Sprecher-Generation orientiert sich ganz überwiegend an der nördlich geprägten Aussprache in den TV-Seifenopern. Ein weiterer Faktor ist der intensive und anhaltende Zuzug aus dem Norden in den boomenden Großraum München. Eine Region opfert so zugunsten ihres Wohlstandes einen Teil ihrer sprachlichen Identität. Trotz dieser Zukunftssorgen hat das Mittelbairische Münchner Prägung aber gleichzeitig eine starke Expansionskraft. So rückt es nach Norden immer weiter vor ins Nordbairische hinein (vgl. dazu die sog. "gestürzten Diphthonge" in den Karten 24–26). Nach Westen zu verdrängt es charakteristische Merkmale des Schwäbischen, die in den alten Basisdialekten stufenweise bis vor die Tore Münchens reichten. So werden z. B. die bodenständigen Diminutivendungen auf *-le* bzw. *-la* (vgl. Karte 40), besonders in der folkloristisch geprägten Sprache von Gastronomie und Tourismus, bereits bis zum Bodensee von den bairischen Typen *-erl* bzw. *-l* überlagert. Ebenso wird die fälschlich als nur schwäbisch empfundene *scht*-Aussprache in Wörtern wie "fest" und "fasten" im westl. Altbayern durch *st* ersetzt.

Bezugssystem Mittelhochdeutsch (Mhd.)
Für die Beschreibung und Darstellung der Dialektlaute, besonders der Vokale, kann nicht von der heutigen Standardsprache als Vergleichsbasis ausgegangen werden, da in ihrem System ein Laut auf unterschiedliche historische Laute zurückgehen kann. In den Dialekten haben sich hingegen die alten Unterschiede meist erhalten. So werden beispielsweise in der Hochsprache die Wörter "Laib" (< mhd. leip) und "Leib" (< mhd. lîp) trotz unterschiedlicher Schreibung exakt gleich ausgesprochen, obwohl sie in den Dialekten Bayerns unterschiedlich lauten. Ein weiteres Beispiel wäre die Wortform "Weide", welche in den Dialekten vielfach unterschiedlich gesprochen wird, je nachdem, ob die Viehweide (< mhd. weide) oder der Baum (< mhd. wîde) gemeint sind. Aus diesem Grund benutzt man in der Dialektwissenschaft für vergleichende Darstellungen das Mittelhochdeutsche (= Mhd.) als Bezugssystem. Dieses hier verwendete "normalisierte" Mhd. wurde allerdings nirgends so gesprochen; es stellt nur ein Konstrukt dar. Es ist auch in Grammatiken Basis der Beschreibung.
Wie das heutige Hochdeutsch umfasst auch das Lautsystem des Mhd. drei Gruppen von Vokalen:
- Kurzmonophthonge: i, e (= Primärumlaut), ë (= germanisches e), ä (= Sekundärumlaut), a, o, ö, u, ü
- Langmonophthonge: î, ê, æ (= langes ä), â, ô, œ (= langes ö), û, iu (= langes ü)
- Diphthonge: ie, uo, üe, ei, ou, öü und iu.

Die Variation der Vokale
Beim folgenden Überblick über die Variation der Vokale in den Dialekten Bayerns können nur beispielhaft wichtige und interessante Fälle behandelt werden:
Die mhd. Kurzvokale können in der **Qualität** und in der **Quantität** variieren. Wenn das kurze a des Mhd. im Dialekt als *å* oder *o* auftritt, hat sich die Qualität gewandelt. Wenn es als langer *a*-Laut (wie in "sagen") erscheint, hat sich die Quantität verändert. Systematisch sind in den Dialekten Bayerns die mhd. Kurzvokale, die im Auslaut einer betonten Silbe standen (Vo-gel, Schna-bel, ge-ben, sa-gen), ganz überwiegend zu Langvokalen geworden (**Dehnung** in offener Tonsilbe). Nur in der Gegend von Aschaffenburg und am Bodensee um Lindau tritt dieser Worttyp mit Kurzvokal auf. Der Raum Lindau ist Teil des großen alemannischen Kürzegebietes, das vom Wallis bis zum oberen Neckar reicht, wo Dehnung in offener Tonsilbe im Dialekt nie durchgeführt worden ist. Ob es sich in der Gegend von Aschaffenburg ebenfalls um bewahrte Kürzen handelt oder ob dort eine spätere Rückverkürzung stattgefunden hat, ist bisher noch nicht eindeutig geklärt. Die Dehnung ist ein sehr früher Vorgang, der seine Anfänge schon in spätahd. Zeit gehabt haben dürfte. Sie ist später dann auch analog auf Wortformen mit geschlossener Silbe übertragen worden, wenn diese flektierte Formen mit offener Silbe hatten: "der Tag" nimmt z. B. die Länge von "des Ta-ges" an. Zur Einsilberdehnung vgl. Karte 9.
Wird z. B. ein *i* zu einem *e*, spricht man von **Senkung**; bei **Hebung** verläuft der Lautwandel umgekehrt.Wird ein *ü* zu *i* oder ein *ö* zu *e*, spricht man von **Entrundung** bzw. von **Rundung** bei umgekehrter Entwicklung.

Das **Vokalviereck** bildet die Artikulation der Vokale im Mundraum ab:

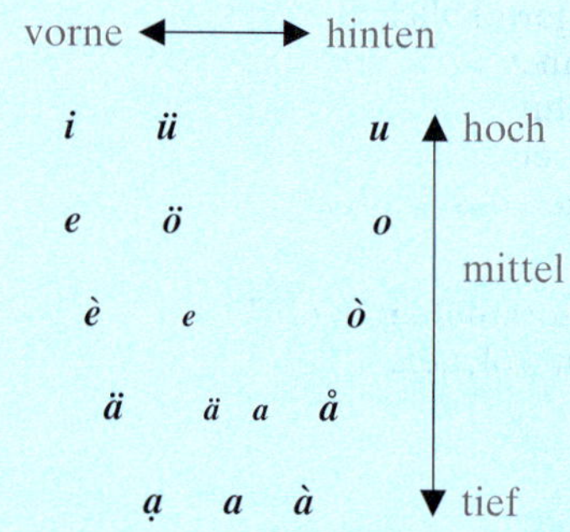

Die Vokallaute *i, e, è, ä* sind vorne im Mundraum gesprochen; dies gilt auch für *ö* und *ü*, die aber zusätzlich mit Lippenrundung artikuliert werden; *u, o, ò* haben ebenfalls das Merkmal Lippenrundung, werden aber im hinteren Mundraum produziert. Hohe Vokale *(i, ü, u)* werden mit eher geschlossenem Mund (Zunge und Unterkiefer hoch) gesprochen, tiefe Vokale mit offenem Mund (Zunge und Unterkiefer tief).
Neben den volltonigen Vokalen (hier in Normalgröße geschrieben) gibt es in allen Dialekten auch sog. Reduktionsvokale (hier als *a, e, ä* verschriftlicht), die mit einem geringen Artikulationsaufwand im mittleren Mundraum produziert werden, weshalb man auch von Zentrallauten bzw. von zentralisierten Vokalen spricht, und die als unklare Murmellaute wahrgenommen werden. Diese Laute kommen vor allem in unbetonten Auslaut- oder Zwischensilben vor.

Das im Mhd. kurze a hat in großen Teilen Bayerns eine qualitative Veränderung erfahren, indem es entweder deutlich dunkler ausgesprochen wird *(à, å)*, was gewöhnlich als "Verdumpfung" bezeichnet wird, oder sich noch weiter in Richtung *o* gewandelt hat, was auch noch eine "Hebung" innerhalb des Vokalvierecks darstellt.

Verdumpfung und **Hebung** bei tiefen Vokalen:

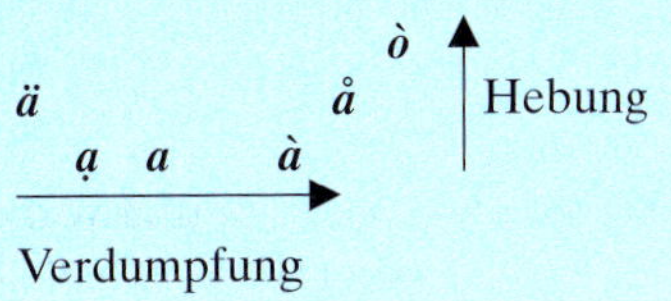

Dabei ergeben sich aber gewisse Unterschiede in der Entwicklung, das richtet sich vor allem danach, ob dieses alte a kurz geblieben ist oder ob es gedehnt wurde:

In Wörtern mit erhaltener Zweisilbigkeit wie "Kasten", "schaffen", "Wasser", "Gassen", "fassen", "Latte", "Sachen", "machen", "Kachel", "Acker", "Katzen", "Zapfen" bleibt das alte a in unserem Gebiet ungedehnt, weil dem a ein ehemaliger Doppelkonsonant, also beispielsweise eine Affrikate (-pf-, -tz-, -ts-) oder eine Geminate (-ff-, -ss-, -tt-) folgte und somit die Silbe geschlossen war (z. B. hat-te, Was-ser, Kas-ten, Ap-fel). Zu diesem Typ zählen auch -ch- und -ck-, obwohl hier nach heutiger Aussprache das a in offener Sprechsilbe steht (A-cker, ma-chen). Im Ahd. waren aber diese Konsonanten noch echte Geminaten (= Doppellaute, d. h. lang ausgesprochene Konsonanten), was sich z. B. in Schreibungen wie accar, mahhôn ausdrückt, und was das kurze a damals ebenfalls in die Position einer geschlossenen Silbe brachte, in der nicht gedehnt wurde. Bei Wörtern, in denen dem kurzen a-Laut ein Liquid *(r* oder *l)* oder ein Nasal *(m, n, ng)* folgt, gibt es häufig regionale Sonderentwicklungen, weil der folgende Laut den vorhergehenden beeinflusst oder weil er schwindet und dabei den a-Laut qualitativ verändert.

Im Gegensatz zu den auf der folgenden Karte 5 dargestellten Lautverhältnissen bei gedehntem mhd. a am Beispiel von "Schnabel" ergeben sich für **mhd. a bei erhaltener Kürze**, wie beispielsweise bei **Acker**, meist geringere Grade an Verdumpfung und Hebung, deren Aussprachenuancen oft nur schwer auseinander gehalten werden können. Die Gebiete, in denen das kurz gebliebene alte a als *o* gesprochen wird, also *Ogga, Ògga,* (östl. Obb. und Nby., die nördl. Opf. und nördl. von Bamberg), sind wesentlich kleiner als bei "Schnabel". Im östl. Niederbayern und im Bayerischen Wald ergeben sich nach bestimmten Regeln ("Kollmersches Gesetz"; vgl. S. 31 und S. 41) unterschiedliche Öffnungsgrade bei erhaltener Kürze, so dass beispielsweise Wörter wie "Kasten", "Hacke" und "Krapfen" mit geschlossenem o artikuliert werden *(Kostn, Hogga, Gropfa)*. In den größeren Teilen Altbayerns und Frankens ist nur eine geringe Verdumpfung im *å*-Bereich zu verzeichnen (z. B. *Ågga, Åger, Ågga*).

Die Gebiete ohne jegliche Verdumpfung entsprechen denen auf der Karte "Schnabel" (s. Karte 5).

Im Gegensatz zur Karte "Schnabel" haben wir bei erhaltener Kürze von mhd. a keine Diphthongierung im nördl. Ofr. und an der Rott.

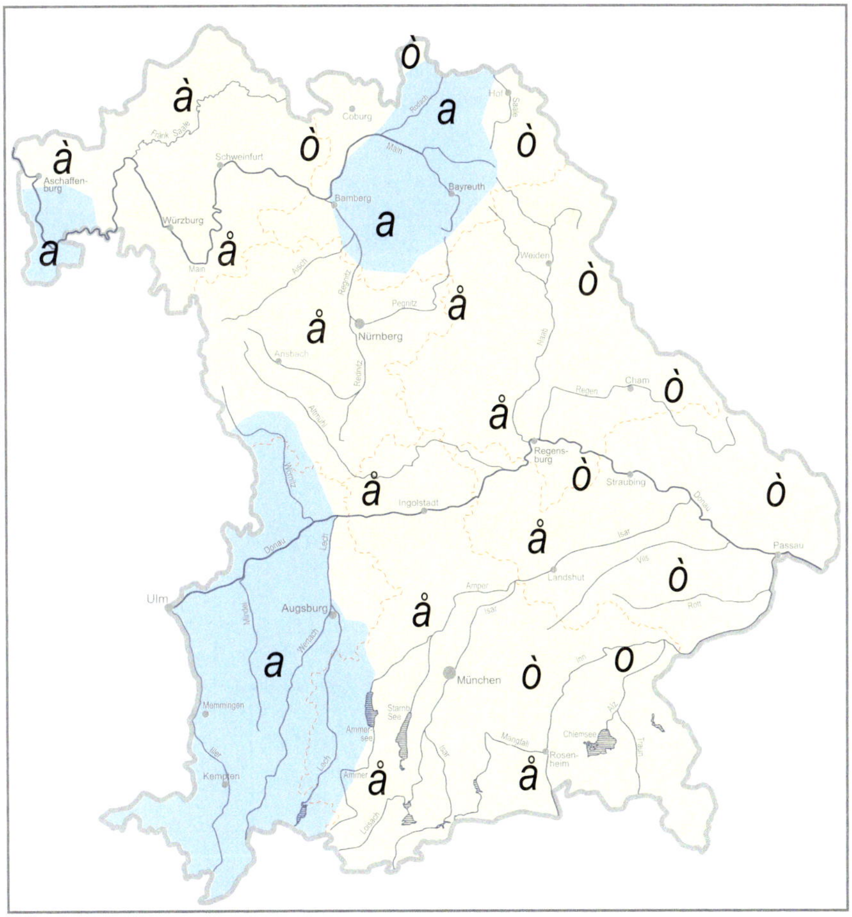

Karte 5a: Mhd. a bei erhaltener Kürze

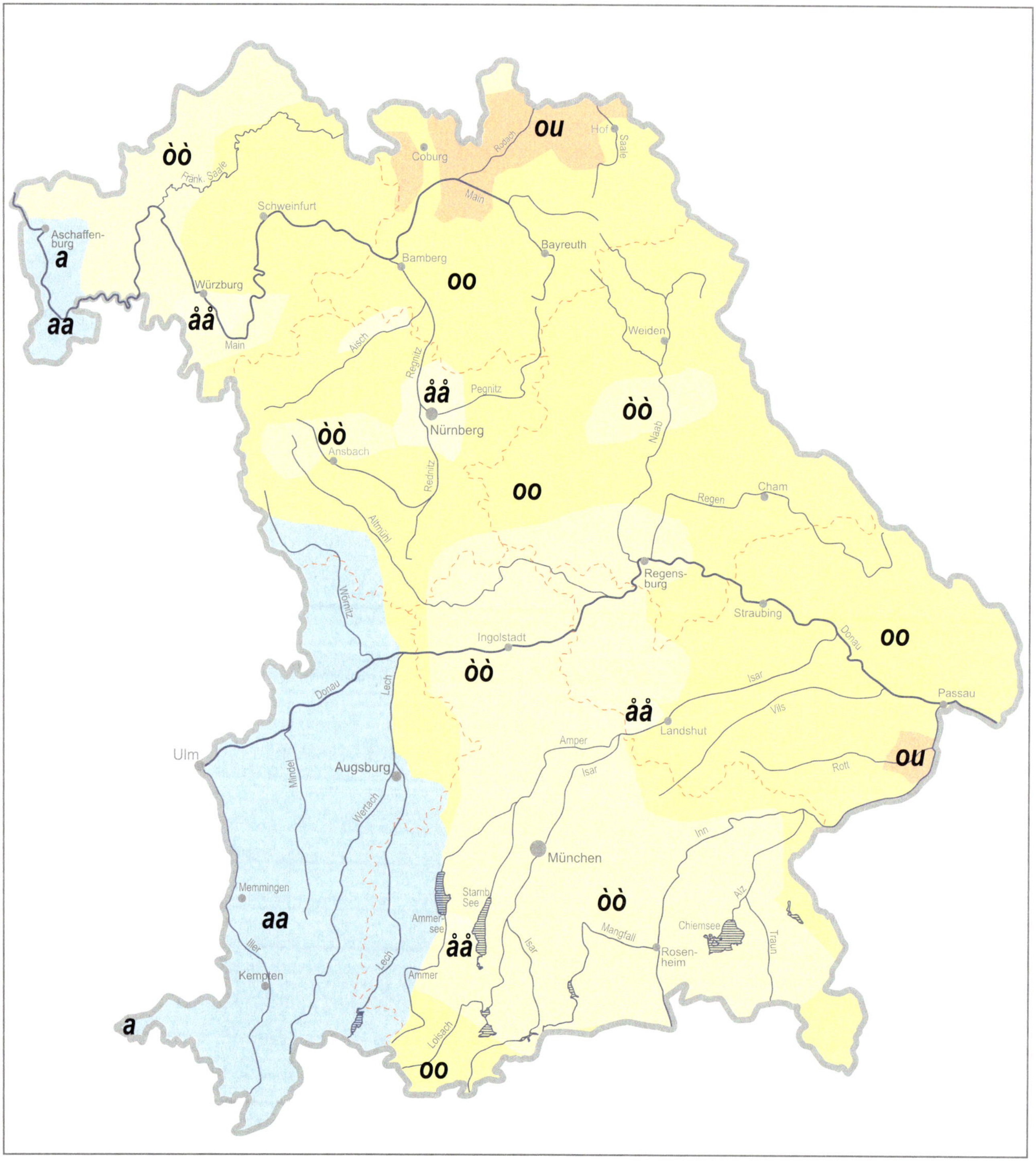

Karte 5: Mhd. a in *Schnabel*

In den bair. und teilweise auch in den unterostfränk. Dialekten konnte sich dank der konsequenten Verdumpfung von a der Sekundärumlaut ä zum hellen *ạ* hin entwickeln (vgl. S. 27), so dass sich hier zwei a-Laute gegenüberstehen: ein helles *ạ* (z. B. in "Schnäbel" Pl. oder "Gässlein") und dunkle *à/å/o* (in "Schnabel" Sg. und "Gasse"). Für diese Dialekte besteht bei der Einbürgerung neuer Wörter mit mittlerem *a*, wie es das Nhd. besitzt, immer die Schwierigkeit zu entscheiden, welchen der beiden a-Laute sie dafür verwenden. Meist ist es der helle *ạ*-Laut, der dem mittleren *a* als näher empfunden wird. So wird z. B. in der Zusammensetzung "Nagellack" das erste a verdumpft gesprochen, das zweite aber hell, weil "Nagel" ein normales Dialektwort ist, "Lack" (< ital. lacca) aber als fremdes Wort übernommen wurde. Und viele Sprecher unterscheiden lautlich zwischen "Bank" ('Sitzmöbel') und "Bank" ('Geldinstitut', < ital. banca). Ebenso werden einheimische Personennamen wie "Franz" oder "Anna" mit verdumpftem a *(à, å)* gesprochen, während "Axel" oder "Sandra" offensichtlich erst später dialektale Formen entwickelten und deshalb mit hellem *ạ* artikuliert werden.

Dargestellt ist auf der gegenüberliegenden Karte der ursprünglich kurze Stammvokal des mhd. Wortes snabel, der bereits sehr früh, ab der spätahd. Zeit, eine Dehnung in offener Tonsilbe erfahren hat (vgl. S. 23). Wie "Schnabel" verhalten sich in den meisten Gebieten Bayerns viele andere Wörter mit gedehntem alten a in offener Tonsilbe, z. B. "sa-gen", "fah-ren", "Wagen", "Ga-ben". Einzig im östl. Nby. und in der südl. Opf. zeigen sich – je nach ahd. Lautumgebung des Vokals – regelhafte Unterschiede im Öffnungsgrad des gedehnten a, so *Schnoowe, Schnoowl* und *Woong* gegen *Fòòm* (Faden), *Hòòfa*. Diese Regeln sind im "Kollmerschen Gesetz" formuliert (vgl. dazu S. 31 und mhd. â in Karte 13).

Die Karte zeigt folgende Struktur: Im Westen erhaltene *a*, im größten Teil Bayerns aber eine Entwicklung in Richtung *oo*-Laut, mit Zwischenstufen *åå* und *òò* bis zum reinen *oo*-Laut, der der Aussprache des Vokals im standardsprachlichen "loben" entspricht. Noch weiter in Richtung *u* geht der Hebungsvorgang in Teilen von Ofr. und an der Rott in Nby., wo das mhd. a als Diphthong *ou* (z. B. *Schnouwl*) gesprochen wird. Die offenere *åå*-Lautung um Nürnberg und Würzburg ist wohl als neuere Angleichung von altem *oo* unter dem Einfluss städtisch-hochdeutscher Umgangssprachen zu betrachten.

Der Wandel von *a* in Richtung *o*, den man in der Sprachwissenschaft als "Verdumpfung" bezeichnet und der auch gleichzeitig eine Hebung beinhaltet, ist schon im 12. Jh. in den Quellen als verschriftlichtes o nachzuweisen. Er steht in engem Zusammenhang auch mit der Entwicklung des ungedehnten mhd. a-Lautes (vgl. vorausgehenden Text) und des altlangen mhd. â (vgl. Karte 13).

Eine andere Geschichte hat die *aa*-Lautung im schwäb.-alem. Raum und in Teilen des rheinfränk. Gebietes innerhalb Bayerns. Diese Laute sind Teile eines größeren Gebietes im deutschen Südwesten, in dem das neutrale, mittlere *a* des Mhd., das auch dem Normal-*a* des Standards entspricht, nicht verändert wurde.

Die **Bedeutung** des Wortes **Acker** ist in Bayern nicht einheitlich. Das Wort erhält seine Bedeutung im Zusammenhang der jeweilig im Ort gegebenen Bodennutzung und steht in einem Wortfeld zusammen mit Wörtern wie "Wiese", "Weide", "Feld", "Land", "Beet". Als älteste Bedeutung im Indogerm. wird für dieses Wort 'Weide, Trift' (vgl. z. B. lat. agere 'treiben') angesetzt. In der heutigen Hochsprache steht der Ausdruck "Acker" für ein offenes Feld, das gepflügt wird, im Gegensatz zur "Wiese", auf der nur Gras wächst. In Bayern kommen je nach Wirtschaftsverhältnissen folgende Bedeutungen vor: 'Viehweide', 'Wiese', 'Feld' (allgem.), 'Gartenparzelle', 'offenes Feld', oft kleinräumig wechselnd; in Oberfranken und anderen kleineren Gebieten fehlt dieses Wort sogar; hier in der Karte wurde dafür der a-Laut im Verb "ackern" für 'pflügen' verwendet.

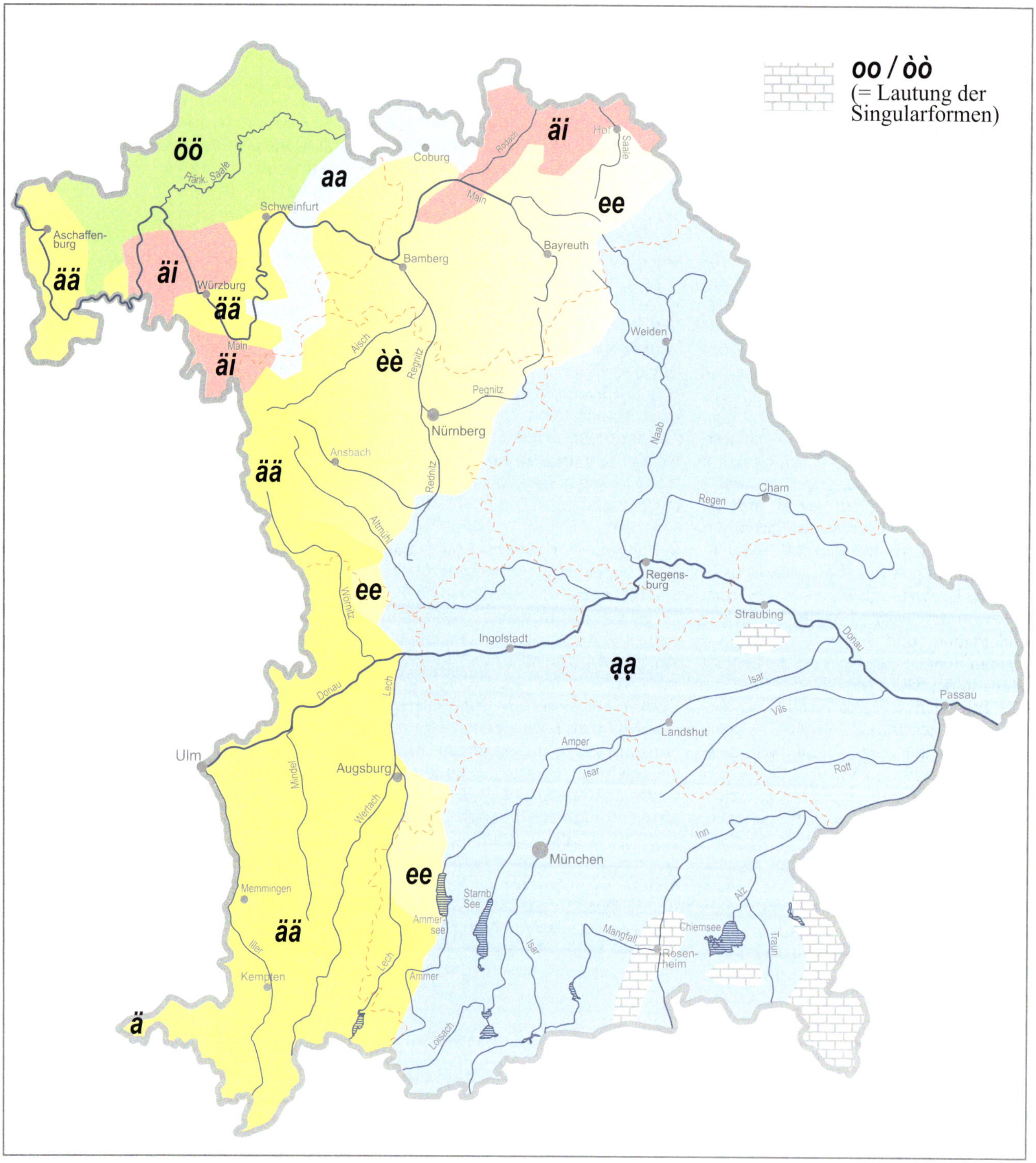

Karte 6: Mhd. ä (selten e) in *Schnäbel*

In der heutigen hochdt. Normaussprache gibt es nur einen kurzen e-Laut. Ob "recht", "Bett" oder "Nächte", das e im Wortstamm wird immer gleich, nämlich offen als *ä* ausgesprochen. Bei den Langvokalen werden zwei e-Laute unterschieden, z. B. "lesen" vs. "läsen" (Konjunktiv).

Für das normalisierte Mhd. nimmt man drei verschiedene kurze e-Laute an: ë, e und ä; sie sind in der Aussprache und ihrer Herkunft nach unterschieden: In historischen Grammatiken und Wörterbüchern kennzeichnet ë einen kurzen, offenen e-Laut, der aus dem Germanischen ererbt ist, z. B. in mhd. rëht 'recht' und stëcke 'Stecken' ("germ. ë"). Das Zeichen e, z. B. in mhd. bette 'Bett', geste 'Gäste', steht für einen kurzen, geschlossenen e-Laut ("Primärumlaut"). Schließlich steht ä für den kurz und überoffen ausgesprochenen e-Laut ("Sekundärumlaut"), z. B. in mhd. nähte 'Nächte'. Der Sekundärumlaut trat dann ein, wenn dem a Konsonantenverbindungen wie -ht-, -hs- u. Ä. folgten. Er wird erst im Mhd. seit dem 12. Jh. in der Schrift fassbar. Historisch sind Primär- und Sekundärumlaut aus german. a entstanden, wenn ihm ein i, î oder j in der nächsten Silbe folgte.

Die (mit den Längen æ und ê) fünf mhd. e-Laute werden in den Dialekten Bayerns in der Regel nicht mehr auseinander gehalten. Meist gibt es nur noch einen offenen und einen geschlossenen e-Laut, und das i. d. R. als Kurz- und als Langvokal, also *ä/e* sowie *ää/ee*. Was z. B. als dialektales *ee* auftaucht, kann etymologisch ein e, ê, ë oder æ sein. Im Bair. und in Teilen Frankens ist der Sekundärumlaut zu einem hellen *ą* geworden (vgl. rechts).

Nicht nur lautgesetzliche Gesichtspunkte haben bei der heutigen Verteilung der historischen e-Laute in den dialektalen Systemen eine Rolle gespielt, sondern auch grammatisch-morphologische. Der Sekundärumlaut war im Mhd. auf eine kleine Gruppe von Wörtern beschränkt, so nähte 'Nächte', mähtec 'mächtig'. Als Kennzeichen von substantivischem Plural und von Konjunktiv beim Verb schließen sich ihm in großer Menge Formen an (analoger Umlaut), die ursprünglich Primärumlaut oder gar keinen Umlaut hatten, auch solche, die der Dehnung unterlagen (vgl. "Schnäbel") und die dann mit mhd. æ (vgl. Karte 14) zusammenfielen. Es fand praktisch eine Neuordnung, eine Neuverteilung der e-Laute statt, die sich nicht nur an der Herkunft, sondern auch an Kriterien des grammatischen Systems orientierte.

Ebenso wie der Stammvokal des Singulars "Schnabel" wurde auch der Vokal in der Pluralform "Schnäbel" in offener Tonsilbe fast überall gedehnt, sowohl im Standarddeutschen als auch in den Dialekten Bayerns.

Mhd. snebel ist zwar lautgesetzlich ein Primärumlaut, in unseren Dialekten ist die Mehrzahlform jedoch mit einem "analogen Umlaut" markiert, der überwiegend mit dem "Sekundärumlaut" (mhd. ä) übereinstimmt, nur selten mit dem "Primärumlaut" (= mhd. e). Der "analoge Umlaut" tritt häufig bei Pluralformen auf und stimmt meist mit dem lautgesetzlichen Sekundärumlaut in Diminutivformen überein (z. B. "Wagen – Wägen/Wägelein" oder "Bach – Bäche/Bächlein").

Nur in einigen Dialekten Bayerns, so im Großteil von Ofr., ist die Lautung des mhd. ä in Dehnung mit der von germ. ë in Dehnung (vgl. Karte 8 "Nebel") zusammengefallen. Überwiegend werden diese Laute unterschiedlicher Herkunft aber noch deutlich unterschieden. So ist aus mhd. ä im Bair. ein heller *ą*-Laut entstanden, wodurch der Zusammenfall mit germ. ë vermieden wurde. Dieser a-Laut taucht schon im 13. Jh. in Schreibungen auf.

Die Karte zeigt, dass im größten Teil Altbayerns die helle *ąą*-Qualität verbreitet ist. Die mit einem Gittermuster hervorgehobenen *oo/òò*-Varianten sind als Übernahme der Lautung des Singulars speziell bei dieser Pluralform zu interpretieren (vgl. Karte 5), sie sind ein Zeichen von Unsicherheit im Gebrauch der Pluralform.

Während sich die Lautung der Pluralbildungen wie die beim hier besprochenen "Schnäbel" oder z. B. bei "Gräben" in der Gegend um München, insbesonders bei den jüngeren Mundartsprechern in eine standardsprachliche Richtung *(Schneebl)* entwickelt, ist die dialektale helle *ąą*-Qualität bei Diminutivbildungen, z. B. in "Schnäbelein", "Wägelein" noch stabiler.

Die *ää*-Lautung, die im alem. Gebiet der Grundmundart zuzurechnen ist, verdrängt derzeit in stadtnahen Gebieten bei Nürnberg und um Würzburg bis Schweinfurt die alten *ee*-Lautungen.

Der *äi*-Diphthong in Oberfranken entspricht der regulären Umlautform zu dem dort im Singular belegten Diphthong *ou*, so wie auch im nördlichen Ufr. *öö* als Umlaut zu *oo* zu werten ist (vgl. Karte 5 "Schnabel").

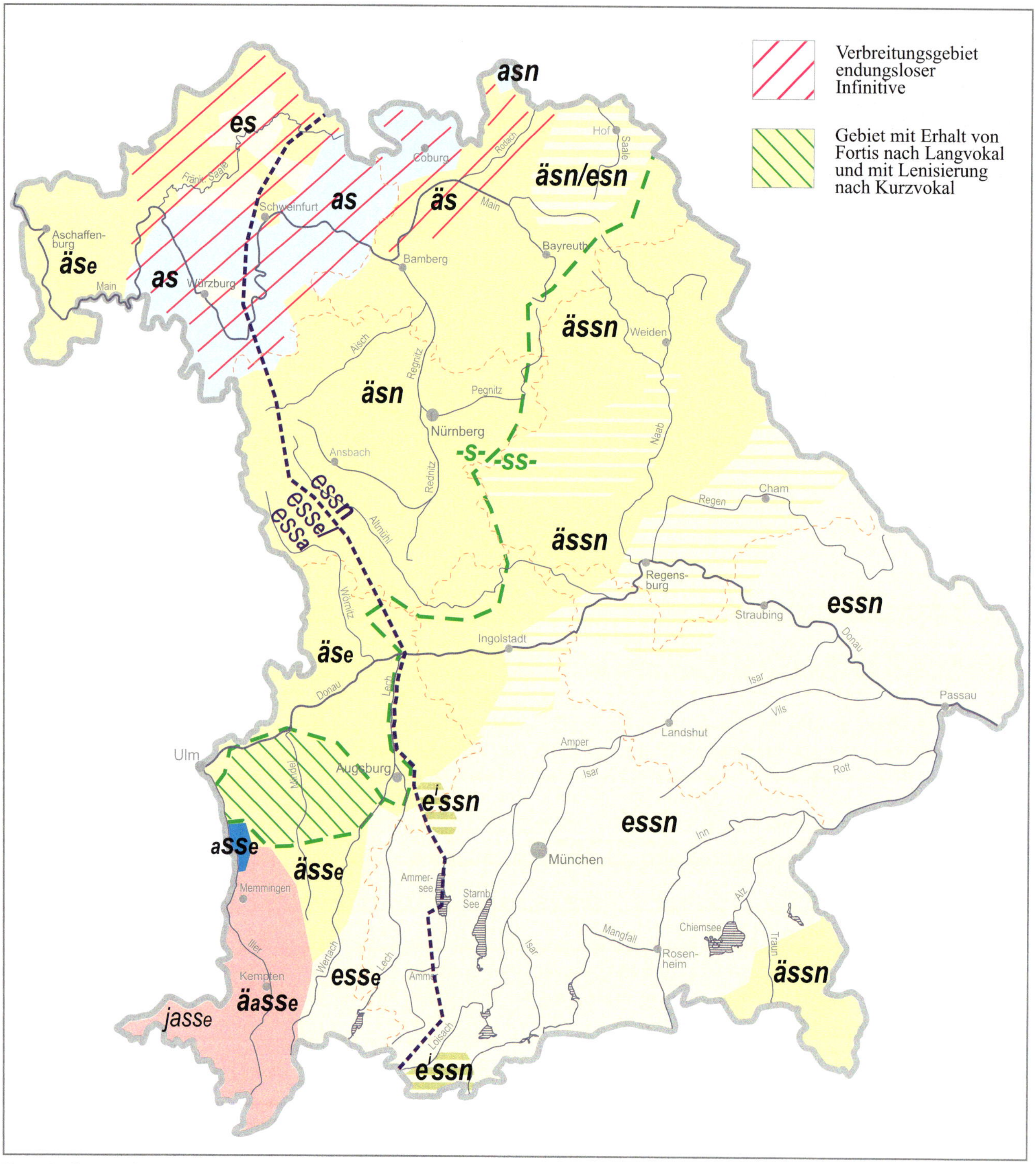

Karte 7: Germ. ë in *essen.* Infinitivendungen. Lenis-Fortis-Grenze

Die Karte zeigt die Entwicklung des alten germ. e-Lautes im Beispielwort **essen**, < mhd. ëzzen, ahd. ëzzan. Im Gegensatz zum Beispielwort "Nebel" (vgl. Karte 8) ist hier der alte Kurzvokal nicht gedehnt worden, weil er ursprünglich nicht in offener Tonsilbe stand, denn der aus germ. t entstandene Doppelkonsonant -zz- (gesprochen als *-ss-*) war auf zwei Silben aufgeteilt: ëz-zen (zur Dehnung s. S. 22).

Germ. ë dürfte der historische Vokal sein, dessen Lautqualität und -quantität in den heutigen Dialekten sich am schwierigsten in Regeln fassen lassen. Eine große Zahl an Bedingungen (z. B. der folgende Konsonant, unterschiedliche Vokale in der Folgesilbe in ahd. Zeit, Gegebenheiten der Flexionsmorphologie) führen zu unterschiedlichen lautlichen Ausprägungen in den Dialekten, so dass man auf ganz Bayern bezogen fast behaupten kann, dass jedes Wort eine eigene Lautverteilung aufweist (vgl. auch den Überblick zu den e-Lauten auf S. 27).

Teilweise vergleichbare Verhältnisse ergeben sich bei anderen Wörtern mit germ. ë als Tonvokal in (ehemals) geschlossener Silbe, so bei den ebenfalls zweisilbigen Wörtern "fressen", "Messe", "Stecken", "Flecken", "Fetzen", "Rechen", "melken", "Felge", "bellen". Hinzu kommen die einsilbigen Wörter wie "Berg", "Herd", "Geld", "Feld", "Welt", "gelb", "recht", "Weg", "Steg", bei denen der Vokal ja ebenfalls in geschlossener Silbe steht, die aber verschiedentlich, durch den Folgekonsonanten bedingt, auch gedehnt vorkommen. Lediglich in der südöstl. Opf. und im östl. Nby. begegnet uns wie bei mhd. a (vgl. Karte 5) das Phänomen, dass je nach ahd. Lautumgebung ("Kollmersches Gesetz") bei diesen Wörtern der Vokal regelhaft entweder geschlossen, so bei "essen", oder offen, etwa bei "Stecken", ausgesprochen wird (vgl. S. 31 und 41).

Der Vergleich der Lautverteilung bei "essen" mit der von germ. ë bei Dehnung wie bei "Nebel" (vgl. Karte 8) offenbart einige deutliche Unterschiede:

– Die geographische Verteilung der geschlossenen und der offenen e-Laute, also *e* gegen *ä*, stimmt nicht überein, ist sogar tendenziell umgekehrt.

– Das *a*-Gebiet im Norden, das *äa*-Diphthonggebiet im Südwesten sowie das ostlechische *ei*-Gebiet sind bei Vokalkürze jeweils wesentlich kleiner als bei Dehnung.

– Die Diphthongierung zu *ei* im nördl. Ofr. unterbleibt bei "essen". An der Iller ergibt sich bei Kürze ein kleines Gebiet, in dem der Tonvokal zu einem indifferenten Murmelvokal reduziert ist (*asse*).

Infinitivendungen

Die Karte thematisiert außerdem die geographische Verteilung der **Endungen des Infinitivs**. Die gestrichelte Linie trennt die vokalische Endung (*-e* bzw. *-a*) im westl. Drittel des Freistaats von der konsonantischen Endung (hier *-n*) im restlichen Bayern. Dabei passt sich das auslautende *-n* teilweise artikulatorisch an den vorausgehenden Konsonanten an oder verschmilzt ganz mit ihm, z. B. *leebn* > *leebm* > *leem* 'leben' oder *leegn* > *leeng* 'legen'. Nach bestimmten Konsonanten allerdings, wie den Nasalen und -ch- und -f-, liegt auch im Mittelbair. eine vokalische Infinitv-Endung vor (z. B. *schwimma, singa, mâcha, laffa*).

In dem auf der Karte schraffiert gezeichneten Gebiet in Ufr. und um Coburg zeigen die von finiten (= flektierten) Verben abhängigen Infinitive eine charakteristische Besonderheit. Beispielsweise nach "müssen", "können", "wollen" oder "sollen" sind die Infinitive endungslos, so im Satz *ich mus jetzt as* 'ich muss jetzt essen'.

Lenis-Fortis-Grenze

Als weitere gestrichelte Linie ist auf der Karte die **Lenis-Fortis-Grenze** dargestellt, also jene Grenze zwischen dem Nordwesten, wo die Konsonanten generell lenisiert (erweicht) sind, und dem Südosten, wo man systematisch zwischen Fortes (= Starklaute) und Lenes (= Lindlaute) unterscheidet. Im mittleren Schwaben spaltet sich diese Grenze auf, so dass sich das auf der Karte schraffiert gezeichnete Gebiet herausbildet, in dem zwar nach Vokallänge (einschließlich Diphthongen) die Unterscheidung Lenis-Fortis noch aufrechterhalten ist, wo aber nach Kurzvokalen nur noch Lenes vorkommen. Man unterscheidet dort also noch *Fuatr – Fuadr* (Futter – Fuder), *leide – leite* (leiden – läuten) und *hoiße – roise* (heißen – reisen); nach Kurzvokal werden in diesem Übergangsgebiet aber alle alten Fortes (Ausnahme *k* im Anlaut, vgl. Karte 27) als Lenes gesprochen, außer *äse* also auch beispielsweise *fräse, schafe, Kesl, Kede, Gloge, Budr* (fressen, schaffen, Kessel, Kette, Glocken, Butter).

Entgegen der tatsächlichen Verbreitung der Konsonantenschwächung in einem großen binnendeutschen Raum (vgl. Karte 27), wird die Lenisaussprache, speziell die der Plosivlaute *p, t, k*, gemeinhin als ein besonderes Sprachmerkmal der Franken und der Sachsen angesehen und folglich in Zitaten und Witzen aufgegriffen (Stichwörter: *Beedä mid hadn b* 'Peter mit hartem b' oder die als *Gänsefleisch* missverstandene Frage-Einleitung von Grenzbeamten der DDR für 'Können Sie vielleicht . . .?').

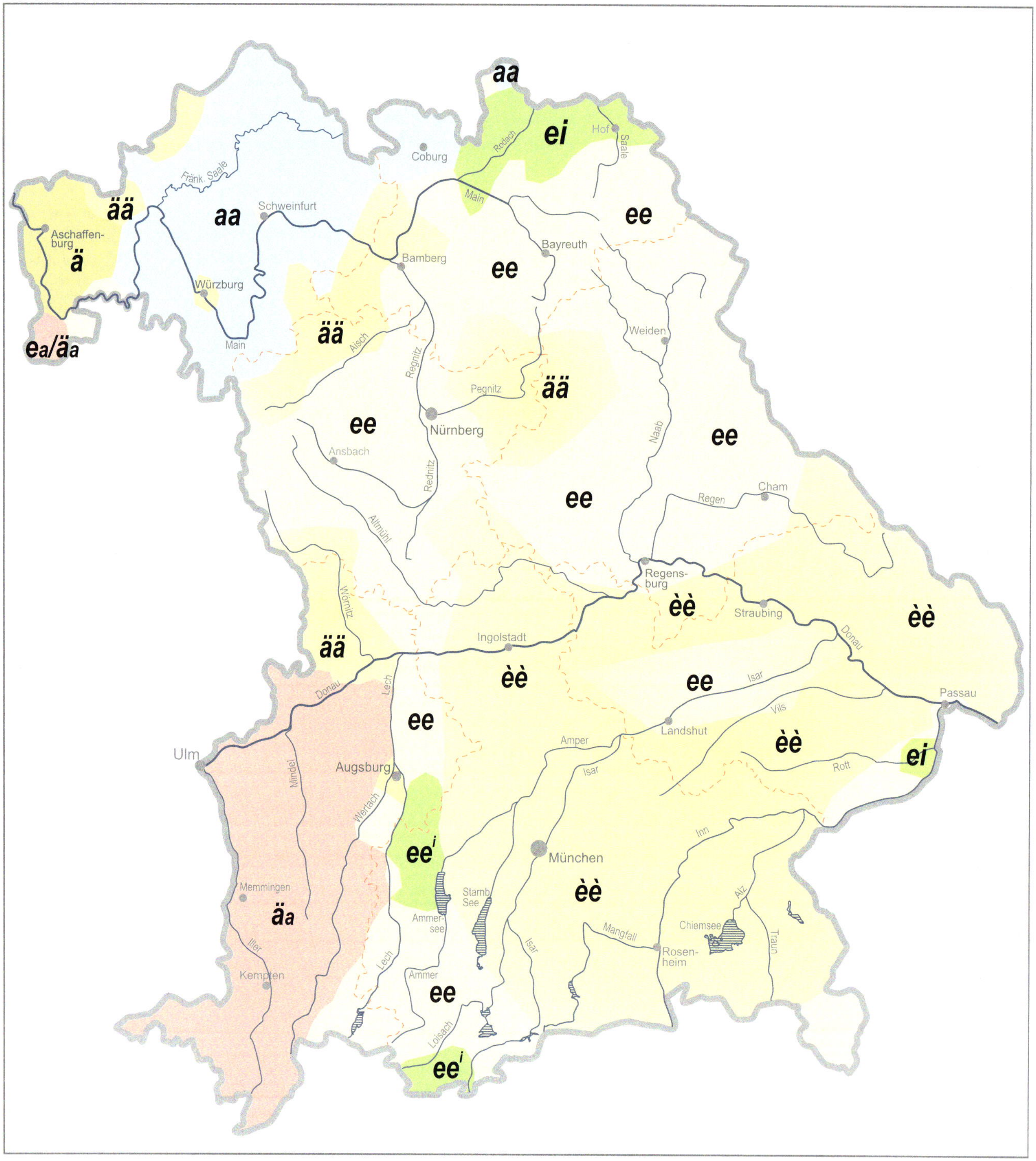

Karte 8: Germ. ë in *Nebel*

Die Karte zeigt die Entwicklung des alten germ. e-Lautes im Beispielwort **Nebel**, < mhd. nëbel. Der im Normalmittelhochdeutschen als kurz angesetzte Stammvokal wird in der heutigen Hochsprache und auch überwiegend in den heutigen Dialekten als langer Vokal gesprochen, denn bei kurzen Vokalen tritt in offener Tonsilbe Dehnung ein (S. 22).
Die historische Sprachwissenschaft geht davon aus, dass das ererbte germ. ë in ahd. und mhd. Zeit als offener *ä*-Laut artikuliert wurde. Dieser Laut wurde in weiten Teilen von Ufr. und um Coburg zu einem a-Laut gesenkt. Der Kontrast von *Naabl* in Ufr. zu der in Nordbayern sonst vorherrschenden Aussprache *Neebl* wird von den Dialektsprechern gern in scherzhaften Sprachspielen aufgegriffen. So behauptet man im Nordwesten von Mfr., der *Neebl* reiche nur bis Uffenheim; dort fange nämlich der *Naabl* an.
Es gibt Hinweise darauf, dass das fränk. Gebiet, in dem ë zu *a* geworden ist, früher weiter nach Osten gereicht haben könnte; denn im nördl. Mfr. treten Formen mit *a* für ë in der Position vor r (*Barch* für 'Berg') auf, die bis ins nordbair. Stiftland hineinreichen (*staarm* für 'sterben'). Östl. von Nürnberg gibt es einen vergleichbaren Fall im Ortsnamen "Schönberg", der im Dialekt *Scheemagg* heißt. Wesentlich wahrscheinlicher ist aber, dass es sich hierbei einfach um Sonderentwicklungen vor r handelt. Festzuhalten bleibt aber, dass der a-Laut am Ostrand seines Gebietes nur schrittweise über helles *aa* zum überoffenen *ää* und weiter über *èè* zum geschlossenen *ee* übergeht. Auf der Karte lässt sich dieser allmähliche Übergang nur grob nachzeichnen. Diese Erscheinung kann man als Abbild eines Lautwandels interpretieren, aufgrund dessen die Grenze des *Naabl*-Gebietes zugunsten des standardnahen und heute noch in Nordbayern vorherrschenden *ee* nach Westen zurückweicht.

Diese Entwicklung geht sogar in den Städten Würzburg und Schweinfurt im allmählichen Übergang vor sich: Dort heißt es, der Entwicklung im Umland vorauseilend, *Nääbl* und nicht *Neebl*, wie es nhd. Standard wäre (vgl. auch "essen" Karte 7).
Als ähnlich charakteristisch wie der *ee*/*aa*-Kontrast im Nordwesten wird von den Dialektsprechern der Kontrast von *ee* und (als typisch schwäb. empfundenem) *äa* im Südwesten wahrgenommen: Der *Näabl*, so sagt man östl. des Lechs, reiche genau bis zum Westufer des Flusses. Dagegen wird am Ostufer des Lechs der Unterschied zwischen der diphthongischen Aussprache *Nee^{i}wl* und einer Monophthonglautung wie *Neewl* oder *Nèèwl* viel weniger ausgeprägt unterschieden. Zumindest für das Gebiet des Lechrains südöstl. von Augsburg ist sicher, dass selbst im Verbreitungsgebiet des Diphthongs *ee^{i}* eine monophthongische Aussprache nicht als Verstoß gegen die Ortsmundart empfunden wird. Der flache Diphthong *ee^{i}* östl. des Lechs geht entwicklungsgeschichtlich parallel der *oo^{u}*-Lautung in "Vogel" (vgl. Karte 10) als Rest eines einstmals größeren Gebiets.
Die Verbreitung der Monophthonge *èè* und *ee* (*Nèèwi*, *Neewi*, *-e*) in Obb. und Ndb. kann nur ungefähr dargestellt werden, dabei ist die leicht offenere Lautung *èè* wohl als die ältere anzusehen. Dies zeigen nicht zuletzt Untersuchungen zum Münchener Raum, die für die ältere bis mittlere Sprechergeneration die Lautung *èè* belegen; erst in der jüngeren Generation wird *ee* und damit standardnah gesprochen.
Zum Kurzvokal um Aschaffenburg vgl. S. 22.

In Nby. und in der südl. Opf. zeigt germ. ë sowohl bei Dehnung als auch bei erhaltener Kürze (vgl. Karte 7) zwei unterschiedliche Öffnungsgrade, ein Faktum, das E. Kranzmayer einstmals als "e-Verwirrung" bezeichnete. Ausschlaggebend für die unterschiedliche Aussprache ist die alte Lautumgebung, in der der Vokal stand. Die Regeln dafür sind im "**Kollmerschen Gesetz**" formuliert. Danach ist meist (leicht) offene Lautung *(è, ä)* zu erwarten in Wörtern mit der Endung -el oder -eln, so in "Nebel" oder "betteln" *(bèèdln)*, daneben in Wörtern, bei denen ein auf ahd. -ôn oder -ûn zurückgehender Nasalkonsonant mit dem Wortstamm verschmilzt (*fèèng* 'fegen'), und schließlich noch bei männlichen und weiblichen Substantiven, die im Ahd. im Nominativ die Endung -o hatten (z. B. "Stecken, Rechen, Hexe, Krebs, Zecke"). Fast alle anderen Wörter mit germ. ë werden mit geschlossenem *e* gesprochen (etwa *leesn* 'lesen', *leem* 'leben' < ahd. lëbên, *Weeda* 'Wetter').
Nach den gleichen Regeln sind übrigens in diesem Gebiet auch die Folgelaute von ahd. a und â unterschiedlich verteilt. Lautumgebungen, die bei germ. ë offenere Aussprache hervorrufen, bewirken bei ahd. a und â eine stärkere Verdumpfung zu *o* oder *ò* (vgl. auch S. 23 und 29 sowie Schraffur in Karte 13).

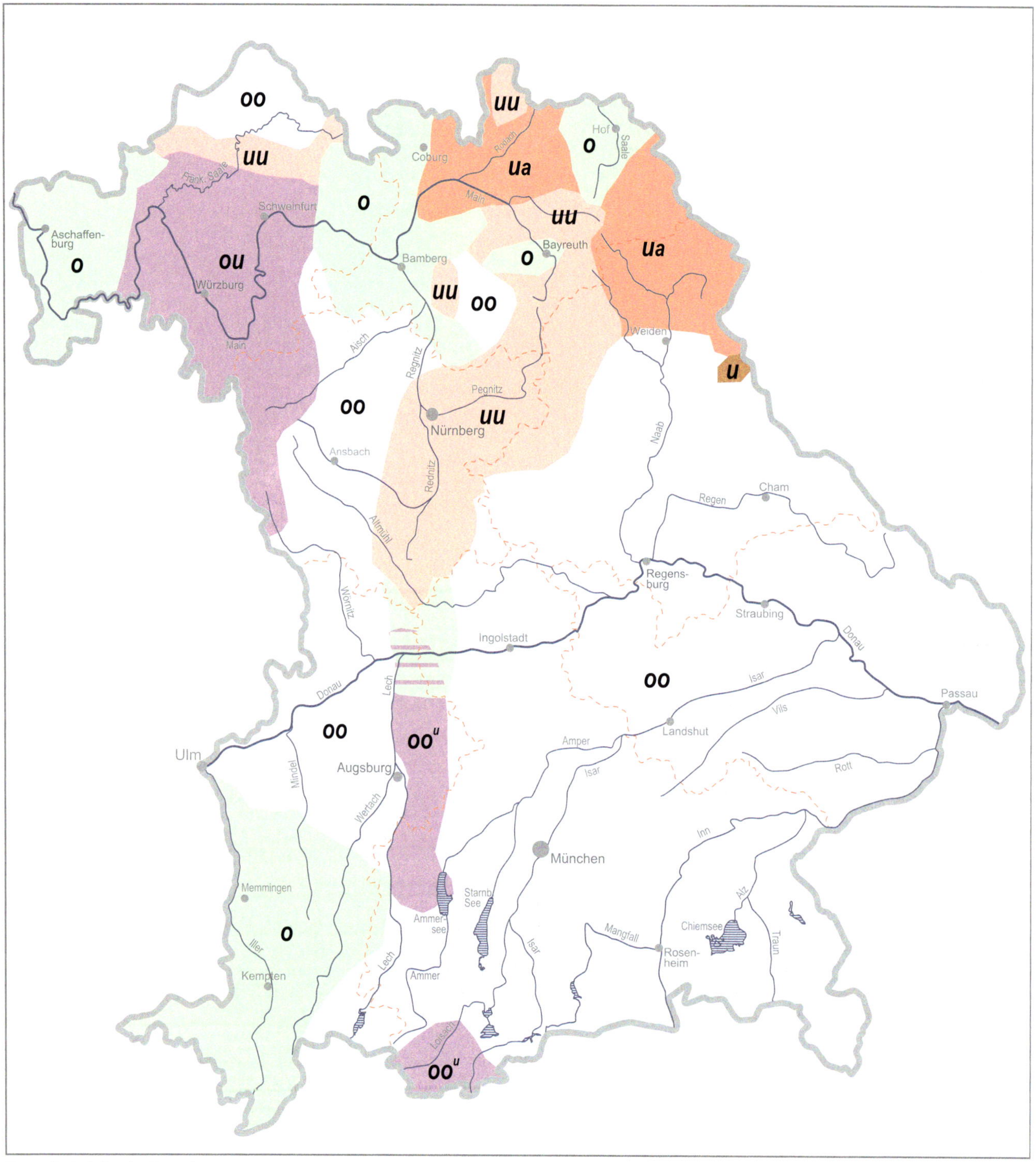

Karte 9: Mhd. o in *Frosch*

Mhd. u vor ehemaligem i oder j in der Folgesilbe ist im dt. Sprachraum überwiegend zu *ü* umgelautet worden, z. B. "Sünde" < ahd. sunta, "Würfel" < ahd. wurfil, was eine teilweise Angleichung (Assimilation) des ursprünglich im hinteren Mundraum gebildeten Vokals *u* an den vorne erzeugten Vokal *i* darstellt. Der Umlaut *ü* verändert sich in Teilgebieten durch Entrundung zu *i* (vgl. Vokalviereck S. 22 und Karte 12 "Vögel").
Vor bestimmten Konsonanten, vornehmlich vor gg, ck, pf, tz, ist Umlautung aber in einem großen Teilgebiet des oberdt. Sprachraumes unterblieben, oder sie wurde später wieder rückgängig gemacht, so dass es dort beispielsweise "Kuche", "bucken", "nutzen" heißt. Ähnliches gilt für altes u vor Verbindungen mit Nasal, z. B. "dunken".
Die Grenze dieses Phänomens verläuft – fast bei jedem Wort etwas anders – diagonal durch das nördl. Bayern, so auch bei den oben kartierten Beispielen **drücken** vs. **drucken** und **Brücke** vs. **Bruck(e)**. Sie trennt also einen eher umlautfreundlichen Nordwesten von einem eher umlautfeindlichen Südosten.

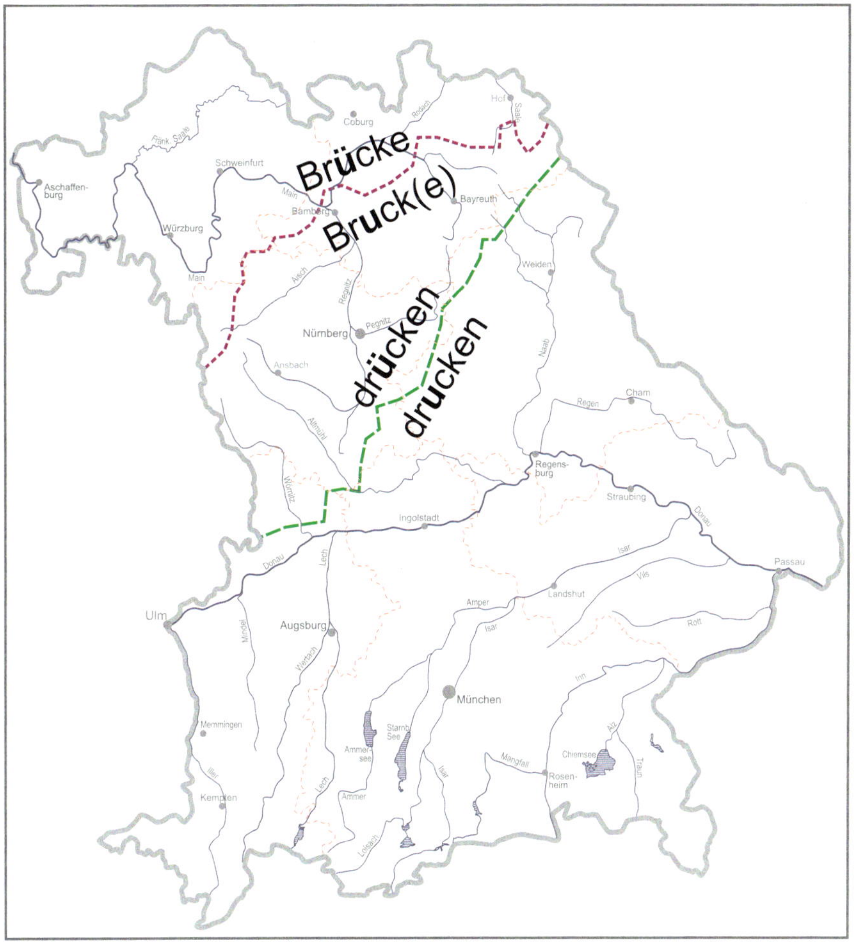

Die Karte (links) dokumentiert die mundartlichen Verhältnisse für die Lautung von mhd. o am Beispiel der einsilbigen Tierbezeichnung **Frosch**, die auf mhd. vrosch, ahd. frosc zurückgeht. Die weitere Herkunft ist unsicher.
Dieses Wort wird in den Dialekten Bayerns überwiegend mit Langvokal bzw. mit daraus entwickeltem Diphthong gesprochen. Ursprünglich war der Vokal kurz, die **Einsilberdehnung** hat gewirkt. Sie erfasst einsilbige Wörter mit ehedem kurzem Vokal + Fortiskonsonant bzw. Konsonantengruppe (z. B. Kopf, Sack, Fisch, Loch). Sie werden in den betroffenen Gebieten als *Koopf, Saak, Fiisch, Looch* gesprochen. Unser Wort **Frosch** gehört auch zu dieser Gruppe. Die Pluralformen dieser Substantive, mhd. köpfe, sekke, vische, löcher, vrösche, sind aber in den Dialekten kurz geblieben, so dass wir bezüglich der Quantität Oppositionen zwischen Singular und Plural haben, z. B. *Froosch – Fresch, Koopf – Kepf, Fiisch – Fisch*. Als Zweisilber waren die Pluralformen nicht von der Einsilberdehnung betroffen, aber auch nicht von der Dehnung in offener Tonsilbe, weil im Ahd. auch im Zweisilber des Plurals geschlossene Tonsilbe vorlag (z. B. ahd. frosca, fiska).
Das hier vorliegende Kartenbild gilt in Bezug auf Kürze oder Länge des Vokals nicht nur für das Wort "Frosch", sondern in groben Zügen auch für alle anderen Wörter, die der Einsilberdehnung unterlagen, z. B. "Bach, Dach, Stich, Bock, Stock, Speck, Tisch, Ast, Schloss, Saft, Luft, Blatt, Spatz, Hand, Wind, Kind, Hund, Gang". Der bei der Einsilberdehnung entstandene Langvokal entwickelt sich genauso wie der aus der Dehnung in offener Tonsilbe hervorgegangene (vgl. Karte 10 und S. 35 "Vogel").

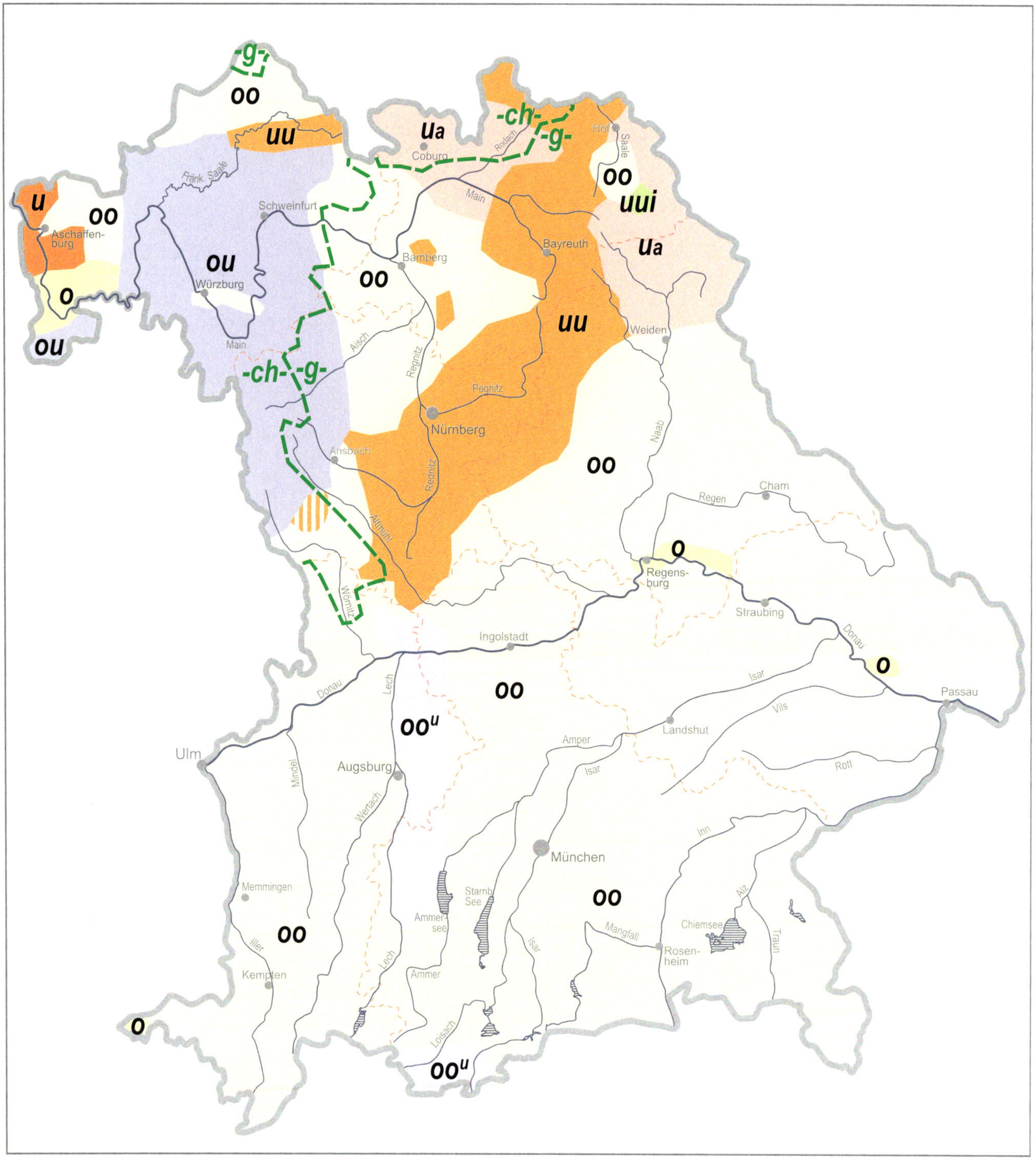

Karte 10: Mhd. o in *Vogel*

Im normalisierten Mhd. wird das o im Wort v o g e l als Kurzvokal angesetzt. Die heutige lange Aussprache des Vokals *oo* in diesem Wort ist durch die Dehnung in offener Tonsilbe entstanden. Diese Dehnung tritt nicht nur in der Standardsprache, sondern auch in den meisten deutschen Dialekten ein (vgl. S. 22).

Die Karte zeigt primär die Lautung des betonten Vokals. Zusätzlich wird aber auch durch eine gestrichelte Linie die Aussprache des nachfolgenden Konsonanten dargestellt, der im Großteil Bayerns, wie in der Standardsprache, als *g* (z. B. *Voogl*, *Vuugl*) erhalten ist, im Nordwesten aber als *ch* realisiert wird (z. B. *Vouchl*, *Vuchl*).
Die in Bayern am weitesten verbreitete Aussprache *Voogl* stimmt in der Lautung mit der Hochsprache überein. In kleinen Gebieten in der südl. Opf. und in Nby. tritt der *o*-Vokal dabei als Kurzvokal auf (Typ *Voggl*); dies ist wohl – im Gegensatz zu dem Kürzegebiet am Bodensee – keine aus dem Mhd. bewahrte Kürze, sondern dürfte eine spätere Rückverkürzung darstellen. Zum Kürzegebiet um Aschaffenburg, das einen Ausläufer eines größeren rheinfränk.-hess. Gebietes mit Kurzvokal darstellt (vgl. S. 22).
Von Ufr. bis zu den Alpen gibt es weite Gebiete, in denen das gedehnte *oo* als Diphthong *ou/oo*^{u} erscheint. Das südl. Diphthonggebiet östl. des Lechs hatte ursprünglich eine wesentlich größere Ausdehnung. Dies machen urkundliche Schreibungen (um 1300) mit der Zeichenkombination ‹ou› in offener Silbe und auch die sonstige Verteilung (nur an den Rändern des gesamtbair. Dialektraumes, quasi als übrig gebliebene Reste) wahrscheinlich. Damit ist die heutige Lautung *Voogl* im Süden Bayerns als eine jüngere Form anzusehen, die eine ältere, diphthongische Lautung *Vougl* abgelöst hat.
Am Lechrain und im Werdenfelser Land wird der Diphthong *oo*^{u} mit geschlossenem Erstglied ausgesprochen. Das Diphthonggebiet *Vougl/Vouchl* in Ufr. und Mfr. weist hingegen in sich eine klangliche Differenzierung auf: Im westl. Teil wird der Diphthong eher geschlossen, im östl. Teil eher offen artikuliert.
Besonders die fränk. Diphthonge sind derzeit auf dem Rückzug: An einigen Stellen haben *oo*-Lautungen als jüngere Entwicklung die alte Diphthongaussprache *ou* ersetzt, z. B. die Aussprache *Voochl* in und um Würzburg, die sich dort unter dem Einfluss der nhd. Standardsprache ausbreitet.
In einem breiten Streifen, der die Osthälfte von Mfr. umfasst und der sich nach Nordosten bis in den Norden von Ofr. an die thüring. Grenze erstreckt, wurde das gedehnte *oo* zu *uu* gehoben *(Vuugl/Vuuchl)*. Mehrere "Inseln" mit dieser Lautung entlang der Regnitz und im Grabfeld deuten darauf hin, dass diese Aussprache in der Vergangenheit weiter verbreitet war als heute. Historische Schreibungen (12. Jh.) lassen diese Hebungen, die parallel auch bei gedehntem e und ö (z. B. *hiibm* für 'heben' und *Iifn* für 'Öfen') stattgefunden hat, als relativ alten Lautwandel erscheinen.
Das Mischgebiet *oo/uu* im Südwesten von Mfr. ist auf den Rückzug der standardfernen Dialektaussprache *uu* gegenüber einer jüngeren, an der Schrift orientierten Lautung zurückzuführen. Auch die gebietsweise zu registrierende Aussprache *Voogl* südl. von Hof dürfte jüngeren Datums und in Anlehnung an die Standardsprache entstanden sein.
Im Nordosten Bayerns, in Ofr. und der nördl. Opf., wird der fallende Diphthong *ua* bzw. *uua* gesprochen. Hier ist der von *oo* zu *uu* gehobene Laut zusätzlich noch diphthongiert worden. Ein sehr kleines Gebiet im Fichtelgebirge spricht *Vuuigl*.

Hebung und **Senkung** im Bereich der hohen und mittleren Vokale

	i	*ü*	*u* ↑	
Senkung ↓	*e*	*ö*	*o*	Hebung
	è		*ò*	
	ä			

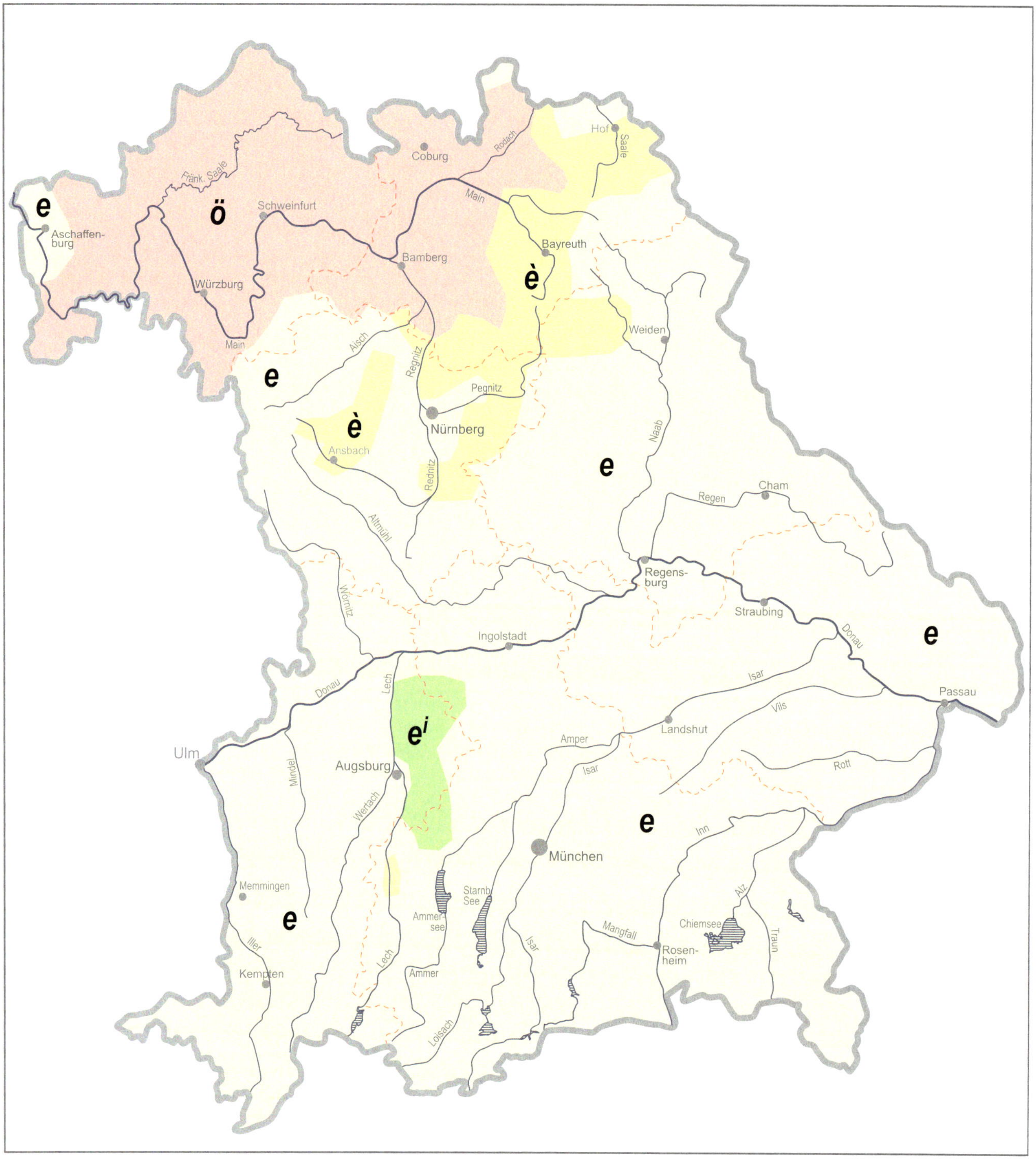

Karte 11: Mhd. ö in *Köpfe*

Kartiert ist hier die heutige dialektale Aussprache des mhd. Vokals ö, der als Umlaut zu mhd. o entstanden ist, am Beispiel des Wortes **Köpfe**. Weitgehend gleiche Kartenbilder zeigen Wörter wie "Kröpfe", "Zöpfe", "Stöcke", "Röcke", "Knöchel".

Der Plural von "Kopf" wird im heutigen Hochdt. durch Umlautung des Stammvokals und Anhängen einer e-Endung gebildet: Kopf > Köpfe. In den Dialekten Bayerns geschieht die **Pluralbildung** im Wort "Kopf" durch Umlautung und teilweise zusätzlich durch Vokalkürze gegenüber Länge im Singular, also Singular *Koopf* gegen Plural *Kepf/Köpf* (vgl. S. 33). Eine etymologisch dem hochdt. -e entsprechende Vokalendung zur Kennzeichnung des Plurals kommt in den Dialekten Bayerns so gut wie nicht vor.

Im größten Teil Bayerns wird das *ö* entrundet, also wie *e* ausgesprochen, d. h. bei gleichem Öffnungsgrad (mittel) und identischer Zungenstellung (vorne) wird die Lippenrundung, die Nachvornestülpung der Lippen, zurückgenommen. Bei gespreizten Lippen entsteht ein *e*-Laut. Damit fällt im Entrundungsgebiet der ehemalige *ö*-Laut mit dem *e*-Laut des Primärumlautes zusammen (vgl. S. 27). Von der Entrundung betroffen sind, mit Ausnahme der Umlaute aus a, alle durch Umlaut entstandenen Vokale des Mhd., nämlich ö, ü (je als Kurz- und Langvokal), üe und öü; sie werden zu den ungerundeten vorderen Vokalen vom Typ *e, i, ie* und *ei/ai*, wobei die drei erstgenannten jeweils mit den entsprechenden schon vorhandenen Lauten des Mhd. zusammenfallen.

Die Rundung in den oben beschriebenen Umlautvokalen bewahrt ein großes ostfränk., henneberg. und osthess. Gebiet. So sagt man in Ufr. – mit Ausnahme des Raumes um Aschaffenburg – und im westl. Ofr. *Köpf*.

Zur Wortgeschichte

Kopf (< mhd. k o p f, ahd. k o p f, k u p f) geht wie die Wörter "Kübel" und "Kufe" auf lat. c o p a und c u p p a zurück. Es bedeutet in ahd. Zeit 'Gefäß', speziell 'Trinkgefäß, Becher'. Der Körperteil Kopf wurde mit ahd. h o u b i t (> Haupt) bezeichnet. Im Mhd. hat das Wort "Kopf" bereits beide Bedeutungen 'Trinkgefäß, Becher' und 'Hirnschale, Kopf'. Im heutigen Hochdt. hat sich "Kopf" als Bezeichnung für den Körperteil durchgesetzt, "Haupt" gilt entweder als veraltet oder einer höheren Sprachebene zugehörig.

Oft wurde angenommen, dass eine Bedeutungsübertragung 'Hirnschale' > 'Gefäß' stattgefunden hat, da Hirnschalen im kultischen Bereich als Gefäße genutzt wurden. Die entgegengesetzte Übertragung, 'Gefäß' > 'Kopf', ist jedoch wahrscheinlicher, wenn man in Betracht zieht, dass sowohl Gefäße als auch Köpfe Hohlkörper sind.

Die **Entrundung** betrifft nicht nur den Großteil Bayerns, auch im übrigen Süddeutschland, in Österreich (mit Ausnahme von Vorarlberg) und im ostmitteldt. Raum ist sie überwiegend durchgeführt worden. Entrundete Schreibformen kommen im bair. und alem. Raum seit dem 13. Jh. vor, im rhein. Westen seit dem 15. Jh. und im mitteldt. Osten erst seit dem 16. Jh. Solche entrundeten Formen sind in Schreibungen und Drucken vom 15. bis ins 18. Jh. keine Seltenheit: Man schreibt "heren" für 'hören', "mide" für 'müde'. Wenn Goethe "müde" und "Friede" reimt und "König" auf "wenig", wenn er "leichten" statt "leuchten" schreibt, dann ist das für uns ein deutlicher Hinweis, dass er diese Wörter auch entsprechend entrundet gesprochen hat. Im 17., 18. und 19. Jh. waren entrundete Formen in der gesprochenen Sprache auch in den gebildetsten Schichten des süddt. und ostmitteldt. Raumes üblich.

Trotz ihrer weiten geographischen und historisch-sozialen Verbreitung, trotz der hohen Anzahl von Entrundungsschreibungen in der frühen Neuzeit sind aber nur wenige entrundete Formen usuell geworden, d. h. in die Normschreibung und damit auch in die Aussprache des heutigen Hochdt. eingegangen, z. B. "Pilz" (mhd. b ü l z, i-Schreibung seit dem 16. Jh.), "Kissen" (mhd. k ü s s e n, seit dem 18. Jh.), "spritzen" (mhd. s p r ü t z e n, seit dem 16. Jh.), "Nerz" (mhd. n ö r z), "Steiß" (mhd. s t i u z).

Im Gegensatz dazu sind einige ehemals ungerundete Wörter mit gerundetem Vokal ins Nhd. eingegangen, wie z. B. "löschen" (mhd. l e s c h e n), "schöpfen" (schepfen), "schwören" (swern), "Hölle" (helle), "zwölf" (zwelf), "ergötzen" (ergetzen), "wölben" (welben), "Würde" (wirde). Dieser Vorgang ist weniger als eine Folge einer lautlichen Rundungserscheinung zu deuten; vielmehr handelt es sich dabei um hyperkorrekte Schreibungen aus dem großen Rundungsgebiet, die den Weg in die nhd. Schriftsprache gefunden haben (vgl. Textkasten S. 39).

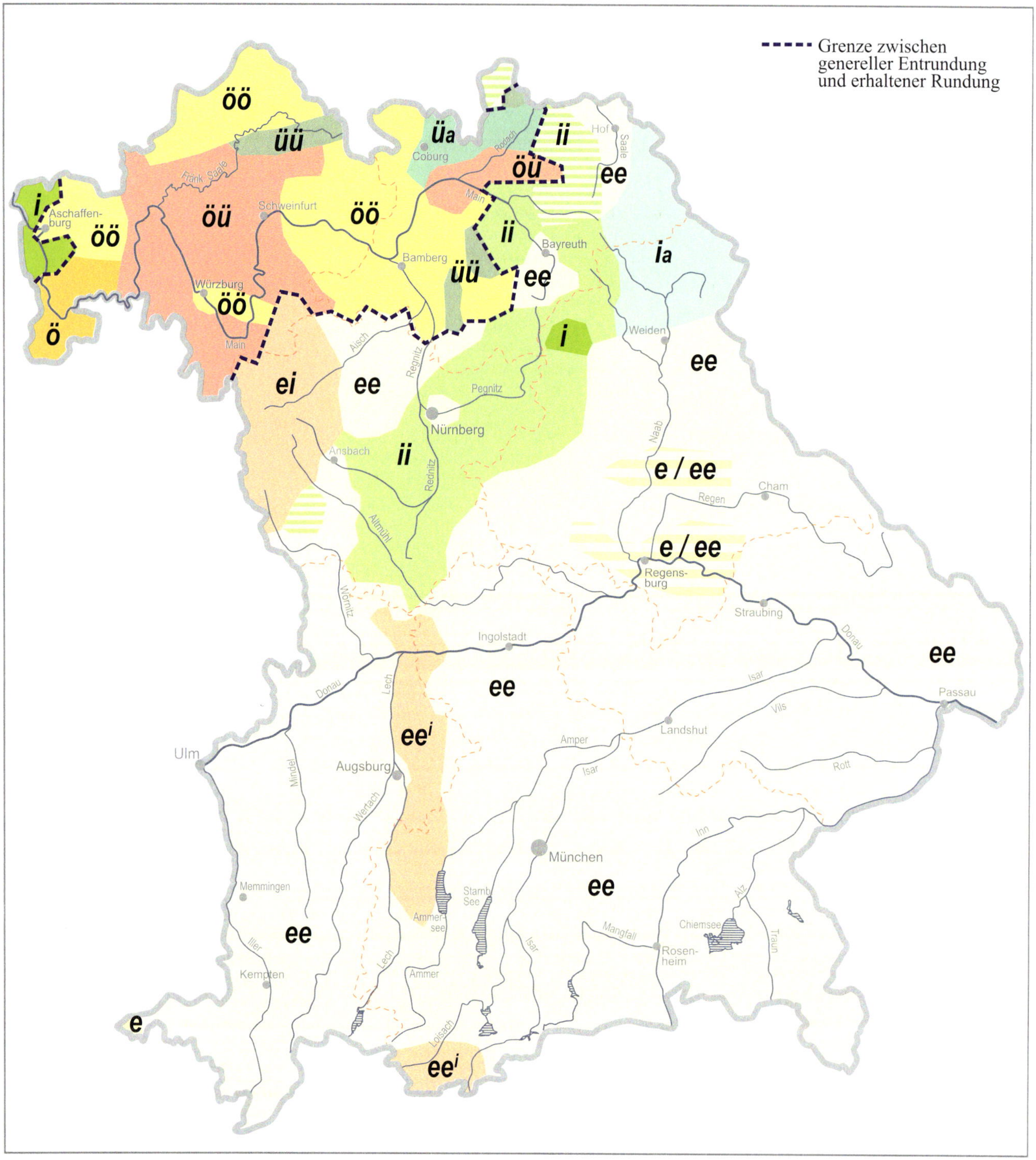

Karte 12: Mhd. ö in *Vögel*

Wie im mhd. Wort vogel, so tritt auch im Plural vögel Dehnung in offener Tonsilbe ein (vgl. S. 22). Folglich wird in der nhd. Hochsprache "Vögel" mit langem *öö* gesprochen. Zusätzlich verlieren in den meisten Dialekten Bayerns die gerundet gesprochenen Umlaute *ö*, *ü* (jeweils als Lang- und Kurzvokal), *üe* und *öü* ihre Rundung und werden zu den ungerundeten vorderen Vokalen der Typen *e, i, ie, ai*. Sie fallen damit mit den Entsprechungen des "Primärumlautes" (mhd. e) zusammen. Im Gebiet mit Entrundung hat "Vögel" also nahezu die gleiche Vokalverteilung wie etwa "heben".

In einem breiten Streifen, der sich vom südl. Mfr. bis in den Norden von Ofr. erstreckt, ist das gedehnte *ee* zu *ii* gehoben worden. Dieser Lautwandel geht parallel mit dem von *o* > *u*, der bereits auf S. 35 besprochen wurde; historisch gilt auch für ihn das dort Gesagte. Die Entrundungsgrenze (gestrichelte Linie) teilt das Hebungsgebiet: Dort, wo entrundet wurde, d. h. wo *ö* zu *e* geworden ist, erscheint bei Hebung *i*, bei unterbliebener Entrundung aber *ü*. Wie bei "Vogel" (Karte 10) gibt es im Norden auch ein Gebiet, in dem der gehobene Monophthong *üü* bzw. *ii* zu *üa* bzw. *ia* diphthongiert wurde.

Im westl. Franken sind heute Mischgebiete festzustellen, in denen die Lautung *Viigl/Viichl* nicht mehr flächendeckend, sondern in Abwechslung mit der Aussprache *Veegl/Veechl* vorkommt. Die Lautung *ee* ist die jüngere, die sich als umgangssprachliche Form der Standardsprache annähert. Auch die größeren Städte haben *ii* zugunsten von süddt.-umgangssprachlich verbreitetem *ee* aufgegeben. In einem kleinen Gebiet an der Nordwestgrenze der Opf. tritt der gehobene Vokal sekundär wieder gekürzt auf *(Vigl)*.

Östlich des mittleren und unteren Lech und im Werdenfelser Land ist das gedehnte *ee* zu ee^{i} diphthongiert worden. Dies ist historisch wie oo^{u} bei "Vogel" (vgl. Karte 10) und ee^{i} bei "Nebel" und "essen" (vgl. Karten 7 und 8) zu erklären.

Da Lautentwicklungen in der Regel als parallele Entwicklungen von Reihen gleichartiger Laute vor sich gehen (vgl. S. 47), wundert man sich, dass bei "Vögel" die fränk. Diphthonge des Typs *ei* auf ein kleines Gebiet reduziert sind. Das ist aber nur scheinbar der Fall, denn das hier vorhandene *öü* ist der nicht entrundete Paralleldiphthong zu *ei* (vgl. S. 37).

In den an das ufr. Diphthonggebiet angrenzenden Gegenden wird der Vokal meist standardnah als *Vöögl/Vööchl* gesprochen. Auch im Gebiet um Würzburg (und in Schweinfurt) spricht man *Vööchl*. In diesem Fall handelt es sich jedoch nicht um eine alte Dialektform, vielmehr hat hier die an der Schrift orientierte Aussprache *öö* die ältere Diphthonglautung *öü* bereits ersetzt. Verschiedentlich gibt es im Norden Gebiete mit Kurzvokalen: *i, ö, e*.

Die unterschiedliche Aussprache des dem Tonvokal folgenden Konsonanten als *g* oder *ch* stimmt mit den bei "Vogel" festgehaltenen Verhältnissen überein (vgl. Karte 10). Im größten Teil Bayerns, nämlich östl. und südl. der dort eingezeichneten Linie sowie in dem kleinen abgegrenzten Gebiet im Norden von Ufr., wird wie in der Standardsprache *g* (z. B. *Viigl, Veegl, Vüügl*) gesprochen, westl. und nördl. aber *ch* (z. B. *Vöüchl, Veichl, Vööchl*).

Hyperkorrektion

Ein Schreiber des 16. Jhs. aus den süddt. Entrundungsgebieten spricht *Leffel* und *Scheffel* sowie *Hitte* und *bitte* für 'Löffel' und 'Scheffel' sowie 'Hütte' und 'bitte'. Das heißt, er hat keinen Lautunterschied zwischen geschriebenem ‹i› und ‹ü›, ‹e› und ‹ö›, weil alle mhd. ü-Laute zu *i*-Lauten und alle mhd. ö-Laute zu *e*-Lauten geworden sind (vgl. Textkasten S. 37).

Es entsprechen sich:

gesprochen *i* — geschrieben ‹i› in "bitte"; geschrieben ‹ü› in "Hütte"

gesprochen *e* — geschrieben ‹e› in "Scheffel"; geschrieben ‹ö› in "Löffel"

Wenn er nun nicht weiß, wie diese Wörter geschrieben werden, dann erwischt er mit einer Wahrscheinlichkeit von 50 % die "falsche" Schreibung. Schreibt er ‹Hitte›, ist er seiner Aussprache gefolgt; schreibt er hingegen ‹bütte›, hat er sich zwar etwas gedacht, ist aber über das Ziel hinausgeschossen; man sagt dann, diese Schreibung sei hyperkorrekt. Die Schreibung ‹Löffel› für mhd. leffel gehört z. B. in diese Kategorie. In frühnhd. Zeit (1350–1650) gibt es eine große Anzahl von Schreibungen nach der Lautung und auch von hyperkorrekter Natur. Nur wenige davon sind in den allgemeinen Schreibgebrauch eingegangen (S. 37).

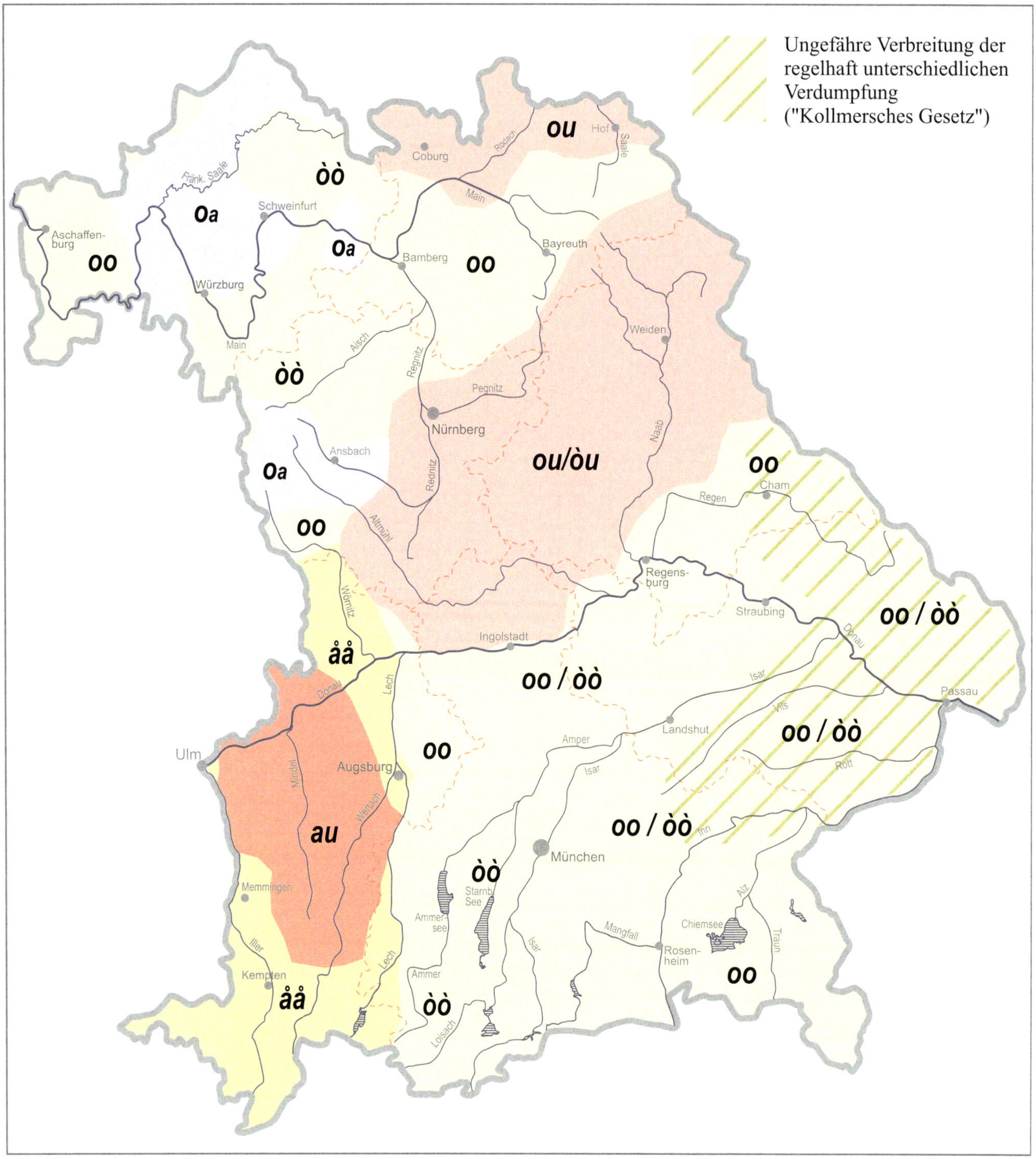

Karte 13: Mhd. â in *Schaf, fragen, Braten*

Dargestellt sind auf dieser Karte weitgehend die Lautungen, wie sie sich im Belegwort **Schaf** ergeben. In Ufr. und im südöstl. Obb. sind jedoch für 'Schaf' andere Wörter bzw. nur die umgelauteten Diminutivformen (z. B. *Schaafi*) belegt, so dass in diesen Gebieten ersatzweise **Braten** oder **fragen** als Belegwörter ausgewertet wurden.

In Bayern kommen in den heutigen Dialekten drei unterschiedliche Diphthongtypen gebietsbildend vor: die Steigdiphthonge ***au*** *(Schauf, Braute)* im inneren Ostschwäb., ***ou*** *(Schouf, Broutn)* im Großteil des Nordbair. und im nördl. Ofr. sowie der Falldiphthong ***oa*** *(Brooate)* in mehreren Gebietsteilen von Ufr. und Mfr.
Im übrigen Bayern wird der alte Langvokal â als Monophthong ausgesprochen, er ist aber – im Gegensatz zum altkurzen a (vgl. S. 23) – überall "verdumpft", und die Verdumpfung geht in Teilgebieten weiter in Richtung *o* als beim altkurzen â. Die Aussprache dieses verdumpften Monophthongs reicht vom dunklen a-Laut (z. B. *Schååf*) über leicht offene o-Lautung *(Schòòf)* bis zum neutralen und geschlossenen o *(Schoof)*, wobei großenteils keine klar abgrenzbaren Gebiete für die verschiedenen Grade der Verdumpfung und Hebung auszumachen sind. Die Gebiete mit Monophthong sind deshalb auf der Karte als einheitliche Fläche ausgewiesen; die Lautschrifteinträge zeigen jedoch grob, welche Lautung dominiert bzw. welche Lautungen in den verschiedenen Gegenden nebeneinander vorkommen.
Es gibt deutliche Hinweise darauf, dass sich alle drei Diphthongtypen *(oa, ou, au)* auf dem Rückzug befinden und in der Umgangssprache mehr und mehr von den Monophthongen verdrängt werden. Diese Entwicklung lässt sich teilweise auch aus dem vorliegenden Kartenbild ablesen, etwa daran, dass in der Nähe größerer Städte wie Ulm, Augsburg und Memmingen die Monophthonge nicht mehr vorhanden sind. Gleiches gilt für Würzburg beim *oa*-Gebiet. Es spricht alles dafür, dass das *oa*-Gebiet früher einmal eine größere und auch zusammenhängende Fläche darstellte und erst später durch die Ausbreitung der Monophthong-Lautung verkleinert und dabei auch auseinander gerissen wurde. Im Osten des fränk. Raumes ist *oo* der ältere Laut, er ist aber nicht mehr stabil, es gibt eine Tendenz zur Öffnung.
Für das schwäb. *au*-Gebiet lässt sich sagen, dass sich der Lautwandel von *au* zu *åå* als graduelle Annäherung vollzieht, dass sich also der Diphthong von *au* > *åo* > *åå*^{o} > *åå* abflacht; dieser Prozess ist den Sprechern meist nicht bewusst. Vielfach wird nur noch bei besonders deutlicher Sprechweise der Diphthong realisiert.
Der *ou*-Diphthong, dessen zwei Gebiete wohl einmal zusammenhängend waren, setzt die Verdumpfung/Hebung des gedehnten mhd. a (vgl. Karte 5 "Schnabel") voraus, mit dem er sich in einem Großteil Bayerns parallel entwickelt. Mit anderen Worten, das â ist zu *oo* geworden, um dann später diphthongiert zu werden. Inwieweit diese Diphthongierung und jene von mhd. ô zu *ou* (vgl. Karte 15 "Stroh") als ein Vorgang zu betrachten sind, ist schwer zu entscheiden, da es Dialekte gibt, die mhd. â und ô zwar diphthongieren, aber lautlich trennen in *au* und *ou*.

Die kartierten Lautungen sind auch weitgehend repräsentativ für mhd. â in anderen Wörtern (A**d**er, d**a**, n**a**ch, N**a**ht, Schw**a**ger, Spr**a**che, W**aa**ge), sofern sie in den Dialekten bodenständig sind; "**A**bend" beispielsweise, das auch auf mhd. â anlautet, ist in Teilen Bayerns dialektfremd und wird daher nicht überall nach den hier beschriebenen Regeln ausgesprochen. Bei einigen dieser Wörter, so z. B. bei "fragen", ist im Nordwesten Bayerns auch Umlautung zu verzeichnen *(freech, frääche, freich)*. Im östl. Nby. und angrenzenden Gebieten (auf der Karte schraffiert) hängt der Grad der Verdumpfung bzw. der Hebung auch von der ahd. Lautumgebung ab, in der der Vokal stand; sie ist stärker in Fällen, wo dem alten â (wie auch dem gedehnten mhd. a) ein l oder w vorausgeht oder wenn die Endsilbe -el folgt (vgl. "Kollmersches Gesetz" S. 31).
Die Vokallänge ist in diesen Belegwörtern in ganz Bayern weitgehend erhalten geblieben, auch die Diphthong-Lautungen sind durchgehend als lang zu werten; sie wären daher richtiger folgendermaßen zu verschriften: *Schaauf, Schoouf; Schooaf, Brooade*.

Bei zweisilbigen Wörtern, in denen dem Tonvokal ein Fortiskonsonant folgt, ist außerdem der Vokal gebietsweise gekürzt worden, was meist einen geringeren Grad an Verdumpfung und Hebung bzw. eine geringere Verbreitung der Diphthonge zur Folge hat: Bl**a**tter *(Blåter* neben *Blooda, Blååter),* H**a**ken, schl**a**fen, Schn**a**ke, Str**a**ße.

Nicht nur im heutigen Bayern überwiegen die Lautungen *åå* bzw. *oo* als Entsprechungen zu mhd. â, sondern im gesamten hochdt. Raum. Vom 12. Jh. an gelangen o-Schreibungen in die Schriftlichkeit des Hochdt. und verschwinden zugunsten der heute üblichen a-Schreibung im 16. Jh. wieder. Bei einer Reihe von Wörtern ist die o-Schreibung aber gebräuchlich geblieben, so dass diese heute nicht nur mit o geschrieben, sondern auch so gesprochen werden, denn unsere Standardaussprache ist erst sekundär von der geschriebenen Sprache abgeleitet worden. Wenn wir uns um eine "gute" Aussprache bemühen, sprechen wir "nach der Schrift". Solche Wörter mit altem â-Laut, die unter dialektalem Einfluss mit o geschrieben wurden und diesen *o*-Laut auch heute noch haben, sind u. a. "Docht" (zu mhd. dâcht, mit Kürzung), "Mond" (zu mâne, mit angehängtem -d), "Woge" (zu wâc), "ohne" (zu âne), "wo" (zu wâ).
Von den in Bayern vorkommenden Diphthongen wurde nur das *au* des Schwäb. im Mittelalter systematisch geschrieben. Im 13. Jh. tauchen die ersten Schreibungen dieses Typs in Ulm und Augsburg auf, sie sind dann vor allem im Ostschwäb. im 14. und 15. Jh. die Normalschreibung, um dann allmählich zugunsten des nhd. a zurückzutreten.

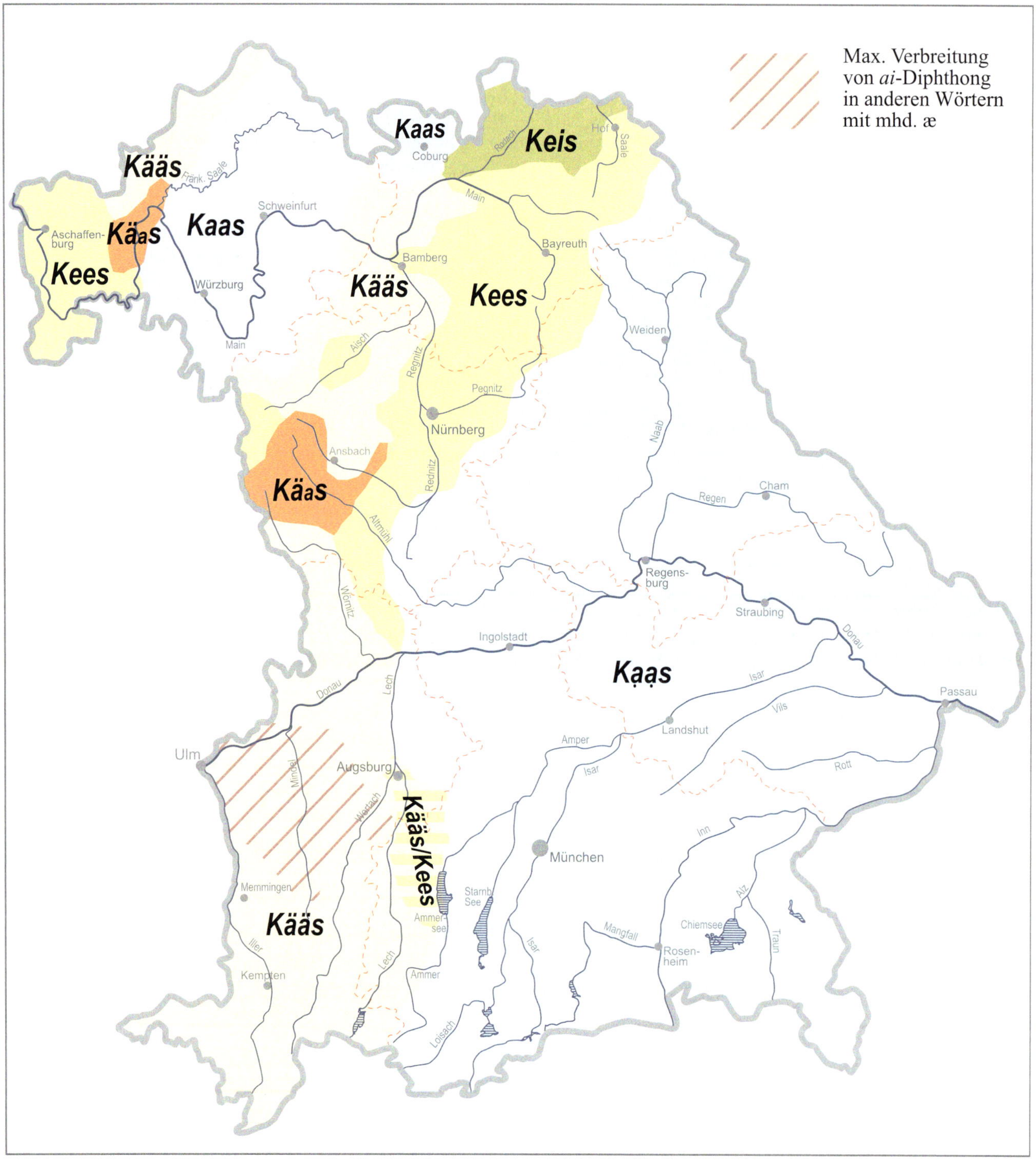

Karte 14: Mhd. æ in *Käse*

Auf Karte 14 ist der Stammvokal im Wort "Käse" dargestellt.
Das Wort dürfte von den Germanen schon im 5. Jh. im Zusammenhang mit der Einführung der Käsebereitung in fester Form aus dem lat. Ausdruck câseus (formaticus) '(geformter) Käse' entlehnt worden sein. Davor kannten unsere Vorfahren nur den Weichkäse (vgl. dazu Karte 75 "Quark"). Interessanterweise hat sich in einem Teil der romanischen Sprachen nur der zweite, der adjektivische Teil des Ausdrucks (formaticus) erhalten: franz. "fromage", ital. "formaggio". Aber: span. "queso".
In ahd. Zeit, ab dem 9. Jh., ist das Wort als kâsi, in mhd. Zeit als kæse belegt. Mhd. æ ist Umlaut von â (vgl. Karte 13); die Umlautung â > æ wurde zum Ahd. hin vom folgenden -i in der Endung bewirkt; geschrieben wird dieser Umlaut aber erst seit dem Mhd. Die Aussprache in den heutigen Dialekten entspricht weitgehend der von gedehntem mhd. ä (vgl. Karte 6). Das Wort ist überall in Bayern einsilbig, die Endung -e ist apokopiert, also abgefallen (zu "Apokope" vgl. S. 143).
Die a-Lautungen auf der Karte unterscheiden sich geringfügig: Das in fast ganz Altbayern verbreitete ***Kạạs*** ist sehr hell und unterscheidet sich in diesem Gebiet sehr deutlich von den "verdumpften" Lauten *(åå, oo)* aus den alten a-Lauten (< mhd. a und â). In den fränk. Landesteilen ist der *a*-Laut hingegen ziemlich neutral, ohne besondere Färbung, also weder dumpf noch auffällig hell.
Zwischen den Gebieten der Lauttypen ***Kääs*** und ***Kees*** ist nicht überall eine scharfe Grenze auszumachen. Dies gilt auch innerhalb des Gebietes mit steigendem Diphthong im nördl. Ofr. (***Keis***-Gebiet auf der Karte), der im Westen eher geschlossen *(Keis)* ist, im Osten eher offen *(Käis)*.
Der fallende Diphthong *äa* in zwei ***Käas***-Gebieten in Franken fällt in der mundartl. Aussprache teilweise mit den Lautprodukten aus mhd. ê (z. B. *Schnäa* 'Schnee') und mhd. œ (z. B. *bäas* 'böse') zusammen (vgl. Karten 16 und 17).

In Altbayern sind die hier kartierten Lautungen weitgehend auch repräsentativ für alle anderen Fälle von mhd. æ, z. B. in den Verben "mähen", "drehen", "säen" (< mhd. mæjen, dræjen, sæjen), sie stimmen dort aber auch weitgehend mit gedehntem mhd. ä überein, z. B. in "Gläslein", "Rädlein", "Wägelein" *(Glạạsl, Rạạdl, Wạạgal)*.
In den übrigen Gebieten ergibt sich ein wesentlich differenzierteres Bild (vgl. mit Karte 6 "Schnäbel"). In Ufr. gibt es jedoch selbst zwischen "Käse" und den drei genannten Verbformen kaum mehr lautliche Übereinstimmungen. Der Tonvokal ist dort bei diesen Verben nirgends mehr ein *aa*, sondern wechselt zwischen den Diphthongen *äa* bzw. *ea* (vorwiegend im Zentrum und im Norden), den Monophthongen *ää* bzw. *ee* (vorwiegend um Aschaffenburg und im Osten) sowie dem gerundeten Monophthong *öö* (vom Spessart bis zum Odenwald).
In einem größeren Raum im Zentrum von Bayerisch-Schwaben werden – im Gegensatz zu "Käse" – die meisten Wörter mit mhd. æ diphthongisch gesprochen, so beispielsweise "Äderlein" *(Aidrle)* und "Häklein/häkeln" *(haigg-le)*; und auch die oben genannten Verben werden mit Diphthongen ausgesprochen: *maije, draije, saije*. Das maximale Verbreitungsgebiet dieser *ai*-Diphthonge ist auf der Karte durch die Schraffur ausgewiesen.

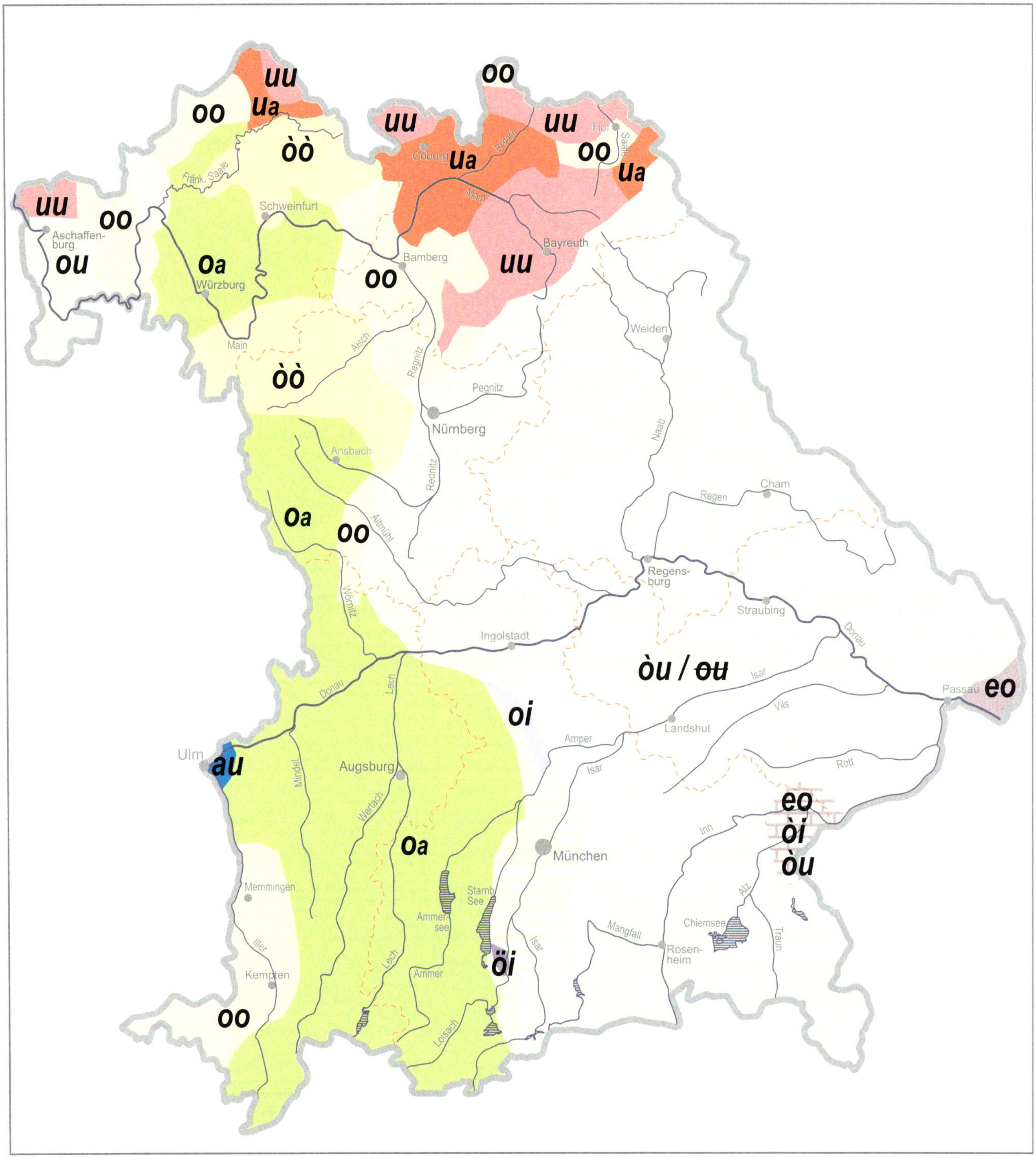

Karte 15: Mhd. ô in *Stroh*

Die Karte stellt die Vokallautungen im Wort "Stroh" dar, das als weitgehend repräsentatives Beispiel für die meisten Fälle von mhd. ô in betonter Stellung gelten darf. Die kartierte Lautung ist also auch fast überall in Bayern bei folgenden häufig gebrauchten Wörtern anzutreffen: "rot", "groß", "hoch", "Rose", "Floh", "Ohr", "Ostern". Das Wort "Brot" (< ahd. brôt) verhält sich hingegen in großen Gebieten nicht nach den hier formulierten Lautregeln. Dies dürfte damit zusammenhängen, dass dieses Wort besonders häufig im kirchlichen Sprachgebrauch vorkam (man betet das Vaterunser hochdt.: ... unser tägliches Brot ...) und deshalb dem hochsprachlichen Standard angepasst wurde.

Der im Großteil Altbayerns und im Nürnberger Raum verbreitete Steigdiphthong ***ou/ǝu*** fällt in Teilgebieten bereits ganz (so z. B. in und um Nürnberg) mit der heutigen Entsprechung von mhd. â (vgl. dazu Karte 13) und außerdem mit der von mhd. uo (vgl. Karte 24) zusammen, so dass dort beispielsweise das Farbadjektiv "rot" (< mhd. rôt) genauso *rout* oder *rǝut* ausgesprochen wird wie das Substantiv "Rat" (< mhd. rât). Im größeren Teil des Nordbair. werden aber die *ou*-Diphthonge noch nach ihrer Herkunft unterschieden. Für die Diphthongierung ô > *ou* gibt es im Bair. und im Nürnberger Raum seit dem 13. Jh. Hinweise in den Schreibungen.
Die Lautung ***au*** um Ulm setzt sich nach Westen zu fort. Sie gilt in einem großen kreisförmigen Gebiet, das sein Zentrum in Stuttgart hat. Historische Schreibungen, die diesen Diphthong anzeigen, gibt es auch schon im 13. Jh.
In die gleiche Zeit datiert auch die gegenteilige Entwicklung, die im westl. Bayern großflächig zum Falldiphthong ***oa*** geführt hat, der sich im Großteil Tirols fortsetzt und auch im nordöstl. Württemberg verbreitet ist. Dadurch ergibt sich eine Verbindung zwischen dem nördl. und dem südl. *oa*-Gebiet. Im Grenzbereich zwischen dem *oa*-Gebiet und dem *ou*-Gebiet in Obb. gibt es eine Zone der Instabilität, die auch die Landeshauptstadt München einschließt. In dieser Zone hat sich weitgehend der Monophthong *(Stroo)* durchgesetzt, teilweise werden dort aber auch noch andere Steigdiphthonge gesprochen *(Ströi, Ströü, Sträi, Stroi)*, die möglicherweise sehr alt sind, die aber keine Parallelen im übrigen Bayern haben. Insgesamt erweist sich im Raum München der östl. Diphthong-Typ *ou* als stärker gegenüber *oa*.
In Franken verteilen sich daneben kleinere Flächen von diphthongischen und monophthongischen Lautungen, die im nördl. Bereich teilweise zu u gehoben sind ***(uu, ua)***. Diese Lautungen sind wohl als Relikte eines früher größeren Hebungsgebietes zu sehen. Diese Hebungen, die im anschließenden ostmitteldt. Raum in Schreibungen seit dem 13. Jh. nachzuweisen sind und im 14./15. Jh. auch in ostfränk. Handschriften vorkommen, haben teilweise Parallelen beim gedehnten alten o (vgl. Karte 9 zu "Frosch" und 10 zu "Vogel").
Auch die am Ostrand des Bayerischen Waldes kartierte Lautung ***eo*** setzt sich jenseits der Staatsgrenze in fast ganz Oberösterreich fort. Vergleichbare Lautungen (teils auch *äo, åi* und zentralisiert *ǝ̈ü*) kommen streuend (deshalb schraffiert kartiert) auch im Inn-Salzach-Gebiet vor.

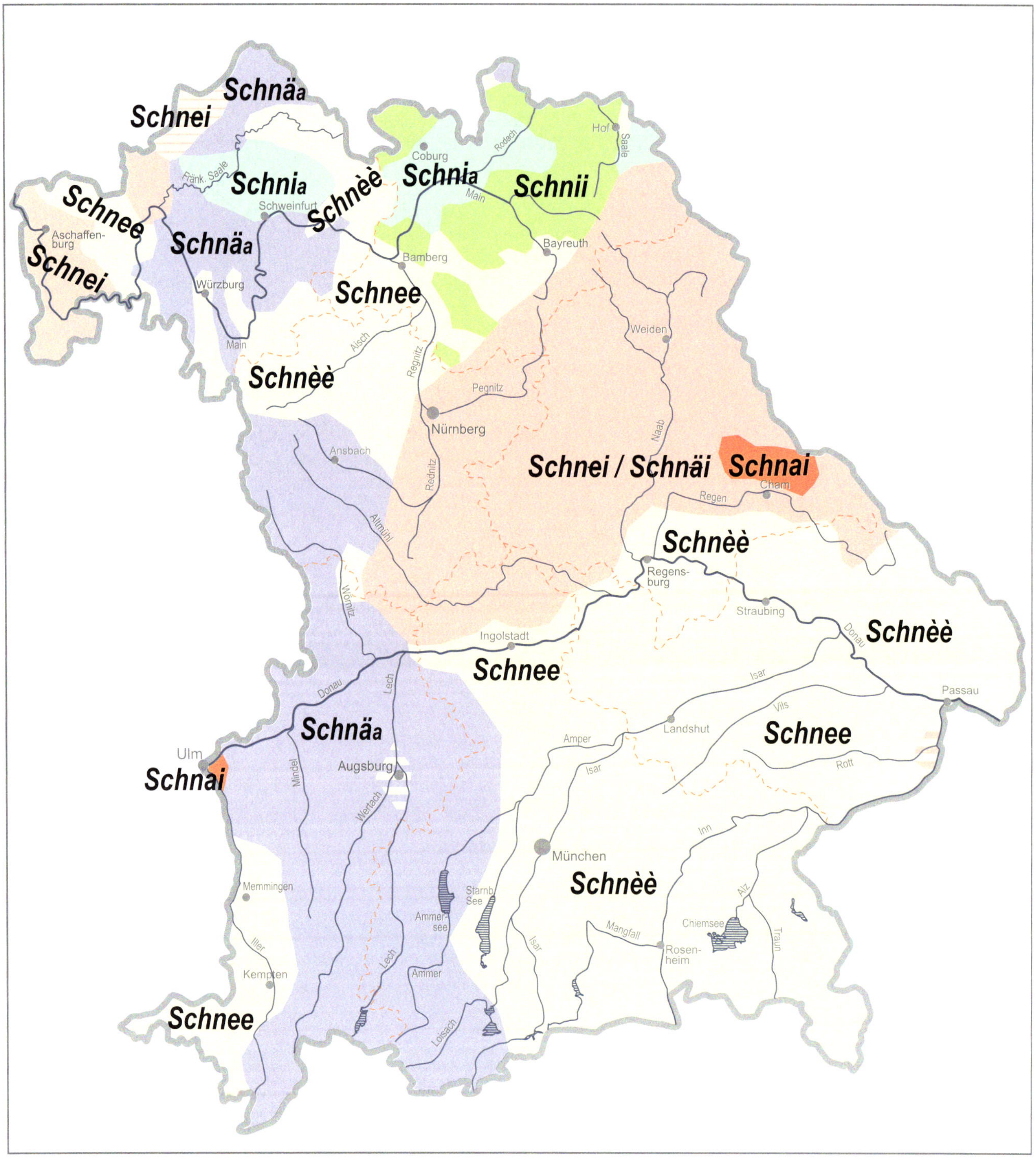

Karte 16: Mhd. ê in *Schnee*

Diese Karte stellt am Beispielwort **Schnee** (< mhd. snê, ahd. snêo) die Lautverhältnisse der Entsprechungen von mhd. ê dar. Weitgehend gleiche Lautverhältnisse werden sich also in Wörtern wie "Reh" oder "Klee" ergeben. Andere Wörter mit diesem historischen Laut hingegen weichen aus unterschiedlichen Gründen gebietsweise von dieser Lautverteilung ab, so z. B. "Seele", "See", "Zehe", "Lehrer", "wenig". Dies gilt auch für die Verbformen "gehen" und "stehen", die ja in Teilen Bayerns nicht auf die Vorformen gên und stên zurückgehen, sondern auf gân und stân (vgl. die Infinitivform "gehen", Karte 29).
Vom zentralen bairischen und vom Aschaffenburger Raum abgesehen, decken sich hier die Gebiete mit fallenden bzw. steigenden Diphthongen (*Schnäa, Schnia* und *Schnei, Schnai*) weitgehend mit den Diphthonggebieten von mhd. ô in "Stroh" (*Stroa, Strua, Strou, Strau*; vgl. Karte 15). Ebenso entsprechen sich die Monophthonggebiete von *Schnee, Schnää, Schnii* großenteils mit jenen von *Stroo* und *Struu* für "Stroh". Die Steigdiphthonge im nordbair. und im Nürnberger Raum fallen mit jenen aus mhd. üe (vgl. Karte 25 "Kühe") zusammen.
Die Diphthongierung von mhd. ô und mhd. ê lässt sich bereits im 13. Jh. anhand von Schreibungen nachweisen. Dies gilt auch für die Hebung von ê zu i und ô zu u, die vor allem im ostmitteldt. Raum stattgefunden hat.

Bei den Entsprechungen von mhd. œ, in Wörtern wie "böse", "größer", "Flöhe", "hören", "höher", "Röslein", führt die im Großteil Bayerns durchgeführte Entrundung (vgl. Karten 11 und 12) zu Lautverhältnissen wie bei mhd. ê, also beispielsweise *bees, bääs, biis* für 'böse' in den Monophthonggebieten, *bäas, bias, beis, bais* in den Diphthonggebieten. Nur im mainfränk. Raum mit erhaltener Vokalrundung sind dafür Lautungen wie *böös, büüs, büas* verbreitet.

Lautwandel als Gruppenentwicklung
Lautwandlungen sind in der Regel Erscheinungen, die nicht nur isoliert einen Laut betreffen, sondern die jeweils Gruppen von Lauten gleicher Art erfassen. Man spricht in diesem Zusammenhang auch von **Reihenschritten**.
So lassen sich, wie die zwei vorausgehenden Karten und Kommentare deutlich zeigen, für die drei mittelhohen historischen Langvokale ê, œ, ô weitgehend parallele Lautentwicklungen ablesen: Diphthongierung und Hebung.
Ähnliche Parallelentwicklungen zeigen sich auch bei den drei hohen Langvokalen î, iu, û des Mhd., die in der Hochsprache und in den meisten Dialekten Bayerns heute als Diphthonge erscheinen (vgl. Karten 18 und 19).
Vergleichbar konsequent erfasst die Entrundung auch alle umgelauteten vorderen Vokale: ü > *i*, ö > *e*, üe > *ia* (vgl. S. 37).
Vom Phänomen Umlautung sind hingegen alle hinteren Vokale (+ a) betroffen: u > *ü*, o > *ö*, uo > *üa*, a > *ä/e* (vgl. S. 27).
Von der binnenhochdeutschen Konsonantenschwächung sind wiederum alle stimmlosen Fortiskonsonanten betroffen, also z. B. p, t, k > *b, d, g* (vgl. dazu S. 67).

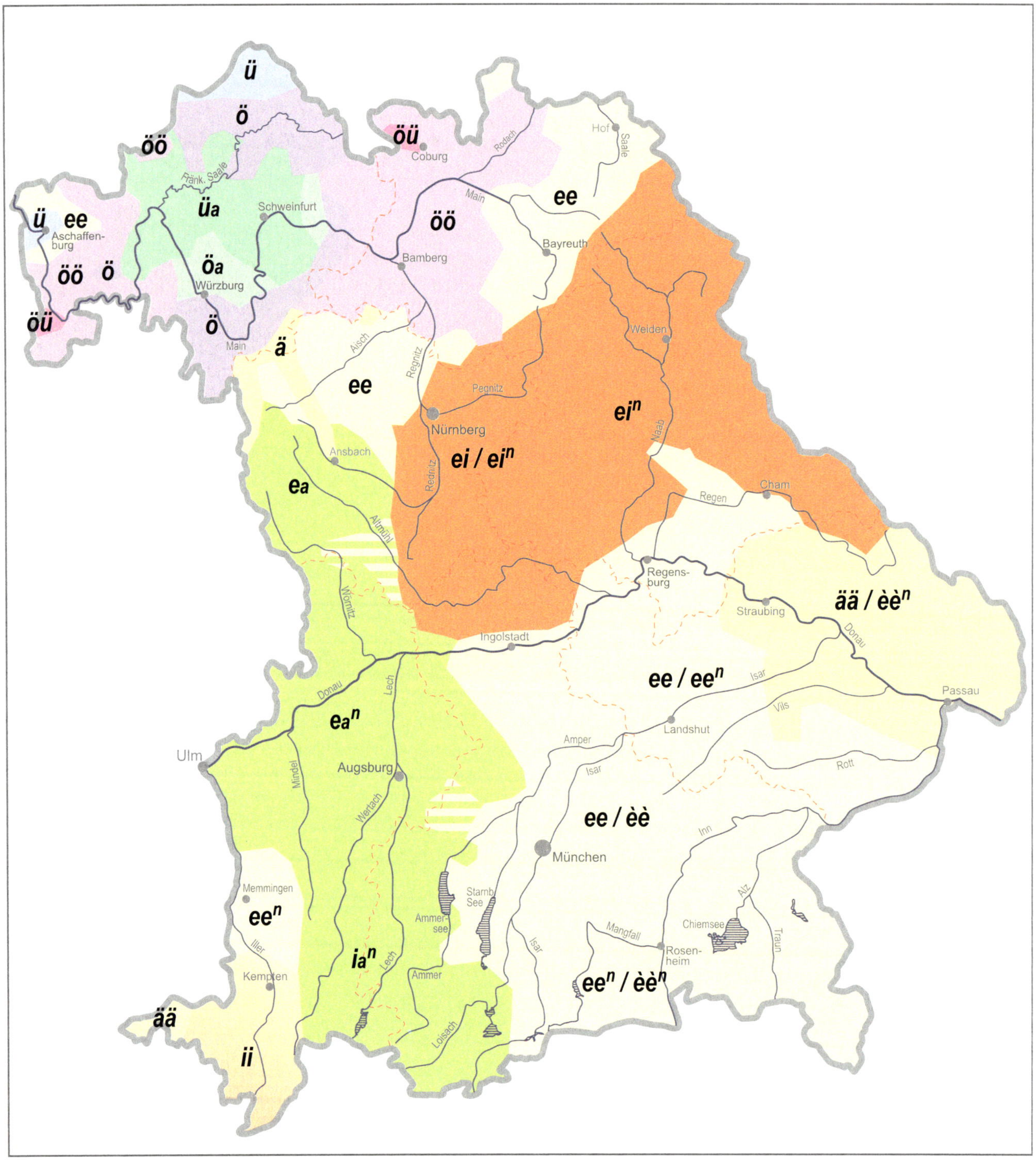

Karte 17: Mhd. œ in *schöne*

Während mit den meisten Kartenthemen versucht wird, aus der Fülle des vorhandenen Materials sog. Normalfälle abzubilden, liegt bei dieser Karte ein Fall von œ vor Nasalkonsonant *(m, n, ng)* vor. In dieser Position zeigt sich in Teilgebieten eine abweichende Lautverteilung gegenüber den Fällen von mhd. œ vor Geräuschlaut, etwa in den Wörtern "böse", "Röslein". Auch vor den Liquiden *r* oder *l* ergeben sich regelmäßig abweichende Lautverteilungen. Dieses Phänomen hat seine Ursache darin, dass Liquide und Nasale immer auch wesentliche Eigenschaften der Vokale (z. B. ihre Stimmhaftigkeit) besitzen und deshalb dazu neigen, mit ihnen zu verschmelzen und sie bei diesem Vorgang selbst zu beeinflussen. Vgl. die *l*-Vokalisierung und *r*-Vokalisierung (S. 65) sowie die Nasalvokalisierung bzw. den Nasalschwund (S. 59).

Mhd. œ ist die umgelautete Entsprechung zu mhd. ô; die Umlautung ist in spätahd. Zeit erfolgt, meist bewirkt durch einen i-Laut in der Folgesilbe (vgl. S. 39). Die Vorformen zum Adjektiv **schön** lauten ahd. skôni, mhd. schœn(e). Das Adverb dazu war im Ahd. skôno, hatte also kein -i in der Folgesilbe und ist deshalb auch nicht umgelautet worden; es hat sich seit dem 13. Jh. als festes Adverb verselbstständigt und ist bis heute als "schon" im Sinne von 'bereits' unumgelautet erhalten. Daneben gibt es heute neuere Adverbformen mit Umlaut, beispielsweise "schön spielen". Ebenfalls nicht umgelautet ist auch die Verbableitung "schonen" zu "schon", eigentlich 'schön behandeln'. Eine vergleichbare Doublette wie bei "schön – schon", also von neuerem umgelautetem und älterem nicht umgelautetem Adverb liegt bei "fest – fast" vor.

Mhd. œ steht mit mhd. ô und mit mhd. ê in einer Reihe und hat auch teilweise die gleichen Entwicklungen wie diese mitgemacht (vgl. dazu S. 47). So zeigt unsere Karte im Westen Bayerns zwei Gebiete mit fallendem Diphthong *(üa, öa* und *ea, ia),* die weitgehend mit den entsprechenden Diphthonggebieten von mhd. ô *(Stroa)* und mhd. ê *(Schnäa)* übereinstimmen (vgl. dazu die Karten 15 und 16). Auch die Monophthonggebiete *(ee, èè, ää, ii, öö, ö, ü)* decken sich teilweise mit jenen von "Schnee" und "Stroh".
Da im Großteil Bayerns, mit Ausnahme des nördl. Ostfränk., die gerundeten Vokale im späten Mittelalter Entrundung erfahren haben (vgl. dazu S. 37), sind dort die dialektalen Entsprechungen zu mhd. ê (z. B. in "Schnee", "Klee") und mhd. œ (z. B. "böse", "Röslein") zusammengefallen. Dies wird aber aus unserer Karte nicht deutlich sichtbar, weil – wie oben bereits erwähnt – im hier gewählten Beispielwort "schöne" das alte œ vor einem Nasalkonsonanten zu stehen kommt.
In Ufr. tritt das mhd. lange œ teilweise gekürzt als *ü* bzw. *ö* auf, allerdings in anderer geographischer Verteilung als die Kürzen, die dort in offener Tonsilbe vorhanden sind (vgl. dazu S. 22 sowie die Karten 5 "Schnabel", 8 "Nebel", 10 "Vogel" und 12 "Vögel").

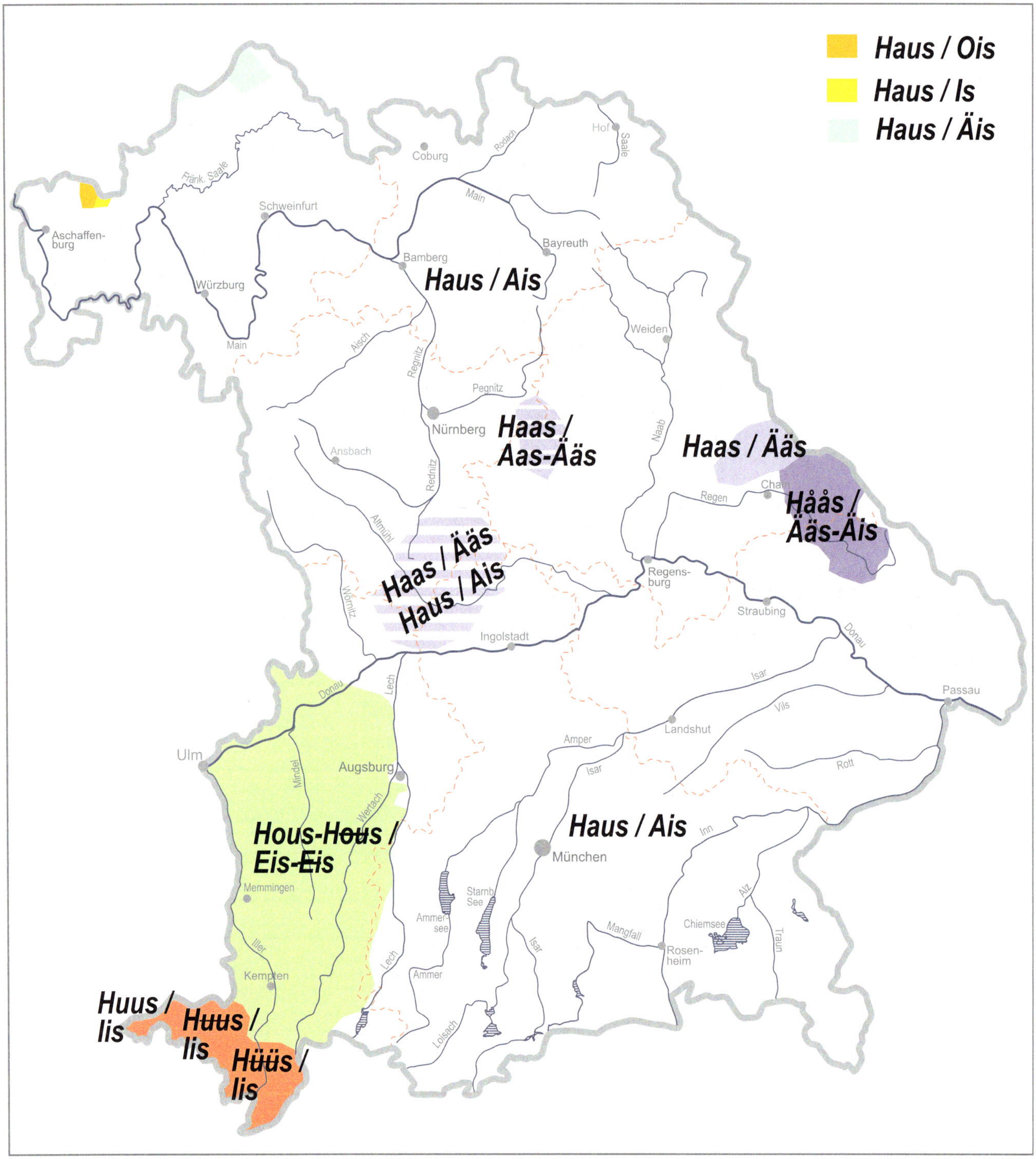

Karte 18: Mhd. û in *Haus*. Mhd. î in *Eis*

Die sog. nhd. **Diphthongierung** ist eine der einschneidendsten Veränderungen im Lautsystem, die sich vom Mhd. zum heutigen Nhd. vollzogen hat. Von dieser Entwicklung sind die drei hohen mhd. Langvokale î, û und iu (= langes ü) betroffen, die zu Diphthongen wurden; so wandelt sich der Beispielsatz mhd. mîn niuwes hûs zu nhd. "mein neues Haus". Diese Diphthongierung war ein längerer Prozess, der schon im 12. Jh. in der Schriftlichkeit vor allem des österr. Donauraumes auftritt, wohl als Folge eines flächendeckenden Lautwandels. Um 1290 haben die Diphthongschreibungen im Bair. bereits einen Anteil von 65 %, im Ostfränk. von 10 % und im Schwäb. von nur 5 %. Schon vor 1600 hatte die nhd. Diphthongierung den größten Teil des dt. Sprachgebietes erfasst. Nicht erreicht hat sie das Niederdt. (in Norddeutschland), den Raum Köln und den alemannischen Südwesten. Ihre Ursache hat die nhd. Diphthongierung wohl in der Dehnung in offener Tonsilbe (vgl. S. 22). Die bei dieser Dehnung der alten Kürzen entstandenen Langvokale *ii, üü* und *uu* führten zu einem Ausweichen, zur Diphthongierung der alten Längen. Der Zusammenhang mit Dehnung in offener Tonsilbe ist für den Westen des Diphthonggebietes nachgewiesen, im Zimbrischen allerdings gibt es die Diphthongierung ohne Dehnung in offener Tonsilbe.

Die Karte zeigt die heutigen Lautverhältnisse sowohl beim Wort "Haus" (< mhd. hûs) als auch beim Wort "Eis" (< mhd. îs), die weitgehend parallel verteilt sind. Diese zwei Wörter sind repräsentativ für fast alle anderen Wörter mit diesen zwei historischen Lauten in betonter Stellung. Die kartierten Vokallautungen für "Haus" gelten also beispielsweise auch in "Bauch, Bauer, Maus, Kraut, Laus, Schraube, brauchen, saufen", und die Lautungen für "Eis" findet man u. a. auch in "Zeit, dreißig, bleiben, reiten, feiern, Leiche, Leib". Sie gelten jedoch nicht in Wörtern wie "glauben, laufen, kaufen, auch, Baum", die zwar in der heutigen Hochsprache identisch gesprochen und auch geschrieben werden, deren Diphthong jedoch nicht auf mhd. û, sondern auf einen alten Diphthong (mhd. ou) zurückgeht (vgl. Karte 23 "glauben"). Parallel dazu verhält sich auch der Diphthong in Wörtern wie "Laib, breit, heiß, ich weiß", wo jeweils ein schon alter Diphthong (mhd. ei) als Ausgangslautung zugrunde liegt, anders als in "Eis" (vgl. Karte 21 "breit").
Die Dialekte im heutigen Bayern sind fast vollständig von der nhd. Diphthongierung erfasst worden, wobei sich zwei Gebiete mit ziemlich unterschiedlichen Diphthongpaaren (*ou/ei* und *au/ai*) abgrenzen lassen. Aus der Karte lässt sich aber nicht nur die geographische Verbreitung einzelner Lauttypen ablesen, sie spiegelt nämlich auch das historische Hintereinander dieser Typen, ihre Entwicklungsgeschichte: Die schwäb. *ou/ei* sind noch nicht so weit entfernt vom ursprünglichen *uu/ii*, eine leichte Senkung (vgl. S. 35) am Anfang des Langvokals reicht schon, um diesen Diphthong zu erhalten. Eine weitere Senkung führt zum Typ *au* bzw. *ai*, die noch weiter gesenkt werden können zu *ao* bzw. *ae*, den nhd. "Normal"-Typen. Bei genauer phonetischer Betrachtung haben auch die Dialekte in Franken, Altbayern sowie in den nördl. und östl. Randgebieten des Schwäb., denen auf der Karte vereinfachend die Typen ***Haus*** bzw. ***Ais*** zugewiesen sind, die gesenkte, offene Lautung *ao/ae*, wobei als weitere Differenzierung die besonders helle Aussprache des ersten Diphthongbestandteils *a* im Bair. hervorzuheben ist. Im mittleren Teil dieses Diphthonggebietes (schraffierte Flächen) gibt es eine unterschiedlich stark ausgeprägte Tendenz zur Verflachung der Diphthonge, d. h., der erste Bestandteil wird deutlich länger, der zweite umso kürzer ausgesprochen *(**Haa**^{u}**s**/**Aa**^{i}**s** oder **Ää**^{i}**s**)*. Die Verflachung der Diphthonge reicht teilweise bis zum Monophthong *(**Haas**/**Ääs**)*, dies ist besonders in einigen kleineren Gebieten an der Grenze zu Böhmen und im Fränkischen Jura der Fall, wo wir für mhd. û zwei unterschiedliche Monophthonge haben (***Haas*** bzw. ***Håås***), für mhd. î aber neben dem Monophthong ***Ääs*** auch den Diphthong ***Äis***. Diese Verflachungen und Monophthongierungen in diesem Bereich sind eine jüngere Entwicklung, die sicher nicht im Zusammenhang mit dem ursprünglichen Monophthongcharakter dieses Lautes steht.
Die herrschende Forschungsmeinung geht von einem zwischenzeitlichen (13. Jh.) Zusammenfall von mhd. î, û und iu und sogar von ou (vgl. S. 61) und öu in â in den Basisdialekten des Bair. aus. Später seien diese Laute wieder entsprechend ihrer ursprünglichen Etymologie nach dem Vorbild oberschichtlicher Sprachformen getrennt worden.

Der für den schwäb. Kernraum typische geschlossene Diphthongtyp ***Hous*** bzw. ***Eis*** wird – besonders ausgeprägt im Bereich von Ulm – meist auch noch stark zentralisiert, also im mittleren Mundraum mit flacher Zunge produziert *(**H~~ou~~s**/**~~E~~is**)*.
Im nordwestl. Ufr. ist die Parallelität in der Lautentwicklung von mhd. û und î kleinräumig etwas gestört, hier kommt statt der zu *Haus* regelhaft zu erwartenden Parallellautung *Ais* auch ***Äis*** und sogar ***Ois*** vor.
Die erhaltenen Monophthonge im Südwesten des dt. Sprachgebietes gelten nach der herkömmlichen Dialekteinteilung als Kriterium für die Abgrenzung von **Alemannisch** (im engeren Sinne) und **Schwäbisch**. In der kleinen alem. Ecke Bayerns wird der erhaltene Monophthong von mhd. î zwar einheitlich sehr geschlossen ausgesprochen *(**Iis**)*, der aus mhd. û hat jedoch eine unterschiedliche Aussprache: Am Bodensee heißt es (ebenso wie in der Schweiz und in Vorarlberg) noch ***Huus***, im West- und Oberallgäu wird der Vokal unterschiedlich stark palatalisiert (= zentralisiert), d. h. mit flacher Zunge und ü-ähnlichem Klang gesprochen, was auf unserer Karte mit ***H~~uu~~s*** oder ***H~~üü~~s*** verschriftlicht ist. Diese palata-

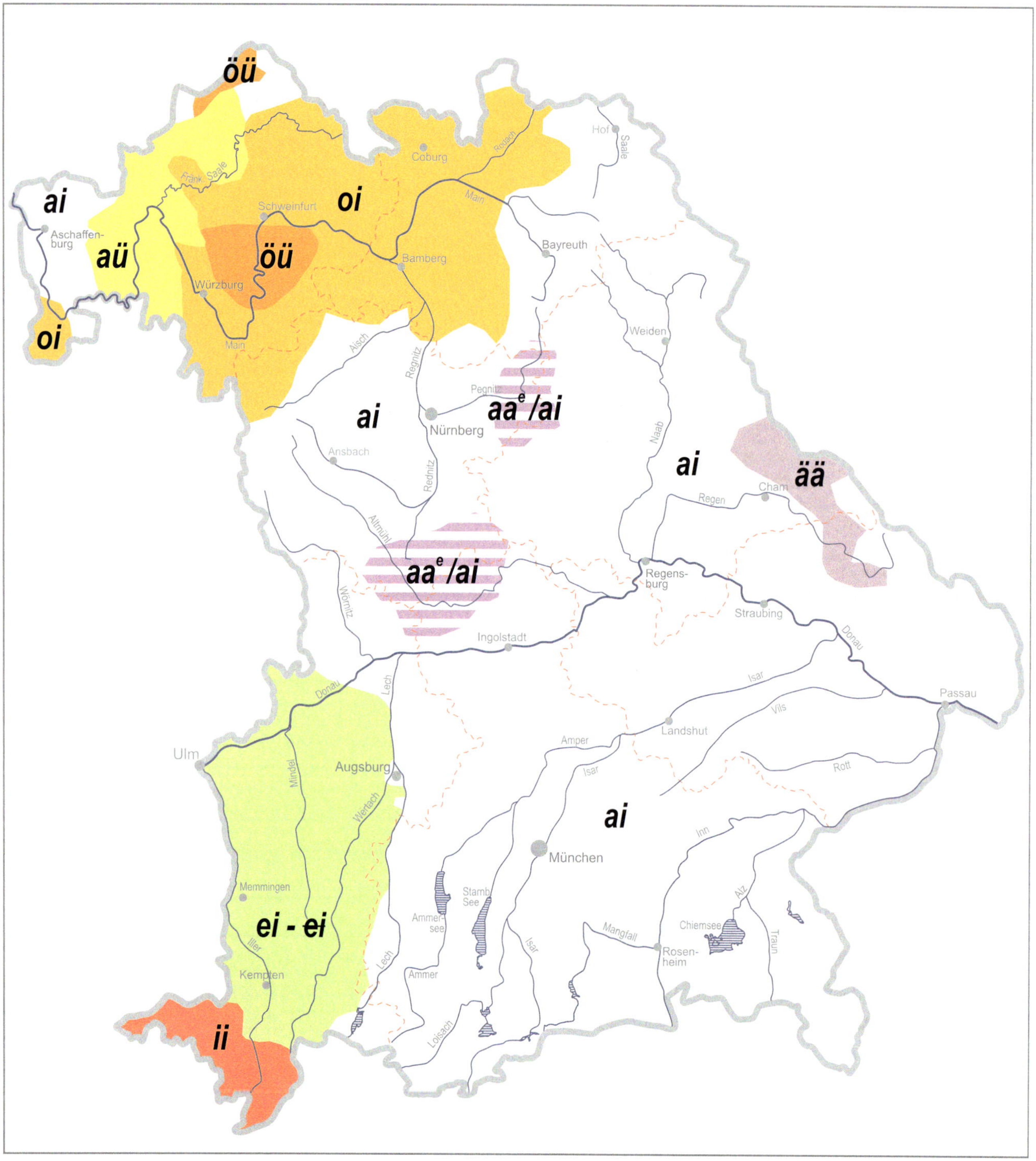

Karte 19: Mhd. iu (langes ü) in *Häuser*

lisierte Aussprache ist auch im Elsass anzutreffen. Sie ist innerhalb des Alem. vor allem dort verbreitet, wo Dehnung in offener Tonsilbe durchgeführt wurde. Sie hilft dort, die alten langen u-Laute (z. B. *H~~uu~~s*) von den neu (durch Dehnung in offener Tonsilbe) entstandenen (z. B. *Stuube*) getrennt zu halten.

Im Auslaut und am Silbenende vor einem weiteren Vokal werden im nördl. Teil des Alem. und damit auch im alem. Bayern die alten Monophthonge aber ebenfalls diphthongiert und stark zentralisiert, z. B. *B~~ou~~* "Bau" (< ahd./mhd. bû), *b~~ou~~-e* "bauen" bzw. *Bl~~ei~~* 'Blei', *schn~~ei~~je* "schneien".

Mhd. iu

Die Doppelschreibung iu steht im Konstrukt des normalisierten Mhd. für ein langes ü, dem in der heutigen Hochsprache der Diphthong *oi* entspricht, geschrieben ‹äu› oder ‹eu›.

Um die Dialektlautungen zu verstehen, ist jedoch eine differenziertere Betrachtung nötig, da das mhd. Schriftzeichen iu für drei verschiedene historische Lautungen steht, die in den Dialekten teilweise noch unterschieden werden:

1. für den Umlaut zu mhd. û, z. B. in "Häuser" (< mhd. hiuser), "Mäuse" (< mhd. miuse), "Häute" (< mhd. hiute);
2. für den ahd. Diphthong iu, z. B. in "Feuer" (< mhd. viur), "Steuer" (< mhd. stiure), "neues" (< mhd. niuwes);
3. für den Umlaut zu diesem ahd. Diphthong iu, also eigentlich iü, z. B. "Leute" (< mhd. liute), "deutsch" (< mhd. diutsch), "deuten" (< mhd. diuten).

Der hier unter 2. abgehandelte, nicht umgelautete Diphthong hat in einem Teil unserer Dialekte eine andere Entwicklung genommen als die beiden Umlauttypen, z. B. *Fuir* für 'Feuer' im Schwäb. und im südwestl. Obb. (vgl. dazu Karte 20).

Auf der vorliegenden Karte sind die Lautverhältnisse im Wort "Häuser" dargestellt, die weitgehend auch repräsentativ für die anderen Wörter mit Umlaut von û oder iu, also die Fälle 1. und 3., sein dürften, z. B. "Mäuse", "Bräuche", "Bäuche", "Sträuße", "Kräuter", "Häute"; "Leute", "deutsch".

Im nördl. Teil Frankens ist, wie in der Hochsprache, die alte Vokalrundung weitgehend erhalten geblieben, d. h., die Diphthonge werden mit deutlich runden, nach vorne gestülpten Lippen ausgesprochen (z. B. *Håisä, Hoise, Höüsa*).

Im übrigen Bayern hat generell eine Entrundung der ehemals gerundeten Vokale stattgefunden (vgl. S. 37), so dass wir hier die Lautungen *Haisa, Haiser, Hääsa, Heiser* und *Hiiser* antreffen. Außerhalb der auf der Karte gelb abgehobenen Rundungsgebiete bildet die Karte also exakt die Lautverhältnisse ab, die auch bei der Entsprechung von mhd. î gegeben sind. Auch hier spiegelt sich ein historisches Nacheinander von *ii* > *ei* > *ai* > *ae* und teilweise weiter zu *ää/aa* in den heutigen Dialekten wider.

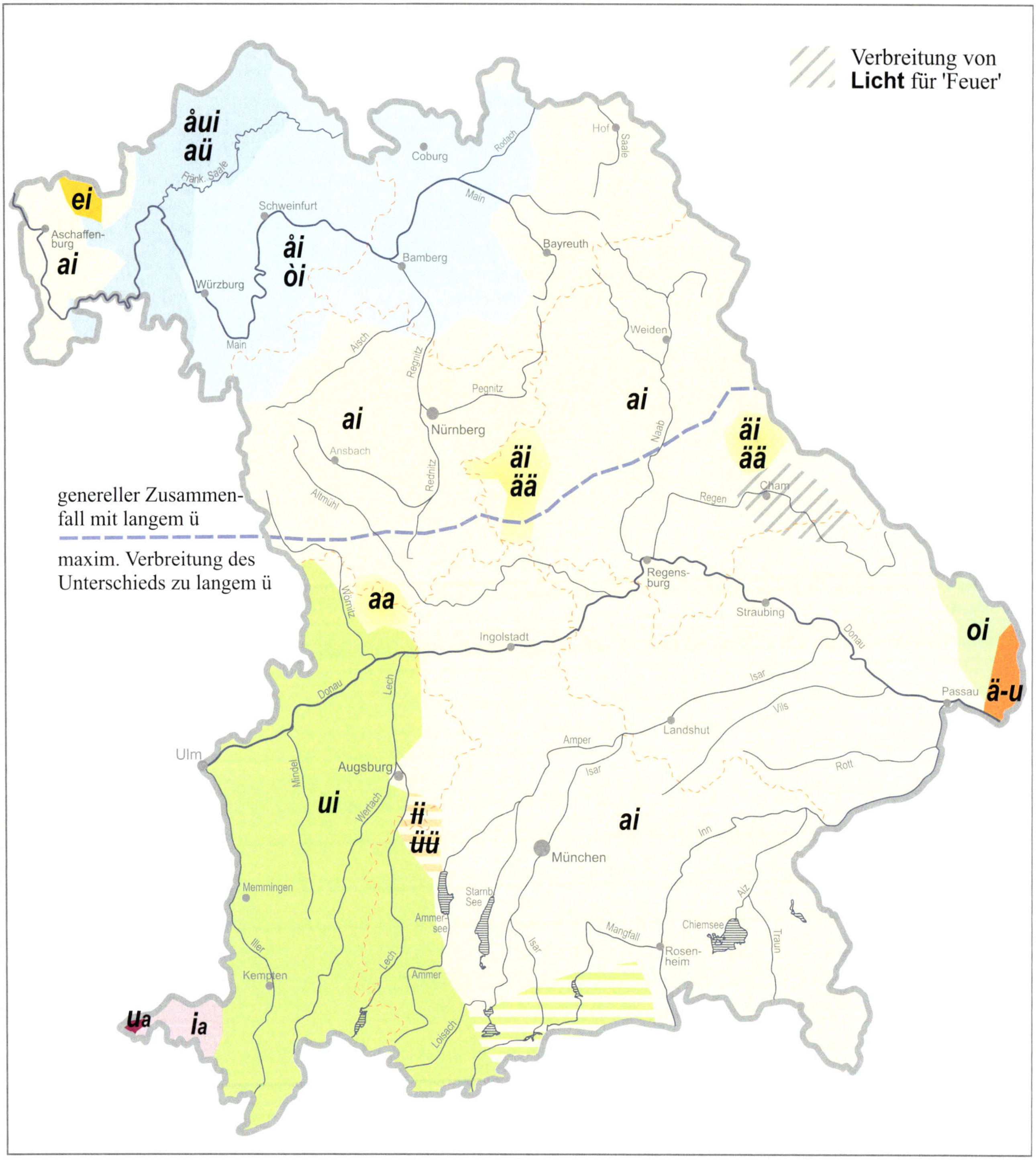

Karte 20: Mhd. iu (nicht umgelauteter Diphthong) in *Feuer*

Diese Karte stellt die Vokallautung im Wort "Feuer" dar.

In Teilen des Oberdt. hat der aus dem Ahd. überlieferte Diphthong iu, wenn er nicht in spätahd. Zeit durch ein i in der Folgesilbe umgelautet wurde, eine eigene Entwicklung genommen, ist also nicht mit den Umlautformen zusammengefallen, die im normalisierten Mhd. ebenfalls mit der Graphie ‹iu› erscheinen (vgl. S. 53). Eine ähnliche Lautverteilung wie bei "Feuer" wäre deshalb bei Wörtern mit vergleichbarer Lautgeschichte zu erwarten, wie beispielsweise in "Zeug", "Steuer", "heuer" 'diesjährig', "teuer", "Fliege", "neu", "heute"; tatsächlich verhält sich aber fast jedes dieser Wörter gebietsweise abweichend. Das maximale Verbreitungsgebiet der erhaltenen Entsprechungen zum altoberdeutschen Monophthong umfasst die ganze Südhälfte Bayerns, es ist durch die gestrichelte Linie auf der Karte abgegrenzt.

Die Abweichungen der einzelnen Wörter untereinander können ganz unterschiedliche Ursachen haben. Teils haben sie sich in jüngerer Zeit auch im Süden Bayerns einfach den neueren, aus den Umlauten entstandenen Diphthongen angeschlossen, teils finden Ausgleichsvorgänge innerhalb von eng verwandten Wörtern statt, etwa wenn das Substantiv "Fliege" (< ahd. fliuga), das im Schwäb. teilweise noch als *Fluige* erhalten ist, sich der Lautung des Verbs "fliegen" (< ahd. fliogan) anschließt (vgl. Karte 26 "fliegen"). Wörter können aber auch aus anderen Gründen abweichen. So entspricht beispielsweise beim Zeitadverb "heute" die Lautung im äußersten Südwesten Bayerns *(huat, hiat, huit)* der von "Feuer", daran schließt sich aber gegen Norden und Osten ein relativ großes Gebiet mit nasalierten und sogar nasalhaltigen Formen an (z. B. *hei*^{n}*t, hai*^{n}*t, heint*), was damit zu erklären ist, dass hier als Ausgangsform nicht hiu tagu ('an diesem Tag'), sondern hiu nachtu ('in dieser Nacht') anzusetzen ist (vgl. dazu auch S. 109).

"Feuer" zeigt auf unserer Karte im Großteil Bayerns eine Lautung, die grob der von "Häuser" (vgl. Karte 19) entspricht, woraus man schließen muss, dass bei diesem Wort großflächig ein Zusammenfall des alten Diphthongs mit den neueren Diphthongen aus den Umlautformen stattgefunden haben muss (vgl. gestrichelte Linie auf der Karte). Nördl. der Linie ist der Zusammenfall alt, südl. davon dürfte in diesem Fall ein jüngerer Lautersatz stattgefunden haben. Nur in Schwaben und am West- und Südrand Altbayerns *(Fuar, Fiar, Fuir, Fʉ̈r, Fʉ̈ʉ̈r)* sowie im östl. Bayerischen Wald *(Foija, Fä-ur)* hat sich der Unterschied zwischen dem alten, nicht umgelauteten Diphthong, wie bei "Feuer", und den Umlautformen, wie etwa bei "Häuser" und "Leute", erhalten.

Ein- und Zweisilbigkeit

Das im Ahd. als fiur, im Mhd. als viur oder viuwer belegte Wort hat im Großteil Schwabens und in der Westhälfte Oberbayerns sowie sporadisch auch in Unterfranken seine alte Einsilbigkeit bewahrt (z. B. *Fuir, Fair, Faür*), sonst liegt weitgehend Zweisilbigkeit vor, meist mit vokalisiertem r in der Auslautsilbe *(Faija, Foija, Fåijä, Fåijer)*.

Wortgeographische Abweichung

Diese Lautkarte berücksichtigt durch eine Schraffur auch die Tatsache, dass im Raum Cham der Ausdruck "Feuer" nicht bodenständig ist und stattdessen früher das Wort "Licht" *(Liacht, Leicht, Läid)* verwendet wurde.

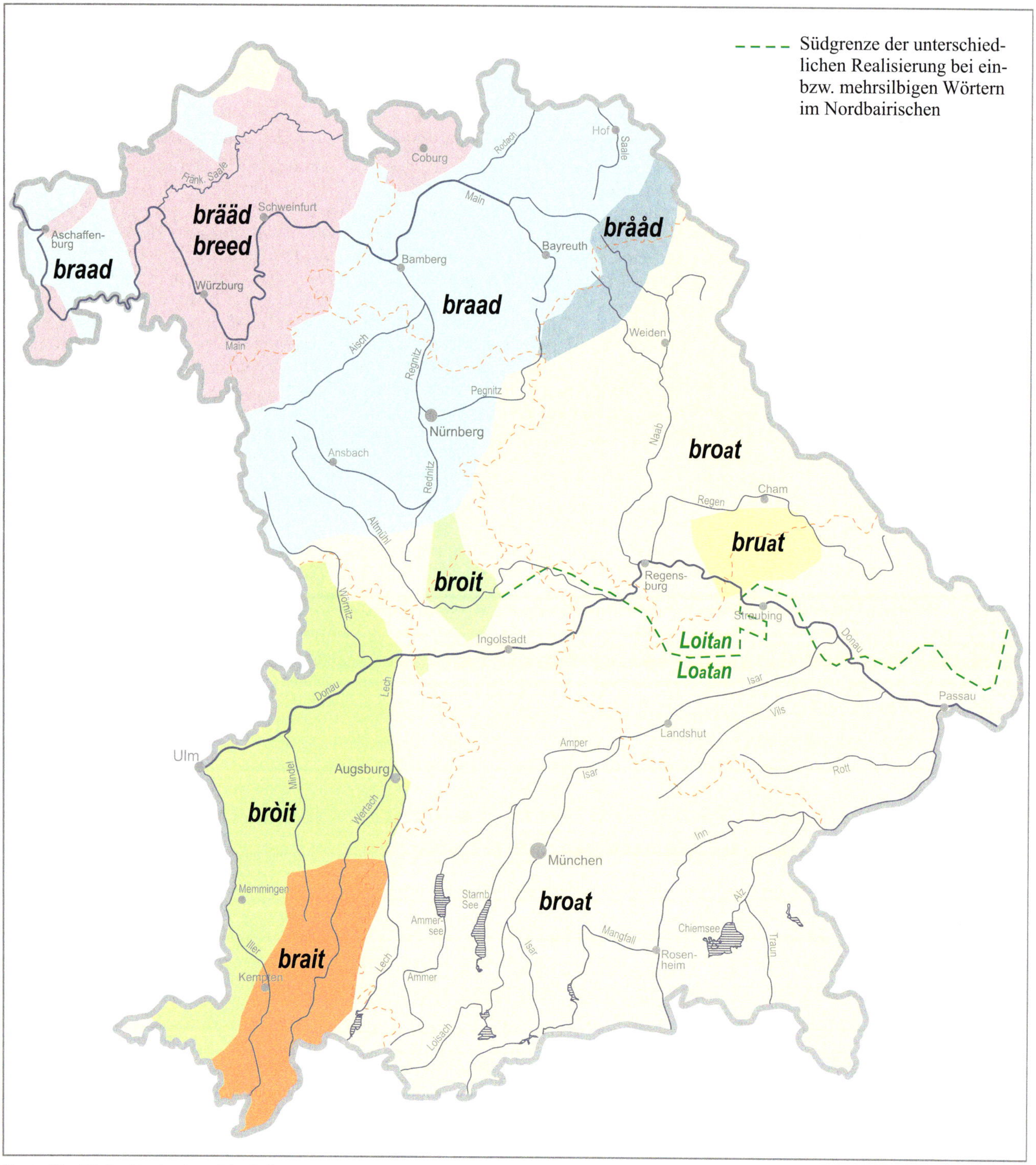

Karte 21: Mhd. ei in *breit* und in *Leiter*

Die Karte stellt primär die lautlichen Entsprechungen von mhd. ei in einsilbigen Wörtern vor Geräuschlaut dar. Somit sind die kartierten Ergebnisse auch weitgehend repräsentativ für die Vokallautung in anderen Wörtern wie "heiß", "Laib", "weich", "Schweiß", "Geiß" ('Ziege'), "Teig", "ich weiß".
Mit einer gestrichelten Linie ist angedeutet, wo bei (ehemals) zweisilbigen Wörtern wie z. B. "Leiter", "heiter", "Eiche", "reisen", "seichen", "Geißel" eine etwas andere Lautverteilung gilt. Die noch wesentlich stärker abweichende Lautung der Entsprechung von mhd. ei vor Nasal wird auf der folgenden Karte 22 eigens dargestellt.

Die Lautung ***oa*** für mhd. ei in Wörtern, wie sie oben aufgeführt worden sind, gilt als das prominenteste lautliche Kennzeichen des Bair., obwohl es nicht überall im bair. Sprachraum gilt und andererseits auch in anderen Dialekten, so z. B. im Westschw. (westl. von Tübingen), im alem. Vorarlberg und am Bodensee-Nordufer (vgl. das Gebiet um Lindau auf der Karte), verbreitet ist. Bekanntlich müssen sich sog. "Zuagroaste" in Altbayern des Öfteren anhand des *Oachkatzlschwoaf*-Tests als würdige Wahl-Bayern beweisen. Zwischen Landsberg und der Nordwestecke Tirols reicht die *oa*-Lautung ein Stück über den Lech ins schwäbische Sprachgebiet.
Eine gehobene Variante dazu ist die ***ua***-Lautung im Dreieck Regensburg – Cham – Straubing.
Die im Schwäb. großflächig verbreitete Lautung *bròit* (mit offenem o als Erstbestandteil des Doppellauts) trifft man auch im Raum Eichstätt an, allerding mit etwas geschlossenerem o als Erstglied (*broit*). Diese Lautung gilt nördl. der eingezeichneten Linie im Gebiet von *oa* auch bei den (ehemals) mehrsilbigen Wörtern, z. B. *Loitan, Goißn, roisn, Broin* 'Breite'.
Die Aussprache des Diphthongs *brait* im oberen Iller- und Wertach-Gebiet ist wesentlich gedehnter, als es die Verschriftlichung hier auszudrücken vermag.
Möglicherweise sind die zwei im Schwäb. verbreiteten Lauttypen *brait* und *bròit* aus dem Mittelalter erhalten.

In Teilen Frankens sind die zwei Lauttypen *braad* und *bräädlbreed* ziemlich genau umgekehrt verteilt wie die Entsprechungen zu germ. ë, etwa im Wort "Nebel" (vgl. Karte 8), und auch wie die Sekundärumlaute mhd. ä und æ (vgl. Karten 6 und 14). Mit diesem Faktum spielt ein Wortwitz mit dem Kompositum "Geißkäse": *Gääskaas – Gaaskees*.

In der nhd. Schriftsprache sind mhd. î und ei in der Schreibung ‹ei› zusammengefallen (vgl. auch S. 51 und 61), aber in keinem einzigen deutschen Dialekt. Bis ins 16. Jh. werden die beiden etymologischen Gruppen in bair. Texten auch auseinander gehalten: ‹ei› oder ‹ey› für mhd. î, ‹ai› oder ‹ay› für mhd. ei. Für das hohe Alter der Entwicklung zu *oa* zeugen vereinzelte Fehlschreibungen schon am Beginn des 13. Jhs. Generell ist auch aus phonetischen Gründen in der Mündlichkeit eine Entwicklung von *ei* über *ai* zu *òi* und dann weiter zu *oa* anzunehmen. Vermutlich spiegeln die auf der Karte vorhandenen Lauttypen *ai, òi, oa* diese Entwicklung, die in der Gegend südl. von Cham in einer Hebung zu *ua* weitergeführt wurde.
Die fränk. Monophthonge *(aa, åå, ee, ää)* sind aus dem Lauttyp *ai* entstanden. Das Ostfränk. verhält sich somit wie mitteldt. Dialekte, die mhd. ei weitestgehend zu *ee/ää* (im Osten) bzw. *aa* (im Westen) monophthongiert haben.

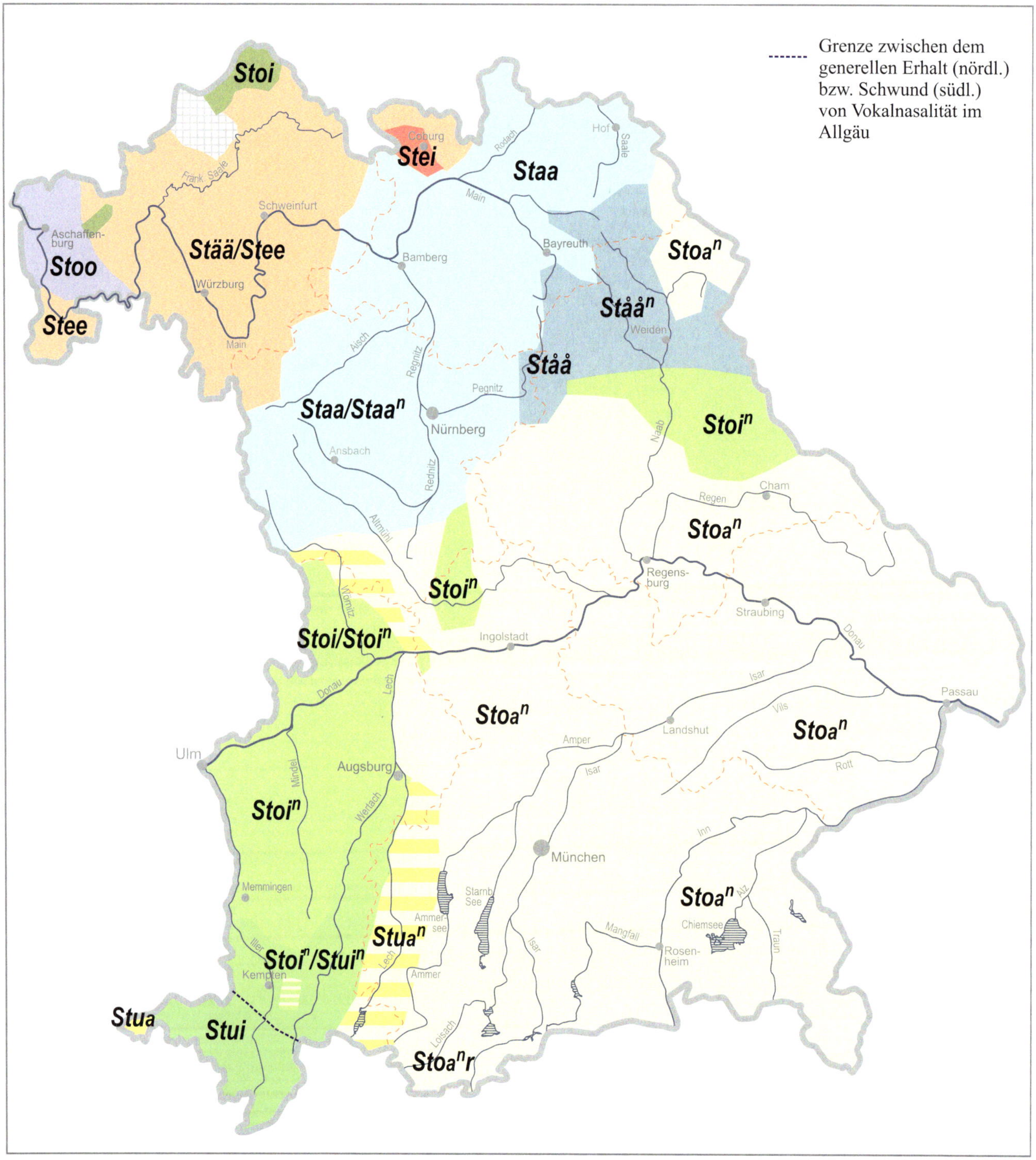

Karte 22: Mhd. ei in *Stein*

Die Karte stellt ergänzend und teils auch kontrastierend zur vorausgehenden Karte "breit" die lautlichen Entsprechungen von mhd. ei vor (ehemaligem) Nasalkonsonant dar. Sie kann als weiteres Beispiel dafür dienen, dass vor Nasalkonsonanten, also vor m und n, die Entwicklung der Vokale deutlich anders verlaufen kann als vor sog. Geräuschlauten (vgl. dazu auch S. 49). Die Lautung des Vokals im Beispielwort "Stein" ist weitgehend repräsentativ auch für andere Wörter mit gleicher Lautfolge, wie etwa "Bein", "kein", "Rain", teils auch für solche mit -m nach dem Vokal, wie beispielsweise "(da)heim".

Der Vergleich mit den Lautverhältnissen bei mhd. ei vor Geräuschlaut (vgl. Karte 21 "breit") offenbart einige deutliche Unterschiede. So fallen im Schwäb. das *brait-* und das *bròit-*Gebiet vor Nasal zusammen, wobei sich im Süden dieses gemeinsamen *Stoi*^{n}-Gebietes ein nicht klar abgrenzbarer Übergang zu einer Lautung *Stui*^{n} mit Hebung ergibt.
Durch den vollständigen Verlust von ursprünglicher Nasalität im Ober- und Westallgäu (vgl. gestrichelte Linie auf der Karte sowie den Textkasten) lässt sich dort ein *Stui*-Gebiet klar abgrenzen.
Gehobene Lautungen vom Typ *Stua*^{n} kommen auch konzentriert, aber nicht klar abgrenzbar in Lechnähe innerhalb des *Stoa*^{n}-Gebietes als Varianten vor (durch Schraffur markiert). Dazu zu zählen ist auch der entnasalierte Typ *Stua* am Bodensee.
Deutliche Unterschiede zur Lautverteilung bei "breit" zeigen sich vor Nasal auch in der nördlichen Opf. und im Fichtelgebirge.
Im Bereich der Rhön mischen sich in dem auf der Karte mit Karomuster markierten Gebiet ganz unterschiedliche Lautungen: Neben *Stoi* sind *Stui, Stai, Staa* und *Stoa* belegt.

Bei der Lautform *Stoa*^{n}*r* im Werdenfelser Land handelt es sich um eine Übernahme der weit verbreiteten Pluralform "Steiner" in den Singular.

Nasalschwund und Vokalnasalität
Mit Ausnahme von einigen nördl. Randgebieten (z. B. das thüringischsprachige Ludwigstadt) und von einigen wenigen städtischen bzw. umgangssprachlichen Belegen vom Typ *Stain* abgesehen, ist das auslautende -n als Konsonant fast überall in Bayern geschwunden, wobei in großen Gebieten als Reflex des ursprünglichen Nasalkonsonanten Nasalität am Vokal erhalten ist, z. B. *Stoa*^{n}, *Stui*^{n}, *Stå̊å*^{n}.
Dies gilt ähnlich auch in vielen anderen einsilbigen Wörtern, die auf ein ursprünglich einfaches -n enden, z. B. "Bahn", "Mann", "Lohn", "Sohn". So gut wie keine Nasalität gibt es hingegen in Ufr. *(Stee, Stää, Stoo)* und in der Westhälfte von Ofr. *(Staa)*. Auch die im engeren Sinne alem. Gebiete Bayerns (vom Oberallgäu bis zum Bodensee, vgl. gestrichelte Linie auf der Karte) zeichnen sich – im Gegensatz zum Schwäb. – generell durch absolute Denasalierung aus. Dieser totale Schwund von vokalischer Nasalität reduziert in den betroffenen Gebieten die Differenzierungsmöglichkeit bei den Vokalen deutlich; es vermehren sich homophone Wörter, die identische Lautung, aber verschiedenen Inhalt haben. So kann beispielsweise im alem. Südwesten die Lautform *Baa* sowohl die 'Bahn' als auch den 'Bach' (mit regulärem Schwund von auslautendem -ch in einsilbigen Wörtern) bezeichnen. Die Verbform *aabrenne* bedeutet südl. der gestrichelten Linie 'anbrennen', nördl. davon aber 'abbrennen'. Dort wird es deutlich unterschieden von *aa*^{n}*brenne* für 'anbrennen'.

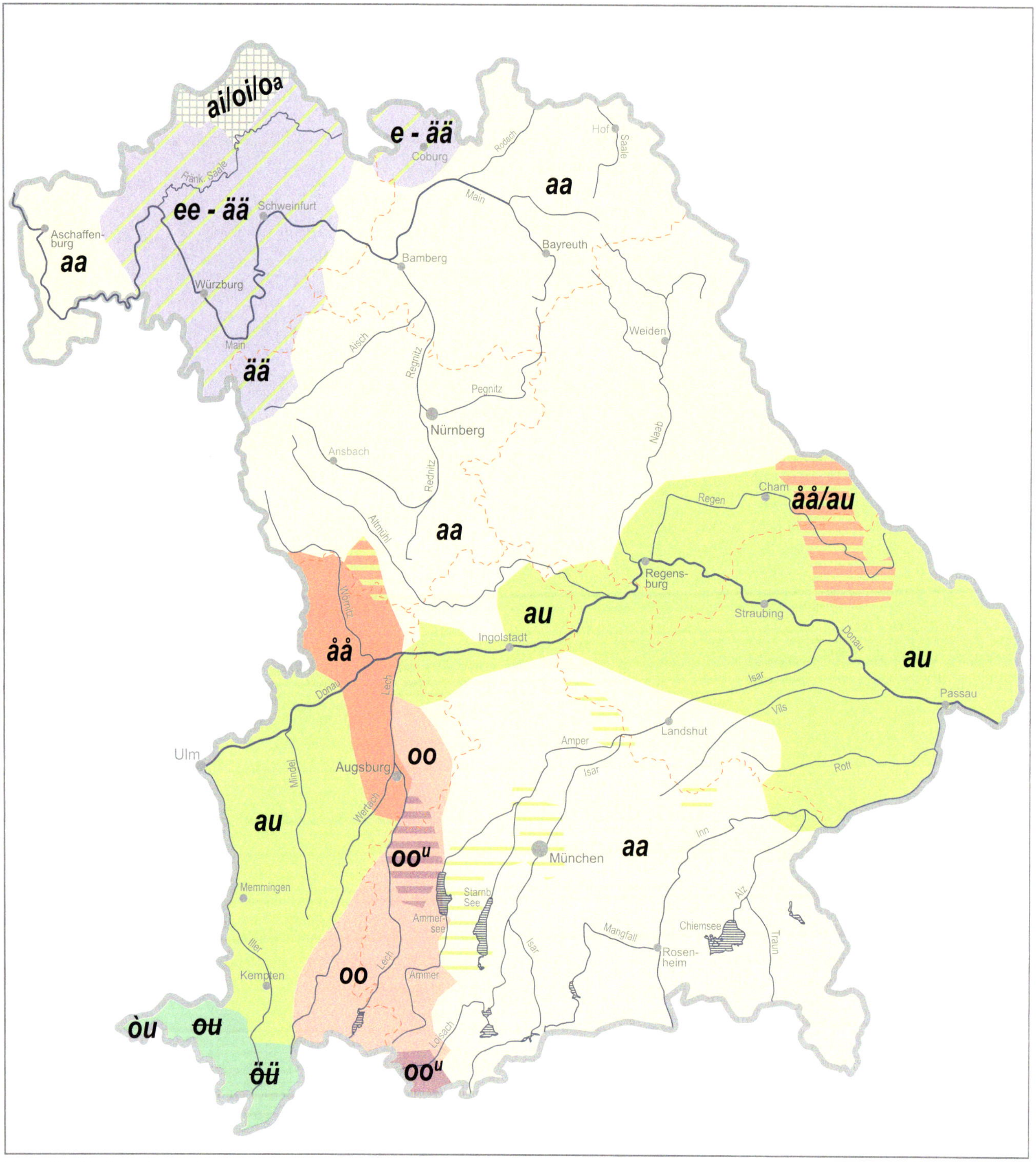

Karte 23: Mhd. ou in *glauben*

Diese Karte stellt die Vokallautung im Verb "glauben" dar, die – abgesehen vom Nordwesten Bayerns – weitgehend mit der beim Substantiv "Glauben" übereinstimmt.

Der ahd./mhd. Zwielaut ou kommt außer in "glauben/Glauben" u. a. auch in Wörtern wie "auch", "Auge", "Frau", "Laub", "Aue", "Gau", "Traum", "Zaum", "Saum", "Baum", "taufen", "laufen", "kaufen", "rauben" vor.
In der heutigen Hochsprache erscheinen diese Diphthonge fast durchgehend in der Schreibung ‹au›, sie sind auch in der Lautung weitgehend mit den neueren Diphthongen aus mhd. û zusammengefallen. Somit haben "klauben" (< ahd. klûbôn) und "glauben" (< ahd. gilouben) eine identische Aussprache des betonten Vokals.

In unseren Dialekten hingegen werden diese beiden Laute unterschiedlicher Herkunft ganz überwiegend auseinander gehalten, wie der Vergleich mit Karte 18 "Haus" deutlich zeigt. Denn der alte Diphthong ou ist großflächig zu einem Monophthong geworden, z. B. *glaam* in großen Teilen Altbayerns und im Oberostfränk. oder *gloowa, gloobe, glååbe* beiderseits des Lechs. Teilweise ist die Unterscheidungsmöglichkeit zum neueren Diphthong aus mhd. û durch den unterschiedlichen Geschlossenheitsgrad gegeben, so im zentralen Schwäb., wo sich *au* in "glauben" und *ou* in "klauben" gegenüberstehen. Im alem. Südwesten konnte sich die alte Diphthonglautung im Wesentlichen halten, im Allgäu allerdings meist stark zentralisiert *(glåube, gloube, glöübe)*; dies führt aber zu keinem lautlichen Zusammenfall, da dort ja mhd. û im alten Dialekt keine Diphthongierung erfahren hat (vgl. S. 51).
Bei den Formen mit *ee* bzw. *ää* im Unterostfränk. und im Coburger Raum handelt es sich um **Umlaute** bei der Verbform, also eigentlich "gläuben" parallel zu "träumen", "zäumen", "säumen". Das Substantiv "Glaube" wird dort überwiegend mit dem hochsprachenahen Diphthong gesprochen *(Glauwe, Glaum)*. In mhd. Zeit sind Umlautformen wie gelöuben, erlöuben, töufen, köufen, zöubern (glauben, erlauben, taufen, kaufen, zaubern) überwiegend nur im mitteldt. Raum belegt, in den oberdt. Gebieten aber – mit Ausnahme des Unterostfränk. – verhindert -b- oder -f- als Folgekonsonant die Umlautung. In diesen Fällen hat sich die umlautlose, also die oberdt. Variante (glauben, erlauben, taufen, kaufen, zaubern) in der heutigen Hochsprache durchgesetzt.
Längs der Donau fallen die Lautungen *glaum* (< glouben) und *glaum* (< mhd. klûben) zusammen. Die Entwicklung dieser Lautung ist sehr kompliziert. Sie ist nur unter Einbeziehung der Entwicklung anderer Teile des Vokalsystems zu erklären. Es ist wohl so gewesen, dass der alte Diphthong ou im Bair. schon im 12. Jh. zu einem langen *aa* monophthongiert war und in der Folge, etwa ab 1300, mit einem *aa* zusammenfiel, das aus mhd. û und î zunächst zu *au/ai* diphthongiert worden war, dann aber wieder zu einem Monophthong *aa* wurde. Das Südbair. hat diesen Zusammenfall nicht mitgemacht. Da im Mittelbair. außerdem auch die "normal"-mhd. Laute öu, ä, æ zu *a* geworden sind, gab es schließlich eine zu große Zahl von gleich klingenden Wörtern, so dass eine gewisse Notwendigkeit bestand, die Vokale aus ursprünglich mhd. û und î wieder zu Diphthongen *(au, ai)* zu wandeln. Dabei sei – "unter verkehrssprachlichem Wiener und Regensburger Einfluss" – mit unterschiedlicher Ausdehnung das *a* aus ursprünglich ou ebenfalls wieder zu *au* diphthongiert worden.

Der Vergleich unserer Karte mit einer von E. Kranzmayer gezeichneten aus dem Jahr 1956 lässt erkennen, dass am Westrand des Bair. sowohl die modernere diphthongische Lautung *glaum* als auch die alte Monophthonglautung *glaam* gegenüber dem bodenständigen *gloom/gloowa* einen deutlichen Gebietszuwachs erzielt hat.

Karte 24: Mhd. uo in *Kuh*

Die **neuhochdeutsche Monophthongierung** gehört zusammen mit der neuhochdeutschen Diphthongierung (vgl. Karten 18 und 19) und der Dehnung in offener Tonsilbe (vgl. S. 22) zu den strukturbildenden Veränderungen zum Nhd. hin. Jedem mhd. ie, üe, uo entspricht im Nhd. ein *ii-*, *üü-*, *uu*-Laut: Die mhd. Wortfolge liebe guote brüeder wird nhd. zu *liibe guute Brüüder.* Diese Lautung zeigt sich schon im 12. Jh. in der mitteldt. und ostfränk. Schriftlichkeit. Die neuen Schreibungen haben sich in der weiteren oberdt. Schriftlichkeit aber erst später durchgesetzt, teilweise erst im 17. Jh.; die Schreibung ‹ie› wurde nie beseitigt: Das e wird heute nicht mehr als zweiter Bestandteil eines Diphthongs interpretiert, sondern als Längezeichen für das i, das vom 16. Jh. an nicht mehr nur bei langem *ii* steht, welches in der nhd. Monophthongierung entstanden ist (z. B. bei "lieb"), sondern auch bei *ii*-Lauten, die durch die Dehnung in offener Tonsilbe entstanden sind, wie beispielsweise bei "Biene", "Sieg" (analoge Dehnung) oder "nieder".

Die Karte stellt die lautlichen Entsprechungen von mhd. uo im Beispielwort "Kuh" dar. Eine identische oder ähnliche geographische Verteilung der Vokale ist bei einer langen Liste von Wörtern mit mhd. uo gegeben, so in "Fuß", "Schuh", "Gruß", "Hut", "gut", "Mut", "Bruder", "suchen", "Ruder", "Futter", "Rute".
Zusammen mit den Karten 25 "Kühe" und 26 "fliegen" zeigt sie somit, wie weit sich die "neuhochdeutsche Monophthongierung" auch in Bayern durchgesetzt hat. Im heutigen Bayern hat nur ein Teil von Franken als Entsprechung von mhd. kuo, guot, bruoder usw. die monophthongische Lautung *Kuu, guut, Bruuda*. Das südl. Bayern, mit einer Ausbuchtung bis in den Würzburger Raum hinein, hat die alten Lautverhältnisse aus ahd./mhd. Zeit erhalten *(Kua)*.

Die Schreibungen *Kɵu* im Nordbair. (vgl. S. 63) und *Kʉa/Kʉ̈a* im alem. Allgäu deuten an, dass die dort verbreiteten Diphthongtypen überwiegend stark "zentralisiert", also im mittleren Mundraum mit flach liegender Zunge artikuliert werden.

Die Karten 24 und 25 zeigen die Verbreitung der für das Nordbair. und den Raum Nürnberg charakteristischen **"gestürzten" Diphthonge** *(~~Kou~~/Kou, ~~Kei~~/Kei)*. Die Bezeichnung geht von der Annahme aus, dass die fallenden Diphthonge uo, üe/ie einfach zu den steigenden Diphthongen *ou, ei* umgedreht ("gestürzt") worden seien. Dem ist jedoch nicht so. In der Forschung gibt es zwei Erklärungen. Die eine geht davon aus, dass es die Diphthonge vom Typ ie, uo, üe nie gegeben hat; ihre vorahd. Vorläufer-Laute $\hat{e}_2$ und ô, die im Ahd. noch als Monophthonge geschrieben wurden, hätten sich ohne Zwischenstufen zu ei bzw. ou entwickelt. Wahrscheinlicher ist aber die Erklärung, dass sich $\hat{e}_2$ und ô regelmäßig zu den ahd. Diphthongen ia und uo entwickelt hätten, die (mit inzwischen eingetretenem Umlaut) zu mhd. ie, uo, üe geworden seien und sich wiederum im Rahmen der nhd. Monophthongierung (vgl. S. 62) zu *ii, uu, üü* gewandelt hätten; danach seien sie im nordbair. Raum wieder diphthongiert worden zu *ei* und *ou*, wobei *üü* durch Entrundung (vgl. S. 37) in *ei* aufgegangen sei. Sichere Schreibungen für "gestürzte" Diphthonge gibt es erst im 14. Jh.

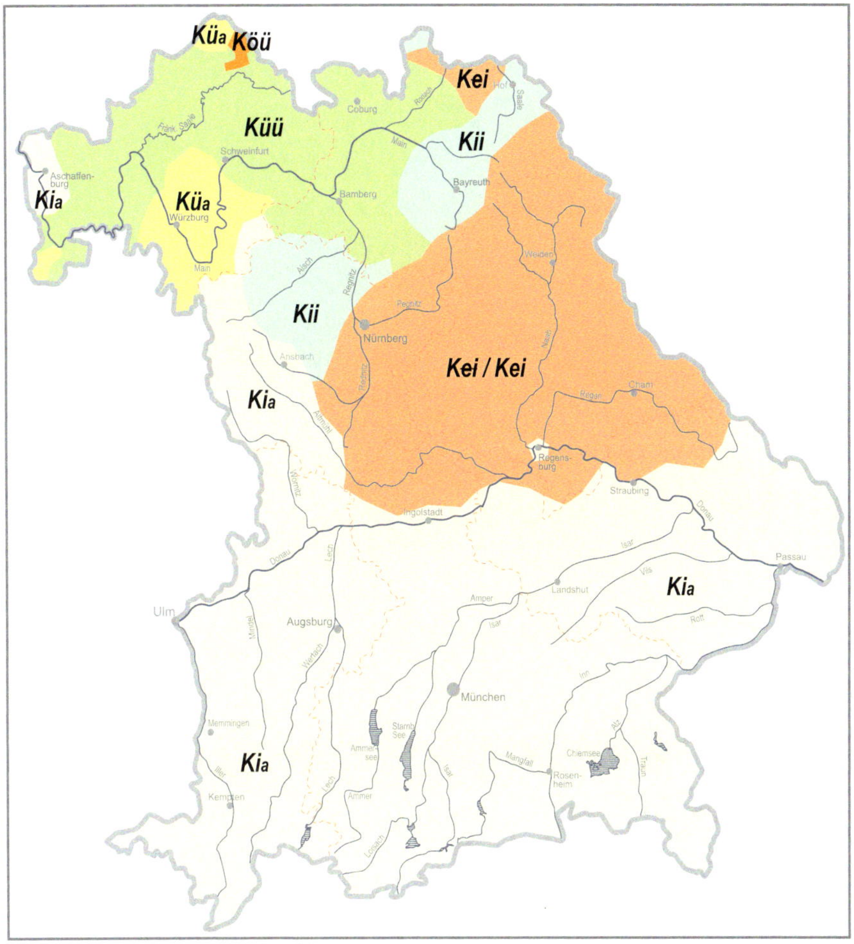

Karte 25: Mhd. üe in *Kühe*

Die Karte stellt am Beispielwort "Kühe" die lautlichen Entsprechungen von mhd. üe, dem Umlaut zu mhd. uo (vgl. Karte 24) dar. Die geographische Verteilung der Vokallautung ist ähnlich bis gleich bei vielen Wörtern mit entsprechender lautlicher Herkunft, so in "Füße", "grüßen", "müde", "Hüte", "Blüte", "Brüder", "füttern" (sofern umgelautet), "führen", "büßen".

Zu den im Norden verbreiteten Monophthongen *Kii, Küü* vgl. S. 62. Im Prinzip müsste diese Karte ganz parallel gehen zur Karte 24 "Kuh", welche die Entsprechungen zu mhd. uo dokumentiert. Pluralformen wie "Füße", "Hüte", "Brüder" sind im Mhd. und im Nhd. umgelautet (mhd. üe, nhd. *üü*). Bei solchen Umlautformen ist in Bayern großräumig Entrundung *(Kia, Kii, Kei)* eingetreten (vgl. dazu S. 37). Nur das nördl. Franken hat die gerundeten Umlautvokale beibehalten*: Küa, Küü, Köü.*

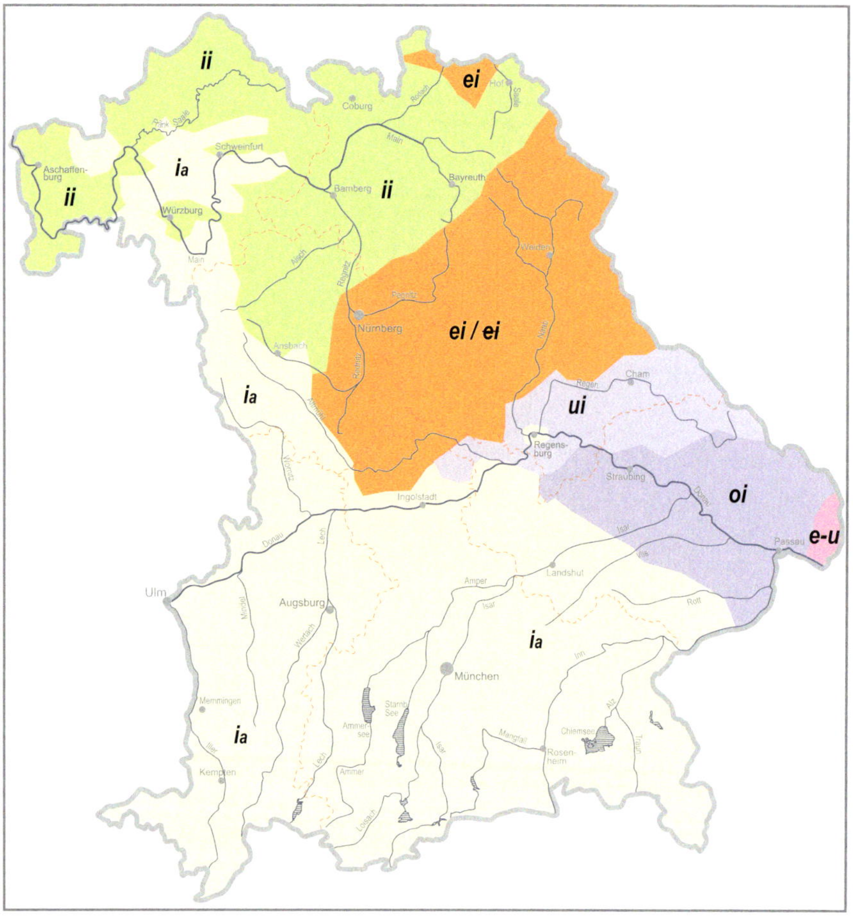

Karte 26: Mhd. ie in *fliegen*

Diese Karte stellt nur die Vokallautung in der Infinitivform "fliegen" dar, bestimmte Personalformen dieses Verbs, z. B. die 1.–3. Person Singular, weichen regelhaft von dieser Lautung ab. Vergleichbare Vokallautungen zeigen sich bei einer ganzen Reihe von Infinitivformen, beispielsweise in "biegen", "schieben", "fließen", "schießen", "schließen", "gießen" (vgl. Karte 90) und "niesen" (vgl. Karte 69).

Die mhd. Infinitivform fl**ie**gen geht auf ahd. fl**io**gan zurück, die oben erwähnten Singularformen haben hingegen den Vokal **iu**: ih fliugu, du fliugis, ër fliugit. Beide Vokaltypen gehen auf einen germ. Diphthong eu zurück, der sich abhängig vom folgenden Vokal unterschiedlich entwickelt hat. Ahd. io ist vor a, e, o entstanden, folgte hingegen zum Beispiel ein i oder u in der nächsten Silbe, so entwickelte sich daraus iu (vgl. dazu S. 53 und 55).

Schon in ahd. Zeit gab es Unterschiede in der Entwicklung dieses Vokals zwischen dem Fränk. einerseits und dem Alem. und Bair. andererseits. Die Verhältnisse auf der Karte hier sind teils mit regulären Lautentwicklungen zu erklären, teils mit analogen Übernahmen, um eine einheitliche Lautform durch alle Flexionsformen zu erhalten.

Die Monophthongierung (vgl. S. 62 f.) erfasst nur Teile Nordbayerns *(fliige, fliich, fliing)*. Im Süden und in Teilen Frankens ist die alte Diphthonglautung erhalten *(fliage, fliang, fliach)*.

Das Nordbair. und der Nürnberger Raum sowie ein Gebiet im Frankenwald haben die "gestürzten" Diphthonge: *fleing, fle̶ing* (vgl. S. 63). Allerdings weicht im Raum Regensburg – Cham das Verbreitungsgebiet dieses Diphthongs beim Verb "fliegen" erheblich von den Entsprechungen bei "Kuh" und "Kühe" ab (vgl. Karten 24 und 25).

Das Stadtgebiet von Regensburg hat schon vor geraumer Zeit die südl. Diphthonglautung *(fliang, Kua, Kia)* übernommen, so dass diese Großstadt heute eine mittelbair. Sprachinsel im nordbair. Dialektraum darstellt, die zunehmend in die nähere Umgebung ausstrahlt. Auch im Bereich Kehlheim und Straubing verdrängen heutzutage die südl. Lautungen mehr und mehr die nordbair. Steigdiphthonge.

Die Lautungen *fluing, floing* und *fle-ung* an der Donau und im Bayerischen Wald sind als Entsprechungen zum nicht umgelauteten altoberdt. Diphthong iu zu sehen. Dies lässt sich damit erklären, dass sich hier der Infinitiv lautlich bestimmten Flexionsformen angeglichen hat, z. B. an die Form der 1. Person Singular Diese Lautungen stimmen daher teilweise mit denen bei "Feuer" (vgl. Karte 20) überein. Hingegen hat in den anderen Gegenden ein gegenteiliger Ausgleichsprozess in Richtung der Infinitivlautung stattgefunden, indem also die Flexionsformen des Singulars die alte Lautung (< mhd. iu) aufgegeben haben zugunsten der Lautung des Infinitivs (< mhd. ie). Dort sind also beispielsweise alte Formen der 1. Person Singular wie *i fluig, i schuiß, i schuib* (ich fliege, ich schieße, ich schiebe) durch *i fliag, i schiaß, i schiab* ersetzt worden.

Neben den Vokalen besteht das Lautinventar des Deutschen und seiner Dialekte aus **Konsonanten**, die man auf Deutsch auch **Mitlaute** nennt, womit man ausdrückt, dass sie meist nur zusammen mit einem Vokal klingen. Dies zeigt sich bereits daran, dass beim Aufsagen des Alphabets die Konsonanten fast notwendigerweise von einem Vokal begleitet werden müssen (z. B. *be, ce, de, ef, ge, ha, ka . . .*).

Eine Zwischenstellung zwischen Vokalen und Konsonanten nimmt die Gruppe der **Sonanten** ein. Sie sind in der Regel stimmhaft und teilen sich auf in die **Nasale** *m, n* und *ng* sowie die **Liquide** *l* und *r*. Sie klingen auch ohne Begleitvokal voll und sind deshalb sogar in der Lage, die Silbe eines Wortes zu tragen, so etwa in den Auslautsilben "red-*n*, geb-*m*, leg-*ng*, Gab-*l*, Vat-*r*". Gemeinsam ist dieser Gruppe von Konsonanten auch, dass sie gern mit dem vorausgehenden Vokal verschmelzen, dass sie also den Charakter eines Konsonanten verlieren und dass an ihrer Stelle ein Vokal zurückbleibt. Man nennt diese Lautveränderung **Vokalisierung**. Zu den Verhältnissen bei den Nasalen vgl. S. 59. Am konsequentesten wird vor einem silbenschließenden anderen Konsonanten vokalisiert, z. B. *koid* für 'kalt', *Foid* oder *Feid* für 'Feld', ebenso *hoat* für 'hart' und *Beag* für 'Berg'. Aber auch im Auslaut ist Vokalisierung in weiten Gegenden üblich (z. B. *Våta* für 'Vater') oder möglich (z. B. *Hiime* für 'Himmel'). Von der Vokalisierung der Liquide in bestimmten Positionen ist der zentrale Teil des gesamtbair. Sprachraumes durchgehend erfasst, an den Rändern, innerhalb Bayerns im Norden und im Südwesten (vgl. nebenstehenden Kartenausschnitt), ist *l* jedoch erhalten, hat aber bereits einen vokalischen, meist *ü*-haltigen Klang. Die auf nebenstehender Kleinkarte schraffiert ausgewiesenen Gebiete, in denen E. Kranzmayer vor 70 Jahren konsequente *r*-Vokalisierung (für Wörter wie "Jahr", "Uhr" und "Tier" oder "verliert", "Fahrt" und "Turm") feststellte, haben sich nach den Unterlagen aus den Sprachatlanten der 80er und 90er Jahre des letzten Jahrhunderts deutlich nach Westen, teilweise bis an den Lech, ausgedehnt.

Der große Rest der Konsonanten sind sog. **Obstruenten**, zu Deutsch "Hinderrnislaute", bei denen an einer bestimmten Stelle im Mundraum oder im Rachen der Luftstrom gehemmt wird, entweder nur durch eine Verengung, wodurch **Frikative** (= Reibelaute) wie *f, s, sch, ch, h* entstehen, oder aber durch eine zeitweilige Unterbrechung des Luftstroms, was **Plosive** (= Verschlusslaute, Explosivlaute) wie *p, t, k, b, d, g* entstehen lässt. Bei der Gruppe der Obstruenten wird in vielen Sprachen, auch bei der dt. Bühnenaussprache weiter danach unterschieden, ob die Laute **stimmhaft** – also mit dem Einsatz der Stimmbänder – oder **stimmlos** gesprochen werden. In den oberdt. Dialekten hat jedoch Stimmtonbeteiligung kaum eine differenzierende Bedeutung im Sprachsystem. Hier ist stattdessen die Unterscheidung nach dem Intensitätsgrad und nach der Artikulationsdauer, also **Lenes** (= Schwachlaute) versus **Fortes** (= Starklaute) wichtig. Dies gilt allerdings nur für die südöstl. Hälfte von Bayern, denn in Franken und im nördl. Schwaben gilt die sog. binnendeutsche Konsonantenschwächung (vgl. S. 67 und 29).

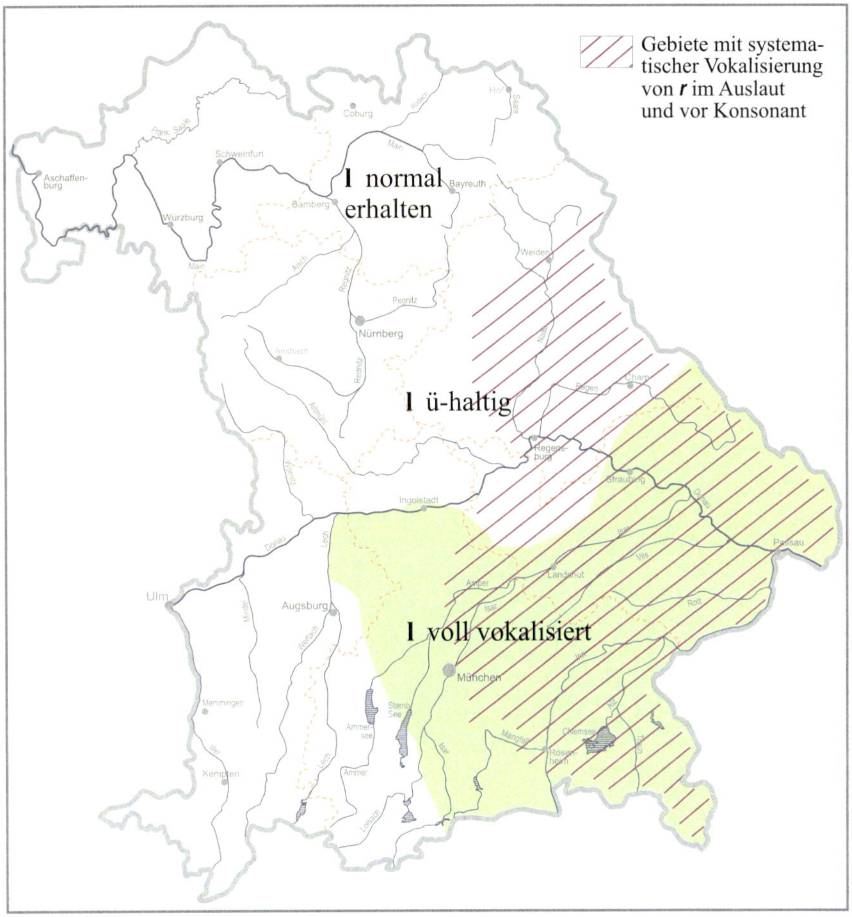

Verbreitung der Liquidenvokalisierung

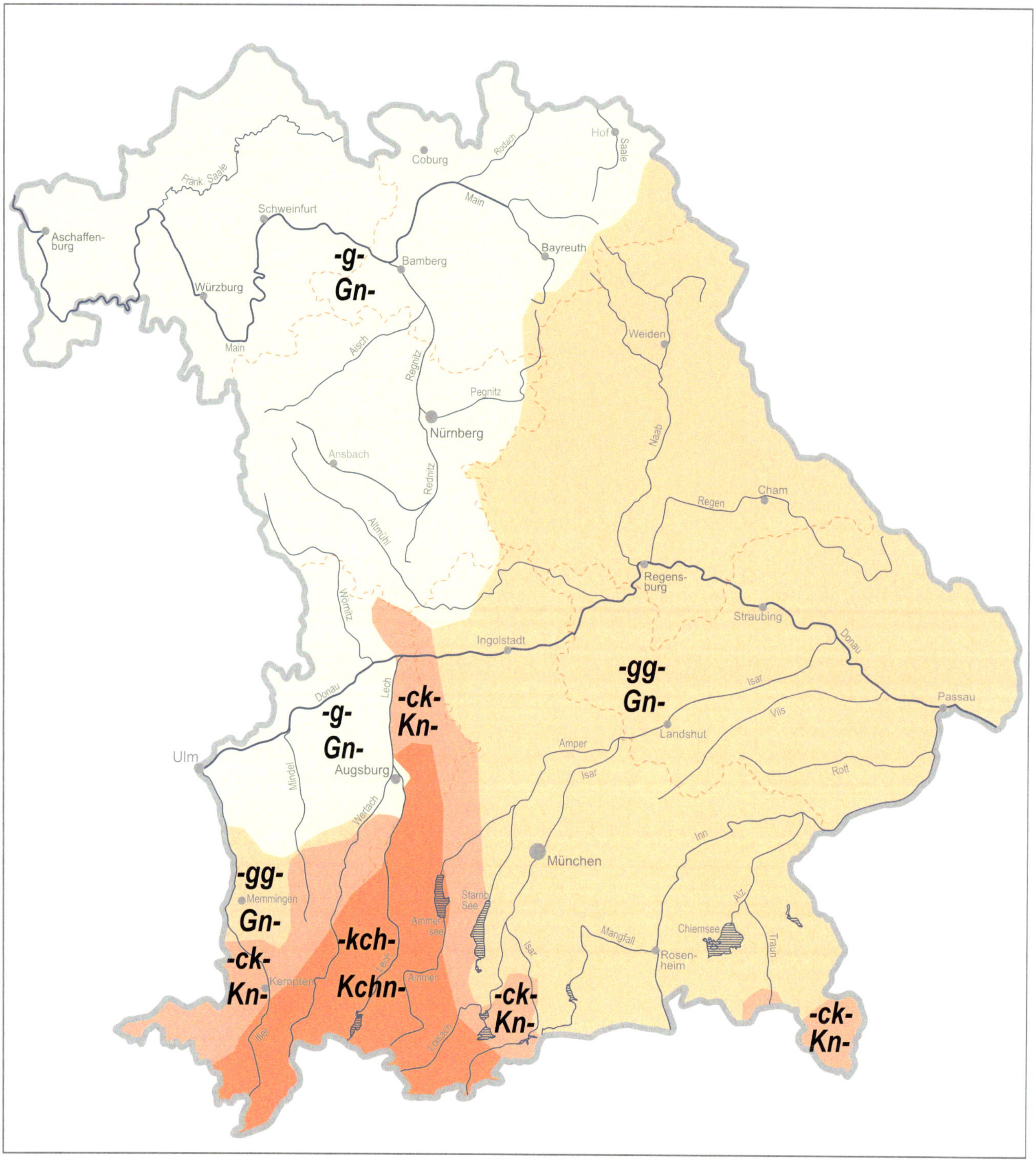

Karte 27: Mhd. -ck- in *Acker.* Mhd. kn- in *Knie*

Hier wird die geographisch unterschiedliche Realisierung der eng verwandten Verschlusslaute k- bzw. -ck- in bestimmten Positionen bzw. Lautumgebungen dargestellt.

Nhd. und mhd. -ck- im Inlaut nach Vokal, also in Wörtern wie "**Acker**, Stecken, wecken, schicken, flicken" geht zurück auf geminiertes germ. -kk-, das im Gegensatz zum einfachen germ. -k- bei der **2. Lautverschiebung** nicht voll zu -hh- bzw. -ch- verschoben wurde (vgl. *mak-ô- > ahd. mahhôn > mhd. machen), sondern bei dieser Entwicklung den Status eines aspirierten bzw. affrizierten Verschlusslautes erreicht hat, das also mit Behauchung *(kh)* bzw. im südl. Bair. mit Reibung *(kch)* gesprochen wurde. Germ. k- im Anlaut macht bei der 2. Lautverschiebung eine vergleichbare Entwicklung zu einem behauchten oder affrizierten Verschlusslaut mit (vgl. S. 14).
Die starke Reibung im südl. Oberdt., d. h. in der Schweiz (hier nur im Inlaut, denn das anlautende *kch-* ist dort zu *ch-* weiterverschoben worden, vgl. *Chua* für 'Kuh'), im Südostschwäb. und im Südbair. (Tirol) zeigte sich in ahd. Zeit z. B. an Schreibungen wie **ck**alt, star**ck**, we**kch**en in alem. und bair. Handschriften.
Von der mhd. Zeit an werden weite Gebiete des dt. Sprachraumes von der "**binnendeutschen Konsonantenschwächung**" erfasst, bei der die Fortes, vor allem p, t, k, zu den entsprechenden Lenes b, d, g werden und ihre Behauchung verlieren. Betroffen im heutigen Bayern ist von dieser Entwicklung das nördl. Schwäb. und fast ganz Franken (vgl. auch Karte 7). Außerhalb Bayerns sind das nördl. Alem. und große Teile des Mitteldt. davon erfasst.

Im Silbenanlaut vor den Konsonanten r, l, n, also in Wörtern wie "krank", "klein", "**Knie**" wird k- noch großflächiger als im Inlaut ("Acker") lenisiert und verliert auch die Behauchung, so dass wir im größten Teil des Mittel- und Nordbair. zwar Lenis in "Knie", aber Fortis in "Acker" haben. Das Südbair. hat die Anlaut-Lenisierung nicht mitgemacht, weshalb die Grenze *Knia – Gnia* mit als Abgrenzungskriterium für das Südbair. genommen wird.
Nach anderen Gesetzmäßigkeiten vollzieht sich die sog. "**mittelbairische Konsonantenschwächung**", die ebenfalls Lenisierung sowie Reibungs- bzw. Behauchungsverlust des Verschlusslautes mit sich bringt. Diese Konsonantenschwächung verhilft den mittelbair. Dialekten in Bayern zu einer einfacheren, neuen Silbenstruktur. Es gibt hier nur mehr zwei Möglichkeiten: Entweder steht ein Langvokal in Verbindung mit einem folgenden Leniskonsonanten, oder einem Kurzvokal folgt ein Fortiskonsonant. Diphthonge können kurz oder lang sein und sich entsprechend in die Silbenstruktur fügen. So wird in "guter" die Fortis erweicht zu *guuada*, in "Braten" zu *Bròòdn*, oft bis zum totalen Schwund *Bròòn*. "Vater" wird entweder *Vooda* (heute respektlos) oder *Våta* ausgesprochen. Für "beten" gibt es dialektal entweder *bètn* oder *bee(d)n*. Die Aussprache *rooasn* 'reisen' steht *hoaßn* 'heißen' gegenüber.
In fast ganz Bayern (Ausnahme: Werdenfels und südl. Oberallgäu) ist durch die Konsonantenschwächung der alte Anlaut-Gegensatz zwischen b-/d- einerseits und p-/t- andererseits verschwunden: "backen" und "packen", "Torf" und "Dorf" sind letztlich am Stärkegrad des Anlautes nicht mehr zu unterscheiden. Dies führt bei Schreibanfängern, die noch nach dem Gehör schreiben, immer wieder zu Rechtschreibfehlern: "Bost" statt "Post", "Dal" statt "Tal"; umgekehrt wird hyperkorrekt (vgl. Textkasten S. 39) auch "tunkel" statt "dunkel" geschrieben.
Die nordwestl. Hälfte Bayerns hat Lenisierung in allen Positionen: *Gnia, Gnei, Gnii; Ager, Agä*. Hier gilt die "binnendeutsche Konsonantenschwächung" uneingeschränkt. Der Großteil Altbayerns und der Raum Memmingen haben zwar beim Anlauttyp "Knie" unbehauchte Lenes *(Gnia, Gnei)*, im Inlaut nach Kurzvokal ist aber Fortis erhalten, allerdings bei Verlust der Behauchung *(Ogga, Ågga, Agger)*. Im Südwesten ist hingegen in beiden Positionen Fortisplosiv mit Behauchung erhalten *(Knia, Ackar, Åcka)*, von der Grenze zu Westtirol bis auf die Höhe von Augsburg sogar mit auffällig starker und im hinteren Mundraum (am weichen Gaumen) erzeugter Reibung. Man könnte sie hier so verschriftlichen: *Kchnia, Ackchar, Åckcha*. Diese auffällige Aussprache verlieren viele Sprecher aus diesem Raum auch dann nicht, wenn sie hochdt. sprechen. Dies führt dann immer wieder zu der Einschätzung, man komme aus Tirol oder aus der Schweiz, auch wenn man z. B. nur 20 km südl. von Augsburg aufgewachsen ist.
Der Vergleich dieser Karte mit einer von E. Kranzmayer 1954 gezeichneten Karte lässt vermuten, dass die unbehauchten bzw. unaffrizierten Lautungen im Süden von Obb. deutlich im Vordringen sind.

Im Bayerischen Wald, teils auch anderswo, wird das k- in "Knie" oft als *d-* realisiert, also *Dnia*. Hier hat eine Angleichung des Artikulationsortes an den des folgenden dentalen *n* stattgefunden, so dass sich die velare Lenis *g-* zur dentalen Lenis *d-* entwickeln konnte.

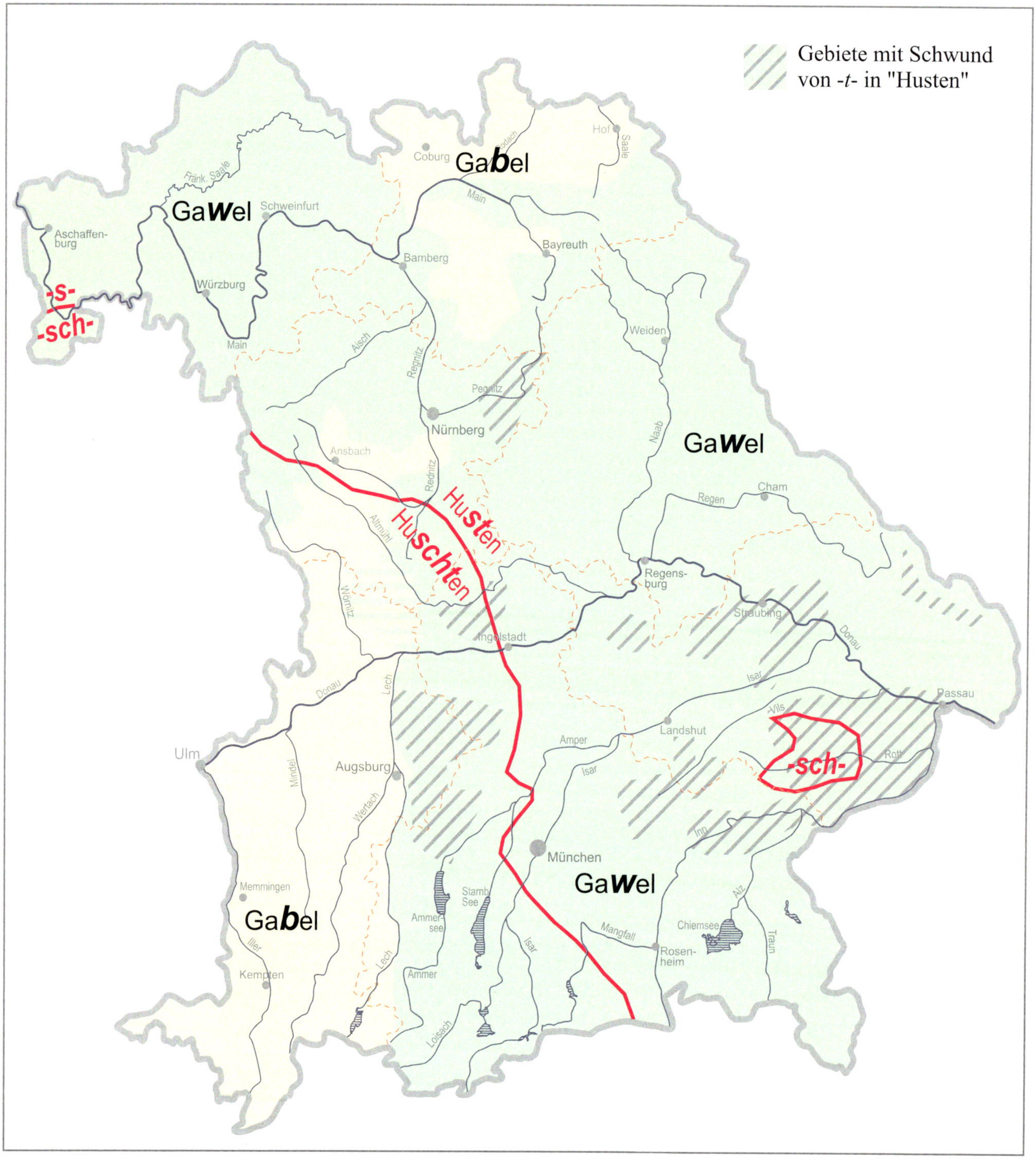

Karte 28: Mhd. -b- in *Gabel.* Inlautendes -st- in *Husten*

In sonorer Umgebung – also in der Position zwischen zwei Vokalen (z. B. *Goowe*) oder zwischen Vokal und Sonant (z. B. *Gaawl, Goowl*) – wird altes -b- in weiten Teilen Bayerns vom Verschlusslaut -b- zum Reibelaut -w- gewandelt, was man **Spirantisierung** nennt. Dieses -w- wird – anders als in der hochdt. Norm – bilabial (= mit beiden Lippen) artikuliert. Die stimmhafte Umgebung bewirkt neben der Änderung der Artikulationsart auch eine leichte Stimmhaftigkeit des entstehenden Frikativs, wohingegen Lenisplosive sonst in Bayern stimmlos sind.
Diese Erweichung des -b- zu -w- ist, wie auch die Phänomene bei "Acker" und "Knie" auf Karte 27, im Rahmen der Konsonantenschwächung zu sehen, auch wenn die geographische Verteilung unterschiedlich ist. Die Gebiete mit Spirantisierung oder mit Bewahrung des Plosivs sind i. d. R. deutlich voneinander abgrenzbar. Lediglich im Bereich zwischen Wörnitz und Altmühl ist eine gewisse Unsicherheit in der Verwendung von *w*- und *b*-Formen zu beobachten. Diese Erweichung bzw. Spirantisierung tritt regelmäßig vor den nebentonigen Auslautfolgen -el und -eln auf (in Wörtern wie "Schnabel, Nebel, Hobel/hobeln, Kübel") sowie vor -er und -ern (in Wörtern wie "aber, Leber, Ober, Zuber, über, zaubern").
Zudem tritt die b-Spirantisierung im Mittelbair. auch über Wortgrenzen hinweg ein, so bei engen Verbindungen von auf -b endenden Verbformen mit vokalisch anlautenden Pronomen, z. B. "... habe ich" *(hoow-e)*, "... gebe ihm" *(giiw-eam)* etc. Im Volksmund hat sich die b-Erweichung erhalten im Kindervers mit den Zeilen "... ob er aber über Oberammergau oder aber über Unterammergau oder aber überhaupt(s) nicht kommt, das ist nicht gewiss" (*... oowa ååwa iiwa Oowaåmmagau ooda ååwa iiwa Untaåmmagau ooda ååwa iiwahapts need kimd, dees iis need gwiis*).

Zwischen Vokalen tendieren im Rahmen der Konsonantenschwächung auch dentale und velare Lenisplosive gebietsweise zur Lockerung oder zur Lösung des Verschlusses. Dabei erscheint -d- (seltener -t-) teilweise als *r*, etwa *Bruura* für "Bruder", *Våra* für "Vater" im Rheinfränk., oder als reduzierter Verschlusslaut *Fee*^{d}*a*, *Mua*^{d}*a* für "Feder, Mutter" im Mittel- und Nordbair. Altes -g- wird im Ostfränk. und in der Opf. zu *ch* spirantisiert, auch im Auslaut, also *Waachal*, *Weech*, *i mooch* für 'Wägelein, Weg, ich mag' (vgl. dazu auch die Grenze der Spirantisierung bei "Vogel" in Karte 10).

Die Karte zeigt anhand der roten Linie auch die durch Bayern verlaufende Grenze der im Südwesten des dt. Sprachgebietes üblichen Aussprache *scht* oder *sch* für -st- im Wort "**Husten**", also *Huaschte, Huaschdn, Huaschn*. Ähnliche Grenzverläufe sind bei vergleichbaren Wörtern wie "fest", "Schwester", "basteln", "du hast" zu erwarten, allerdings ist die *sch*-Insel in Nby. wortspezifisch. Die Markierung der Gebiete mit *t*-Schwund (also *Huaschn, Huasn*) zeigt, dass kein direkter Zusammenhang zwischen beiden Erscheinungen gegeben ist.
Die Entwicklung des -st- im Inlaut steht im Zusammenhang der Entwicklung der s-Laute im Deutschen. In ahd. Zeit gab es keinen sch-Laut in den dt. Dialekten. Es gab einerseits einen bei der 2. Lautverschiebung entstandenen stimmlosen Fortis-s-Laut, den die Grammatiken mit z schreiben, z. B. in wazzar oder läzan, und andererseits gab es einen je nach Position stimmhaften oder stimmlosen Lenis-s-Laut, der einen *sch*-ähnlichen Klang hatte; er wurde mit hohem Zungenrücken gebildet, weshalb er auch "dorsales s" genannt wird. Man kann dieses dorsale *s* noch heute in den Sprachinseldialekten des Fersentales und von Lusern (bei Trient) hören. Dieses s ist aus dem Idg. ererbt, es entwickelt sich vom Ahd. an in bestimmten Positionen zum *sch*-Laut. Dabei wird ahd. sk- zu mhd. sch- (z. B. ahd. scrîban > mhd. schrîben), mhd. sl-, sm-, sn-, sw-, sp-, st- > nhd. *schl-, schm-, schn-, schw-, schp-* (geschrieben sp-), *scht-* (geschrieben st-). Beispiele sind: slagen > schlagen, smecken > schmecken, snîden > schneiden, swester > Schwester, spil > Spiel, stein > Stein. Diese Entwicklung findet vor allem im hochdt. Raum statt, im Norden sind die alten Verhältnisse gewahrt geblieben, da findet die *S-wester den s-pitzen S-tein*. Im Süden hat diese Entwicklung nicht nur im Wortanlaut stattgefunden, sondern auch im Inlaut. Im ganzen oberdt. Raum wurde einst auch inlautend *-scht-* und *-schp-* gesprochen. Heute ist das nur mehr im dt. Südwesten bis zur Mosel hin und einschließlich des größten Teils von Tirol der Fall. Im Südosten wurde diese Aussprache später wieder beseitigt; die Linie für "Husten" auf der Karte zeigt, dass dies im größeren Teil von Bayern geschehen ist. Die unterschiedliche Aussprache (Anlaut *scht-/schp-* gegen Inlaut *-st-/-sp-*) wird dann auch für die Normaussprache festgelegt.

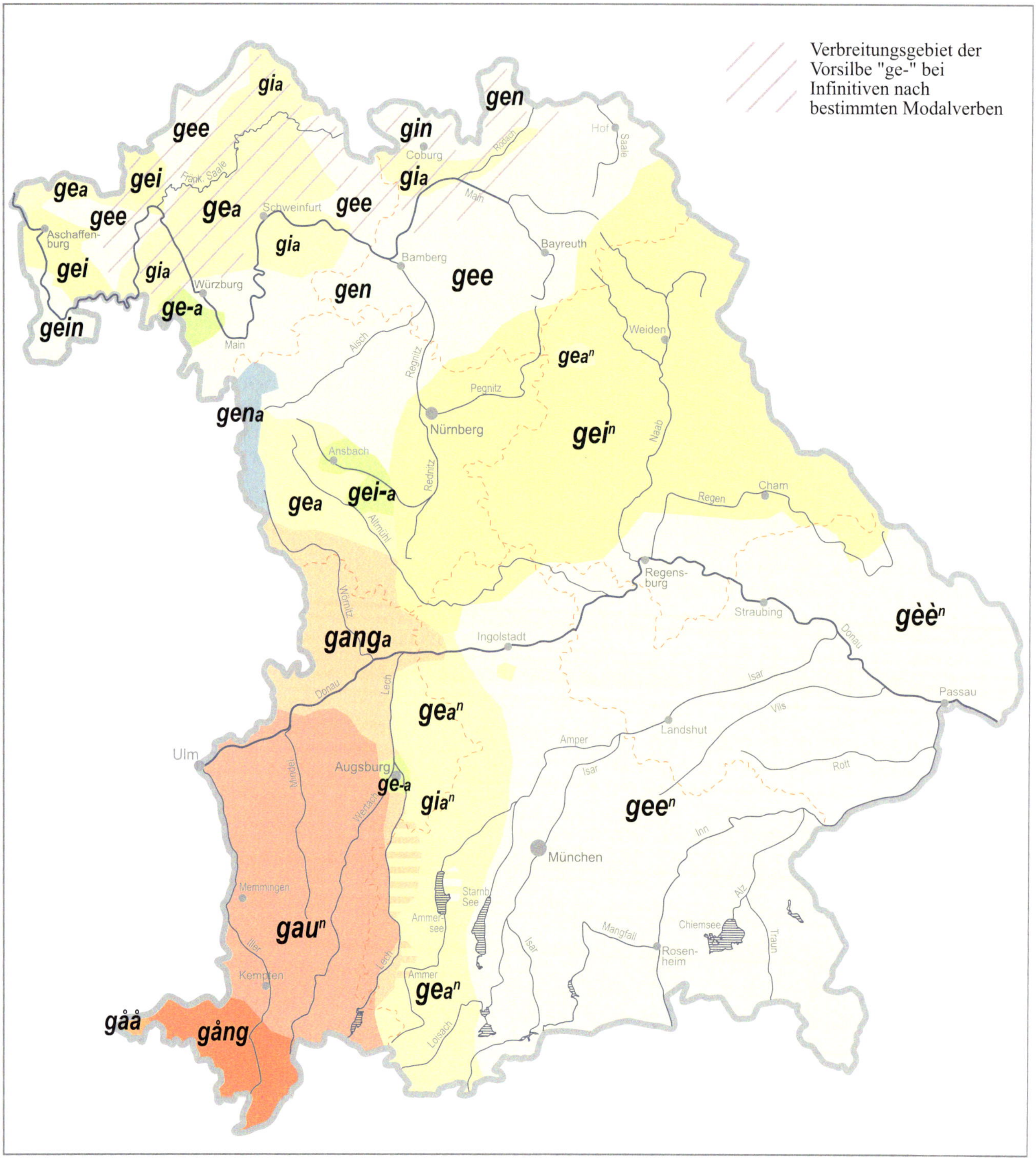

Karte 29: *gehen* (Infinitiv)

Das **Verb**, auch "Zeitwort" oder "Tätigkeitswort" genannt, ist aus mehreren Gründen als die zentrale Wortart des Deutschen zu betrachten. In der Regel gibt es keinen vollständigen Satz ohne das Verb. Da die Stellung des Verbs im Satz strikt festgelegt ist, sind damit auch die Stellungstypen des deutschen Satzbaus festgelegt. Zudem bestimmt das Verb die Ausgestaltung des Satzes mit weiteren Satzgliedern.
Jedem Verb liegt ein **Verbstamm** zugrunde (auch "Wurzel" genannt), der die Bedeutung trägt, z. B. "geh-", "schnei-", "fahr-", "lieg-", "sag-", "sing-", "mach-". Der jeweiligen Funktion im Satz entsprechend wird das Verb gebeugt (= flektiert), es erhält eine **Endung** (Suffix) und teilweise eine **Vorsilbe** (Präfix). In der Endung wird die **Person** *(ich ...e, du ...st, er/sie/es/ihr ...t, wir/sie ...en)* und der **Numerus** (Einzahl/Mehrzahl) ausgedrückt. Weitere Kategorien bei der Verbflexion sind das **Tempus** (z. B. Gegenwart, Vergangenheit, Zukunft), der **Modus** (Indikativ oder Konjunktiv) sowie das **Genus verbi** (Aktiv oder Passiv).
Zusammen mit der Karte 7 "essen" zeigen die zwei nachfolgenden Karten die Besonderheiten der Infinitivformen in Bayern. Ausgewählt wurden zwei im Schriftdeutschen ähnlich lautende Verben, "gehen" und "drehen", die in den Dialekten deutliche Unterschiede zeigen.

Der Infinitiv des Verbs **gehen** bildete sich in seiner heutigen schriftsprachlichen Form erst um 1600 aus, maßgeblich beeinflusst von der lutherischen Bibelübersetzung. Dass diese zweisilbige Form für unseren Raum nicht selbstverständlich ist, beweist Karte 29 mit den dialektalen Infinitivformen: Bis auf relativ kleine Gebiete, in denen die zweisilbigen Infinitive *ganga, gena* (vereinzelt auch *geana* und *geina*) gebräuchlich sind, liegen nur einsilbige Formen vor: *gee^{n}, gen, gea^{n}, gia, gau^{n}, gång, gåå, gei^{n}* und *gein*. Lediglich um Augsburg und in zwei kleineren Gebieten in Mfr. und Ufr. sind zweisilbige Formen ***(ge-a, gei-a)*** vorhanden. Keine der anderen Varianten stimmt mit dem hochdt. "gehen" überein.
Im Ahd. dominierte ein zweisilbiger Infinitiv gangan. Bei dem noch heute am Lech und im Nordschwäb. belegten ***ganga*** handelt es sich aber wohl nicht um eine direkte Fortsetzung der ahd. Wortform, sondern um eine Neubildung im 16. Jh., und zwar analog zu den im Imperativ und im Konjunktiv erhaltenen alten Formen.
Neben diesem zweisilbigen Infinitiv sind auch einsilbige Entsprechungen (Kurzverben) schon zu ahd. Zeit belegt, wobei sich bezüglich der Stammvokale eine räumliche Verteilung ergibt: gân herrscht im Alem. vor, gên dagegen im Fränk. und Bair. – übrigens einer der wenigen fassbaren Unterschiede zwischen dem Alem. und Bair. in ahd. Zeit!
Die Formen ***gau^{n}*, *gång*** und ***gåå*** sind auf ahd. gân zurückzuführen. Bei *gau^{n}* zeigt sich die in der Region vorhandene Diphthongierung von mhd. â (vgl. Karte 13), allerdings mit einer etwas größeren Verbreitung; bei *gång* und *gåå* liegt ebenfalls die in diesem Gebiet übliche "Verdumpfung" von altem â in Richtung *o* vor (vgl. Karte 13). Der Auslaut von *gång* in der Südwestecke steht nicht, wie man vermuten möchte, in einem Zusammenhang mit der ahd. Form gangan; vielmehr ist im Ober- und Westallgäu die Verschiebung des auslautenden *-n* in den Rachenraum, also zu *-ng*, eine allgemeine Erscheinung, z. B. *hång, stång, lång* (haben, stehen, lassen), im Oberallgäu zusätzlich bei *sing, Wing, ming* (sein, Wein, mein).
Der Typ ahd. gên hat sich wie der Normalfall von mhd. ê vor Nasal entwickelt (vgl. Karte 16 "Schnee"). Sowohl die Form ***gei^{n}*** mit Steigdiphthong im Nordbair. und ***gei, gein*** südl. von Aschaffenburg als auch die fallenden Diphthonglautungen ***gea, gea^{n}*** und ***gia^{n}***, und auch die Monophthongformen ***gee^{n}*** und ***gee*** sind regelhaft, d. h., sie gehen parallel zu den Lauten, wie sie bei "Schnee" vorliegen.
Das auslautende -n ist nur in wenigen Gegenden als Konsonant erhalten *(geen, gen, gin, gein)*, großenteils ist der Nasal vokalisiert, also im Vokal aufgegangen *(gau^{n}, gea^{n}, gei^{n}, gee^{n})*, in Franken und im alem. Südwesten ist er entweder ganz geschwunden *(gee, gea, gei, gåå)* oder zu *-ng* gewandelt *(gång)*.
In die geschriebene Urkundensprache dringt die endungslose Infinitivform (z. B. gê, gâ) kaum vor. Die konservativere Schriftsprache hat das -n demnach so lange bewahrt, bis es aufgrund der Analogie zu anderen Infinitiven – es gibt ja fast keine endungslosen Formen – zum schriftsprachlichen Standard erhoben wurde.
Im schraffierten Gebiet im nördl. Franken erhalten Infinitive nach den Modalverben "können" und "mögen", seltener bei "müssen", oft die Vorsilbe "ge-", so dass es dort z. B. heißen kann: *Kånn ich gegia?*

Ganz ähnlich wie "gehen" verhält sich der Infinitiv von **stehen**, so dass beide Verben in den Grammatiken meist zusammen behandelt werden; d. h. die Formen von "stehen" (stantan, stân und stên) sowie ihre Varianten entsprechen den verschiedenen Ausbildungen von "gehen" (gangan, gân und gên). Ausgenommen sind kleinere Gebiete von Mfr. und Ufr., in denen die zwei Verben nicht parallel gehen.

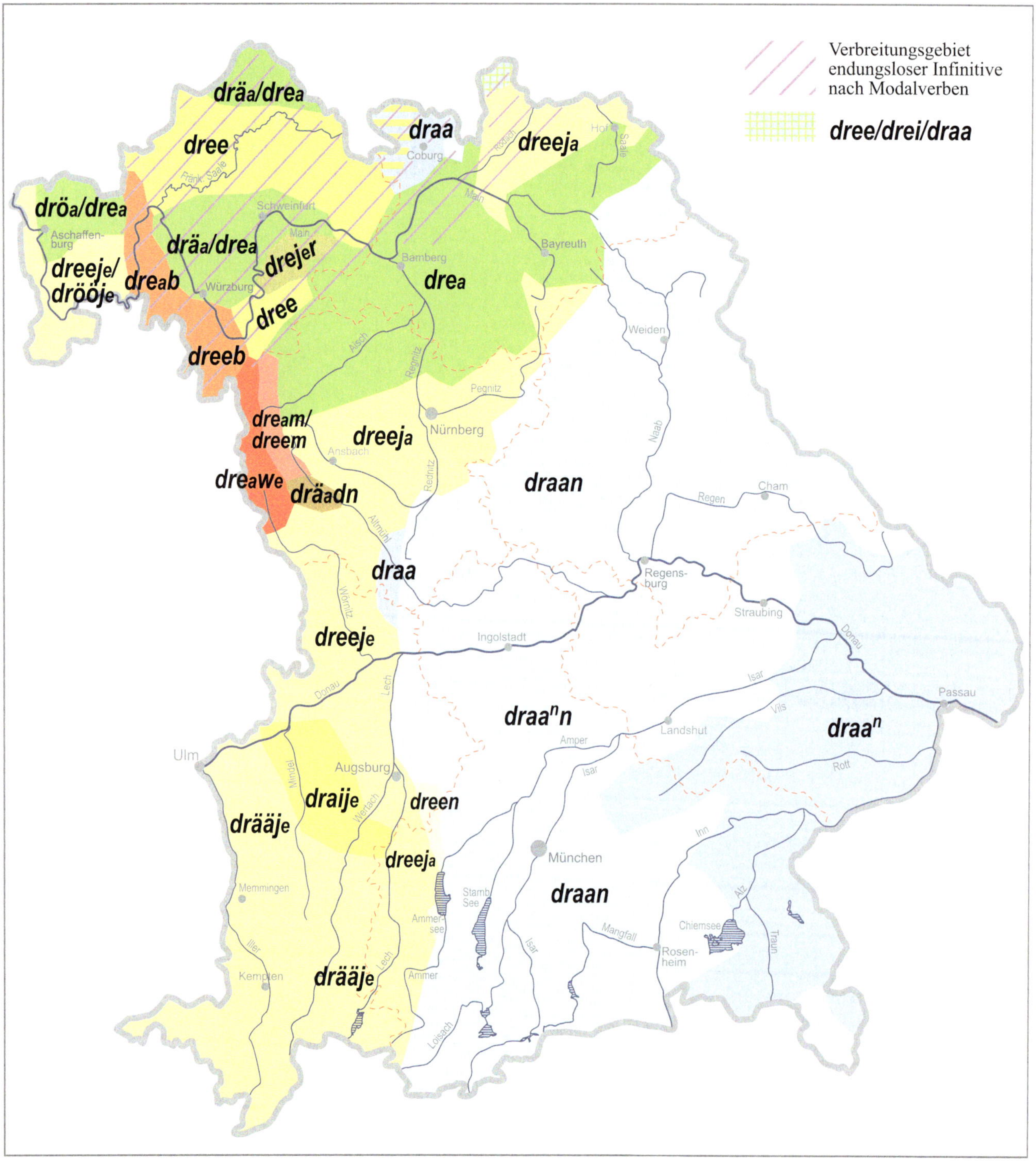

Karte 30: *drehen* (Infinitiv)

Den Dialektformen von **drehen** liegt ein ahd. drâen zugrunde. Das Wort tritt im Mhd. als dræjen, drægen, dræn auf, d. h. mit Umlaut (vgl. S. 43) und teilweise mit Einschub eines (Halb-)Konsonanten, der das Zusammenstoßen zweier Vokale verhindert (Hiatustilger). Dieser Konsonant ist regional verschieden, im Südwesten tritt beispielsweise vorwiegend -g- auf. Auch heute gibt es solche regional unterschiedlichen Hiatustilger, so sagt man für "wie ich" im Bair. überwiegend *wia-r-i*, im Schwäb. *wia-n-i*. In der nhd. Schriftsprache wurde das -j- durch ein nicht gesprochenes -h- ersetzt.
Der alte Stammvokal æ hatte sich im Bair. bereits im 13. Jh. zum *aa* gewandelt (vgl. Karte 5). Die lautlichen Veränderungen betrafen auch ähnlich lautende Wörter, wie z. B. Kræje ('Krähe', vgl. Karte 92), kræjen ('krähen'), blæjen ('blähen').
Der einsilbige Infinitiv ***draan*** mit konsonantischer Endung ist in dieser Form schon seit dem 13. Jh. belegt, entstanden durch Kontraktion von dræjen > dræn. In einigen Teilgebieten liegt eine deutliche Nasalierung des Stammvokals vor ***(draa^{n}n)***. Durchgehend nasaliert ist der Stammvokal in dem östl. anschließenden Gebiet, in welchem der Infinitiv mit dem vokalischen Stammauslaut endet, also ***draa^n***, wobei die Nasalität Reflex der geschwundenen Endung -n ist.
Im schwäb. Sprachraum sind einheitlich zweisilbige Formen belegt: diphthongiertes ***draije*** und die monophthongischen Lautungen ***dreeje*** bzw. ***drääje***. Die Entstehung der Endung *-e* lässt sich so erklären, dass der Nasal n zunächst eine Nasalierung des Vokals bewirkte, dann wegfiel und schließlich der Vokal entnasaliert wurde.
Auch in den fränk. Randgebieten ist der halbvokalische, hiatustilgende Stammauslaut j noch teilweise erhalten, und die mhd. Endung -en ist dort überwiegend zu *-a* oder *-e* abgeschwächt: ***dreeja, drööje***.
Im Westen von Mfr. tritt gebietsweise w als Hiatustilger auf ***(dreawa, dreewa)***. Wo das w an den Wortauslaut tritt (s. u.), wird es zu einem b "verhärtet": ***dreeb***, ***dreab***. Auch die auf den ersten Blick aus dem Rahmen fallende Endung *-m* ***(dreem/dream)*** in Mfr. lässt sich als Assimilationsform aus dem Stammauslaut w/b und der Infinitivendung -en erklären, z. B. *dreeben* > *dreebm* > *dreem* (vgl. dazu die Grenze der Infinitivendung in Karte 7 "essen").
Bei der nur kleinräumig verbreiteten Form ***dräadn*** ist das *d* wohl ebenfalls als hiatustilgender Konsonant zu betrachten, der möglicherweise unter assimilatorischem Einfluss des auslautenden *-n* seinen Artikulationsort verändert hat *(b > d)*.
Ungewöhnlich erscheint die Endung bei ***drejer*** in einem kleinen Gebiet in Ufr. Dazu ist zu bemerken, dass diese Endung in der gleichen Gegend auch bei vergleichbaren Verbformen vorkommt (vgl. *gschneijert* für 'geschneit' in Karte 35 und für *kumard* 'käme' in Karte 33). Diese *r*-Lautungen sind wohl damit zu erklären, dass unbetonte Indifferenzlaute in *dreeje, kumad, gschneijet* genauso wie in *Fensta, Mau-a, bessä* als "-er" angesehen wurden und hyperkorrekt (vgl. Karte 12) durch die vermeintlich richtige Form ersetzt wurde.

In dem durch Schraffur markierten Gebiet im nördl. Franken kommen die Infinitive nach Modalverben generell endungslos vor (vgl. Karte 7 "essen"), so dass die hier kartierten einsilbigen, auf dem Stammvokal endenden Infinitivformen ***dree, drea, drei, draa*** und auch ***dreab*** keineswegs ungewöhnlich sind. Auffällig ist aber, dass diese einsilbigen Formen beträchtlich über das Gebiet hinausreichen, wo diese Erscheinung gewöhnlich auftritt.

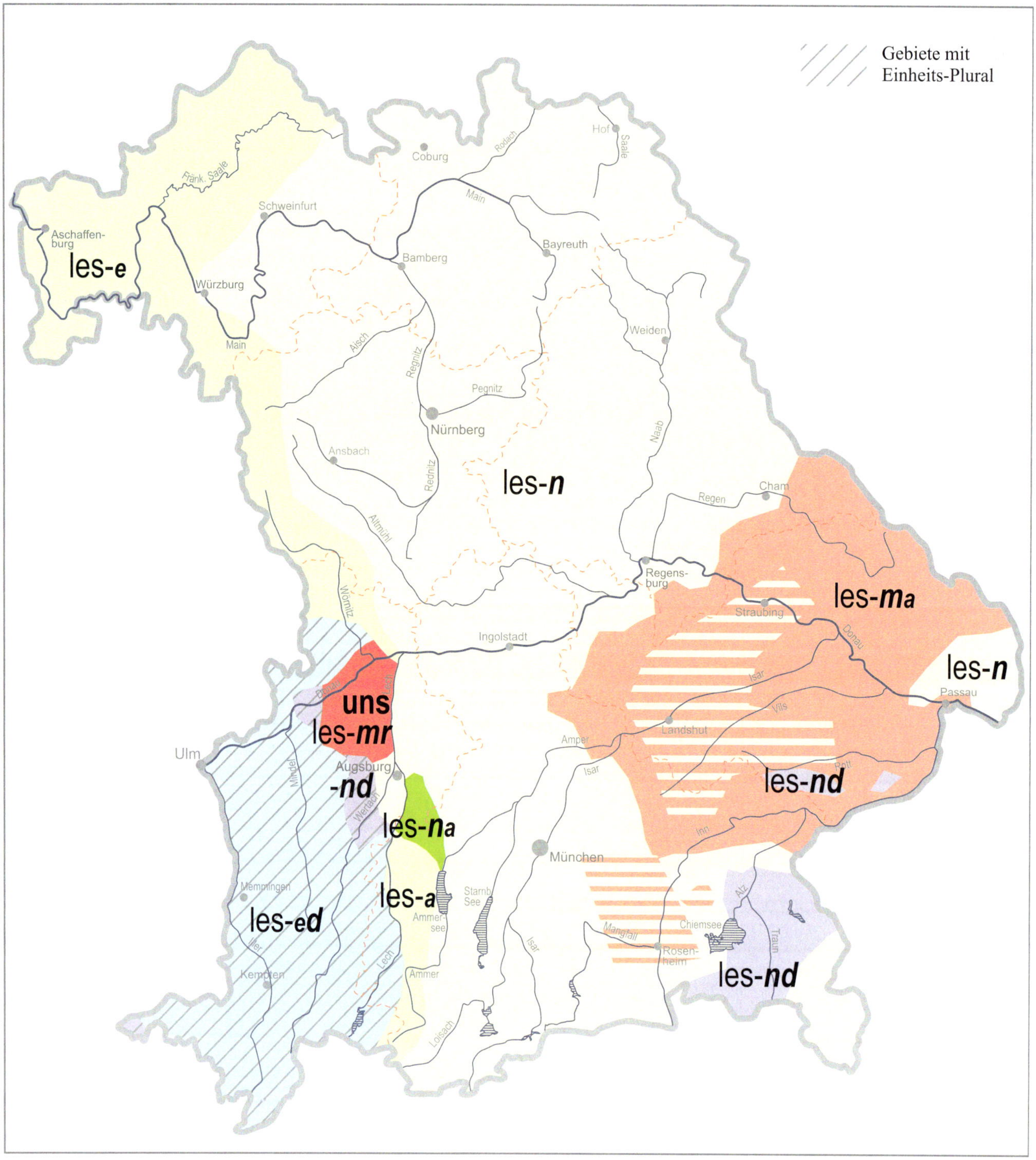

Karte 31: *wir les-en* (Endung der 1. Person Plural)

Die Karte zeigt die geographische Verteilung der Endungstypen bei dieser Verbform. Unterschiedliche Lautungen beim Stammvokal (z. B. *läas-*, *lääs-*, *lees-*, *leis-*, *laas-*) können hier nicht berücksichtigt werden. Deshalb erscheint hier der Verbstamm einheitlich in der hochtypisierten Form "les-". Die Lautung des Stammvokals dürfte weitgehend mit der beim Wort "Nebel" übereinstimmen (vgl. dazu Karte 8).

Die Endung der 1. Person Plural entsprach bereits im normalisierten Mhd. der Endung des Infinitivs (lësen). Dies trifft auch für die heutige Hochsprache zu ("lesen"). Auch im Großteil der Dialekte Bayerns ist die Übereinstimmung der Formen des Infinitivs und der 1. Person Plural gegeben. Dies gilt für die großflächig verbreitete Form les-***n***, bei der der Vokal der Endung abgefallen ist und der Nasalkonsonant zum Silbenträger wurde (le-sn); es gilt aber ebenso für die Formen les-***e*** und les-***a*** von Ufr. bis Nordschwaben und im oberen Lechrain, wo regelhaft nach den dort wirksamen Lautentwicklungen der auslautende Nasalkonsonant zunächst vokalisiert wurde und später auch die Nasalität weitgehend verloren ging (-en > -e^n/-a^n > -*e*/-*a*).
Im Hinblick auf die Endung gehört eigentlich auch der im Lechrain zwischen Augsburg und Ammersee eigens ausgewiesene Typ les-***na*** hierher, denn er ist von einer dreisilbigen historischen Form *lësenen herzuleiten, die wohl durch Ausfall des mittleren Vokals zu *lës-nen verkürzt wurde. Somit gelangte dieses Verb in diesem Gebiet in die Reihe der auf "-nen" endenden Verben, wie beispielsweise "rechnen", "trocknen", "zeichnen", "ebnen", "ordnen". Bei ihnen ist das -n- in der Regel historisch ein Bestandteil der Basis, von der diese Verben abgeleitet wurden; es war ursprünglich nicht Bestandteil der Endung, wie es die nhd. Silbenstruktur nahe legt. Nach Nasalkonsonant ist die Endung -en auch im Bair. zu *-a* geworden, wie etwa auch bei *schwimma, renna*.

Keine Übereinstimmung mit der Infinitivform haben die Endungstypen les-***nd*** und les-***ed***. Beide sind weiterentwickelte Folgeformen der mhd. Endung der 3. Person Plural (lës-ent), die auf die 1. Person übertragen wurden, eine Entwicklung, die bereits in mhd. Zeit begann. Dabei ist, vergleichbar den vorausgehenden Typen, im einen Fall der Vokal, im anderen der Nasalkonsonant geschwunden.
Im schraffiert gezeichneten Gebiet, im Großteil des Schwäb., sind die zwei Endungstypen (les-***nd*** bzw. les-***ed***) in allen drei Personen des Plurals in Verwendung, weshalb man hier vom sog. "**Einheitsplural**" spricht (z. B. *miar läas**ed**, diar läas**ed**, dia läas**ed***). Dieser Einheitsplural mit gleicher Verbendung in allen drei Personen der Mehrzahl (z. B. mit Formen wie "wir/ihr/sie lese(n)d") ist weit verbreitet in den dt. Dialekten. Das Gebiet im Südwesten unseres Kartenbildes ist nur der östl. Rand einer großen Landschaft, die fast den ganzen schwäb.-alem. Südwesten der dt. Dialekte einnimmt. Auch der größte Teil des Niederdt. hat den Einheitsplural. Die mitteldt. Dialekte und teilweise die im Südosten haben hingegen das gleiche System wie das Nhd., bei dem die 1. und 3. Person gleich sind, die 2. Person aber eine eigene Endung hat, so hochsprachlich "wir/sie les-en", aber "ihr les-t" oder bair. *mia/dee lees-n*, aber *ees lees-ds*. In Teilen des Mittelbair. hat man für die 3. Person Plural noch eine eigene Form, die auf die ahd./mhd. Endung -nt zurückgeht, z. B. *leesnd*.

Die Typen les-***ma*** im östl. Altbayern und **uns** les-***mr*** im nördl. Schwäb. sind dadurch entstanden, dass eine abgeschwächte Form des Personalpronomens "-mir" (für 'wir') an den Verbstamm "les-" angehängt (suffigiert) wurde. Während aber bei dem bair. Typ das vorangestellte Personalpronomen wie allgemein üblich in der vollen Nominativform steht, z. B. ***mia** lees**ma***, wird der nordschwäb. Typ ausschließlich mit "uns", also mit der Akkusativform des Personalpronomens verbunden, z. B. ***oo^{n}s** läas**mr***.

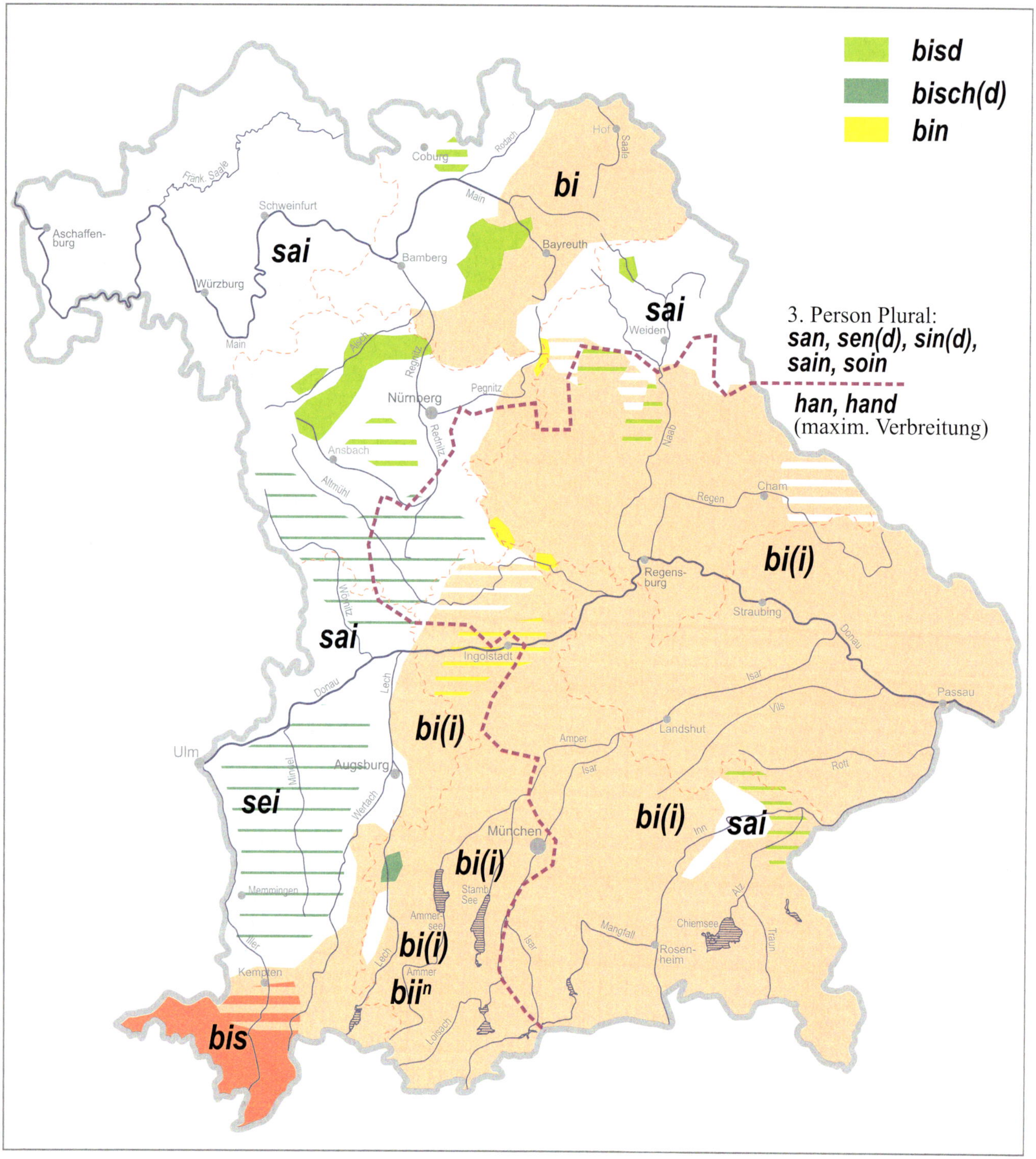

Karte 32: *sein* (Imperativ Singular; 3. Person Plural)

Die Karte zum Imperativ Singular des Verbs "sein" beruht auf dem Übersetzungssatz "Sei ruhig!". Bis auf wenige Ausnahmen liegen vorrangig drei Belegtypen vor:

1. ***sae/sei***,
2. ***bi*** mit dem Untertyp ***bis*** und
3. ***bist***, teils mit dem Personalpronomen *du* (2. Singular).

Die ersten beiden Formen ergeben eine nahezu diagonale Unterteilung Bayerns in eine nordwestl. und eine südöstl. Hälfte. Allerdings entsteht diese Zweiteilung nur aus der Sicht des Typs ***bi/ bis:*** Da es sich dabei um die ältere Form handelt – was die Gewährspersonen gelegentlich mit "veraltet" kommentieren –, wurde sie bevorzugt kartiert. Der im ***bi***-Gebiet häufig vertretene Typ ***sae/sei*** wurde nur dann berücksichtigt, wenn es sich an den Orten um den einzigen Beleg handelt. Entsprechend wurden in den ***sae/sei***-Gebieten nicht nur Streubelege der Form ***bi/bis*** aufgenommen, wenn sie allein vorliegen, sondern auch, wenn sie neben ***sae/ sei*** auftreten.

Außer diesen beiden Imperativen wurde gelegentlich eine indikativische Form gewählt: "Bist du still!" Diese Form ist vor allem im schwäb. Bereich schwer zu segmentieren, da der s-Laut in ***bist*** als *sch* ausgesprochen wird und daher bei schneller Aussprache mit dem nachfolgenden Anlaut des Adjektivs verschmilzt: Die Notation *bischdil* kann also *bi schdill*, *bisch schdill* oder *bischd schdill* darstellen. Es gibt allerdings zahlreiche eindeutige Belege (z. B. wenn als Adjektiv "ruhig" gewählt wurde), um einen Typ ***bisch(d)*** anzusetzen. Der auslautende Dental wiederum verschmilzt häufig mit dem folgenden Personalpronomen: *bisch du – bischd du*.

Sprachgeschichtlich gesehen werden die konjugierten Formen von nhd. **sein** aus drei verschiedenen Wurzeln gebildet, den idg. Wurzeln *es-, *bhu- und *wes-. Im Präsensparadigma werden die Formen "ich bin" und "du bist" aus der Wurzel *bhu- gebildet (dazu gehört auch engl. "to be" und lat. "fui" 'ich bin gewesen'), alle anderen sowie die Konjunktivformen aus der Wurzel *es- (dem entspricht lat. esse 'sein'). Solch eine Unregelmäßigkeit mit drei verschiedenen Stämmen in der Konjugationsreihe kann sich nur bei einem Verb behaupten, das sehr häufig ist, so dass die verschiedenen Formen den Sprechern und Hörern stets präsent sind. Bei einem selten verwendeten Verb werden Unregelmäßigkeiten im Laufe der Zeit durch Analogiebildung beseitigt (z. B. wird in weiten Gegenden das starke unregelmäßige Partizip II "geschnien" durch die schwache Form "geschneit" verdrängt, vgl. Karte 35).

Der Imperativ ***bi*** muss nicht unbedingt auf die Wurzel *bhu- zurückgeführt werden, denn im Ahd. lautete der Imperativ Singular von "sein" wis und ist daher zur Wurzel *wes- zu stellen, genauso wie die Präteritumsformen ("ich war" usw.). Im Mhd. tritt im 13. Jh. neben wis die Form bis. Als Erklärung ist also ebenso eine Neubildung im Anschluss an die indikativische Form "du bist" (2. Singular Indikativ Präsens) denkbar, wie auch der im Bair. häufig vorkommende Wechsel *b/w* (vgl. Karte 28). In bair. Urkunden erscheint z. B. im 13. Jh. bald für "Wald" und beib für "Weib".

Während sich die Form ***bis*** in der alem. Südwestecke bis auf den heutigen Tag erhalten hat, liegt in den bair. und fränk. Dialekten fast ausschließlich die Form ***bi*** vor. Der in wenigen Belegen vorliegende Typ ***bin*** mit nasalem Auslaut tritt sowohl vor nachfolgendem Vokal als auch vor Konsonant auf: *Bin amal schdill!* oder *Bin ruhig!* Bei dieser Erscheinung kann es sich um die hyperkorrekte Restitution eines geschwundenen -n handeln.

Bereits im Ahd., im 9. Jh., tritt in den Quellen ein weiterer Infinitiv zu wesan (idg. Wurzel *wes-) immer mehr in den Vordergrund, das nach der idg. Wurzel *es- gebildete sîn. Im Spätmhd. wird dann zum Infinitiv sîn ein neuer Imperativ sî gebildet. Diese Form ist vorerst selten, und noch im Nhd. des 16. Jh. stehen beide Typen, sei und bis, gleichberechtigt nebeneinander, selbst bei ein und demselben Autor. Ein erstes Auftreten des neuen Imperativs **sei** ist in einer Handschrift des Jahres 1477 belegt, ein Vordringen der Form von Norden nach Süden scheint erkennbar.

Durch eine gestrichelte Linie zeigt die Karte auch am Beispiel der 3. Person Plural die maximale Verbreitung des *h*-Anlautes in den indikativischen Pluralformen des Verbs "sein", z. B. *mia han/hand/hamma, ees hads, dee han/ hand*. Diese in einem Großteil des bair. Sprachraumes verbreiteten Nebenformen zu *mia san/samma, ees saids, dee san* unterscheiden sich in der Vokallautung deutlich von den Formen des Verbs "haben", was teilweise zu reizvollen Wortspielen genutzt werden kann, z. B. *Mia hamma oam und hamma nix* "Wir sind arm und haben nichts". Entstanden sein könnte der *h*-Anlaut aus schwachtonigen Formen, in denen gern ein *h* für ein *s* gesetzt wird (vgl. auch *gweache* in Karte 34).

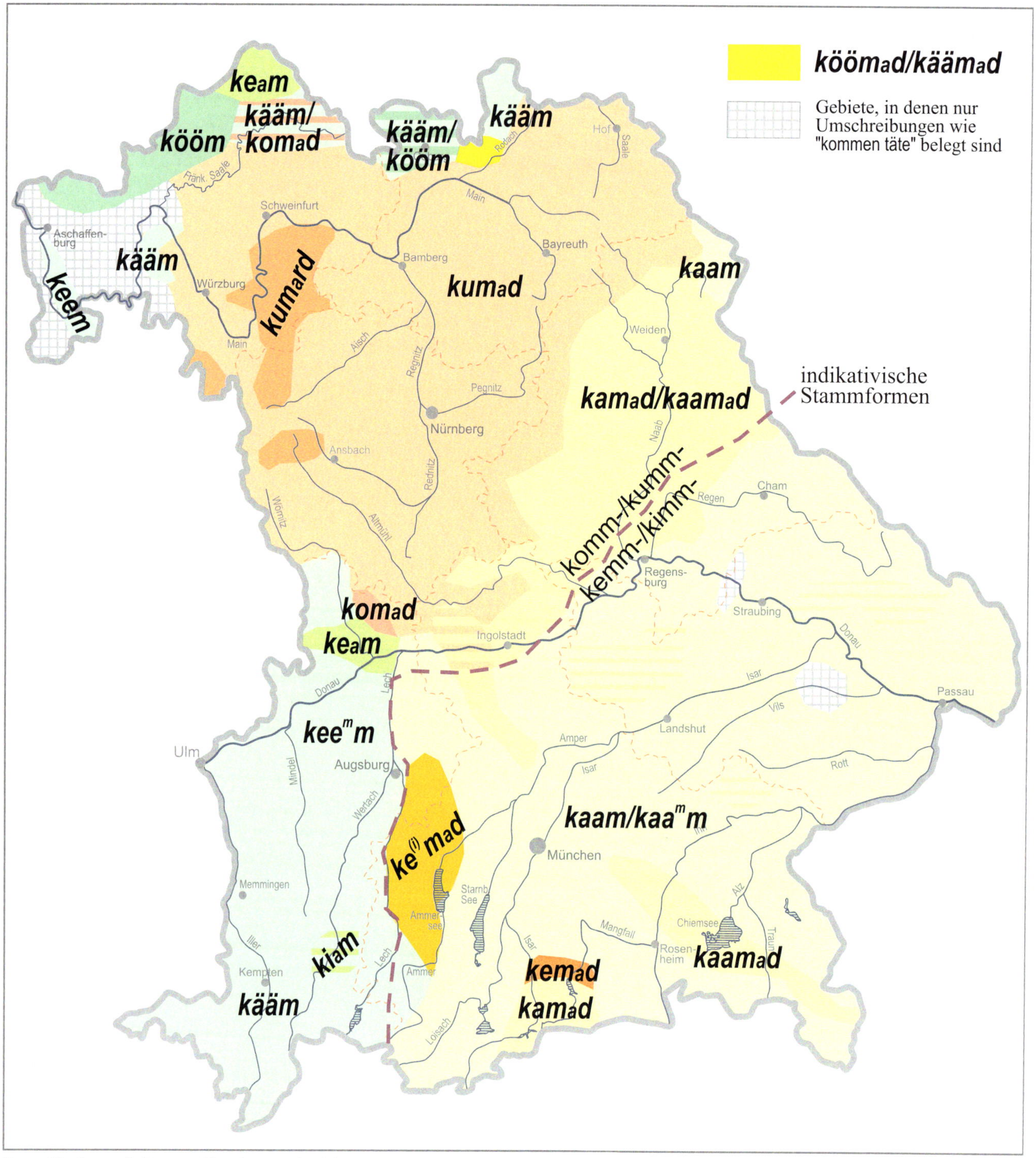

Karte 33: *käme* (3. Person Singular, Konjunktiv II von *kommen*)

Die Formen des Konjunktivs II von "kommen" wurden in dem Satz "Wenn er doch endlich käme" erfragt, der den Gewährspersonen zur Übersetzung von der Schriftsprache in den Dialekt vorgelesen wurde. Wie die Karte zeigt, gibt es in allen Regionen Bayerns einen morphologisch eindeutigen Konjunktiv II. In sehr kleinen Gebieten von Nby. und in Teilen von Ufr. wurden ausschließlich Umschreibungen mit "tun" genannt (Typ: "Wenn er nur kommen täte"). Allerdings liegt diese Möglichkeit für den Konjunktiv II in fast allen anderen Gegenden auch als Zweitbeleg vor, so dass hier nur jene Gebiete farblich ausgewiesen werden, in denen ausschließlich Umschreibungen mit "tun" belegt sind. Insgesamt lassen sich drei Typen der einwortigen Konjunktivformen unterscheiden: starke, schwache und gemischte.
Daneben sind zwei verschiedene historische Ausgangsformen für das Verb "kommen" vorhanden. Dem nhd. Typ "kommen" liegt historisch eine Form mit dem Stammvokal ë (ahd. quëman) zugrunde. Die Form kommen hat sich langsam erst durchgesetzt unter dem Einfluss des verschwindenden *w*-Lautes *(kweman)* und vergleichbar zum Wandel von ë > o in ahd. wëcha 'Woche', wo das alte ë ebenfalls zu o wurde. Im Großteil der bair. Dialekte hat sich aber in den Verbformen von "kommen" der Basisvokal *e* im Infinitiv *(keema)* und *i* in den indikativischen Singularformen *(kimm, kimmst, kimmt)* bis heute erhalten. Die Grenze ist auf der Karte durch eine gestrichelte Linie markiert.

Die starken Formen des Konjunktivs II werden, wie auch in der heutigen Schriftsprache, auf der Basis der Präteritalform gebildet (er kam > er käme). Unter diesen Typus sind sowohl die bair. ***kaam***-Belege als auch die schwäb. ***kääm-*** bzw. ***keem***-Formen einzuordnen. Die unterschiedliche Lautung der beiden Typen entspricht dem sog. Sekundärumlaut in Dehnung (vgl. "Schnäbel" und "Käse" Karten 6 und 14), dem sich die Konjunktivformen weitgehend angeschlossen haben. Im Schwäb. und Fränk. gibt es Gebiete mit einem Diphthong ***(kiam, keam);*** diese sind wohl auf Formen zurückzuführen, die sich der Entwicklung von mhd. ê oder eventuell auch mhd. œ angeschlossen haben, teils mit Hebung vor Nasal (vgl. Karten 16 und 17). Die Form ***kööm*** im nördl. Franken ist wohl als Umlautform zu deuten, vergleichbar der Lautung *Schnööbl* für "Schnäbel" (Karte 6).
Die schwache Beugung liegt im heutigen Schriftdeutschen in jenen Verben vor, die ihr Präteritum mit einer t-Erweiterung bilden (z. B. wir sagen – wir sagten); der Konjunktiv II unterscheidet sich bei diesen Verben aber nicht vom Präteritum: "er sagte". Da aber im süddt. Sprachraum das Präteritum (er kam, er sagte) geschwunden ist, bilden auch die schwachen Konjugationen eindeutige Formen aus. Herzuleiten sind die Belege ***kumad, komad, kemad, ke^{i}mad*** aus dem Infinitivstamm, der ohne Vokaländerung mit der Endung *-ad* zum Konjunktiv II wird. Das funktionslos eingeschobene *r* in ***kumard*** in Teilen Frankens hat Parallelen im Infinitiv "drehen" (Karte 30) und im Partizip "geschneit" (Karte 35).
Wenn der Umlaut aus der starken und die Erweiterung mit -d aus der schwachen Konjugation in Formen wie ***kaamad, kamad*** den Konjunktiv bilden, spricht man von einer gemischten Konjugation bzw. von einer Mischbildung.

Der Konjunktiv II behauptet durch seine klaren Formen eine starke Stellung innerhalb der Verbformen. Das ist vor allem deshalb erstaunlich, da er mit der Präteritumsform korrespondiert, diese aber durch den oberdt. Präteritumsschwund nicht mehr vorhanden ist. Nachdem also die Basis fehlt, könnte man annehmen, dass auch die stark bzw. gemischt gebeugten Formen des Konjunktivs II hätten schwinden müssen, evtl. zugunsten einer "tun-" oder "würde"-Umschreibung.
Bemerkenswert ist schließlich auch die morphologische Vielfalt des Konjunktivs II: Neben den starken, schwachen und gemischten Konjugationen gibt es noch zweigliedrige Konstruktionen wie die "tun"-Umschreibung (z. B. *kumme däät, kema daad*), aber auch Umschreibungen mit "würde" (z. B. *i wua/wuarad kema*).

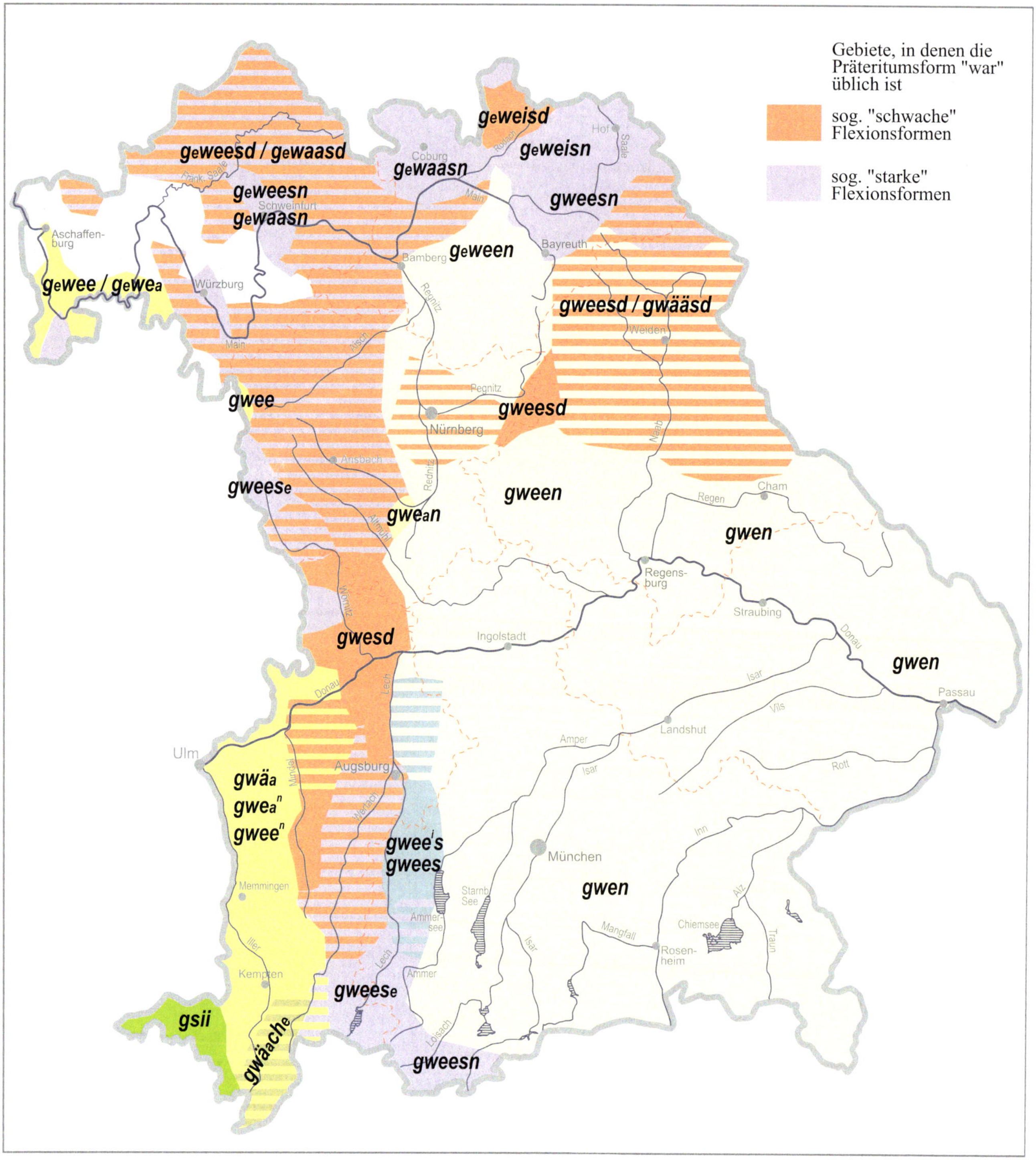

Karte 34: *gewesen* (Partizip der Vergangenheit von *sein*)

Diese Karte beruht auf Belegen, die mit dem folgenden Satz erhoben wurden: "Er ist nie still gewesen." In Teilen von Ufr. wurden trotz der Perfektform in der Vorgabe Antworten im Präteritum, also mit "war" geliefert und notiert, so dass hier für diese Gebiete keine Partizipformen angegeben werden können.

Im Mhd. gab es drei Formen des Partizips von sîn mit einer regional unterschiedlichen Verbreitung, die sich allgemein folgendermaßen beschreiben lässt: Neben der sog. starken Form gewësen ist ostfränk. und ostmitteldt. die schwache Form gewëst und im Alem. gesîn vorhanden. Letztere Form bleibt auf den Südwesten beschränkt, wird dort aber noch im 16. Jh. in Texten verwendet, auch in der schwäb., diphthongierten Schreibform gesein (vgl. S. 51). Im Gegensatz dazu breitet sich gewëst geographisch aus und ist noch im 17. Jh. im gesamten Sprachraum neben dem in Texten schon überall dominierenden Typ gewësen belegt.

Im heutigen Bayern ist lediglich im äußersten Südwesten mit ***gsii*** (< gesîn) der alte alem. Typ anzutreffen. Er gilt dort allerdings schon als sehr veraltet und ist auch schon weitgehend von der schwäb. Nachbarform ***gwäa*** verdrängt. Diese ist im Westteil von Bayerisch-Schwaben neben den nasalierten Formen ***gwäa***^{n} und ***gwee***^{n} vermischt belegt. Diese Formen sind zu dem in Altbayern und in Teilen Frankens großflächig verbreiteten Typ **g(e)wen** *(gween, gwen, gwean, gwee, gewee, gewea, geween)* zu stellen.

Keine eindeutige Erklärung gibt es für die altdialektale Form ***gwäache*** im Oberallgäu, die dort mit modernerem ***gwäa*** konkurriert. Ausgehend von gewësen könnte die Form in unbetonter Aussprache, in der s gelegentlich zu h wird (vgl. *san – han* in Karte 32), entstanden sein. Denkbar ist aber auch, dass sich in einen ursprünglich s-losen zweisilbigen Stamm *gwe-en (> **gwäa-e*) ein *ch* als Hiatustilger eingeschlichen hat, analog zu Fällen, in denen ein in der Aussprache des Schriftdeutschen geschwundener alter h-Laut in der Schreibung noch erhalten ist und in den Dialekten der Region als *ch* gesprochen wird, wie z. B. in *gschäache, gsäache, ziache, Zäache* für 'geschehen, gesehen, ziehen, Zehen'.

Reguläre Entsprechungen zur alten stark flektierten Form gewësen und zum heutigen hochsprachlichen Typ **gewesen** sind *gweesn, gweese, gewaasn, geweisn*. Der Tonvokal entspricht weitgehend dem Normalfall von gedehntem germ. ë (vgl. Karte 8 "Nebel").

Ein Sondertyp ist ***gwee***^{i}***s*** bzw. ***gwees*** im Lechrain, wobei es keine Erklärung für den Wegfall des Auslautes *-a* bzw. *-n* gibt.

Der nach Art von schwachen Verben gebildete Partizip-Typ **g(e)west** *(gweest, gwääsd, gwesd, geweisd, geweesd, gewaasd)* kommt hauptsächlich im Norden und in Teilen Schwabens vor, meist jedoch vermischt und zugleich mit den vom Nhd. her gestützten stark gebildeten Typen "g(e)wesen" oder "g(e)wen". Diese Vermischung der Typen ist auf der Karte durch Schraffuren ausgedrückt.

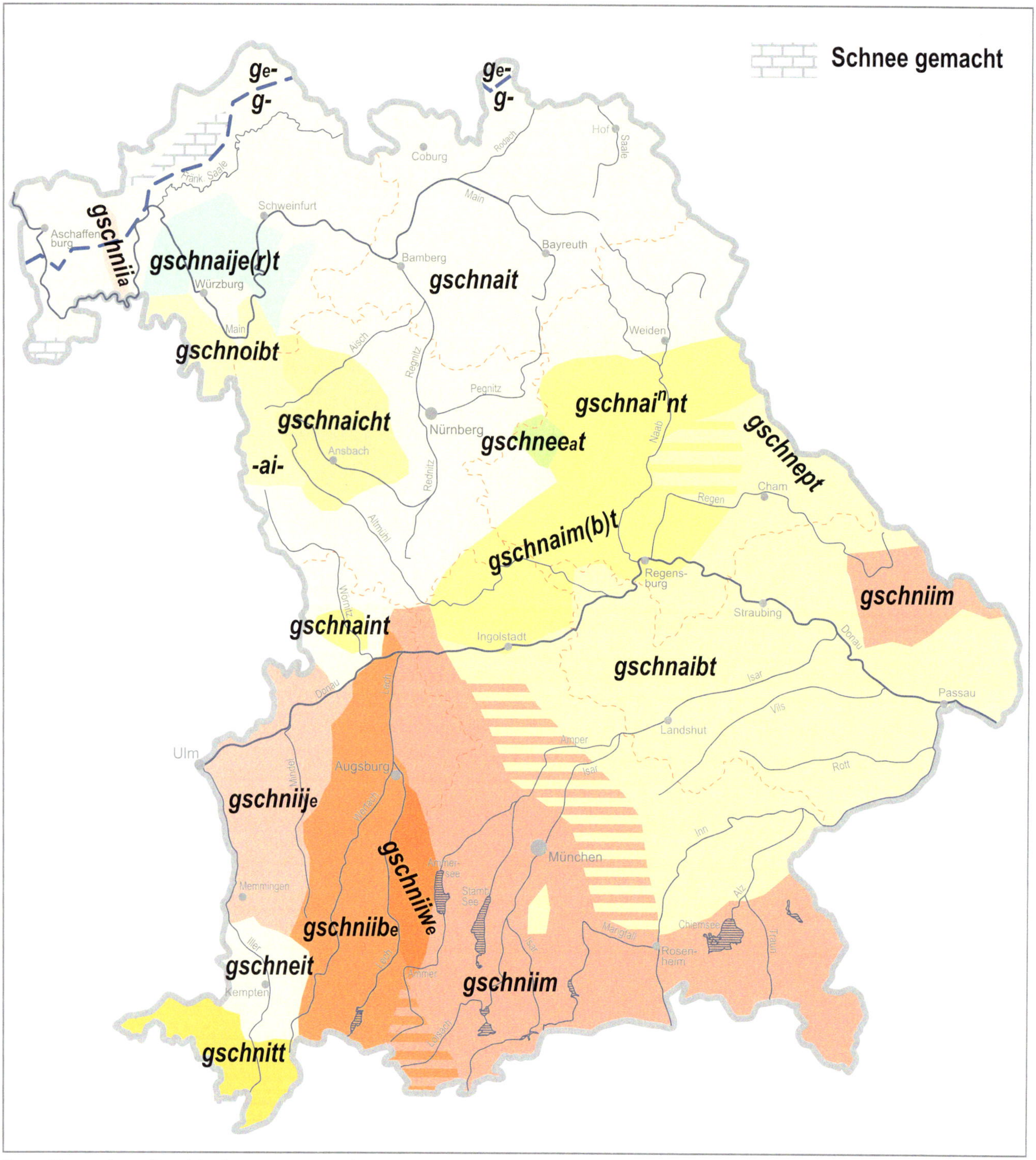

Karte 35: *geschneit* (Partizip der Vergangenheit)

Das nhd. Verb **schneien** ist auf ein ahd. snîwan zurückzuführen. Diese Wortform steht in einem Ablautverhältnis zu dem Substantiv ahd. snê (Schnee). Als starkes Verb wird ahd. snîwan, mhd. snîwen/snîen aufgrund des langen Stammvokals î der Ablautklasse I zugeordnet. Allerdings ist das starke Verbalparadigma nicht vollständig belegt.

In der mhd. Sprachperiode liegen nur schwach flektierte Verbformen von "schneien" vor, doch ist das Vorkommen der starken Flexion im mündlichen Sprachgebrauch offensichtlich, da in den Mundarten der süddt. Gebiete auch heute noch starke Partizipien vorkommen: ***gschniim*** in Altbayern, ***gschniiwe, gschniibe*** und ***gschniije*** in Schwaben und im Lechrain. Auch in Ufr. findet sich ein kleiner Streifen mit starker Flexion: ***gschniia***. Die Form ***gschniim*** im Bayerischen Wald scheint auf dem Rückzug gegenüber der Form *gschnaibt* zu sein, die eine schwache Bildung zur Präsensform *es schnaibt* darstellt.

Das **b** im Stammauslaut von ***gschnaibt*** ist auf die historischen Vorformen mit **w** zurückzuführen. Wie beim Imperativ von "sein" (mhd. wis, dialektal bi, vgl. Karte 32) ist eine Verhärtung des w zu einem b zu beobachten, was bereits im Ahd. vorkommt (snibit). In den stark flektierten Partizipformen im Schwäb. ist das b teilweise erhalten *(gschniibe)*, im Lechraingebiet ist es wohl sekundär wieder zu w erweicht worden *(gschniiwe)*, eine Lautentwicklung, die alle b zwischen Vokalen erfasst (vgl. "Gabel" in Karte 28). Im Auslaut des vorwiegend in Obb. und in Nby. bezeugten ***gschniim*** ist der Stammauslaut w/b mit der Partizipendung -en verschmolzen.

Auf die mhd. Grundform snîen ohne stammauslautende Konsonanz sind hingegen die starken Formen ***gschnii-e/ gschniije*** und die weit verbreiteten schwachen Typen ***gschnaet/gschneit/ gschnitt*** zurückzuführen. Bei letzterer, alem. Lautform (vgl. Karte 18) ist mhd. î nicht diphthongiert, jedoch vor t gekürzt worden, wie etwa auch *Zitt* für 'Zeit'.

Die Partizipformen mit **b** im Stammauslaut hat man, da sie in den Nachbardialekten kaum vorkommen, in die Gruppe der Kennformen der bair. Dialekte eingereiht, wie z. B. neben *schnaibm* die Wörter *spaibm* (speien) oder *Klaibm* (Kleie). Auch in Verschriftungen des bair. Dialekts wird eine Form schneiben/geschnieben gebraucht:

Alle Weg san vaschnieb'n,
Is koa Steigl net blieb'n
(Ludwig Thoma, Heilige Nacht)

Das Präfix **ge-** wird in der Regel, außer im nördl. Franken, zu ***g-*** synkopiert (vgl. gestrichelte Linie auf der Karte); folgt ein Plosiv nach, so wird dieses *g-* an den folgenden Plosivlaut assimiliert. Mancherorts ist diese Verschmelzung noch an einer Fortisierung des Anlauts nachzuweisen *(brecha – procha)*, aber meist führt die Assimilation zu einer Identität des Anlauts von Infinitiv und Partizip *(brecha – brocha)*.

In der Opf. und im nördl. Schw. gibt es Partizipien mit Stammauslaut auf Nasal *(gschnaimt, gschnaint)*, in Mfr. auf Frikativ *(gschnaicht)* und in Ufr. auf r *(gschnaijert)*. Alle diese Formen sind wohl durch Angleichungsprozesse aus den synkopierten Infinitiven *schnaim, schnain, schnaijern* hervorgegangen. Zum *r* in *gschnaijert* und *schnaijern* vgl. S. 73.

Neben der alten Ableitung von "Schnee" mit Ablautverhältnis gibt es auch eine unmittelbare Ableitung "schneen" mit einem Präteritum "schneete", sofern diese Vergangenheitsstufe überhaupt in Verwendung ist. Diese Form kommt nur kleinräumig in der Opf. vor: ***gschneeat***.

Zudem gibt es in Obb. noch wenige Belege für schwache Partizipien, bei denen der Dental fehlt: ***gschnaip***, eine Erscheinung, deren Verbreitung vergleichbar ist der beim Partizip "gesagt" auf Karte 36.

In Bayern gibt es durchaus noch andere Verben, die stark (st.) und schwach (sw.) flektiert werden, z. B. "geseiht" (sw. *gseid, gsaicht*, st. *gsiija, gsiichn*), "geschienen" (sw. *gscheint*, st. *gschiina, gschiin*), "geschoren", "gewebt", "gefangen"; und auch schwache Verben können stark und schwach flektiert werden: "gemalt" *(gmååla)*, "verbrannt" *(vrbrunna)*. Hier stehen die Dialekte in einer Entwicklungslinie mit dem nhd. Standard: Die starke (unregelmäßige) Flexion wird ersetzt durch die schwache (regelmäßige), z. B. "backte" für "buk", "gegärt" für "gegoren", "gewinkt" für "gewunken".

Im süddt. Bereich sind die Partizipien von enormer Wichtigkeit für die Bildung der Vergangenheitsformen, da es keine einfachen Vergangenheitsformen gibt: Statt "es schneite" heißt es hier "es hat geschneit". Durch den intensiven Gebrauch der Partizipien ist es zu erklären, dass sich von der Schriftsprache abweichende Flexionsformen bis auf den heutigen Tag erhalten haben.

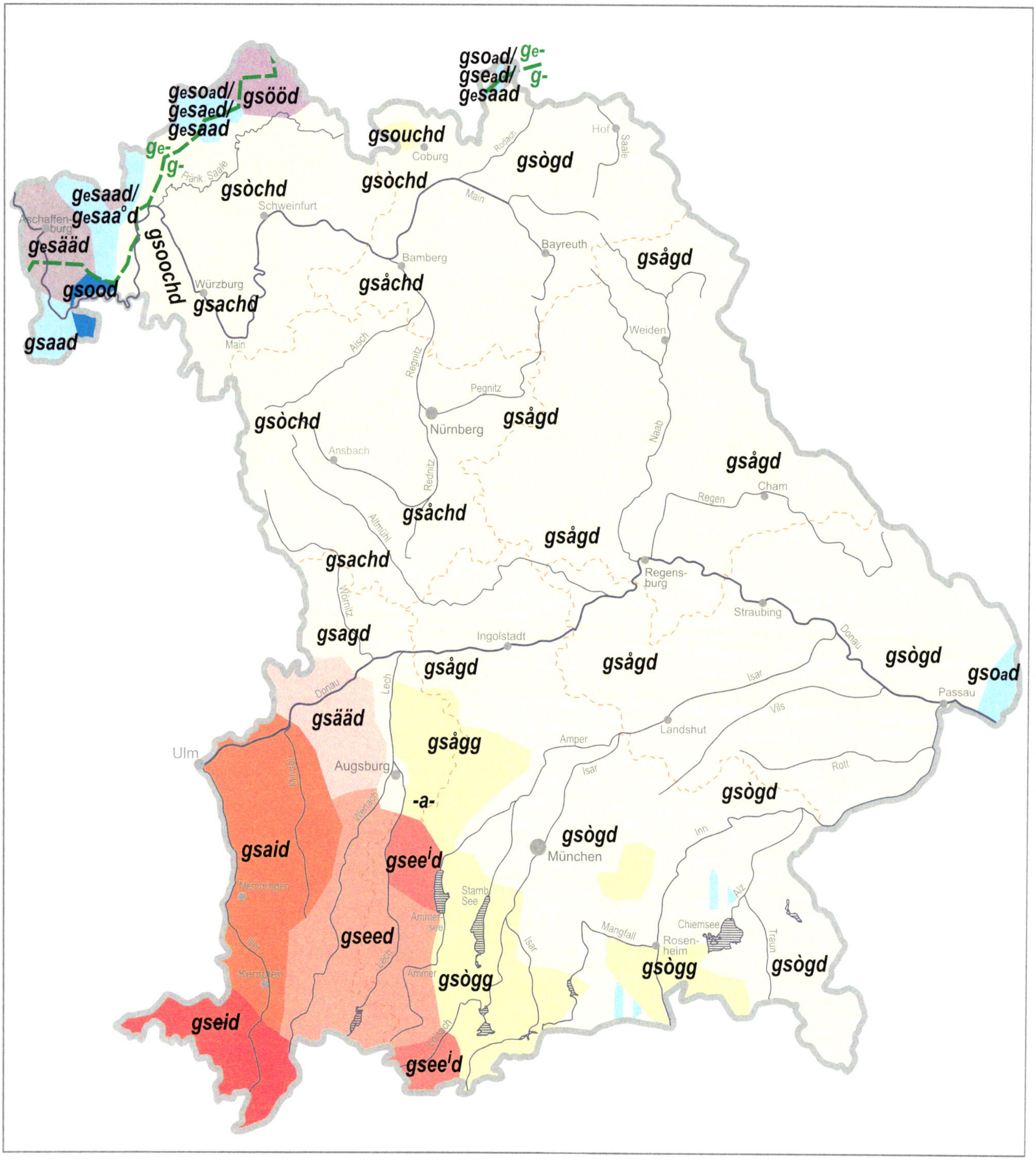

Karte 36: *gesagt* (Partizip der Vergangenheit)

Die meisten Formen, die auf der Karte vorkommen (z. B. *gsacht, gsågd, gsågg*), entsprechen dem nhd. Typ "gesagt", einer regelmäßigen Ableitung zur Vollform des Verbs "sagen", ahd. sagên. Ein kleinerer Teil geht auf sog. Kontraktionsformen zurück.
Im Mhd. wird bei Wörtern mit der Lautfolge -ege-, -ebe-, -ede- diese schon früh (12. Jh.) zu -ei- zusammengezogen (kontrahiert). Dies geschieht z. B. in der 2. und in der 3. Person Singular und im Partizip der Vergangenheit der schwachen Verben, also in den Formen, in denen den intervokalischen Verschlusslauten g, b, d ein i folgte. So wandeln sich beispielsweise die ahd. Formen gilegit, legist in weiten Gegenden zu mhd. geleit, leist ('gelegt, legst'). Weniger konsequent durchgeführt ist die Kontraktion (Zusammenziehung) bei der alten Lautfolge -age-, z. B. in den Verben "sagen" und "tragen".
Beim Verb "sagen" (ahd. sagên) steht im Ahd. im Normalfall kein i in der Folgesilbe (sagês, sagê(t), gisagêt), so dass kein Umlaut eintritt. Im Bair. und auch in anderen Sprachlandschaften hat aber dennoch gebietsweise eine Kontraktion zum Diphthong -ei- stattgefunden, der sich teilweise der Lautentwicklung von mhd. ei angeschlossen hat, teilweise aber auch eine andere Entwicklung genommen hat. Im hier kartierten Fall von "gesagt" haben wir aber nur in einem kleinen Gebiet im östl. Bayerischen Wald und ganz vereinzelt in Oberbayern die alt-kontrahierte Lautform ***gsoad***, die beispielsweise der Lautung *broat* (< mhd. breit) und damit mhd. ei entspricht. Kontraktionsformen mit vergleichbarer Geschichte liegen wohl auch bei den in Ufr. und im thüringischsprachigen Zipfel von Ofr. kartierten Partizipformen vor (z. B. *gsööd, gesääd, gsead* und *gesaad, gsoad, gsood*).

Um eine andere Art der Kontraktion handelt es sich bei den Formen ***gseid, gsaid, gseed, gsääd, gseeⁱd*** im schwäb.-alem. geprägten Südwesten des Freistaats. Sie entsprechen allesamt nicht der Lautung von mhd. ei in diesem Raum (vgl. Karte 21 zu "breit"). Hier sind die kontrahierten Vokale auf die Lautfolge -egi- zurückzuführen, anzusetzen sind hier also historische Verbformen *segist, segit, gisegit.
Eine vergleichbare Vokalverbreitung zeigt sich u. a. in der 2. und 3. Person Singular des starken Verbs "tragen" *(dreid, draid, dreed, drääd, dreeⁱd)*.

Die Karte zeigt außerdem die Verbreitung der Formen mit Dentalschwund *(gsagg, gsågg, gsògg)* im südwestl. Bair., eine Erscheinung, die sich bei allen Wortformen mit der Endung -gt zeigt (z. B. *schlågg* 'schlägt', *sågg* 'sagt', *drågg* 'trägt', *legg* 'legt'), aber auch bei -pt (z. B. *schnaip* 'schneit') und -mt (z. B. *kimmp, nimmp* 'kommt, nimmt').

Schließlich soll aus der Karte auch die geographisch unterschiedliche Lautung der Partizipform "gesagt" grob hervorgehen, sowohl im Hinblick auf die Vokalaussprache *(a – å – ò – ou)* als auch auf die Spirantisierung *(g > ch)*.

Kartiert ist mit einer gestrichelten Linie zudem die Grenze von Erhalt bzw. Schwund des Vokals in der Vorsilbe "ge-". Die im äußersten Norden Bayerns vorhandenen "ge-" (vgl. auch Karte 34 "gewesen" und Karte 35 "geschneit") entsprechen dem nhd. Standard. Sie stellen den südl. Rand eines großen Gebietes dar, in dem der Vokal nicht durch Zusammenziehung (Synkope) entfernt wurde. Dies betrifft vor allem den mitteldt. Raum und den südl. Teil des Niederdt. In der Schriftlichkeit des Mhd. und des Frühnhd. tauchen synkopierte Formen immer wieder auf. Sie können sich aber in der nhd. Norm nur in wenigen Fällen durchsetzen, z. B. in "Glück" (< mhd. gelücke) und "Gnade" (< mhd. genâde).

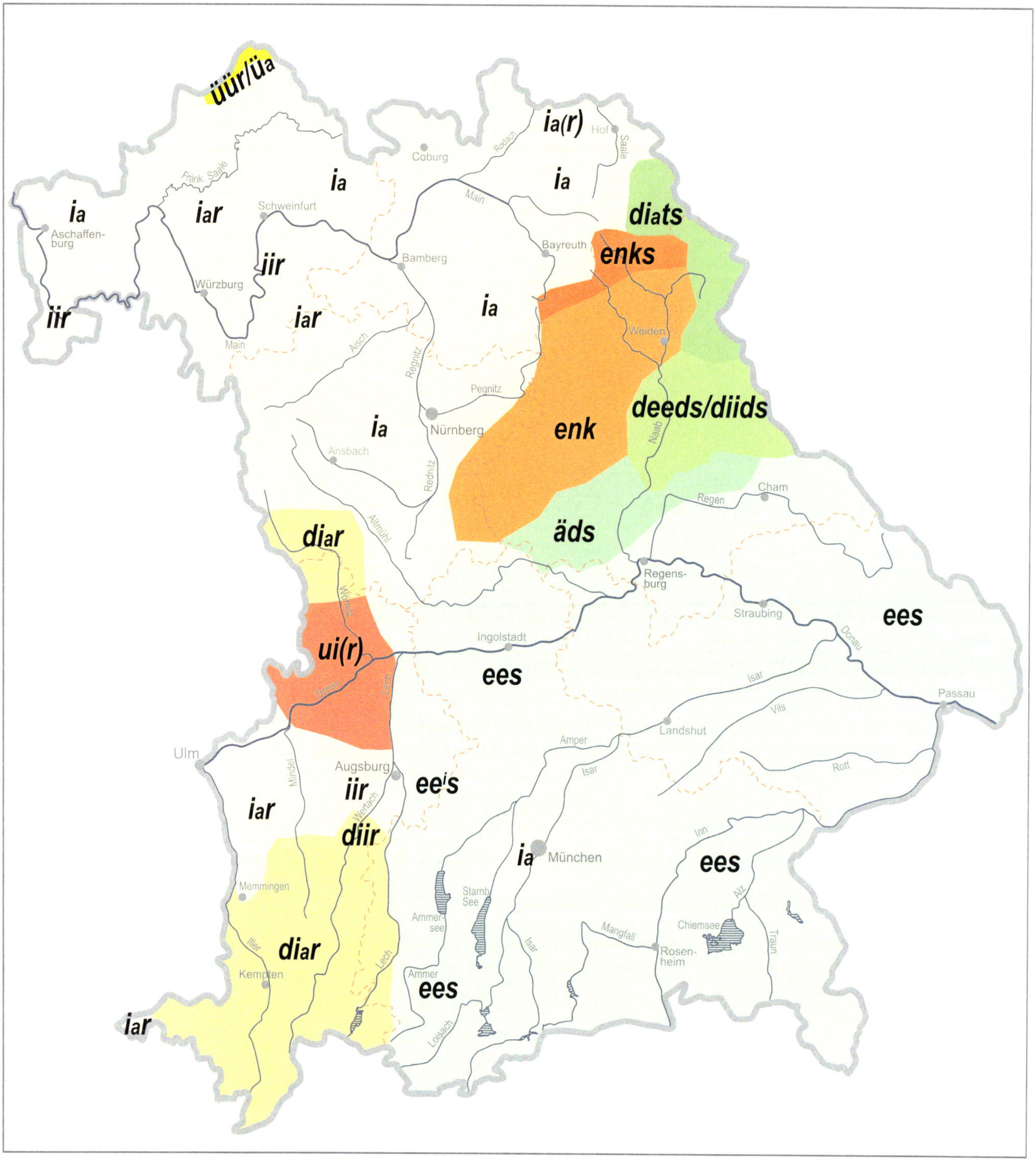

Karte 37: *ihr* (betontes Personalpronomen)

Die Karte zeigt die Verteilung dieses Personalpronomens der 2. Person Nominativ Plural, so wie es in dem Satz "Jetzt kommt ihr dran", also in betonter Position, vorkommt.

In Franken und im mittleren Schwaben sind nur Formen des nhd. Typs **ihr** (< ahd. und mhd. ir) verbreitet, wobei sich leicht diphthongische *(iar)* und monophthongische Formen *(iir)* nicht überall sauber abgrenzen lassen.
Die Formen ***diar*** im Süden und Norden Schwabens sind Produkte einer falschen Abtrennung bei Inversionsstellungen, etwa in Fragesätzen mit häufig vorkommenden Verben wie "*hand-iar*" (habt ihr?), *sind-iar* (seid ihr?), *gand-iar* (geht ihr?). Der d-Auslaut des Verbs wird so mit der Zeit auch als Anlaut des Pronomens empfunden *(hand-diar, sind-diar)* und diesem dann auch in anderen Positionen zugeordnet.
Die Form ***ui*** in Nordschwaben entspricht den Formen von Dativ und Akkusativ dieses Pronomens. Hier hat die Akkusativ-Form die alte Nominativ-Form verdrängt. Die geographische Verbreitung dieser Erscheinung deckt sich auch teilweise mit jenem Gebiet, in dem es "uns lesen wir" für 'wir lesen' heißt (vgl. Karte 31). Teilweise sagt man in diesem Gebiet auch ***uir,*** was wohl als eine Vermischung von *ui* einerseits und dem r-Auslaut der Formen *iar, diar, diir* andererseits anzusehen ist.

Als bair. Kennwort gilt die Form ***ees,*** am Lech teilweise in der diphthongierten Lautung ***ee^{i}s,*** für die es seit ca. 1280 schriftliche Belege gibt: ëz. Es ist eine alte Dualform (im Gotischen beispielsweise noch vorhanden), die also ursprünglich 'ihr beide' bedeutete, die aber im 12. Jh. Pluralbedeutung (also 'ihr alle') angenommen hat. Im Germ. war der Dual noch eine grammatische Kategorie neben dem Plural für natürliche Paarigkeit (z. B. zwei Hände u. Ä.).
Die Typen in der Opf. haben eine relativ komplizierte Geschichte. Auszugehen ist von der alten Dualform ëz. Diese steckt im Bair. auch in der Flexionsendung des Verbs, wenn sie in der 2. Person Plural auf s endet. Sie ist über Fragesätze entstanden. "Was macht ees?" (Was macht ihr?) wurde zu *Was machts?* Am Anfang wurde das *s* noch als verschliffene Form des Pronomens *ees* verstanden, später nicht mehr; und man musste verdeutlichend sagen: *Was machts es?* Damit war das *s* zum Flexiv, zur Beugungsendung geworden. Solange das End-*s* noch als Form des Pronomens verstanden wurde und in betonter Sprechweise realisiert wurde *(Was macht es?),* konnte es passieren, dass nicht nur das *-s* abgetrennt wurde, sondern das *-ts*, das ja regelmäßig in der 2. Person Plural vorhanden ist. Wird bei dieser Segmentierung die Vollform hergestellt und davor ein *e*-Laut eingeschoben, ist der Typ ***äds*** entstanden. Eine nochmalige "falsche" Abtrennung liegt den Typen ***deeds, diids*** und ***diats*** zugrunde. Hier ist ein zweites Mal das *t* der 2. Person Plural dem Pronomen zugewachsen, genauso wie es oben schon für die Entstehung der Form *diar* beschrieben wurde. Solche falschen Abtrennungen gibt es nicht nur in den Dialekten: So ist das *t* in der 2. Person Plural z. B. in "du gibst" aus einem "du" in der Frageform angefügt worden; im Ahd. endet diese Form noch regelmäßig auf *-s* (du gibis 'du gibst').
enk entspricht den Formen von Dativ und Akkusativ dieses Pronomens in diesem Gebiet (vgl. Karte 39). Es ergibt sich somit eine Parallele zur nordschwäb. Form *ui*, d. h., der Akkusativ hat den Nominativ ersetzt (vgl. oben), was auf der Karte in der Farbgebung zum Ausdruck gebracht ist. Im Auslaut der Form ***enks*** liegt wohl eine Vermischung/Kreuzung mit dem alten *ees* oder mit den geographisch nahe gelegenen Formen *diats/deeds* vor.

In den Umgangssprachen in Altbayern ist die alte Form des Pronomens *ees* schon weitgehend von der hochsprachlichen Entsprechung *ia* verdrängt. Im Gegensatz dazu ist das daraus entstandene und heute nicht mehr erkannte Beugungs-*s* (vgl. oben) noch sehr lebendig und sogar expansiv. Es wird heutzutage in ganz Bayerisch-Schwaben umgangssprachlich verwendet (z. B. *habts ihr . . .? kommts er?*).

Die hier kartierten Lautformen gelten nur teilweise auch für die mehrsilbigen Possessivpronomen wie "ihre", "ihrer" u. Ä. (z. B. *enka, uijer, aicha*).

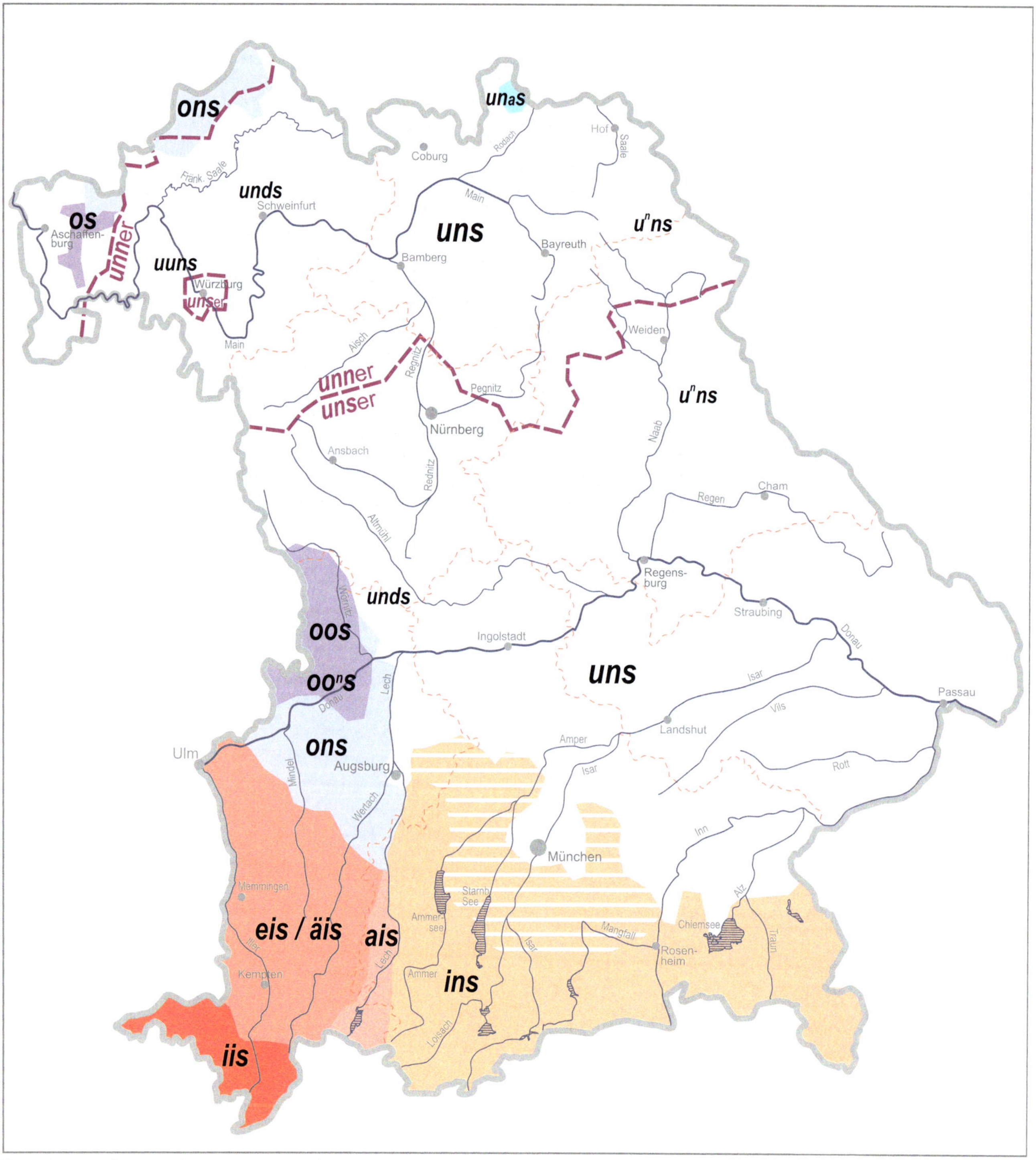

Karte 38: *uns* (betontes Personalpronomen)

Die Karte zeigt die Verteilung dieses Personalpronomens der 1. Person Dativ Plural, so wie es im Satz "Er sagt es nur uns" vorkommt.

Im Großteil Bayerns sind nur Formen von ***uns*** (bereits ahd. uns) verbreitet, wobei es im nördl. Schwäb. und in Teilen von Spessart und Rhön vor Nasal regelhaft zu einer Vokalsenkung zu o kommt: ***ons*** (vgl. dazu S. 35). Teilweise ist der folgende Nasalkonsonant -n- vokalisiert oder ganz geschwunden, was im Nordschwäb. zu einer sog. Ersatzdehnung des Vokals geführt hat: ***oo**^{n}**s, oos*** (vgl. S. 59). Nordwestl. von Würzburg kommt Dehnung auch bei erhaltenem Nasalkonsonant vor: ***uuns***.

Im Süden Bayerns liegen unterschiedliche Lautformen vor, die alle auf eine umgelautete mhd. Form üns zurückgeführt werden müssen, die im Mittelalter hauptsächlich im Alem. bezeugt ist. Die Umlautung dürfte durch das -i- in der Zweitsilbe der alten Akkusativform (ahd. unsih) bewirkt worden sein. Schon zum Mhd. hin sind die Formen von Dativ und Akkusativ allgemein ausgeglichen worden, d. h. in "uns" zusammengefallen. Durch Entrundung ist aus üns regelhaft eine Form ***ins*** geworden, die so im Süden Altbayerns, aber auch in großen Teilen Österreichs erhalten ist. Im Südwesten Bayerns müssen wir von einer Weiterentwicklung von ins durch Nasalschwund und Ersatzdehnung zu îs ausgehen. Diese Entwicklung muss um 1500 schon vollzogen gewesen sein, da nur so diese Form dann im Schwäb. die Diphthongierung î > ei noch mitmachen konnte (vgl. S. 51, mhd. û/î in "Haus/Eis"). Die heutigen schwäb. Pronomen ***eis*** bzw. ***ais*** und die alem. Entsprechung ***iis*** sind daher lautlich identisch mit dem Substantiv "Eis" (< mhd. îs) in diesen Gebieten.
In jenen alem. Nachbarräumen (Schweiz, Vorarlberg), in denen keine Entrundung stattgefunden hat, lautet das Personalpronomen folgerichtig *üüs*.

Die hier auf der Karte erscheinenden Lautformen gelten auch weitgehend für den Stamm der mehrsilbigen Personal- bzw. Possessivpronomen "unser", "unserem" u. Ä.; allerdings ist bei diesen mehrsilbigen Formen im Großteil von Franken (auf der Karte ist dieses Gebiet mit gestrichelter Linie eingegrenzt) das s ausgefallen, so dass dort Formen wie ***unnä, unnara*** u. Ä. üblich sind. Möglicherweise ist auch die in einem kleinen Gebiet im Frankenwald belegte Form ***unas***, die auf der Karte eigens ausgewiesen ist, in diesem Zusammenhang zu sehen.

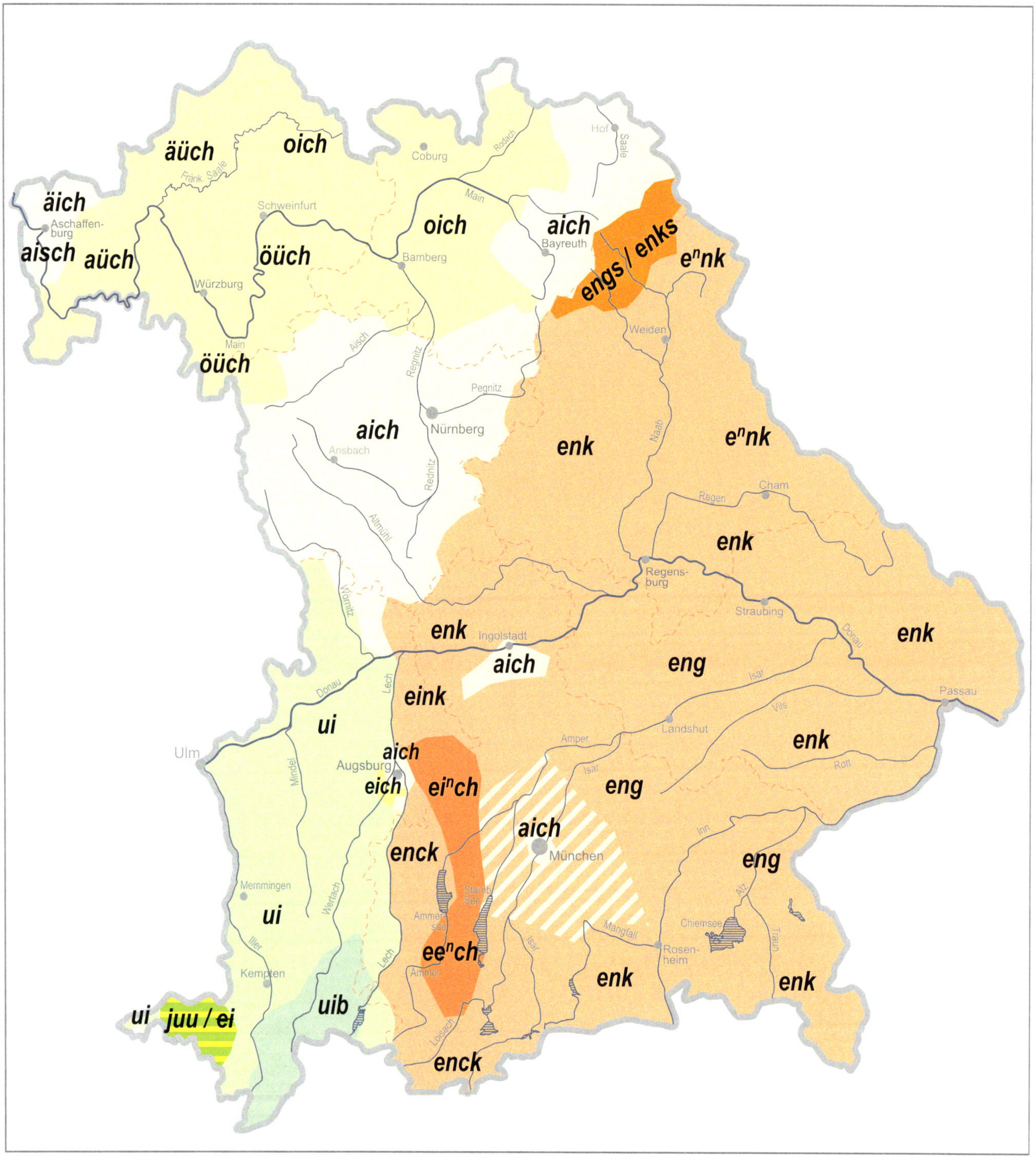

Karte 39: *euch* (betontes Personalpronomen)

Die Karte zeigt die Verteilung dieses Personalpronomens der 2. Person Dativ (und Akkusativ) Plural, so wie es beispielsweise in dem Satz "Er sagt es nur euch", also im Dativ und in betonter Position, vorkommt.

In ahd. Zeit werden die zwei Kasus noch unterschieden: iu heißt es da im Dativ, iuwih im Akkusativ. In mhd. Zeit ist bereits in Teilgebieten, so im Hessischen, eine Vereinheitlichung auf iuch in beiden Kasus erfolgt. Auf dieser Form basiert das nhd. "euch", das sich ebenfalls in beiden Kasus nicht unterscheidet.

Bei den heutigen Dialekten in Bayern haben wir für 'euch' eine Dreiteilung, die weitgehend der traditionellen Einteilung nach Stammesgebieten entspricht:
Die dialektalen Entsprechungen zu **euch** im Nordwesten Bayerns sind teilweise entrundet *(aich, äich, aisch),* im Großteil von Franken hat sich aber die Rundung erhalten *(oich, öüch, äüch, aüch)*. Vgl. dazu S. 39.
Im Großteil des Schwäb. haben wir ebenfalls in beiden Kasus eine Fortsetzung der ursprünglich nur im Dativ üblichen Form iu, die sich regelhaft (vgl. Karte 20 "Feuer") zu ***ui*** entwickelt hat. In der Form ***uib*** im östl. Allgäu ist das auslautende *-b* ein Reflex des alten w in ahd. iuwih. Im Westallgäu hat diese Ausgangsform zu der Lautform ***juu*** geführt, die heutzutage fast ausgestorben ist. Die heutige normale Dialektform ist der stark zentralisierte Diphthong ***ei,*** der seinerseits schon stark von den umgangssprachlichen Typen *äich* oder *aich* verdrängt wird.

Wie *ees* für 'ihr' (vgl. Karte 37) gilt auch **enk** als bair. Kennwort (obwohl es als *ink* auch im Kölner Raum vorkommt), das seit ca. 1280 als ënc belegt ist. Es handelt sich dabei um eine alte Dualform (= Zweizahlform), die im 12. Jh. Pluralbedeutung angenommen hat. Im Germ. war der Dual neben dem Plural noch eine grammatische Kategorie für natürliche Paarigkeit (z. B. zwei Hände u. Ä.). Der Typ **enk** wird in Altbayern unterschiedlich ausgesprochen: *eng, engg, enk, eink, enck*. In einem schmalen Streifen zwischen Aichach und der oberen Loisach sind durch Spirantisierung des -k und durch Vokalisierung von -n- die Lautformen *ei^{n}ch, ee^{n}ch* entstanden, die bei oberflächlicher Betrachtung fälschlicherweise dem Typ *aich* zugeordnet werden könnten. Dies liegt auch durchaus nahe, weil in den benachbarten städtischen Gebieten um München und Augsburg der Typ "enk" schon weitgehend vom umgangssprachlichen *aich* verdrängt wurde. Die *aich*-Zone südl. von Ingolstadt ist wohl in erster Linie damit zu erklären, dass dieses Gebiet, das Donaumoos, erst in der ersten Hälfte des 19. Jhs. hauptsächlich von Zuwanderern aus der (Kur-)Pfalz besiedelt wurde.
Schwer zu erklären ist der Typ ***engs*** bzw. ***enks*** am nördl. Rand des Bairischen. Dies ist im Zusammenhang zu sehen mit den Nominativ-Formen in diesem Gebiet (vgl. Karte 37 zum Pronomen "ihr").

Die hier auf der Karte erscheinenden Lautformen gelten teilweise auch für die Wortstämme bei den mehrsilbigen Possessivpronomen wie "euer" *(uijer, uiber, juu-a, eijar, enga, engga, enka, aija),* "eure" *(uibre, eire, engane)* u. Ä.

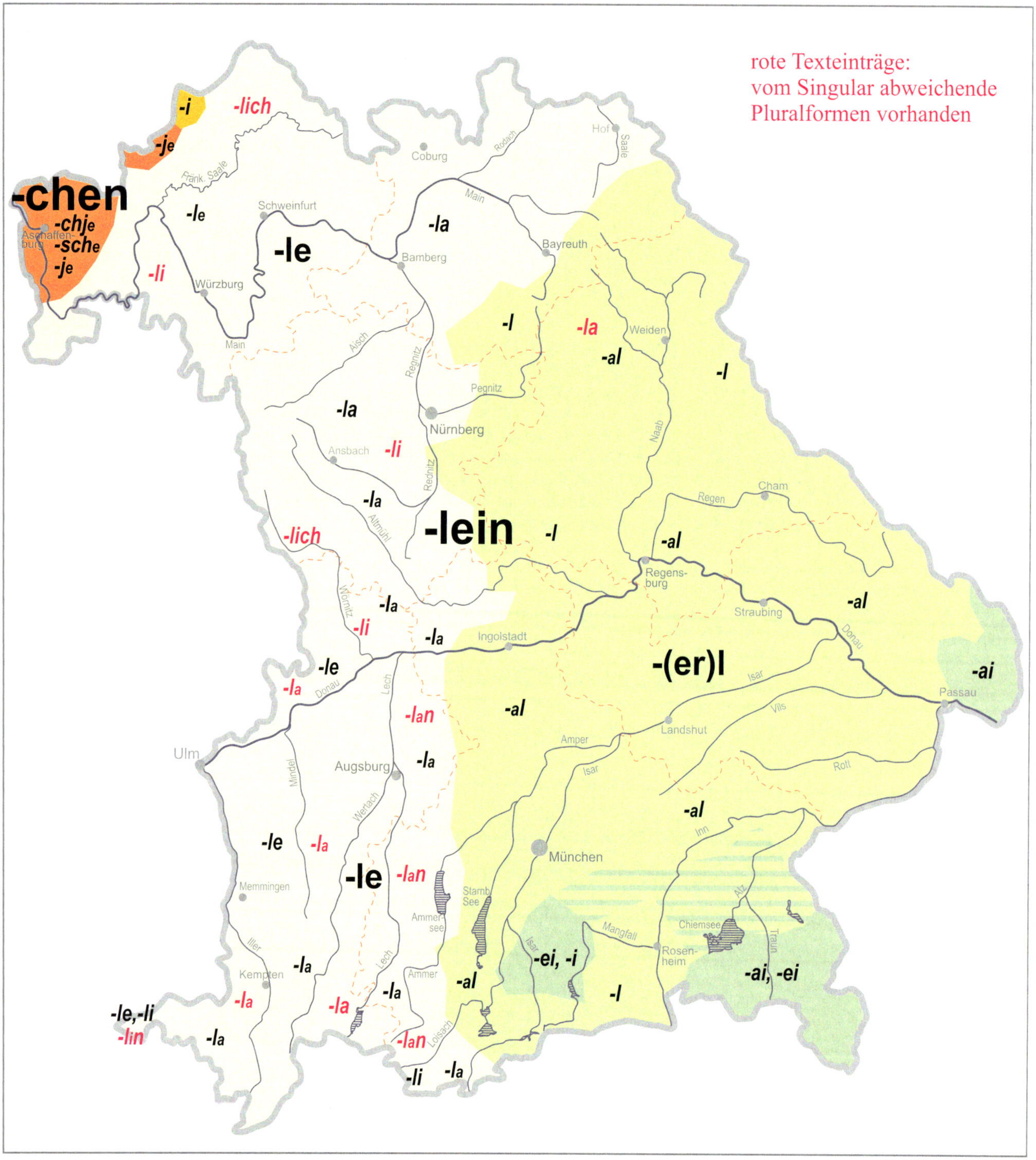

Karte 40: Diminutivendung in *Hündchen/-lein*

Die Möglichkeit, große Dinge durch Wortbildung klein zu machen (Bach – Bächlein), tritt früh schon im Gotischen auf. Der Name des Übersetzers der gotischen Bibel im 4. Jh. ist Wulfila ('Wölfchen'). Dieses Beispiel zeigt auch schon die Nähe der Verkleinerungsform zur Koseform an.
Solche Verkleinerungsformen kommen aber in der frühen Überlieferung nicht häufig vor. Im Altsächsischen gibt es nur wenige in Glossen (= dt. Übersetzungswörter in lat. Texten), auch im Altenglischen, dem heutigen Englischen und in den skandinavischen Sprachen sind sie eher selten. In ahd. Zeit (ca. 750–1050) kommen sie in Glossen häufiger vor als in sonstigen Texten, bei manchen Schriftstellern (Notker von St. Gallen, Williram von Ebersberg, Otfried von Weißenburg) kommen sie kaum vor. In mhd. Zeit werden sie häufiger. M. Luther verwendete zwei Formen: in der Mündlichkeit der Tischreden eher die seinem Regionaldialekt näher stehende Form -chen, in seinen gedruckten Werken die Form -lein. Trotz Luthers Bevorzugung des -lein in der Schriftlichkeit empfinden wir heute die Form -chen als die für die Hochsprache normalere. Das -lein ist aber nicht ganz verdrängt worden, die Verwendungsbereiche haben sich aber getrennt. In der höheren Prosa überwiegen die Formen auf -chen, Formen auf -lein kommen eher in Texten vor, die einen volkstümlicheren Ton treffen wollen. Auch phonetische Unverträglichkeiten verhindern manchmal ein -chen. So sagt man eher "Löchlein" als "Löchchen", um das ungünstige Aufeinandertreffen von zwei ch-Lauten zu verhindern; und nach einem Stammauslaut auf -s kann es zu Verunsicherungen beim Lesen kommen, beispielsweise bei "Häschen", "Röschen" oder "Näschen". Umgekehrt ist die Verkleinerung von "Tal" mit -lein, also "Tällein", eher unüblich.
In den heutigen dt. Dialekten gibt es im Wesentlichen auch zwei Typen des Verkleinerungssuffixes: -chen und -lein. Beide sind auf alte Suffixe vergleichbarer Struktur zurückzuführen, nämlich *-ikîn bzw. *-ilîn.
Der Typ -**chen** nimmt im heutigen Bayern nur eine kleine Ecke im hessischsprachigen Nordwesten ein, und zwar in unterschiedlicher Lautgestalt *(Hundschje, -chje, -je)*.
Den großen Rest von Bayern teilen sich zwei Untertypen von -**lein**, nämlich -**le** und -(**er**)**l**. Beim ersten, westl. Typ ist das ursprüngliche -ilîn (mit nhd. Diphthongierung und Abschwächung zu -elein) zuerst synkopiert worden, d. h., das e der Zwischensilbe wurde ausgestoßen, und danach wurde die Endsilbe abgeschwächt. Beim zweiten, östl. Typ wurde nicht synkopiert, dafür wurde aber die Endsilbe noch etwas weiter abgeschwächt, was zum Typ *-al (Hundal)* oder zu *-l (Hundl)* führte. Die Form *-al* konnte einerseits der im Bair. verbreiteten l-Vokalisierung unterliegen, was dann Formen wie *Hundai* u. Ä. ergab (im Osten und Südosten); oder aber das *a* konnte den Vorgang, der im Dialekt "Fenster" zu *Fensta* machte, umkehrend als -er restituiert, falsch wiederhergestellt, falsch korrigiert werden, was zu Ausspracheformen wie *Hunderl* führte. Auch die Verschriftlichung von bair. Diminutivformen geschieht überwiegend in der Form "-erl", etwa bei regional geprägten Ausdrücken in der Gastronomie *(Züngerl, Wammerl, Schwammerl, Stamperl, Stüberl)*. Der westl. Typ wird hingegen überwiegend mit "-le" verschriftlicht, auch dort, wo *-le, -la* oder *-la* gesprochen wird.
Die Form -**chen** überwiegt im Mitteldt. (ausgenommen größere Gebiete im Osten), ihr entspricht im Niederdt. eine Form -**ken** (z. B. *Männeken*). Generell gibt es ein Nord-Süd-Gefälle im Vorkommen von Verkleinerungsformen, so kann z. B. Schleswig-Holstein als ausgesprochen diminutivarm bezeichnet werden.

Die **Pluralbildung** von Diminutiven ist nicht einheitlich. In den Dialekten haben wir großräumig Identität zwischen Singular und Plural, teilweise wird aber auch konsequent unterschieden: etwa *Hondle-Hondle* in Mittelschwaben, *Hundla-Hundlan* im Lechrain, *Hundla-Hundlich* in Teilen Frankens (vgl. rote Texteinträge).
In der Hochsprache sind die Diminutivformen von Singular und Plural identisch; sie enden – wie der Infinitiv – auf -n. Die Dialekte im Westen Bayerns haben es geschafft, diese semantisch wichtige Unterscheidung auch morphologisch zu markieren. Sie mussten ein Muster der Singular-Plural-Differenzierung aus einer anderen Flexionsklasse übernehmen. Die Formen auf *-n* und die auf *-e (Hundlan, Hundle)* stammen letztlich aus der sog. schwachen Flexion (vgl. "Auge" – "Augen"), die Formen auf *-ch (Hundlich)* gehen wohl auf ein im Mhd. häufiges Kollektivsuffix zurück, das heute z. B. noch in "Kehricht" oder "Röhricht" (jeweils mit später angehängtem -t) und andernorts in Orts-/Flurnamen ("Erlach", "Eschach") resthaft vorhanden ist. Dialektal gibt es solche Plurale auf *-ch* auch bei anderen Wörtern, z. B. *Haasach* 'Hasen', *Kettach* 'Ketten'.

Insgesamt bleibt festzuhalten, dass die vorliegende Karte nur die Verhältnisse beim Wort "Hund" spiegelt. Die geographische Verteilung der Typen kann von Wort zu Wort in nicht unerheblichem Maße schwanken.

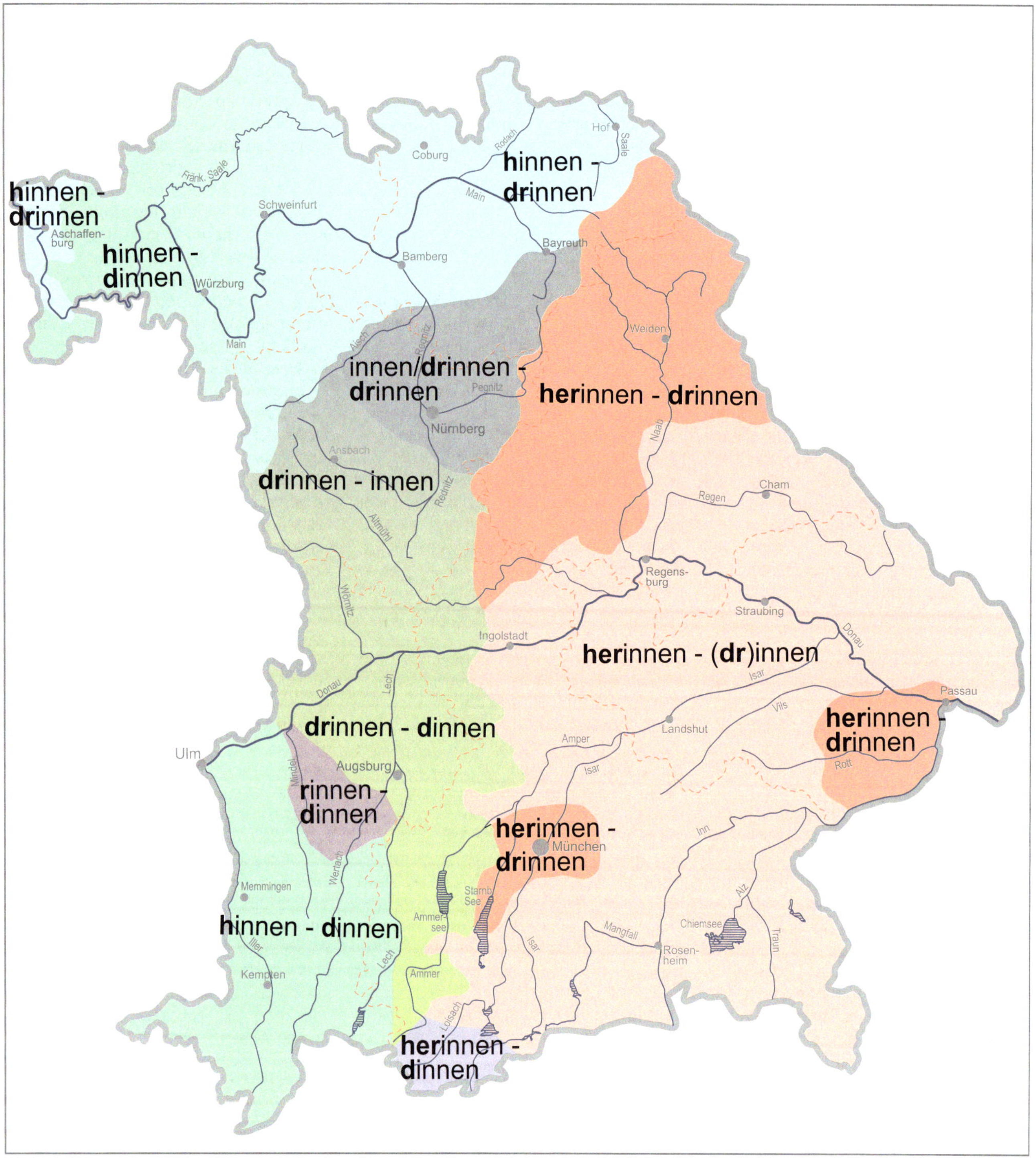

Karte 41: Lageadverbien 1: *herinnen – drinnen*

Lokaladverbien

Lage- und Richtungsadverbien, die man zusammenfassend als Lokaladverbien bezeichnet, sind deiktische (= zeigende) Elemente der Sprache. Das heißt, ihre jeweilige Bedeutung ist ungleich mehr als bei allen anderen Wörtern vom Kontext abhängig, in dem sie gebraucht werden. Das haben sie gemeinsam mit den Pronomina (Fürwörtern). Wörter wie "er" oder "dort" haben keine konkrete Bedeutung wie "Haus" oder "Baum", sie erhalten die Bedeutung erst im Kontext der Äußerung.

Das Deutsche besitzt ein stark ausgebautes System von ortsbezogenen deiktischen Elementen. Im Englischen gibt es z. B. keine Möglichkeit, das Adverb "out" mit einer deiktischen Komponente zu versehen. Für engl. "go out" oder "come out" muss ich im Deutschen präziser sagen "geh **hi**naus" oder "komm **her**aus"; es kommt also zur Bedeutung des Verbs noch ein Element dazu, das die Sprecherperspektive kennzeichnet, das also klar macht, wo der Sprecher im Bezug zum Angesprochenen steht.

Lageadverbien (= Ortsadverbien) haben im Deutschen meist zwei Bestandteile: Der eine bezieht sich auf Gegebenheiten im Kontext, der andere steht in Bezug zum Sprecher. Das Lageadverb "herinnen" beispielsweise bezeichnet mit der kontextbezogenen Komponente "-innen" eine sozusagen "eingeschlossene Situation". Die andere Komponente, das Präfix "her-", fügt einen zeigenden Bestandteil hinzu und besagt, dass sich die Bezugsgröße in unmittelbarer Nähe zum Sprecher befindet.

Man kann für die Ortsadverbien im Deutschen primär zwei deiktische Oppositionen unterscheiden: eine sprechernahe Perspektive, z. B. "hier innen/herein" (= nahe beim/zum Sprecher) und eine sprecherferne, z. B. "dort innen/hinein" (= vom Sprecher entfernt/weg vom Sprecher). Darüber hinaus kann man Lokaladverbien nach ihrem Bewegungspotenzial als statische und dynamische Adverbien beschreiben: Richtungsadverbien (z. B. "herein, hinauf, herab ...") haben dynamischen Charakter, Lageadverbien hingegen (z. B. "herüben, droben, unten ...") sind statisch.

Da den deiktischen Elementen besonders in der gesprochenen Sprache eine hohe Bedeutung zukommt, verwundert es nicht, dass in den Dialekten Ortsadverbien eine große Differenziertheit und hohe Systematik aufweisen.

Es gibt zwar auch einfache Adverbien, die räumliche Verhältnisse ausdrücken, z. B. "hier, "da", "dort", "unten"; die meisten dieser Adverbien sind aber aus mehreren Bestandteilen zusammengesetzt, wie z. B. "daran", "wohin", "umher" oder "aufwärts", "herunten". Die dialektalen Raumadverbien, die in den folgenden vier Karten behandelt werden, sind i. d. R. ebenfalls zweigliedrig, auch wenn man es nicht in jedem Falle gleich erkennt, z. B. dass in einem Gegensatzpaar *iiwa – iiwi* 'herüber – hinüber' ein "üb(er)her" bzw. ein "üb(er)hin" stecken (vgl. Karte 44).

Von ihrer Geschichte her muss man die Lokaladverbien zu den Zusammensetzungen zählen (kopulativer Typ wie "Strichpunkt"), rein synchron, also aus heutiger Sicht, ist eine solche Analyse kaum mehr möglich. Bei *rom – nom* 'herüber – hinüber' und *rauf – nauf* 'herauf – hinauf' kann man dem r- und dem n- zwar noch eine Funktion zuschreiben (zum Sprecher her – vom Sprecher weg), aber man beschreibt sie besser als Präfixe (Vorsilben), da es beide Elemente in unserer Sprache nicht mehr als eigenständige Wörter gibt. Steht das richtungsanzeigende Glied wie in den letzten Beispielen am Anfang, dann spricht man von einem präfigierenden Sprachsystem, steht es hingegen am Ende *(aufa – auffi)*, reden wir von einem suffigierenden Dialekt. Historisch gesehen waren letztere Bildungen aber Zusammensetzungen vom Typ "auf-her – auf-hin".

Lageadverbien 1

'herinnen – drinnen'

Die Karte stellt die unterschiedlichen Möglichkeiten der Wortbildung dar, die Sprecherperspektive zu markieren, und dies am Beispiel des Gegensatzpaares "herinnen – drinnen". Strukturell vergleichbar sind die (geographischen) Verhältnisse bei "heraußen – draußen", "heroben – droben", "herunten – drunten", "herinnen – drinnen".

Im Osten Bayerns wird die sprechernahe Seite durch Zusammensetzungen mit erster Konstituente "her-" ausgedrückt (z. B. "herinnen, heraußen ..."). Im Norden dieses Gebietes und auch streuend um München und Passau (und mit unscharfer Grenze nach Süden) wird in den meisten Fällen die vom Sprecher entfernte Position mit dem deiktischen Element "dr-" gebildet (z. B. "drüben, droben ..."). Im Süden wird in einigen Fällen die sprecherabgewandte, entfernte Variante durch ein Lexem ohne Vorsatz ausgedrückt (z. B. "oben, unten, enet(erhalb)". Das Gebiet erstreckt sich über den gesamten mittelbair. Raum, wobei in den Randgebieten (im Osten und zwischen Starnberger und Tegernsee) häufiger noch als im Kerngebiet diese Lexeme für die entfernte Seite verwendet werden. Hier heißt es also z. B. *herinna – inna, herent – entahoi.*

Das anschließende kleine Gebiet in Werdenfels differenziert die Sprecherperspektive mittels "her-" und "d-", z. B. *herauß(n) – dauß(n)*. Dieser Bezeichnungstyp reicht bei *außn* weit nach Norden in den mittelbair. Raum hinein.

Im Westen herrschen andere Bezeichnungsstrukturen. Sie sind im Norden (Typ "hinnen – drinnen") sehr scharf vom östl. Typ geschieden, im südl. Teil ist die Grenze nicht so scharf, aber trotzdem deutlich. In der westl. Mitte Bayerns differenziert man mittels *dr-* und *d-*, z. B. *drinn(a) – dinn(a)*, das Präfix *dr-* hat damit genau die umgekehrte Funktion wie im Osten. Im südl.

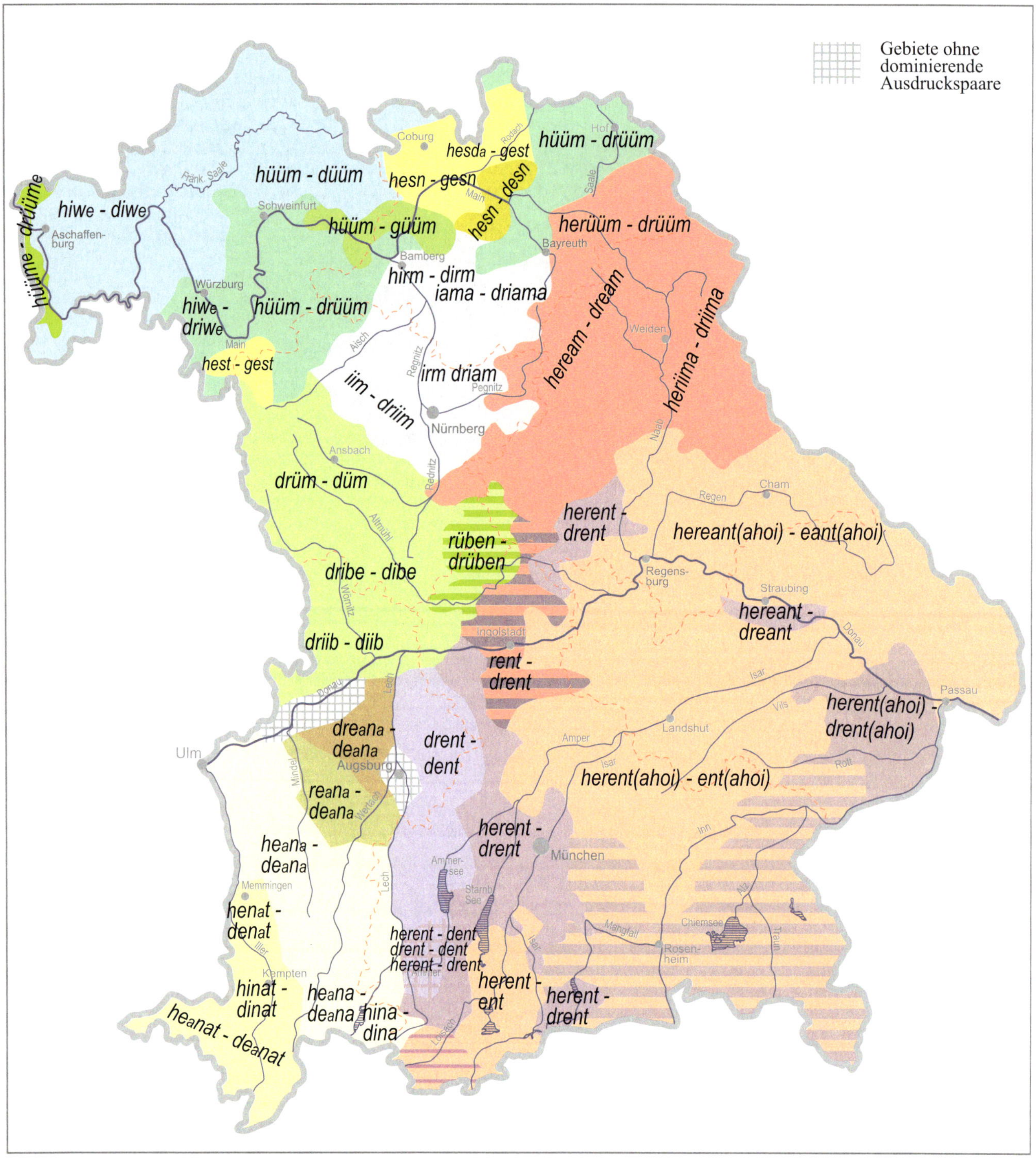

Karte 42: Lageadverbien 2: *herüben – drüben*

Schwaben differenziert man mit *h-* und *d-*, z. B. *hund(a) – dund(a)*, mit scharfen Grenzen nach außen. Auch im Nordwesten Bayerns haben wir ein Gebiet mit einer Mehrzahl an Belegen vom Typ "hinnen – dinnen". Es ist jedoch durchsetzt von Belegen mit einer Differenzierung mittels *h-* und *dr-* (z. B. *hinna – drinna*), die im Osten fast ausschließlich herrschen.

Im Zentrum von Mfr. findet einerseits ein starker Zerfall der alten Systeme statt, andererseits wird hier die sprechernahe Perspektive mit der neutralen Relation (also ohne besondere Kennzeichnung, z. B. "innen") ausgedrückt und die sprecherentfernte Perspektive mit unterschiedlichen Mitteln. Wir haben in diesen Gebieten also beispielsweise auch folgende Unterscheidungen: "unt(en) – drunt(en)" oder "ob(en) – dob(en)". Die auf der Karte eingezeichneten scharfen Grenzen nach außen vermitteln kein realistisches Bild: Das gesamte System ist dort in sich nicht mehr stabil. Es wird einerseits durch standardsprachliche Bildungstypen und andererseits durch ein überregional-süddeutsches Muster beeinflusst, welches die Oppositionen "her- – dr-" verwendet. Andererseits fallen dort die Oppositionen auch aus anderen Gründen zusammen, die Sprecher können die Perspektiven oft nicht mehr auseinander halten. Denn hier treffen die beiden Gebiete aufeinander, in denen auf der einen Seite *dr-* für die sprechernahe Position (im Westen) und auf der anderen Seite *dr-*Bezeichnung für die entferntere Position (im Osten) auftritt. Die Differenzierungsmöglichkeiten sind von den Sprechern nicht mehr eindeutig zuzuordnen und das System zerfällt. Die markierten Formen mit *dr-* werden für beide Perspektiven verwendet oder durch unmarkierte Formen ersetzt (z. B. "droben – droben", "üben – üben", "drüben – üben", "üben – drüben").

Im übrigen Areal hingegen weicht sich das System nicht in ganzen Gegenden auf, sondern es sind nur vereinzelte Belege auszumachen, in denen die Sprecherperspektive überhaupt nicht mehr unterschieden wird. Dort sind wohl andere Ursachen für den Zerfall des Systems anzusetzen.

Lageadverbien 2

'herüben – drüben'

Auch auf dieser Karte, auf der lautnahe Verschriftlichungen der Ausdrücke gewählt werden mussten, ist Bayern in eine Ost- und eine Westhälfte getrennt: Im Osten hat das Lageadverb der sprechernahen Perspektive immer ein Erstglied "her-", im Westen nie. Zum anderen gibt es eine Nord-Süd-Gliederung beim zweiten Bestandteil: Im Süden Bayerns ist die Basis die Form "ene(nt)", im Norden in der Regel die Form "üben". Von diesen beiden Grundwörtern ausgehend, kommen für die sprechernahe Bezeichnung die folgenden Elemente vor: "herene(nt)", "drene(nt)", "rene(nt)", "ene(nt)"; für die sprecherferne die folgenden: "düben", "drüben", "güben", "üben"; "dene(nt)", "ene(nt)", "drene(nt)". Dies zeigt, dass einige der Erstglieder (allerdings regional unterschiedlich) für beide Perspektiven verwendet werden können. In Mfr. ist das eine Ursache dafür, dass die Sprecherperspektive bisweilen nicht (mehr) unterschieden wird. Im Zentrum von Mfr. häufen sich diese Fälle, da hier die Gebiete aufeinander treffen, die jeweils mit "drüb(en)" auf der einen Seite die sprechernahe Variante (W) und auf der anderen Seite (O) die sprecherferne Variante ausdrücken.

Im Norden Frankens gibt es ein Gebiet mit einem anderen Grundwort. Hier ist die alte Unterscheidung "hieseit(en)" und "jenseit(en)" (z. B. *hesda – gesd*) noch üblich.

Die deiktischen Unterscheidungsmerkmale *h-* und *g-* gehen auf die folgenden Vollformen zurück: (z.B. "hieseit(en) – jenseit(en)" = *hesda – gesda*) oder mit *h-* und *d-* (z.B. "hieseit(en) – daseit(en)" = *hesd – desd*) sowie "hieüben – jenüben" (= *heem – geem*). Das anlautende *g-* ist in der Region regelmäßig aus *j-* entstanden (vgl. *Gung* für 'Junge' oder *Gou-a* für 'Jahr').

Die Belege für "üb(en)" werden mit Monophthong und entweder mit einem *b* oder einem *m* im Auslaut gesprochen (z. B. *-iim*, *-ib*, *-üüm* u. Ä.). Für die Relation "ene(nt)" ist der normalisierte Lauttyp ein meist kurzer Monophthong mit einem Verschlusslaut oder einem schwachtonigen Vokal als Wortauslaut (z. B. *-ent*, *-eend*, *-ena*).

An der östl. Bezirksgrenze zwischen Nby. und der Opf. kommen Formen wie beispielsweise *hereand* oder *eand* mit fallendem Diphthong vor. Das verschiedentlich vorkommende zusätzlich angehängte Lexem "-halb", z. B. in Lauttypen wie *endadhoi*, *herentahein*, gibt es hauptsächlich im Süden.

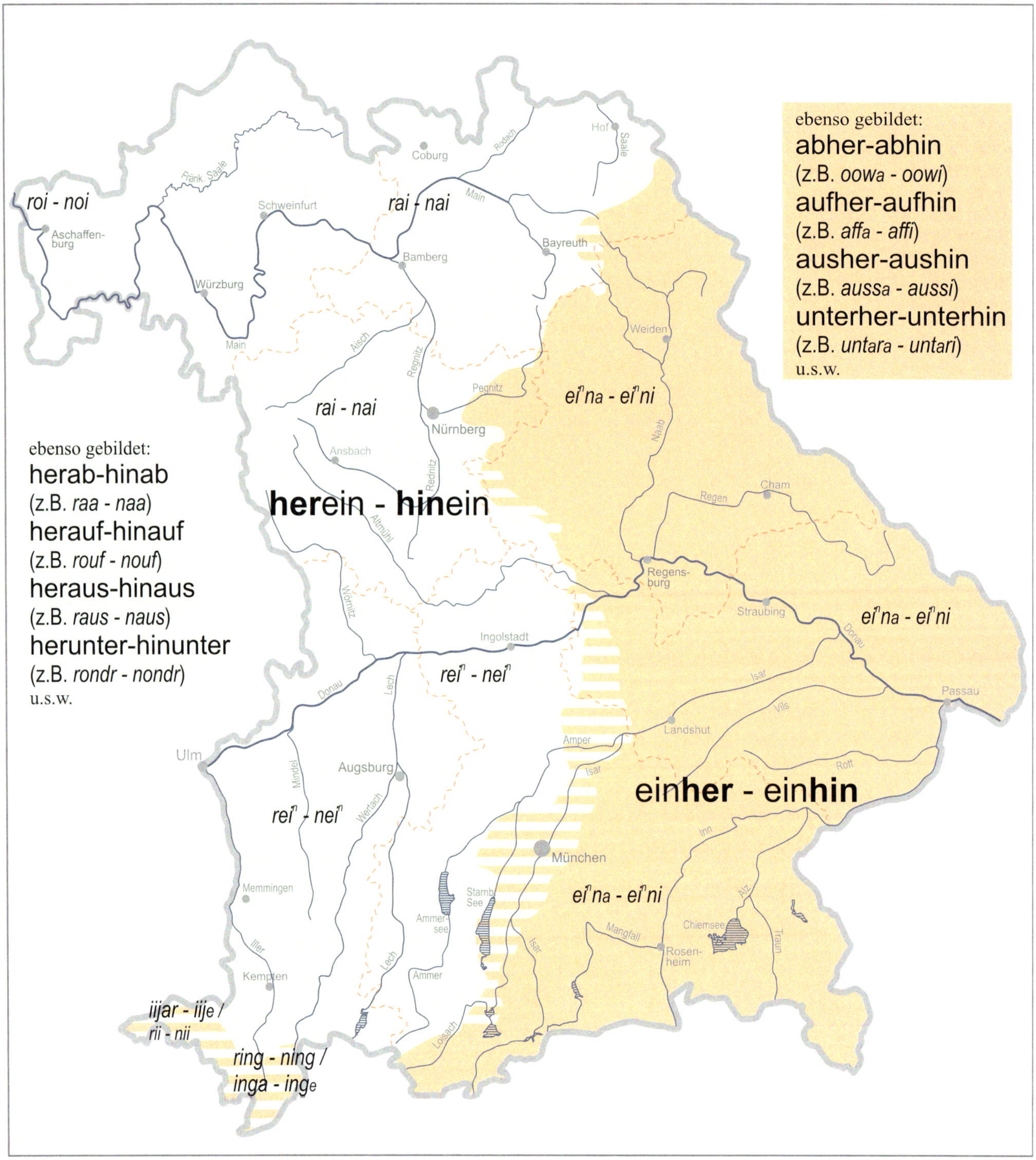

Karte 43: Richtungsadverbien 1: *herein – hinein*

Richtungsadverbien 1
'herein – hinein'

Im Gegensatz zur vorausgehenden Karte 42 stellt diese Karte relativ hoch typisiert die Verhältnisse dar, wie sie bei den aufgeführten Adverbpaaren mit entgegengesetzter Bedeutung herrschen. Da die aufgrund ihrer Bildungsweise hier subsumierten Adverbien stark unterschiedliche Lautungen/Formen aufweisen, können auf der Karte nur für das beispielhaft gewählte Adverbpaar "herein – hinein" genauere Lautformen eingetragen werden.

Im westl. Gebiet können die Formen "herein – hinein", "heraus – hinaus", "herauf – hinauf", "herunter/herab – hinunter/hinab", "herüber/herum – hinüber/hinum" als prototypisch gelten. In nahezu jeder Mundart werden die anlautenden Silben, d. h. die Erstglieder der präfigierten Richtungsadverbien, stark gekürzt; z. B. im Fränk. zu *rai – nai, rauf – nauf, roo – noo, runner – nunner, riiba – niiba* oder im Schwäb. zu *rei*^{n} *– nei*^{n}, *rouf – nouf, raa – naa, rum – num.*

Für die östl. Hälfte gelten die Typen "einher – einhin", "ausher – aushin", "aufher – aufhin", "abher – abhin", "üb(er)her/umher – üb(er)hin/umhin" mit meist stark gekürzter Endung: z. B. mittelbair. *eina – eini, aussa – aussi, auffa – auffi, oowa – oowi, uma – umi;* nordbair. *eina – eini, assa – assi, affa – affi, oo-a – oo-i, iiwa – iiwi.* Weit vom Prototyp abweichende Lautungen sind beispielsweise *eena* für "einher", *raa* für "heraus", *roiwa* für "herüber" oder *oichi* für "abhin".

Die Schraffuren deuten Mischgebiete an, die östl. Form ist jeweils auf dem Rückzug zugunsten des hochsprachenahen westl. Typs.

Im alemannischsprachigen Südwesten ist die alte Bildungsweise, wie beispielsweise *iijar, iijer, inga* (< "einher") *– iije, iije, inge* (< "einhin"), schon fast ganz ausgestorben und selbst altdialektal schon von den Typen *rii, ring* (< "herein") *– nii, ning* (< "hinein") ersetzt worden.

Auf der Karte sind im Wesentlichen zwei Gebiete vorhanden. Diese unterscheiden sich nach der Reihenfolge der Wortbildungskonstituenten, aus denen sie bestehen. Während im westl. Gebiet die zeigende Komponente als erste Konstituente der Zusammensetzungen steht (z. B. "herein"), wird im östl. Gebiet die relationale Komponente der Adverbien an die erste Stelle gesetzt (z. B. "einher").

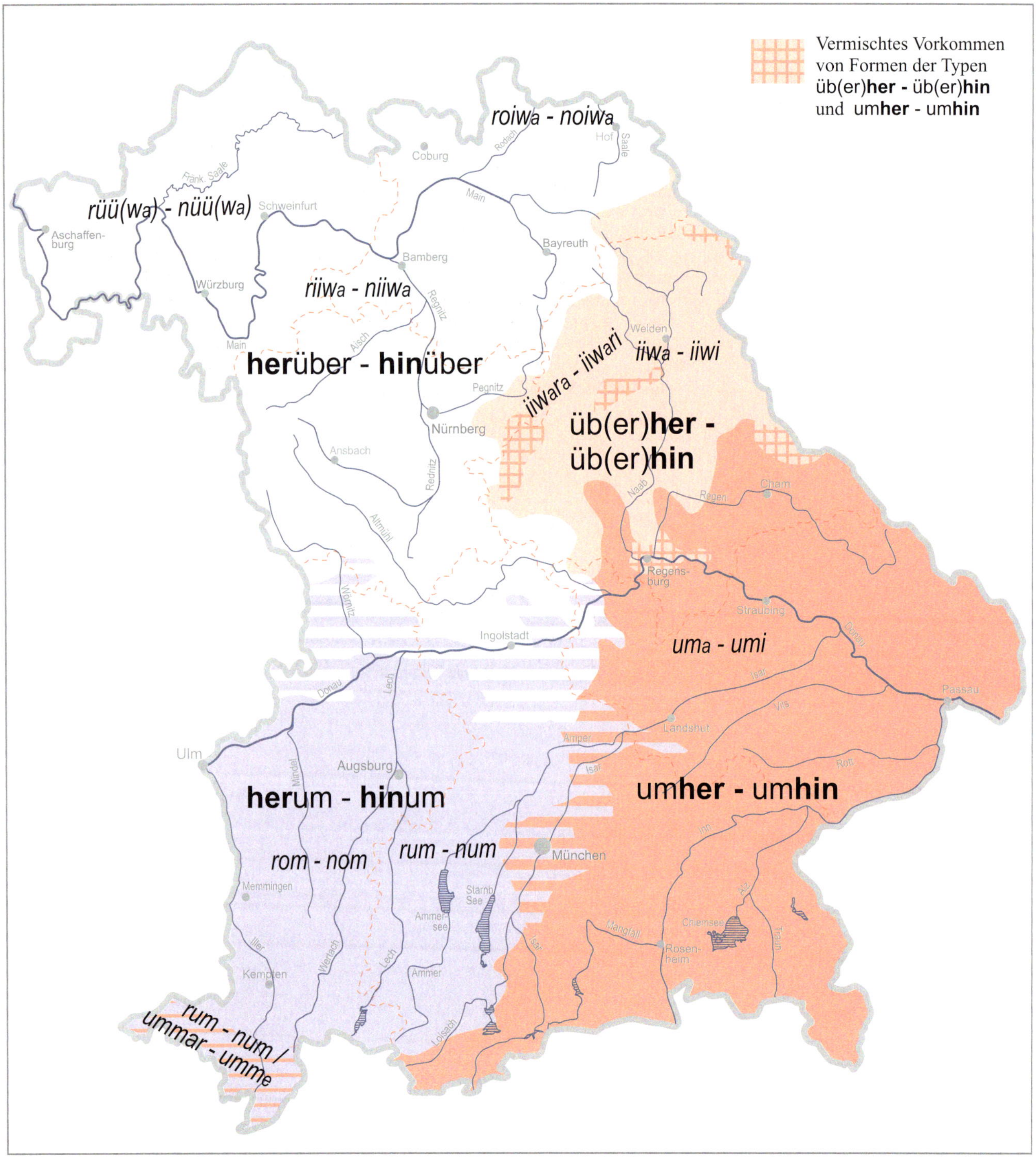

Karte 44: Richtungsadverbien 2: *herüber – hinüber*

Richtungsadverbien 2
'herüber – hinüber'
Die Karte zeigt die regional unterschiedlichen Formen, die die Sprecherperspektive ausdrücken, sowie die verschiedenen Lexeme der relationalen Bestandteile. Im Wesentlichen sind vier Gebiete vorhanden.
Während im Westen die zeigende Komponenten "her" und "hin" als erste Konstituenten der Zusammensetzungen stehen (z. B. "herüber"), wird im Osten die Komponente der Adverbien an die erste Stelle gesetzt (z. B. "üb(er)her").
Im nördl. Bayern ist – wie in der Standardsprache – als adverbielle Komponente "über" üblich, im ganzen südl. Teilgebiet steht dafür hingegen ein anderes Wort, nämlich "um" (z. B. *rum – num*). Dieses abweichende Lexem kommt sowohl bei den präfigierten Tpyen "herum – hinum" *(rum – num)* als auch bei den suffigierten Adverbien vom Typ "umher – umhin" *(uma – umi)* vor. Dem Adverbpaar *iiwa – iiwi* in der nördl. Opf. entspricht also im Südosten Bayerns die Opposition *uma – umi*.

In ganz Franken und in den nördl. Randgebieten von Schw. und Obb. werden die Adverbien von der Struktur her wie im Schriftdeutschen gebildet: *riiwa* (< "herüber") und *niiwa* (< "hinüber"). Von gleicher Bildungsweise sind die südl. Entsprechungen *rum, rom* (< "herum") und *num, nom* (< "hinum").
In der westl. Opf. kommen Formen mit einer zusätzlichen Endung vor, z. B. *iiwari* für "übhin" (oder *umara* für "umher"). Sie erscheinen bei unterschiedlichsten Lexemen und sind meist als Mehrfachbelege Varianten zu der entsprechenden kürzeren Form. Diese Endungen können einerseits als eine erneute Suffigierung des nicht mehr durchsichtigen Adverbs mit einer deiktischen Komponente angesehen werden. So wäre dann z. B.: *umara* aus "um-her-her" entstanden. Es könnte aber auch dem entsprechenden Adverb durch Reduplikation (Wiederholung) der Endsilbe Nachdruck verliehen worden sein. Andererseits ist es denkbar, dass z. B. bei *iiwari* nicht "üb-hin" zugrunde liegt, sondern "über-hin". Durch Analogiebildung könnten dann Belege wie *umara* oder *aawara* als "um(er)her" bzw. "ab(er)her" erklärt werden. Zwar gibt es ein Areal zwischen Weiden und Neumarkt, in dem sich solche Formen häufen, doch die Endungen treten zu unterschiedlichsten Adverbien und sind meist als Mehrfachbelege Varianten zu den entsprechenden kürzeren Formen.
Im alem. Südwesten lassen sich ebenfalls noch altdialektale Reste der Bildungsweise mit nachgestelltem "-her" bzw. "-hin" nachweisen: *ummer – umme/ummi* (am bayer. Bodensee) *ummar – umme* (im Westallgäu) und *umma – umme* im südl. Oberallgäu.

Lautliche Unterschiede wurden in der Karte nur durch einige typische Beispiele berücksichtigt. Die richtungsweisenden Elemente sind vergleichsweise am meisten reduziert; stehen sie beim präfigierenden Typ am Anfang, dann sind meist nur noch die Konsonanten erhalten (z. B. *riiwa, num*); stehen sie hingegen beim suffigierenden Typ am Ende, erscheinen sie als Vokal, z. B. *iiwa* (< "übher"), *ume* (< "umhin").
Varianten, bei denen die Relation "über" einsilbig, also ohne Endung, gesprochen wird (z. B. *rüü, nüü*) und die auch bei den diphthongischen Formen auftreten (z. B. *röi*), kommen in einem relativ geschlossenen Gebiet in Ufr. vor.
Die Qualität des Stammvokals bei der Relation "um" schwankt; im zentralen Schwäb. ist u regelmäßig vor Nasal zu o gesenkt (z. B. *rom, nom*).

Karte 45: Die Bezeichnungen für *Dienstag*

Die Einteilung der Zeit in Wochen übernahmen die Germanen schon in der Antike aus dem röm.-griech. Kulturbereich. Entwickelt wurde das 7-Tage-System bei den Babyloniern, die jedem Wochentag einen Planeten(gott) zugeordnet hatten. Der **Dienstag** wurde bei den Babyloniern nach deren Kriegsgott "Marduk" benannt. Dem entsprachen der griech. "Ares" und der röm. "Mars" (vgl. franz. "mardi", ital. "martedì"). Der vergleichbare germ. Gott hieß "Ziu", deshalb wurde der zweite Wochentag "Tag des Ziu" genannt, was im Ahd. als ziostag überliefert ist.

Der **Ziestag** ist noch in den alem. Mundarten erhalten, mitunter auch in der aus einer späteren Anlehnung an "Zins" (in der Bedeutung 'Steuer') entstandenen Form **Zinstag**. Auf letztere Ausgangsform sind die in der alem. Südwestecke Bayerns belegten Formen *Ziisdag, Ziisdeg* zurückzuführen. Im nördl. anschließenden Oberschwaben ist diese Wortform in der schwäb. Lautung mit nasaliertem Vokal als *Zei^{n}sdeg* bzw. *Zei^{n}schdeg* verbreitet.

Das **Aftermontag**-Gebiet reicht im Bereich Ulm – Heidenheim und im Tiroler Lechtal deutlich über Bayerisch-Schwaben hinaus und deckt sich weitgehend mit den Grenzen des alten Bistums Augsburg. Diese Tatsache macht wahrscheinlich, dass die Urheber dieser Wortform Geistliche aus diesem Bistum gewesen sind, die mit dieser Wortneuschöpfung eine Art Konkurrenzform zum alten "Zi(n)stag" einführten, wohl in der Absicht, die Erinnerung an den heidnischen Gott "Ziu" auszulöschen. Das Zustandekommen dieser Wortbildung liegt auf der Hand: Im Ahd. (wie im Englischen noch heute) gibt es das Wort "after" als Präposition in der Bedeutung 'nach, hinter'. Der **After**montag ist also 'der Tag nach/hinter dem Montag'. Dem Untertyp **Afteg**montag dürfte eine Weiterentwicklung der Präposition "after" zum Adjektiv "aft(er)ig" (vgl. "vor" zu "vorig") zugrunde liegen; zusammengerückt und synkopiert mit dem Substantiv ergibt sich der "aftig(e) Montag" in der Bedeutung 'Nach-Montag' (vgl. dial. "afteriges Getreide" für 'minderwertiges Getreide'). Die in diesem Gebiet überall umgelautete Aussprache des Grundwortes (eigentlich – **mäntag**) ist, parallel zu den Formen für 'Montag' *(Määtag, Mee^{n}ta, Mee^{n}de, Maa^{n}da)*, von einer im Mittelalter auch im anschließenden Mittelbair. verbreiteten umgelauteten mhd. Form mæntac herzuleiten.

Das als bair. Kennwort geltende **Ertag** bzw. **Erchtag** (mhd. er(ge)tac, 13. Jh.) hat seinen Ursprung beim griech. Kriegsgott "Ares". Diese Benennung ist wohl über gotische Bevölkerungsreste (vgl. got. areinsdags) ins Altbair. gelangt. Die Goten konnten als christliche Arianer den Wochentagsnamen auch auf "Arius" beziehen, den Begründer ihrer Glaubensrichtung.[1]

Ein erschlossenes *erjotag bildete die Ausgangsform für eine breite Palette sehr unterschiedlicher Lautformen, die in der Karte nur teilweise aufscheinen können. So gibt es vereinzelt auch dreisilbige Formen wie *Orada*. Die im südöstlichen Obb. feststellbare Entwicklung von -rt- > *-schd-* ist regelhaft und findet sich beispielsweise so auch im Wort "Heimgarten" (*Hoa^{m}gåscht*, vgl. Karte 54).

Eine besondere Lautentwicklung finden wir auch im Gebietsstreifen mit dem Untertyp **Mertag** im südwestlichen Altbayern. Zu erklären ist der Anlaut-Nasal mit dem in gesprochener Sprache häufig anzutreffenden Phänomen der Agglutinierung (Verschmelzung), die ihre Ursache in einer "falschen" Trennung von Wörtern an Wortgrenzen hat; dabei wurde die Lautkette "am + Ertag" verschmolzen und später "falsch" segmentiert zu "am + Mertag". Zudem dürfte in diesem Fall ein von den umliegenden Wochentagen ausgehender Reiheneffekt *(Maa^{n}da, Merda, Miggda)* Einfluss gehabt haben. Dem ch in (M)erchtag liegt ein g zugrunde, das aus dem j der erschlossenen Form entstanden ist (vgl. Text zu Karte 84).

Der **Dienstag** schließlich geht zurück auf eine ursprünglich niederrheinische Form. Der röm. Kriegsgott hatte auch den Beinamen "Thingsus"; daraus ergab sich mittelniederländisch dinxendach, was zu din(g)sdag wurde. Dieser Name breitete sich von dort auf den größten Teil des dt. Sprachgebietes aus und ging schließlich in die nhd. Standardsprache ein, wohl v. a. auch deshalb, weil "Dienstag" das von M. Luther verwendete Wort war. Im Nordwesten Bayerns, wo es auch in recht unterschiedlicher Lautung vorkommt, ist das Wort alt. Heutzutage kommt "Dienstag" aber als die schriftsprachliche, modernere Form in ganz Bayern vor.

Die Bandbreite der lautlichen Varianten in "Dienstag" ist beachtlich und kann nur exemplarisch dargestellt werden. Der Tonvokal kann lang oder kurz oder als Diphthong realisiert sein, häufig ist das *n* vokalisiert oder ganz geschwunden: *Diins-, Diis-, Dins-, Deans-, Dians-, Deis-*. Im Südwesten wird das *s* vor *t* als *sch* gesprochen (z. B. *Dinschdag;* vgl. Karte 28). Auch das Grundwort "-tag" wird sehr unterschiedlich ausgesprochen: *-daach, -tag, -doch, -dich, -douch, -da*.

[1] Wir bedanken uns in diesem Zusammenhang für Hinweise von Prof. Werner Goez aus Herzogenaurach.

Karte 46: Die Bezeichnungen für *Donnerstag*

Für diesen Tag gibt es in Bayern im Wesentlichen zwei Bezeichnungen: "Donnerstag" und "Pfinztag".

Der **Donnerstag** geht zurück auf den Wettergott Donar (ahd. donares tag), der im Germ. den griech.-röm. Namengebern für diesen Wochentag, Zeus und Jupiter, entsprach (vgl. Textkasten).

Das Wort ist lautlich sehr variabel, es tritt auf als Dreisilber *(Donarschde, Dunaschdooch)*, als Zweisilber mit erhaltenem -n- *(Dunnschdag)* oder als Zweisilber, bei denen -n- vokalisiert oder ganz geschwunden ist *(Doo^{n}schdig, Dou^{n}schta, Duaschdich, Doaschda)*. Letztere Gruppe ist auf der Karte farblich leicht abgehoben. Teilweise wird bei der Silbenkontraktion zwar der Nasalkonsonant aufgegeben, -r- hingegen ist erhalten *(Doo^{n}rschde)*. Variantenreich ist auch die Aussprache beim Grundwort "-tag" *(-dig, -ti, -da, -dooch, -dåg)*.

Pfinztag leitet sich her von griech. pémptē hēméra, was 'fünfter Tag' bedeutet, gerechnet ab dem Sonntag. Aufgrund seiner Verbreitung kann es als ein bair. Kennwort gelten. Wie auch "Ertag" für 'Dienstag' (vgl. Karte 45) ist es erst im Mhd. belegt (phintztac) und gelangte als Lehnwort wohl über got. Vermittlung ins Bair.

Trotz einer vergleichbaren Geschichte decken sich die Verbreitungsgebiete von "Pfinztag" und "Er(ch)tag" nur annähernd, so dass wir in einem Grenzstreifen zwischen Donau und Fichtelgebirge zwar bair. "Ertag", nicht aber "Pfinztag" vorfinden. Solche bair.-fränk. Mischungen sind dort durchaus charakteristisch und lassen sich auch bei anderen sprachlichen Phänomenen beobachten.

Der Einfluss des Hochdt. bewirkt, dass "Pfinztag" heute zunächst in größeren Städten, allmählich auch in Kleinstädten, Marktorten und auf dem Lande zugunsten von "Donnerstag" aufgegeben wird. Wo beide Wörter in Gebrauch sind, stuft man ausnahmslos "Pfinztag" als die ältere Variante ein.

Östl. von Augsburg vereinfacht sich die Anlautkonsonanz ***(Finzta)***. Weiter östl. trifft man die Lautform ***Pfinschta*** an. Parallele, vergleichbare Lautentwicklungen gibt es nicht. Aber: Isolierte, bezüglich der Herkunft undurchsichtige Wörter (wie hier "Pfinz-") sind besonders anfällig für "Deformationen" dieser Art.

Nur ganz vereinzelt existiert im Ries auch die Bezeichnung **Aftermittwoch**, eine parallele Bildung zu "Aftermontag" für 'Dienstag'.

Die **Wochentagsnamen** an verschiedenen Orten:

– in Heustreu/Grabfeld: *Moadich, Daischdich, Midwoch, Duaschdich, Fräidich, Sonaawe, Sondich*

– in Leidersbach/Spessart: *Moondooch, Dinsdooch, Midwuch, Duneschdooch, Fraidooch, Samsdooch, Sundooch*

– bei Kulmbach: *Moo^{n}ndooch, Diinsdooch, Midwoch, Doneschdooch, Fraidooch, Såmbsdoch, Sundoch*

– in Deutenheim/nördl. Mfr.: *Mondooch, Dinsda, Midwuch, Dunaschda, Fraida, Såmsda, Sunda*

– in Vorra/Fränkischen Schweiz: *Meeda, Iada, Micha, Dunaschda, Fraida, Sånsba, Sunnda*

– bei Cham: *Monda, Iada, Micha, Pfinsda, Fräta, Såmbsda, Sunnta*

– in Oettingen im Ries: *Mee^{n}ndi, Afdrmee^{n}ndi, Migdi, Dunerschdi, Fraidi, Samsdi, Sundi*

– um Straubing: *Moo^{n}da, Iata, Migga, Pfinsta, Fraida, Samsda, Sunnta*

– im unteren Bayerischen Wald: *Måå^{n}da, Iada, Midicha, Pfinsta, Fraida, Samsda, Sunnda*

– in Türkenfeld/Lechrain: *Meei^{n}ta, Aftermeei^{n}ta, Mickta, Toou^{n}schta, Fraita, Samsda, Sunnta*

– im Westallgäu: *Määtag, Ziisdag, Mickte, Dunnschdag, Friddag, Sambsdag, Sunntag*

– in Mittenwald: *Måu^{n}da, Morchda, Micktn, Pfintzta, Fraida, Såmbsda, Sunnta*

– bei Wasserburg am Inn: *Mooda, Iata, Miiga, Pfinzta, Fraida, Såmsda, Sunnda.*

Zur Herkunft der Wochentagsnamen:

lateinisch:	**germanisch:**
Solis dies	anord. *sunnu(n)dagr*, ahd. *sunnûntag*
Lunae dies (franz. *lundi*)	anord. *mánadagr*, ahd. *mânatag*
Martis dies (franz. *mardi*)	altengl. *tíwesdæg*, engl. *Tuesday*, ahd. *ziostag*
Mercurii dies (franz. *mercredi*)	anord. *ođinsdagr*, afries. *wônsdei* 'Wodanstag', engl. *Wednesday*; mhd. *mittewoche* nach lat. *media hebdomas*
Jovis dies (franz. *jeudi*)	anord. *thorsdag*, engl. *Thursday*, ahd. *donarestag*
Veneris dies (franz. *vendredi*)	altengl. *frigdæg*, engl. *Friday*, ahd. *frî(j)atag*
Saturni dies	altengl. *sæterndæg*, engl. *Saturday*, ahd. sambaztag (< griech. *sámbaton*, < hebr. *schabbath*)

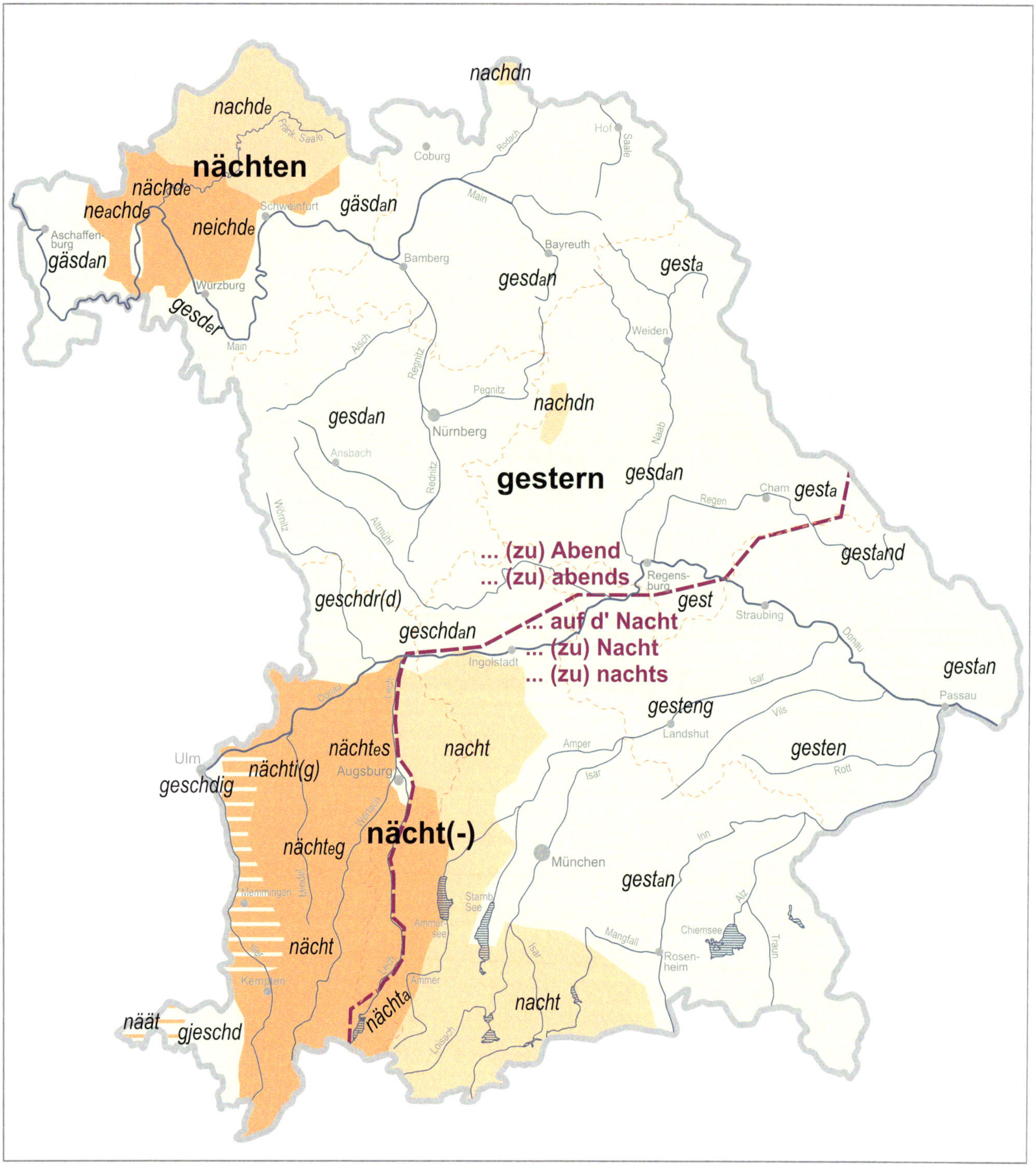

Karte 47: Bezeichnungen für *gestern* und *gestern Abend*

Die Karte zeigt in erster Linie die maximale geographische Verbreitung der Bezeichnungen "nächt" bzw. "nächten" u. Ä. für 'gestern', so wie sie heute noch in Gebrauch oder zumindest in Erinnerung sind.

Da die Germanen ihre Zeiten nach dem Umlauf des Mondes gliederten, machten sie auch ihre Zeitangaben nach dem Stand des Mondes. Den Tag verstanden sie als den Zeitraum zwischen den Nächten; folgerichtig zählten sie auch die Tage nach Nächten.
Sprachliche Relikte dieser Art der Zeiteinteilung sind die umgelauteten Zeitadverbien **nächt** bzw. die davon abgeleiteten Formen **nächten, -ig, -ens** im südwestl. Bayern (schwäb. Lautung *nächt, nächdig, nächta, nächteg, nächtes*; bair. *nacht*) und **nächten** (z. B. *nachdn, neachde, neichde*) im nördl. Franken, jeweils in der Bedeutung 'gestern'. Diese Einwort-Adverbien werden für speziellere Zeitangaben auch in Wortzusammensetzungen wie "vornächt" *(voarnächt)* für 'vorgestern' verwendet oder in längeren Fügungen wie etwa "nächt am Morgen" (z. B. *nächt am Moarge*) für 'gestern Früh' oder "nächt auf die Nacht" (z. B. *nacht auf d'Noocht*) für 'gestern Abend'.
Das "nächten"-Gebiet in Ufr. setzt sich jenseits der Grenzen zu Hessen und Thüringen ein Stück weit fort. Auch im südl. Alem. gibt es Gebiete mit dem vergleichbaren Adverb-Typ "nächti(g)".

Die Karte zeigt daneben in groben Zügen die geographisch unterschiedliche Aussprache von **gestern**, das ahd. als gest(e)re, gesteron, gesterên belegt ist und das über eine germ. Vorstufe beispielsweise mit englisch yesterday und weiter über eine gemeinsame idg. Wurzel u. a. mit lateinisch heri 'gestern' verwandt ist.

Nur durch eine gestrichelte Linie auf der Karte wird angezeigt, wo in Bayern in der Bedeutung **'gestern Abend'** überwiegend Fügungen mit "... Nacht/nachts" bzw. solche mit "... Abend/abends" üblich sind, und zwar unabhängig davon, ob man nun als Adverb für den ganzen vorangehenden Tag "gestern" oder "nächt(en)" u. Ä. verwendet. In dem mit der Linie abgetrennten Gebiet im Südosten des Freistaats heißt es also meist "gestern/nächt auf die Nacht" (z. B. *nacht/gestan auf d'Noocht*), im übrigen Gebiet sagt man gewöhnlich "nächt/gestern (zu) Abend" (z. B. *nächt z'Ååbet; gesdan Ååmd*).
Die in diesen zeitlichen Wendungen vorkommenden Präpositionen "zu" bzw. "auf" sind heute in der Regel nur mehr dazu da, räumliche Beziehungen zu bezeichnen, wenn man davon absieht, dass "zu" in altertümlicher Sprache (etwa "zu Ostern") oder in Formeln (etwa "zu Mittag essen") noch gebraucht wird. Im Mittelalter gab es nämlich im Bewusstsein des einfachen Volkes keine exakte Trennung der Begriffe Raum und Zeit. Die Zeit war an lokale Handlungen, an Ereignisse gebunden ("es geschah im Heuet"), sie war nur über solche Ereignisse verifizierbar und nur in groben Zügen im Jahres-, Mondzyklen- oder Tagesrhythmus objektivierbar. Deshalb kann ein "zu" und ein "auf" sowohl räumliche wie auch zeitliche Bezüge beschreiben ("zu Augsburg", "zu Ostern"). In unseren Dialekten ist uns ein Teil dieser Weltsicht noch nachvollziehbar geblieben.

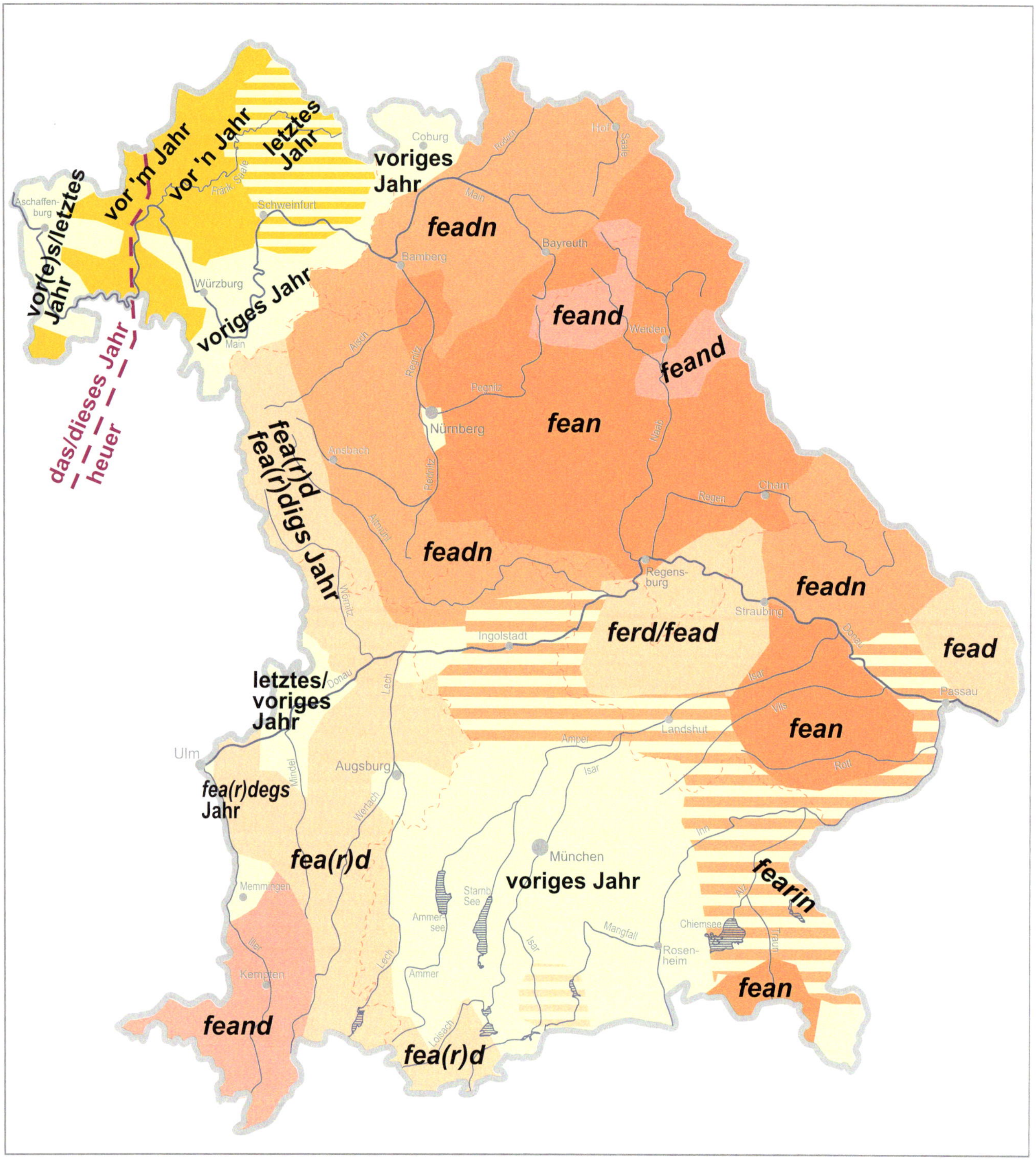

Karte 48: Bezeichnungen für *voriges Jahr* und *dieses Jahr*

Die Karte zeigt in erster Linie die maximale Verbreitung der alten Bezeichnungen für das 'vergangene Jahr'.

In großen Teilen Bayerns sind noch alte Ausdrücke bekannt oder in Gebrauch, die man unter den Typen **fern/ferd** zusammenfassen kann. Sie stehen in enger Verbindung zu einem ahd. Adjektiv firni 'alt, veraltet, hinfällig, vergehend', mhd. virne, das in der heutigen Hochsprache nur noch in Wörtern wie "Firn(schnee)" ('Altschnee') und dem Alpenwort "Ferner" ('Gletscher') enthalten ist.
Auf der Karte werden dabei durch farbliche Abstufungen mehrere Untertypen unterschieden: ***ferd***, teils mit vokalisiertem r und diphthongiert (beispielsweise *fead*), zweisilbiges ***feadn***, Formen mit Nasal ***feand*** oder ***fean***, letztere Form an der Salzach auch mit erhaltenem r und einer Art Sprossvokal ***(fearin)***.
Diese Adverbien können auch mit der Präposition "vor" zu Komposita in der Bedeutung 'vorletztes Jahr' verbunden werden (z. B. *voarfeand*).

Teilweise ist dieser alte Wortstamm nur (noch) in der Fügung **ferdiges Jahr** üblich, z. B. *fea(r)degs Jåår.* Zu dieser Bildung parallel zur immer mehr um sich greifenden schriftsprachlichen Form "voriges Jahr" kam es wohl deshalb, weil das Einwort-Adverb für sich unverständlich geworden war.
Vergleichbar damit sind auch die zweigliedrigen Formen **vor 'm Jahr** im westl. Spessart-Rhön-Gebiet und **vor 'n Jahr** östl. davon. Diese dürften auf eine ursprüngliche Fügung vom Typ "ver(d)en Jahr" zurückgehen, die aber nicht mehr verstanden wurde und wohl deshalb eine volksetymologische Umdeutung auf die Präposition "vor" erfahren haben. Diese umgedeuteten Fügungen waren zur Zeit der Materialsammlung für den "Deutschen Wortatlas" (DWA) noch in einem breiten Gürtel von den Vogesen über die Pfalz, Hessen, Thüringen bis Schlesien verbreitet.

In großen Teilen von Obb. und im Nordwesten haben die moderneren Fügungen mit dem Substantiv "Jahr", meist **voriges Jahr**, im Westen und Nordwesten daneben auch **letztes Jahr**, die alte Form verdrängt.

Für diese Zeitangabe ist im Großteil Bayerns das Einwort-Adverb **heuer** (z. B. *huir, hiar, haijer, haija, hoija*) verbreitet (zur Lautung vgl. Karte 20 "Feuer"). Es geht zurück auf eine bereits im Ahd. belegte Zusammensetzung hiuru (< hiu jâru) 'in diesem Jahr'.
Im äußersten Nordwesten Bayerns kennt man in den Dialekten allerdings ausschließlich die Fügung **das Jahr** oder **dieses Jahr** (z. B. *des Jååa*). Die gestrichelte Linie markiert die maximale Verbreitung von "heuer".

Eine vergleichbare Bildungsweise wie in "heuer" haben wir auch im Zeitadverb **heute**. Dabei können aber zwei unterschiedliche Ausgangsformen zugrunde liegen: *hiu tagu ('dieser Tag') oder *hiu nachtu ('diese Nacht'). Letzere Bildungsweise ist auf Anhieb noch bei all jenen großflächig verbreiteten dialektalen Formen erkennbar, die den Nasalkonsonanten oder Nasalität am Vokal bewahrt haben (z. B. *heint*, *hei*^{n}*t*). Dagegen sind die Lautformen *huit, hiat, huat* im äußersten Südwesten Bayerns (Kempten-Lindau) der ersten Bildung zuzuordnen. Dies gilt mit hoher Wahrscheinlichkeit auch für die nicht nasalierten Lautungen *hait, hoit*, die auch als umgangssprachlicher bzw. hochsprachenaher Ersatz für die alten Dialektformen großflächig in Verwendung sind.

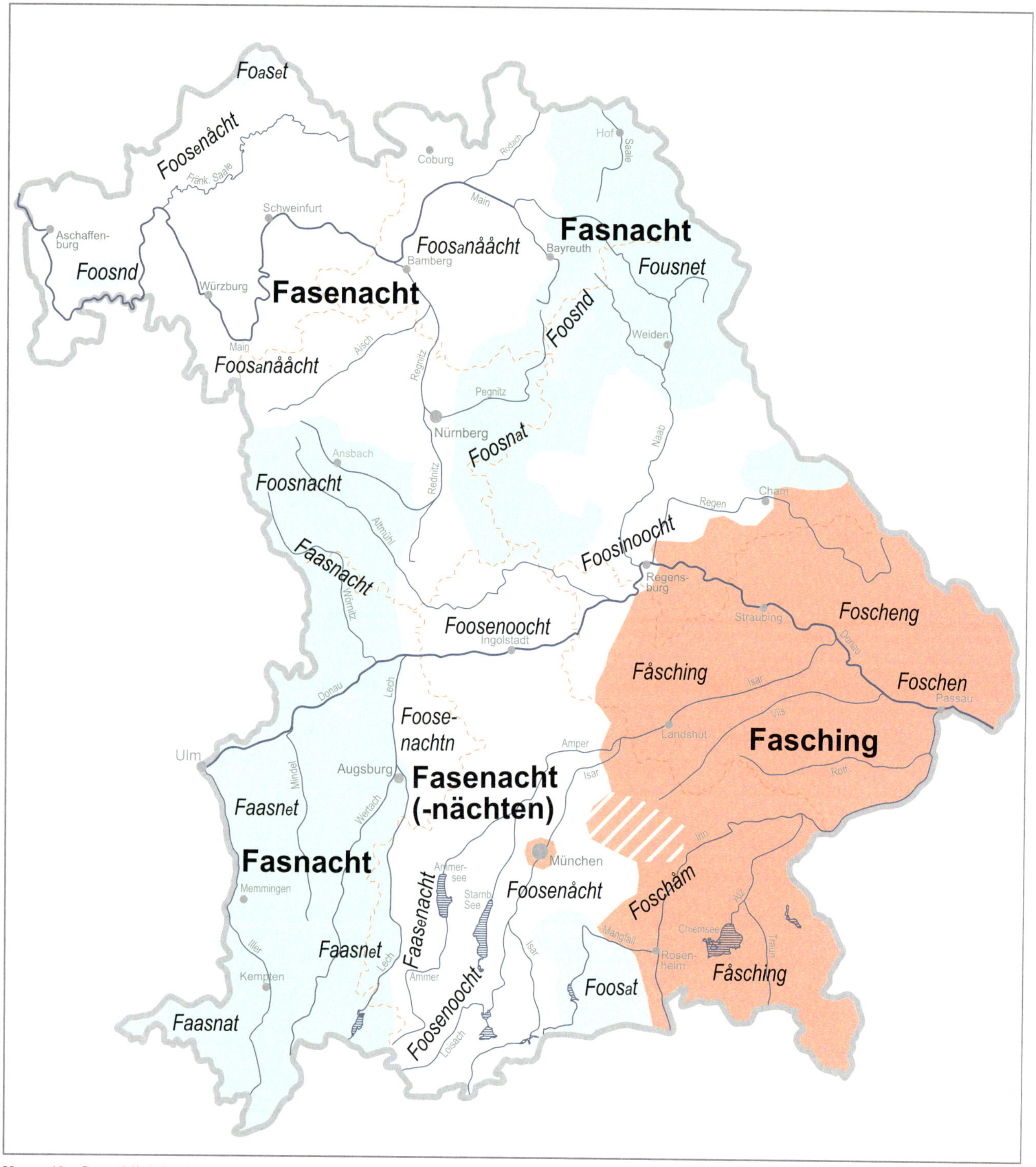

Karte 49: Grunddialektale Verbreitung von *Fas(e)nacht* und *Fasching* in Bayern

Sowohl die Frage nach den kulturgeschichtlichen Ursprüngen der "5. Jahreszeit" als auch die nach der Herkunft und Bedeutung der Bezeichnungen "Fastnacht" und "Fas(e)nacht" einerseits und "Fasching" andererseits sind in der Forschung umstritten, obwohl man sich mit dem Problem schon seit dem 19. Jh. in der Volkskunde und Sprachwissenschaft beschäftigt.

Wahrscheinlich ist, dass der Fasnachtsbrauch bis in die heidnisch-germ. Zeit zurückreicht, wobei dann der erste Teil des Wortes **Fas(e)nacht** zu den in mhd. Zeit noch vorhandenen Verben *vasen* 'sich fortpflanzen' bzw. *vaselen* 'gedeihen, fruchten' zu stellen ist. Dies ließe auf Wachstums- und Fruchtbarkeitsfeste schließen und auf eine möglicherweise damit verbundene sexuelle Freizügigkeit an diesen Tagen.
Weniger spricht für die Annahme, dass Sache und Wort erst im christlichen Hochmittelalter entstanden seien, wobei sich dann die Deutung als '**Fast**nacht', also als Vorabend des Beginns der vierzigtägigen Fastenzeit, anbietet. Dagegen sprechen jedoch die in den Dialekten Bayerns und weit darüber hinaus belegten Formen ohne t (Typ Fasenacht bzw. Fasnacht). Es ist nämlich fast unmöglich, dass im gesamten Gebiet nachträglich die Lautverbindung -st- in "Fast-" zu einem einfachen -s- geworden sei. Der umgekehrte Weg ist sehr viel wahrscheinlicher, dass nämlich ein aus der germ. Zeit überliefertes *Fase(l)nacht später im christlichen Sinne zu **Fastnacht** umgedeutet worden ist und in der Folge in dieser christlich modifizierten Form überwiegend so geschrieben wurde.
Auf der Karte ist der zweisilbige Typ "Fasnacht" vom dreisilbigen "Fasenacht" farblich unterschieden. Im westl. Altbayern ist altdialektal letzterer Typ mit dem Mehrzahl-Grundwort "**-nächten**" (z. B. *Foose-nachtn*) üblich.
Der Ausdruck **Fasching** im Südosten Bayerns wird aus mhd. vaschanc, vaschang hergeleitet, was teils als 'Ausschank des Fastentrunkes' interpretiert wird. Dies würde auf das üppige Essen und Trinken vor der Fastenzeit verweisen. Wahrscheinlicher aber ist, dass das Wort parallel zu "Fasnacht" als *Fasagang, also als eine ursprüngliche Bezeichnung für einen 'Fruchtbarkeitsgang' (mit einer heute nicht mehr festzumachenden Bedeutung), zu erklären ist. Auch in diesem Fall hat wohl später eine Umdeutung im christlichen Sinne stattgefunden.
Wie unsere Karte eindrücklich zeigt, ist nur im südöstl. Viertel Bayerns (sowie im anschließenden Osten Österreichs) der Ausdruck "Fasching" bodenständig verbreitet. Im großen Rest des Freistaates waren in den alten Dialekten hingegen Formen üblich, die entweder unter "Fasnacht" oder unter "Fasenacht" zu fassen sind. Diese beiden Typen sind auch noch im ganzen Südwesten des deutschen Sprachraumes und bis hinauf nach Mainz, einer der Hochburgen des närrischen Treibens, heimisch.
Angesichts der aus der Karte ersichtlichen Verteilung von "Fas(e)nacht" gegenüber "Fasching" ist es höchst verwunderlich, dass sich auch im westl. und nördl. Bayern und sogar darüber hinaus "Fasching" als die vermeintlich vornehmere, hochsprachliche Schreibform eingebürgert hat, die auch in den offiziellen Verlautbarungen der Verwaltungen und in der Presse fast ausschließlich Verwendung findet, obwohl "Fasnacht" bzw. "Fastnacht" mindestens gleichermaßen als hochsprachlich gelten dürfen. Der Grund dafür ist, wie auch in anderen Fällen (sprach-)modischer Überlagerung, in München, letztlich aber sogar in Wien zu suchen. Denn der in der Kaiserstadt Wien vom Adel und Bürgertum in kultivierter Form in die Ballsäle eingeführte Fasching wurde schon im 19. Jh. auch in der Haupt- und Residenzstadt des damals noch jungen Königreichs Bayern nachgeahmt, so dass sich dort inselartig auch der Ausdruck "Fasching" anstelle von "Fasenacht" verbreiten konnte. Ob mit diesem Wechsel in der Bezeichnung zwangsläufig auch ein auffälliger Schritt zur Kultivierung des Narrentreibens einhergegangen ist, muss hier offen bleiben.

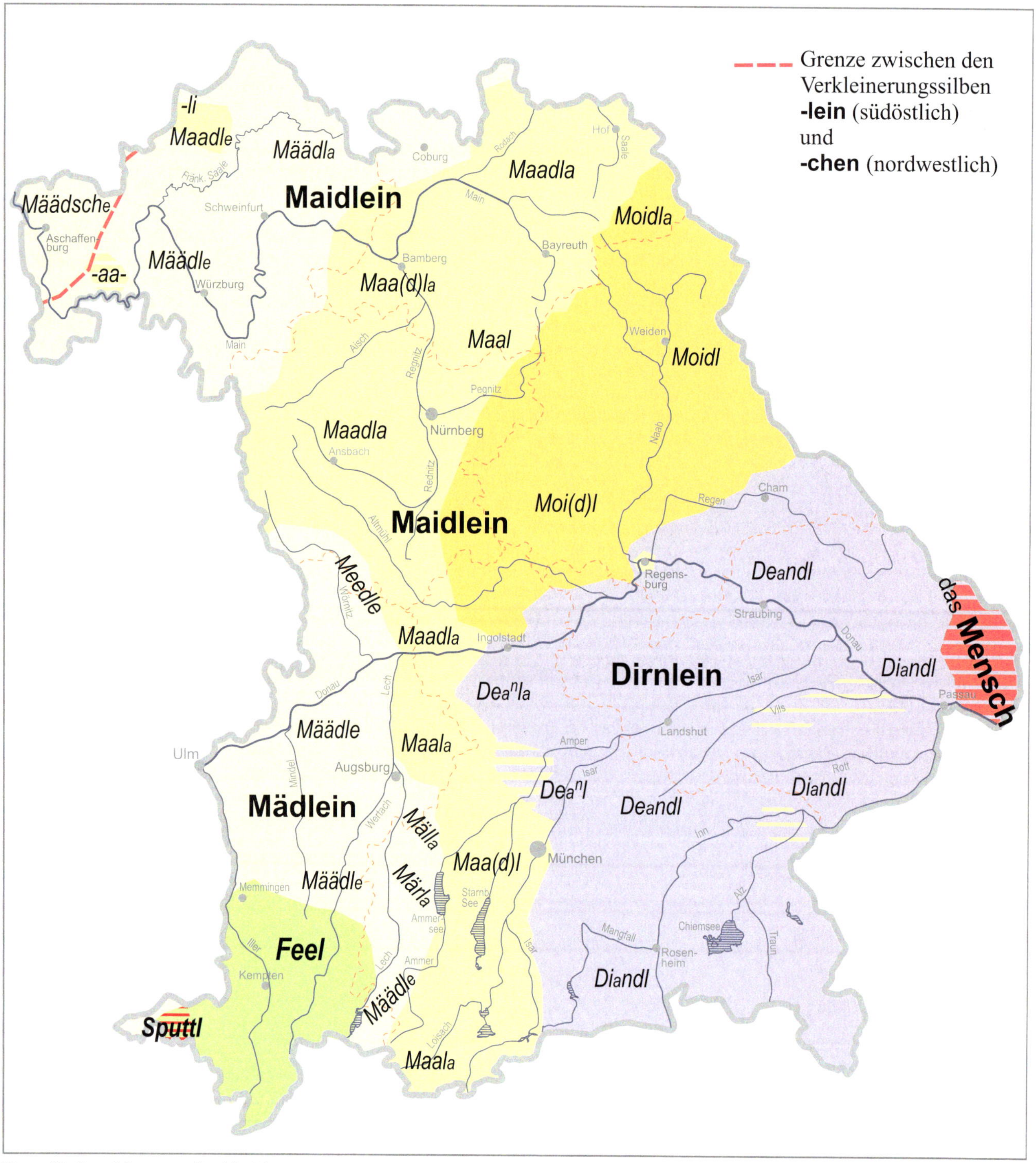

Karte 50: Bezeichnungen für *Mädchen*

Die Karte zeigt die Verbreitung der alten, lokalen Bezeichnungen für 'Mädchen'.
Die in Bayern großflächig vorhandenen Ausdrücke **Mädlein, Maidlein** und **Mädchen** sind mit unterschiedlichen Typen von Verkleinerungsendungen gebildet: -lein, -chen, -i (vgl. dazu Karte 40 zu den Diminutivsuffixen). Es handelt sich bei diesen Wortformen um seit dem 15. Jh. belegte Ableitungen zu "Magd", welches auf ahd. magad, mhd. mag(e)t 'Jungfrau', 'Dienerin, '(unfreies) Mädchen' zurückgeht. Unterschiedliche historische Lautentwicklungen haben teilweise zu identischen heutigen Lautungen geführt:
Der umgelautete Wortstamm, der auf der Karte als "**Mäd**lein" erscheint, ist eine seit dem 17. Jh. fassbare Vereinfachung aus älterem "Mägd-". Zu ihm sind die im südl. Bayern belegten Lautformen *Määdle, Määdla, Mälla, Märla, Maa(d)la, Maal* zu stellen, die als Vokallautung regelhaft die Entsprechung von mhd. ä bzw. æ zeigen. Eine vergleichbare Lautverteilung hat dort beispielsweise die Verkleinerungsform "Rädlein" oder die Pluralform "Schnäbel" (vgl. Karte 6).
Im nördl. Bayern entsprechen die Tonvokale von *Määdla, Määdle, Määdi, Maa(d)la, Maa(d)l, Maadi* jedoch weitgehend mhd. ei. Sie sind deshalb auf der Karte einem Worttyp "**Maid**lein" zugeordnet, wobei als Wortstamm eine frühnhd. Kontraktionsform (Zusammenziehung) Meid- (<maget) anzusetzen ist; dies gilt auch für die im Nordbair. üblichen Formen *Moidl, Moil*, wo sich bei mehrsilbigen Wörtern regelhaft die Vokallautung *oi* ergibt (vgl. Karte 21 zu mhd. ei in "breit" und in "Leiter").
Bei **Dirnlein** bzw. ***Dirndl*** handelt es sich um eine seit dem 15. Jh. belegte Verkleinerungsform zu "Dirne" (seit dem 15. Jh. auch in der Bedeutung 'Prostituierte'), welches von ahd. thiorna 'Mädchen', 'Jungfrau', 'Dienerin' herzuleiten ist. Hier hat sich zwischen dem auf -n endenden Wortstamm "Dirn-" und der Verkleinerungsendung "-l" ein -d- als Sprosskonsonant gebildet (bair. Vergleichswörter *Pfandl, Wandl, Mariandl* zu "Pfanne, Wanne, Marianne"). Die im älteren Deutschen vorhandene weitgehende Überschneidung der Bedeutungsangaben von "Mädlein" und "Dirn(e)" berücksichtigt in der Regel keine geographisch bedingten Bedeutungsunterschiede. Man weiß aber z. B., dass im 15. Jh. für das Mädchen in etwa die gleichen Bezeichnungen mit der gleichen Verteilung vorhanden waren. Während im Fränk. und Bair. jeweils das gleiche Wort für die Bedeutungen 'junges Mädchen' und 'Magd' in Gebrauch waren, wurde im Schwäb. ein Unterschied gemacht: "Kellerin" galt für 'Dienstmagd', der Typ "Mädlein" nur für das 'junge Mädchen'.
Das (!) **Mensch**, in den Lautformen *Mentsch, Mää^{n}sch, Määsch*, ist aus dem ahd. Adjektiv men(n)isco 'männisch, Mensch' entstanden; es ist seit dem 17. Jh. (mit neutralem Artikel) auch in der Bedeutung 'weiblicher Dienstbote' in Gebrauch, woraus sich dann in einigen Gebieten die allgemeinere, ursprünglich wertneutrale Bedeutung 'Mädchen' ergeben hat. Heutzutage wird diese Wortverwendung allerdings immer mehr als abschätzig betrachtet. In der Zusammensetzung "Menschen-Kammer" für das 'Schlafzimmer der Töchter' hat sich aber die wertneutrale Bedeutung auch in anderen Landschaften Bayerns erhalten.
Die für das Allgäu typische Bezeichnung ***Feel*** geht wohl auf lat. filia 'Tochter' zurück. Aus dem Überleben dieses und weiterer lat. Wörter wurde auf einen intensiveren und länger andauernden römischen Einfluss in diesem Gebiet geschlossen bzw. auf eine dort noch länger vorhandene romanische Restbevölkerung, wie sie z. B. für Tirol nachgewiesen ist und in den rätoromanischen Gebieten der Südalpen heute noch anzutreffen ist.
Damit in Konkurrenz steht im Westallgäu der Ausdruck ***Sputtl***, dessen Herkunft nicht geklärt ist. Vermutet wird hier eine Entwicklung aus "Spuchtel", das sowohl 'Mädchen' als auch 'unfruchtbare Frau' bedeuten kann. Dies ist wiederum im Zusammenhang zu sehen mit dem Ausdruck "Spohe", welcher im anschließenden Vorarlberg und im Westen Tirols verbreitet ist in der Bedeutung 'nicht trächtige Ziege', übertragen auch als 'unfruchtbare Frau'.

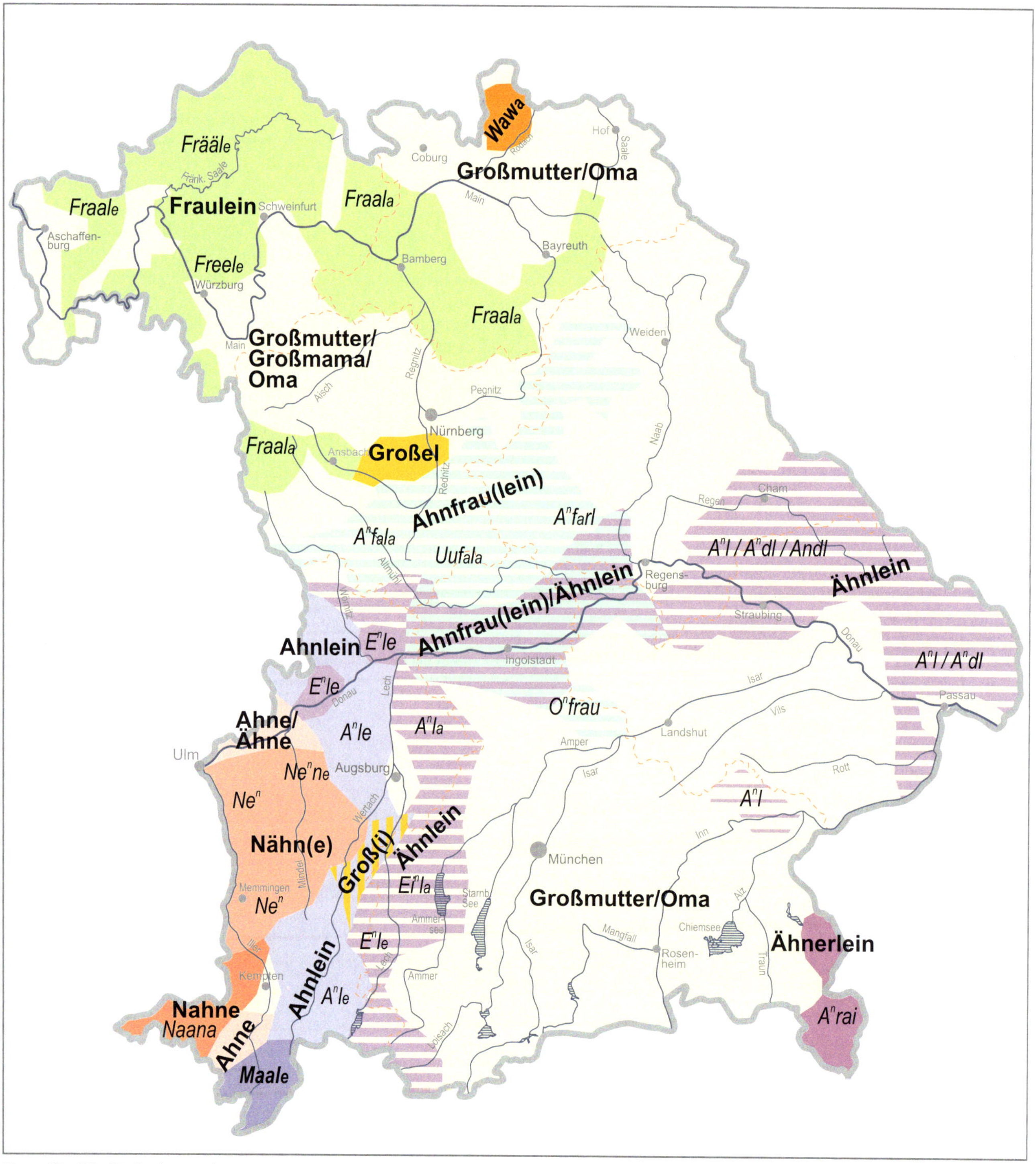

Karte 51: Die Verbreitung alter Bezeichnungen für *Großmutter*

Die Karte zeigt in erster Linie die heute noch erreichbare maximale geographische Verbreitung der alten Bezeichnungen bzw. Anredeformen für die 'Großmutter'.

In großen Teilen Bayerns kennt man nur noch die mit der Standardsprache übereinstimmenden Ausdrücke "Großmutter" und "Oma", seltener auch "Großmama" und "Omama". Bei **Großmutter** handelt es sich um eine seit dem 14. Jh. im Deutschen belegte (mhd. grôzmuoter), damals (zusammen mit "Großvater") in mehreren europäischen Sprachen gleichzeitig auftauchende Bildung (vgl. franz. "grandmère"). Sie ersetzte die alten Bezeichnungen (ahd. ano (m.), ana (f.)), die spätestens im Mhd. (ane (m.+f.)) keine Geschlechter mehr differenzieren konnten und die auch sonst semantisch nicht klar waren (Überschneidung mit "Ahn" – im Idg. gab es kein spezielles Wort für die beiden Großeltern).
Die **Großmáma** ist parallel dazu gebildet. Basis ist ein kindersprachliches Lallwort, das in ähnlicher Form in vielen Sprachen vorkommt; dieses besteht aus einer Verbindung von entgegengesetzten Lauten, die das Kind als Erstes lernt: *a* mit der größten Mundöffnung – *m* mit geschlossenem Mund. Vergleichbar sind Bildungen wie *Papa, Tata, Tete* u. Ä. Die heutzutage vorkommende Form -**mamá** ist nach dem Vorbild des Franz. auf der Endsilbe betont. Es stammt aus einer Zeit (18. bis Anfang 20. Jh.), in der Französisch die Sprache der Diplomaten, der Oberschichten Europas war.
Ebenfalls eine kindersprachliche Bildung dürfte **Oma** sein, wohl eine Zusammensetzung aus "*O*-" (< Groß-) und "-ma" (< Mama). Daneben gibt es auch **Omama**, also mit dem vollständigen Zweitglied. In der Hochsprache dürfte "Oma" heute als die liebenswürdigere, in der Anrede verwendete Form sein, während "Großmutter" eher als die nüchterne, emotionsfreie Bezeichnung verwendet wird.
Groß und **Großel** bzw. **Großi** könnten als Kopfformen von ursprünglichen Zusammensetzungen, etwa von "Groß(-Ähnlein)", gesehen werden (vgl. "Auto" zu "Automobil"). Die Endungen -i und -el (vgl. "Hänsel", "Gretel") sind dann wohl später zur Bildung einer Koseform hinzugekommen.

Als alte Bezeichnungen und Anredeformen, die meist nur noch aus der Erinnerung bekannt sind, haben wir im Süden Bayerns Formen von **Ahne** (*A*^{n}*ne, Aane*) und der davon abgeleiteten Diminutivform **Ähnlein** (z. B. *E*^{n}*le, Ei*^{n}*la* mit schwäb., *A*^{n}*la, A*^{n}*l, Andl* mit bair. Umlautsvokal). Es kommen aber zum einen auch in der Grundform Umlaute vor, nämlich **Ähne** (*E*^{n}*ne*), und zum anderen ist auch als Verkleinerungsform umlautloses **Ahnlein** (*A*^{n}*le, A*^{n}*le*) verbreitet. Als **Ähnerlein** lemmatisiert erscheint hier die nur im Südosten belegte Verkleinerungsform *A*^{n}*rai*. Alle diese Formen gehen auf ahd. ana zurück, das seit dem 9./10. Jh. in der Bedeutung '(Ur)großmutter' belegt ist. Die in der Hochsprache übliche Form "Ahn" (< ahd. ano) ist in unseren Dialekten nicht im Sinne von 'Vorfahr' in Gebrauch.
Gebietsbildend in einem Teil des schwäb.-alem. Raumes und ganz vereinzelt auch im Bair. sind Wortformen mit anlautendem Nasalkonsonant belegt, ebenfalls mit Umlaut, wie **Nähn(e)** (*Ne*^{n}*, Ne*^{n}*ne*), oder ohne Umlaut, wie **Nahne** (*Naana, Naane, Na*^{n}*ne*). Die nicht kartierten Einzelbelege im Bair. sind sämtlich einem Verkleinerungstyp **Nähnlein** (*Na*^{n}*la, Na*^{n}*l*) zuzuordnen. Diese Nasalanlaute werden als Ergebnis einer falschen Abtrennung erklärt. Denkbar ist beispielsweise eine solche Trennung in der Verbindung "mein Ähnlein". Bei ***Maale*** im Oberallgäu könnte zur Geschlechterdifferenzierung (den 'Großvater' nennt man dort *Ääne* bzw. *Trääne*) "Mama" oder "Mutter" Pate gestanden sein.
Im nordwestl. Bayern ist **Fraulein** (*Fraala, Freele, Frääle*), jenseits des Spessarts mit mitteldeutscher Endung, also **Frauchen** (*Fraasche*), die alte Bezeichnung. Es ist die Diminutivform von "Frau", wohl parallel zu "Herrlein" für den 'Großvater'. In diesen Bezeichnungen bringt man respektvoll zum Ausdruck, dass die Großeltern einst Frau (= Herrin) bzw. Herr im Haus waren, bevor die Jungen das Regiment übernahmen. Diese Bezeichnungen haben auch den Vorteil, das jeweilige Geschlecht klar zum Ausdruck zu bringen.
In der Mitte Bayerns mischen sich die zwei alten Haupttypen "Ahne" und "Frau(lein)" in der Zusammensetzung **Ahnfrau** bzw. **Ahnfraulein,** mit dem männlichen Gegenstück "Ahnherr" bzw. "Ahnherrlein".

Die auf der Karte nur lautlich verschriftete Form ***Wawa*** im Frankenwald wird von slawisch "Baba" hergeleitet, das 'alte Frau' bedeutet. Da dieses Gebiet bis ins hohe Mittelalter slawisch besiedelt war, ist hier durchaus mit slawischen Sprachresten zu rechnen.

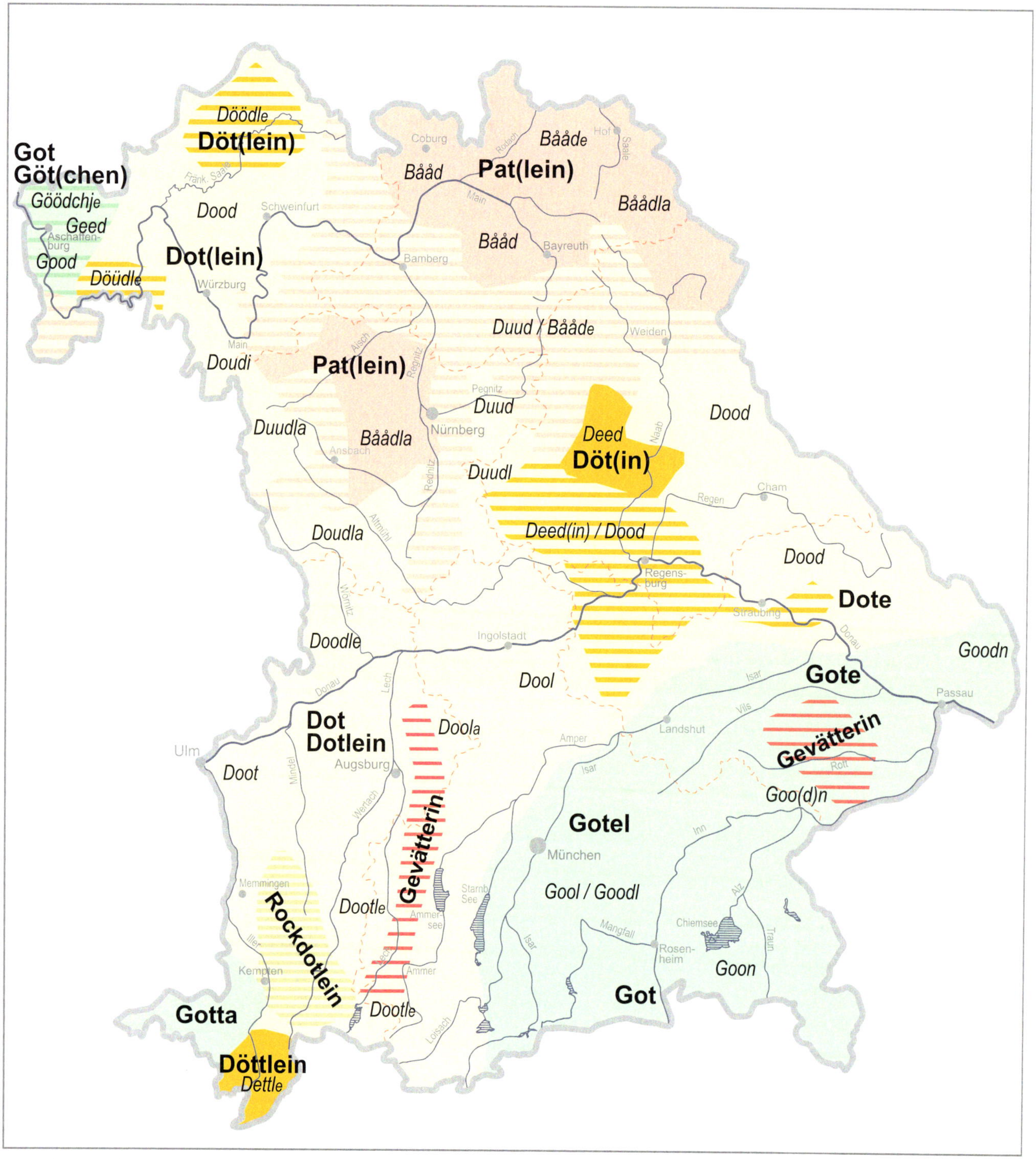

Karte 52: Die Verbreitung alter Bezeichnungen für *Taufpatin*

Der Taufpate bzw. die Patin (meist nur bei Mädchen) waren früher die wichtigsten Verwandten eines Kindes. Der Pate wurde von der Kirche bei der Taufe als "pater spiritualis", als 'geistlicher Vater' eingesetzt, war also für die religiöse Entwicklung mitverantwortlich, er hatte – wenn die Eltern aus irgendeinem Grund ausfielen – an deren Stelle zu treten und für das Kind zu sorgen. Er war es auch, der dem Kind bei den verschiedenen Anlässen Geschenke zu machen hatte. Aus diesem engen Verhältnis sind die auf der Karte vorhandenen Diminutiv- bzw. Koseformen zu erklären.

Auf der vorliegenden Karte sind die Ausdrücke für das weibliche Gegenstück zum Paten, also für die Patin dargestellt. Die zur schriftsprachlichen Bezeichnung "Patin" zu stellende Form **Pat(e)** gilt vor allem im Norden Bayerns, von dort dehnt sich das vor allem im Norden und im Mitteldt. in den Dialekten verankerte Wort nach Süden aus und überlagert die älteren Formen des "Dot"-Typus. "Pate" selbst ist eine sehr alte Entlehnung aus lat. pater spiritualis ins Niederdt. und in den mitteldt. Westen. Dort ist die Lautverschiebung beim p- (vgl. S. 14) unterblieben; der Schwund des zweiten Gliedes ist als Kürzung in der gesprochenen Sprache zu erklären.

Im Südosten Bayerns und in zwei kleinen Gebieten im Westen (als letzte Ausläufer eines großen Gebietes im deutschen Südwesten) ist das Wort **Gote** in verschiedenen lautlichen Ausprägungen verbreitet. Es ist im Ahd. als gota 'Patin' belegt, im Mhd. auch mit Umlaut: gotte, göt(t)e; das Wort wird entweder als Kurzform zu gotfater gestellt, das im Altenglischen als godfæder belegt ist, oder zu einer germ. Wurzel, die im Got. z. B. als gudja 'Priester' vorkommt.

Die nur noch gebietsweise greifbare **Gevätterin** ist im Ahd. als gifatero 'Pate' vorhanden; das Wort ist eine Lehnübersetzung von kirchenlat. conpater 'geistlicher Mitvater'.

Die im größten Teil Bayerns gebräuchliche **Dote** gibt es schon in ahd. Zeit als tota (männlich: toto). Nach einer Theorie ist es aus einer Koseform von Vater, der regional noch vielfach *datte* oder *dotto* heißt, entstanden. Gegen diese Entstehungstheorie könnte ins Feld geführt werden, dass dann der leibliche und der geistliche Vater mit dem gleichen Wort bezeichnet würden. Diesen Fehler hat ein anderer Erklärungsversuch nicht. Erfahrungsgemäß lernen Kinder leichter und früher die Laute d und t als g und k. Geht man vom Typ got- als älteste Form aus, dann könnte man die Formen mit anlautendem t auch als kindersprachliche Lallformen, die von den Erwachsenen übernommen wurden, ansehen. Also: Weil die Kinder anfangs nicht *Gote* sagen können, sagen sie *Dote*, was dann auch von den Älteren verwendet wird. Die umgelauteten Formen wie *Deed, Dettle, Döödle* sind über Koseformen auf -i zu erklären.

Die weibliche Patin ist in der Lautform vielerorts nicht vom männlichen Gegenstück zu trennen. Schon im Nhd. sind die beiden oft nur am Artikel (der Pate/die Pate) zu unterscheiden; im Mhd. gelten götte/gotte auch für beide Geschlechter. Im Allgäu unterscheidet man deshalb teilweise beim "Dotlein" eines, das einen Rock anhat *(Rockdootle)*, und eines, das eine Hose trägt *(Hoosedootle)*.

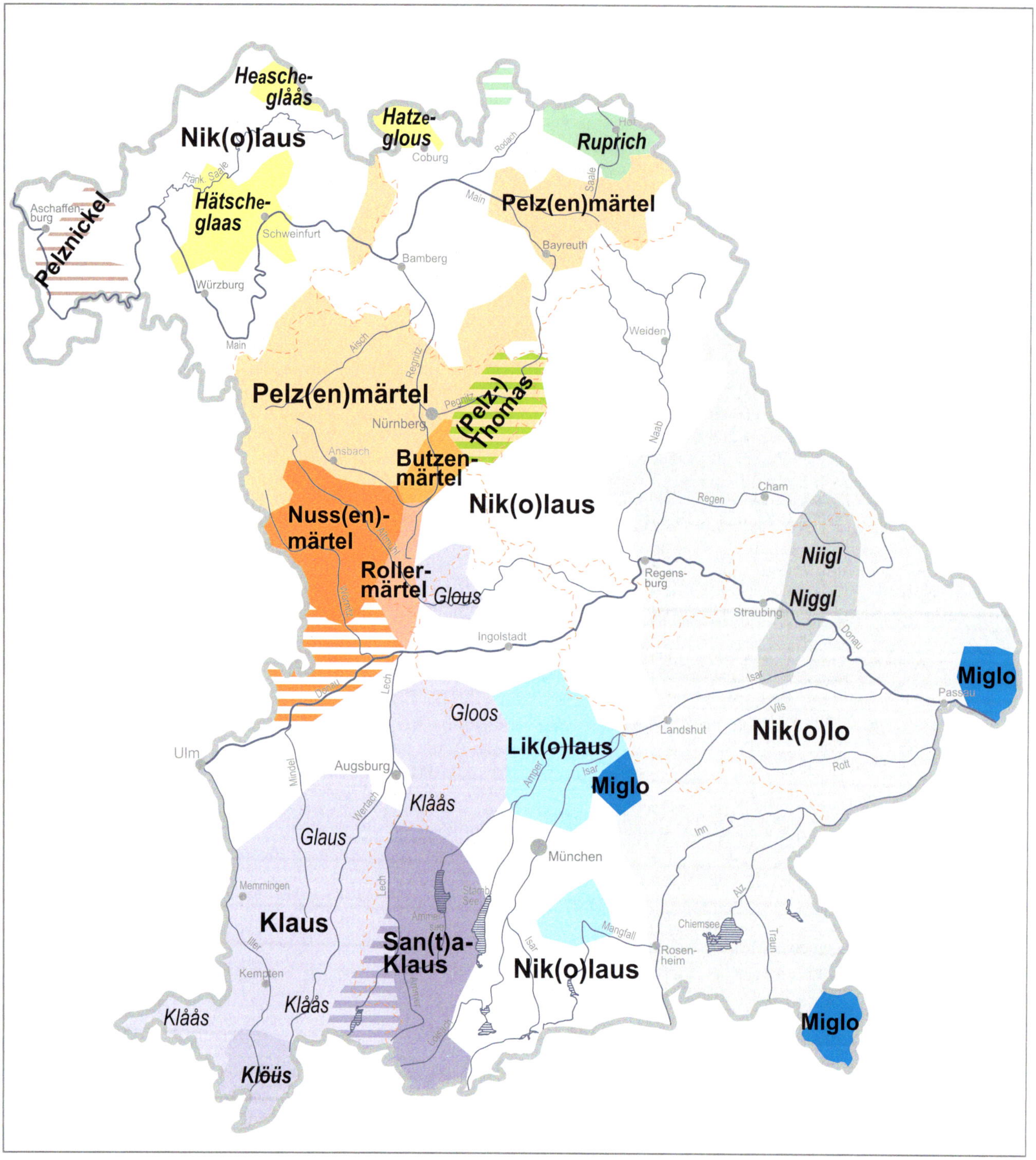

Karte 53: Bezeichnungen für den Nikolaus und für vergleichbare Wintergestalten

Das **Brauchtum** um den **hl. Nikolaus** führt zurück auf Legenden über einen Bischof Nikolaus von Myra, der im 4. Jh. in Kleinasien lebte. Der Heilige wurde früh auch schon im Westen verehrt. Der Kult entfaltete sich nicht nur in der Kirche, sondern auch im Brauchtum des Volkes. Dabei stand die Nikolausrolle immer auch in Beziehung zu Schreckfiguren, deren Ursprung im christlichen Dualismus zwischen Himmel und Erde zu suchen ist.

Ausgangspunkt der Folklore um den hl. Nikolaus bilden die Klosterschulen des 13. und 14. Jhs., die Nikolausspiele und Umzüge veranstalteten, wobei fratzenhaft verkleidete Teufelsgestalten Gegenspieler zu einem "Kinderbischof" bildeten. Die Ausgelassenheit nahm aber ab dem 14. Jh. bei diesen Festen überhand, und im 15. Jh. diente schließlich das Nikolausfest oft nur noch als Vorwand für junge Männer, verkleidet und ausgelassen durch die Straßen zu ziehen.

Bevor die vorweihnachtliche Fastenperiode begann, hat man sich noch einmal richtig satt gegessen, und schon seit dem 4. Jh. wurden in Vorbereitung auf das Nikolaus- und auch auf das **Martin**sfest (11. November) Gänse und Schweine geschlachtet; man nahm auch beide Feste wahr als Möglichkeit zum Ausgelassensein. Da beide Heilige auch als Gabenbringer gesehen wurden, die ihren Besitz mit Bedürftigen teilten, wurde in der Folge nicht mehr genau zwischen Martin und Nikolaus unterschieden. Beide spielten in Umzügen neben Teufelsfiguren eine vergleichbare Rolle. Solche Veranstaltungen waren so beliebt, dass jeder denkbare Anlass für ausgelassenes Treiben genutzt wurde, so auch der Festtag des hl. **Thomas** am 21. Dezember (vgl. den "Pelz-Thomas" östl. von Nürnberg).

Da den Reformatoren die Praxis der Heiligenverehrung missfiel, wurde besonders Nikolaus in protestantischen Gegenden verdrängt. Der Effekt zeigt sich heute noch beim Vergleich dieser Karte mit jener zur Konfessionsverteilung (vgl. S. 123). Die Maskenumzüge mit Martins-, Thomas- und mit Schreckfiguren erfreuten sich aber auch in protestantischen Gegenden weiterhin großer Beliebtheit.

Formen von **Nik(o)laus** sind in Bayern am weitesten verbreitet, wobei die Mittelsilbe ausfallen kann. Im östl. Altbayern ist bei **Nik(o)lo** auch das auslautende -s weggelassen, des Öfteren bei Betonung auf der Endsilbe, was möglicherweise damit zu erklären ist, dass der Kult um den Heiligen über Italien vermittelt wurde, wo der Name mit vokalischer Endung "Nicolò" gesprochen wird. Betonung auf der ersten Silbe könnte hingegen Grundlage für die apokopierten Formen ***Niggl*** bzw. ***Niigl*** sein.

Miglo könnte im Zusammenhang zu sehen sein mit entsprechenden Anlauten dieses Namens in den an das Bair. anschließenden Sprachen Tschechisch und Slowakisch (Mikoláš) sowie Ungarisch (Miklós).

Beim Anlaut in **Lik(o)laus** ist eine Assimilation von *N*- an folgendes *l* denkbar. Die Lage der zwei Gebiete um München lässt vermuten, dass es sich um Reliktlandschaften eines früher zusammenhängenden Gebietes handelt.

Die Kurzform **Klaus** ist wohl ein ursprüngliches Kinderwort. Der Vokal ist überwiegend zu mhd. â zu stellen: *Klåås, Glaus, Gloos, Glous* (vgl. Karte 13), die stark zentralisierte Lautung ***Klöüs*** im Oberallgäu entspricht aber mhd. ou (vgl. Karte 23). Die um das lat. Adjektiv sanctus erweiterte Bezeichnung **San(t)a Klaus** im oberen Lech-Ammer-Gebiet ist dort bodenständig und sicher nicht als neuerer, amerikanischer Einfluss zu sehen.

Schwierig zu erklären sind die drei im Norden Bayerns verbreiteten Zusammensetzungen mit "-klaus", die nur in einer lautnahen Form auf der Karte erscheinen. Die Deutung von ***Heascheglåås*** mit der Koseform "Herrchen Klaus" ist deshalb problematisch, weil die Diminutivendung dort "-lein", nicht "-chen" ist (vgl. Karte 40). Wohl sicher zu den Bezeichnungen für Schreckgestalten zu zählen ist ***Hatzeglous***, bei dessen Bestimmungswort es sich um eine Form von "Hetze" handeln könnte, mit der Bedeutung "tumultartiges, wildes, mit Jagen verbundenes Treiben". ***Hätscheglaas*** könnte dazu eine Variante sein, könnte sich aber auch auf das lautmalerische Verb "hätschen" beziehen, im Sinne von 'einen schleppenden Gang haben'.

Mit ***Ruprich***, einer lautlichen Abwandlung vom Namen "Ruprecht", wird im nördl. Ofr. und vor allem im anschließenden Thüringen eine Figur benannt, die zwischen dem 30. November und dem 1. Januar erscheint. Sie hat dort nicht die Funktion des bösen Begleiters, sondern die des alleinigen Hausbesuchers, übernimmt also dort voll die Rolle des hl. Nikolaus.

Nur als Grundwort in Zusammensetzungen kommt -**märtel**, eine Ableitung zu "Martin", vor. Er besuchte die Kinder am Vorabend zum 11. November. Im Bestimmungswort **Butzen**- steckt "Butz" (< mhd. butze), womit eine vermummte Person bezeichnet wird.

Mit **Nuss(en)**- ist wohl auf die Nüsse, also auf Gaben des Heiligen, Bezug genommen. Wenig wahrscheinlich ist eine Deutung mit einem Verb "nussen" im Sinne von 'prügeln', das mit dem Substantiv "Nuss" für 'Stoß, Schlag' in Verbindung steht (vgl. "Kopfnuss").

Unsicher sind die Bezüge bei den Bestimmungswörtern in **Pelz(en)**märtel, **Pelz**thomas und **Pelz**nickel. Der überaus plausiblen und nahe liegenden Deutung über "Pelz" als dem charakteristischen Kleidungsstück dieser Wintergestalt steht in der Literatur auch die Erklärung mit dem Verb "pelzen" im Sinne von 'den Pelz ausklopfen, durchprügeln' gegenüber.

In **Roller**märtel (z. B. *Rolameatl*) dürfte das Bestimmungswort zum Verb "rollen" oder zur Intensivbildung "rollern" zu stellen sein, was 'ausgelassen sein, mutwillig lärmen' bedeutet. Denkbar ist aber auch ein Bezug zu "Rollen" als Bezeichnung für die runden Schellen, welche die Figur am Leib trägt.

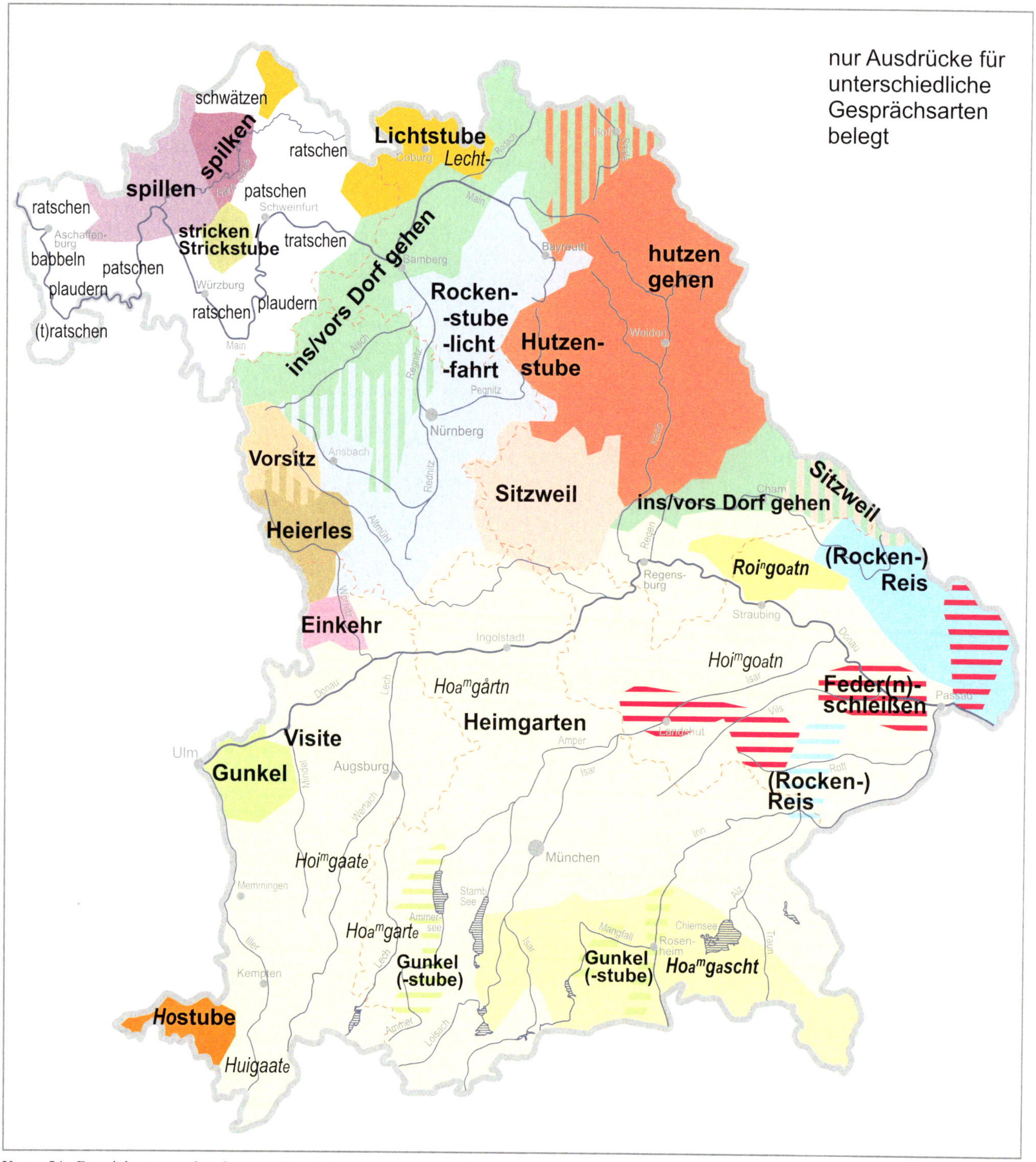

Karte 54: Bezeichnungen für das gesellige Beisammensein von Nachbarn

Die Bezeichnungen für das gesellige Zusammensitzen von Nachbarn, vornehmlich am Abend, sind teilweise von den Arbeiten motiviert, die bei dieser Gelegenheit in gemeinschaftlicher Runde ausgeführt wurden.

Auf gemeinschaftliches Spinnen verweisen Ausdrücke, in denen die Benennung für einen Teil des Spinnrades enthalten ist: **Rocken** (< ahd. rocko) und **Gunkel** (< ahd. chonachla, chunch(a)la, < volkslat. *coluncula zu lat. colus mit der gleichen Bedeutung) bezeichnen je den "zum Spinnrad gehörenden hölzernen Stab, auf den die zu verspinnende Wolle gewickelt wird".

Die bedeutungsverwandten Grundwörter -**reis** und -**fahrt** sind gleich motiviert; beide bringen zum Ausdruck, dass man zum Spinnen aufbricht, weggeht und dabei das nötige Gerät, den Rocken oder die Gunkel, mitnimmt.

Andere Kompositumsglieder zielen auf den Ort des Geschehens, auf die **Stube** als Raum, auf das **Licht**, um das man sich abends versammelt.

Offen bleiben muss hier, ob die ***Ho*stube** im Westallgäu wirklich als "Hofstube" (= große Gesindestube) zu deuten ist oder ob hiermit ursprünglich die "Hochstube" (= obere Stube) gemeint war. Unter lautlichen Gesichtspunkten ist letztere Deutung wahrscheinlicher, da in dieser Gegend auslautendes -ch in einsilbigen Wörtern fast generell schwindet (z. B. *hoo, Hoozit, Baa, Stii, Daa*), nie aber -f.

Das Verb **spillen** in der Bedeutung 'spinnen' dürfte zum eher im Niederdt. verbreiteten Substantiv "Spille" zu stellen sein, das der hochdt. "Spindel" entspricht. Die ähnliche Verbform **spilken** könnte eine Kontaminationsform von "spillen" und dem ebenfalls in räumlicher Nähe belegten **stricken** darstellen.

Durch eine sehr aufwendige Beschäftigung ist auch der Ausdruck **Feder(n)-schleißen** (< ahd. slîzan 'zerreißen, schleißen') motiviert. Man trennte in der Gemeinschaft die Kiele von den weichen Teilen der Federn, um letztere dann zum Füllen von Betten verwenden zu können oder um lange Federkiele zum Sticken zu gewinnen.

Wie bei der bereits erwähnten **Stube** ist auch in anderen Fällen das Zusammensein nach dem Versammlungsort benannt. **Heimgarten**, zu dem auch die im südl. Obb. heimische und durchaus regelhafte Lautvariante ***Hoa^{m}gascht*** zu zählen ist, ist seit dem 10. Jh. (ahd. heimgart(o)) in der Bedeutung 'Versammlungsort, Dorfanger' belegt; in mhd. Zeit bezeichnete heimgarte bereits die 'trauliche Zusammenkunft von Bekannten außerhalb des eigenen Hauses'. Das kleinräumig nördl. der Donau belegte ***Roi^{n}goatn*** dürfte wohl nur eine lautliche Deformation zu "Heimgarten" sein.

Gegensätzliche Vorstellungen vom Ort vermitteln die Wendungen **in . . ./hinein . . ./vor das Dorf gehen**. Gleich ob man nun diese Treffen auf einem zentralen Platz oder außerhalb des Dorfes zu vermuten hat, so ist damit doch die gemeinsame Vorstellung verbunden, dass man außer Haus geht. Die Bedeutungsentwicklung von "Dorf" (< ahd. dorf) von einem 'Einzelgehöft mit eingezäuntem Ackerland im Rodungsgebiet' zu unserer heutigen Vorstellung von einer 'Ansammlung von Häusern' liefert wohl kaum eine Erklärung für diese Ausdrucksweisen.

Die Verbform **hutzen**, verwandt mit "huschen", bezeichnet verschiedene Arten von Fortbewegung. Der Ausdruck "hutzen gehen" wäre als Bildung vergleichbar mit "spazieren gehen" oder "hausieren gehen", und das Kompositum **Hutzen**stube benennt den Ort, wohin man geht.

Heierles soll aus den Ausrufen "hei, heja, hei" und dem mhd. Wort leis 'Gesang' zusammengesetzt sein (mhd. heierleis) und soll ursprünglich eine Art Tanz bezeichnet haben. Es wäre dann also zu vermuten, dass der ursprünglich speziell für Tanzfeste gebrauchte Ausdruck verallgemeinert wurde zur Bezeichnung von Treffen zum Zwecke der Unterhaltung. Dass umgekehrt Treffen zum Zwecke des Spinnens entsprechende Züge annehmen konnten, wissen wir aus den Klagen von Aufklärern des 18. Jhs. Die Lautungen sind aber bezüglich des Tonvokals mhd. ei zuzuordnen *(Hoijerles, Hoalas, Håålas, Haa^{n}les)*. Dies und das Vorkommen nasalierter Lautungen lassen deshalb auch die Vermutung zu, dass im ersten Teil dieses Ausdrucks der Wortstamm "Heim-" stecken könnte. Somit wäre eine Bildung "Hei(m)-er-les" anzusetzen, parallel zu "Versteck-er-les" oder "Fang-er-les" (vgl. Karte 70), womit man die entspannte Tätigkeit in häuslicher Runde zum Ausdruck bringt.

Einige Ausdrücke betonen den zeitlichen Aspekt: Die **Sitzweil** ließe sich umschreiben als die Zeit (= Weile < mhd. wîle), in der man beieinander sitzt, um gemeinsam zu arbeiten oder zu plaudern. Mit **Vorsitz** bezeichnet man nach dem "Schwäbischen Wörterbuch" das Zusammensitzen am frühen Abend, bis 20 Uhr, im Gegensatz zu "Karz", der eigentlichen abendlichen Zusammenkunft in der Spinnstube.

Einkehr und **Visite** bringen zum Ausdruck, dass man zu Besuch in ein fremdes Haus geht.

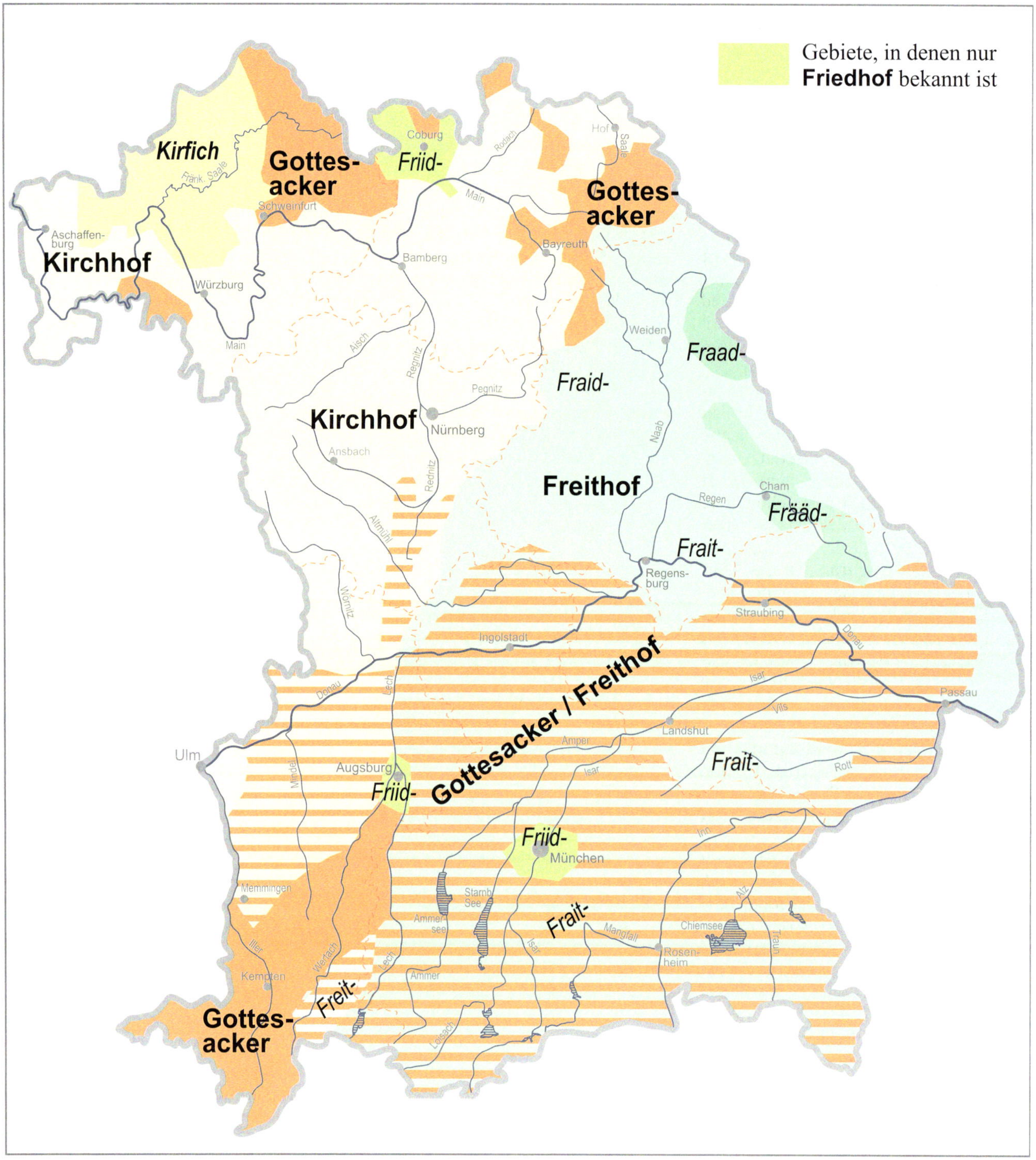

Karte 55: Die Verbreitung alter Bezeichnungen für *Friedhof*

Die ins heutige Bayern einsickernden heidnischen Germanen (3.–6. Jh.) bestatteten ihre Toten in der Erde streng in Reihen ausgerichtet, nahe am Dorf mit vielen Beigaben, die Männer mit ihrer Bewaffnung, die Frauen mit ihrem Schmuck. Diese reich ausgestatteten Reihengräber hörten vom 8. Jh. an auf. Das Christentum verbietet solche Bestattungen, der Bestattungsort rückt an die neu entstandenen Gotteshäuser heran.

Die Lautung im hochsprachlichen Wort **Friedhof** beruht eigentlich auf einer volksetymologischen Umdeutung und Angleichung an "Frieden", einmal weil man den Raum um die Kirche als Raum des Friedens (vgl. "Er ruhe in Frieden!") erlebte, in dem beispielsweise die öffentlichen Beamten kein Eingriffsrecht hatten, zum anderen war diese Fläche auch "eingefriedet", "umfriedet", d. h. mit einem Zaun, vielfach auch mit einer Mauer (Wehrfriedhöfe) versehen. Die Bedeutung ist heute weitgehend eingeengt auf den 'Ort, wo man die Toten bestattet'. In dieser Lautung ist das Wort heute auch überall in Bayern neben älteren dialektalen Bezeichnungen in Gebrauch. Dies ist auf der Karte nur dort berücksichtigt, wo keine älteren dialektalen Ausdrücke bzw. Lautformen mehr erhoben werden konnten, vorwiegend in städtischen Räumen.

Das Wort geht aber zurück auf das seit dem 9. Jh. belegte ahd. frîthof 'Vorhof, Kirchenvorraum, Begräbnisstätte'. Dem ersten Teil der Zusammensetzung liegt das ahd. Verb frîten 'hegen, schonen' zugrunde, das wiederum eng verwandt ist mit dem Adjektiv "frei" (< ahd. frî). Bei regulärer Lautentwicklung hätte sich in der heutigen Hochsprache der diphthongierte Lauttyp **Freithof** (m.) ergeben müssen, so wie es in den Mundarten in der südöstl. Hälfte Bayerns noch weitgehend der Fall ist. Zu den regelhaften lautlichen Unterschieden *(Freid-, Frait-, Fraad-, Frääd-)* vgl. Karte 18 zu mhd. î in "Eis". Die Dialekte verhalten sich bei diesem Wort also "korrekter", die historischen Entwicklungen regelgerechter vollziehend als die Schrift- und Hochsprache.

Gottesacker (z. B. *Goodsågga, Gottsackar*) ist v. a. im Süd- und Ostmitteldt. verbreitet für den Begräbnisort außerhalb des Dorfes, im Gegensatz zu dem meist an der Dorfkirche gelegenen Friedhof. Diese Unterscheidung lässt sich heute dialektal nicht mehr bestätigen. Im Schwäb. ist "Gottesacker" eher die von Katholiken bevorzugte Bezeichnung gegenüber dem protestantischen **Kirchhof**. Dies zeigt sich auch beim Vergleich der Wortverbreitungen mit der Konfessionsverteilung. Auch wenn die Bezeichnung "Kirchhof" ursprünglich nur für den 'ummauerten Hof um die Kirche' gegolten hat, schließt die Bezeichnung heute nicht mehr aus, dass sich der Ort mit der Begräbnisstätte irgendwann von der Kirche entfernt hat.

Die Lautung ***Kirfich*** im nördl. Ufr., in Hessen und Thüringen ist wohl eine ursprünglich zusammengezogene Form von "Kirchhof", die nach dem Verlust der Betonung in der zweiten Silbe so weit abgeschwächt wird, dass *Kirchf* entsteht. Dieses wird durch Metathese des *f* und durch analoge Angleichung an Endungen auf -ich/-ig (gesprochen *-ich*) zu *Kirfich*. Vergleichbare Suffixe kommen öfter auch in Flurnamen vor: "Röhrich(t)", "Birkig", "Eichig", "Dickich(t)" (das t in der Schriftsprache ist erst später dazugekommen).

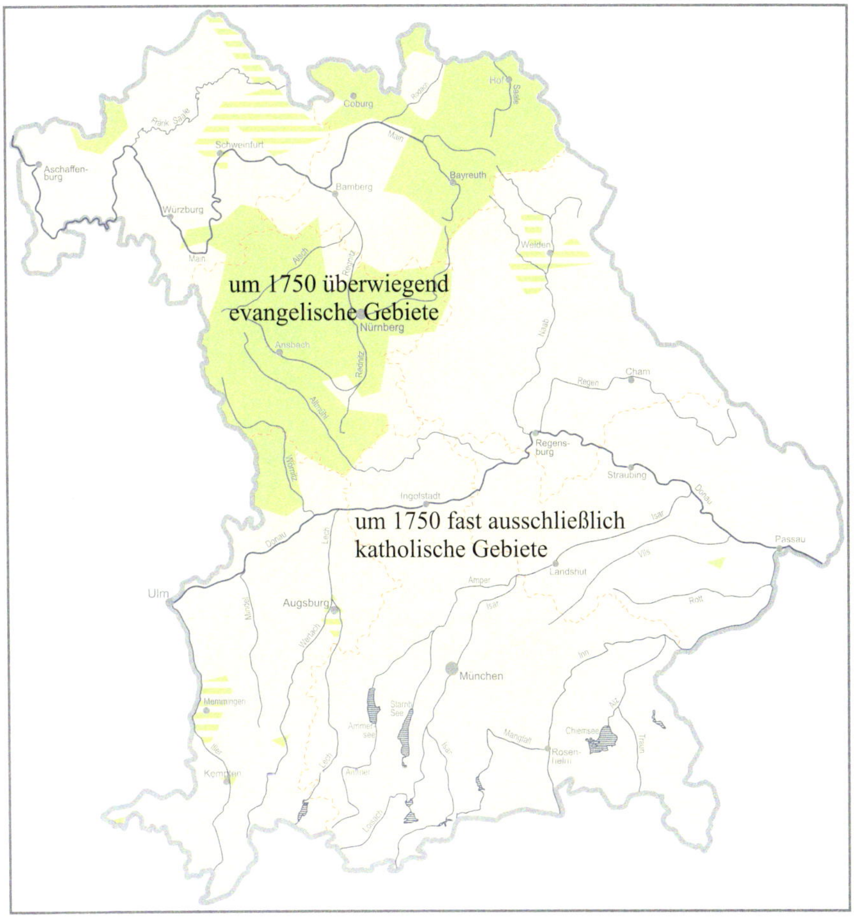

Ungefähre Verteilung der Konfessionen in Bayern

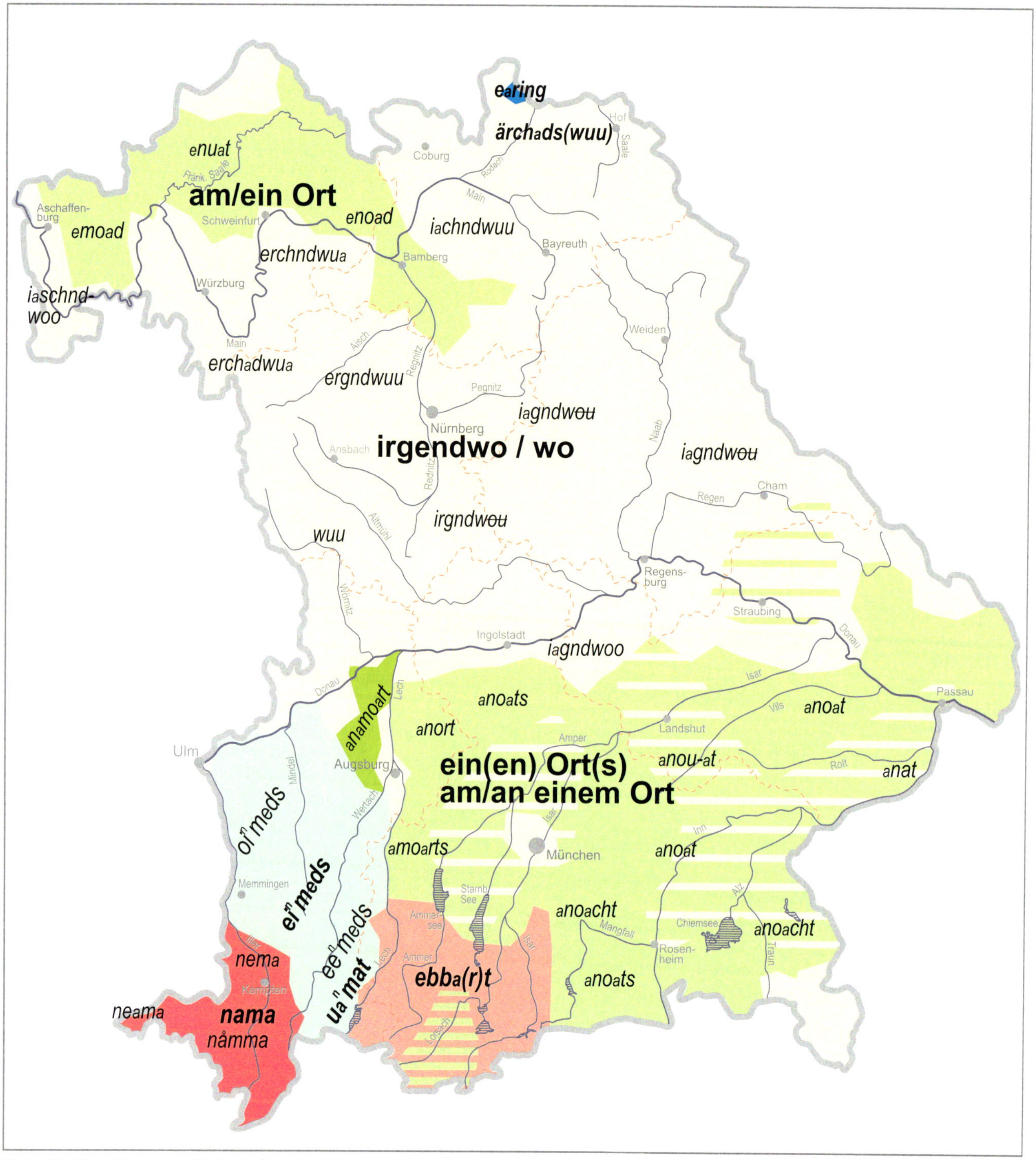

Karte 56: Bezeichnungen für *irgendwo*

Thema der Karte sind die in Bayern üblichen dialektalen Bezeichnungen für 'irgendwo', das im Kontext "Die Brille muss doch irgendwo sein" abgefragt wurde.

Etwa in der Hälfte Bayerns kennt man nur (noch) den auch hochsprachlichen Ausdruck **irgendwo** bzw. die kürzere Form **wo**. Die beträchtliche lautliche Variation wird aus den Einträgen ersichtlich. Die Lautform ***ärchads*** bzw. ***ärchadswuu*** im nördl. Ofr. dürfte das inlautende -s- wohl in Anlehnung an "nirgends" erhalten haben. Offen bleibt, welche Elemente neben "irgend-" in der Lautform ***earing*** verschmolzen sind. Die Partikel "irgend" geht zurück auf mhd. i e r g e n, ahd. i o (h)w e r g i n, welches eine Zusammenrückung ist aus den Elementen i o 'immer' + (h)w â r 'wo' + -g i n (Indefinitpartikel) mit der Gesamtbedeutung 'wo auch immer'. Das "wo" wurde später nochmals hinzugefügt, nachdem das alte "wo" durch das Zusammenschmelzen des Wortes verschwunden war. In jenen Gegenden Bayerns, in denen andere Ausdrücke flächendeckend belegt sind, werden "irgendwo"-Belege auf der Karte nicht eigens aufgeführt.
Ein Großteil der Synonyme zu "irgendwo" sind nicht mehr klar erkennbare Zusammensetzungen bzw. Zusammenrückungen, aus denen sich aber das Element "Ort" noch mehr oder weniger deutlich erkennen lässt. Als Gesamtausdruck ist teilweise, so nordwestl. von Augsburg, die Bildung **an einem Ort** noch sicher eruierbar, während bei den Ausdruckstypen im südl. Altbayern und in Teilen Frankens nur selten sicher gesagt werden kann, ob **am Ort, an/in einem Ort, ein Ort, einem Ort** oder die genitivische Form **einen Orts** vorliegt.
Großenteils mit einem genitivischen -s enden auch die in Schwaben verbreiteten Typen ***oi^{n}meds/ei^{n}meds/ee^{n}meds/ua^{n}-med***, die, ebenso wie der Allgäuer Typ ***nama*** (mit Lautvarianten *neme, neama, nåma),* in der Regel den mundartlichen Fortsetzungen von mhd. n e i z w â (aus: n e - w e i z - w â) zugeordnet werden. Dabei muss von der Annahme ausgegangen werden, dass die alte Verbindung -zw- zu *-m-* assimiliert sei. Wahrscheinlicher ist jedoch, dass hinter dem ersten, von der Donau bis ins Tiroler Außerferngebiet verbreiteten Typ, dessen Tonvokal zumindest teilweise mhd. e i entspricht, viel eher eine Folgeform einer gänzlich verdunkelten Zusammenrückung vorliegt, nämlich vom bereits oben erwähnten Typ "einem Orts" bzw. von "einem Ort"; somit handelt es sich nur um Varianten zu den noch halbwegs durchsichtigen östl. anschließenden Formen. Der Typ ***nama*** hat zwar mit den im anschließenden Bregenzer Wald verbreiteten Folgeformen von mhd. n e i z w â *(noissa, noassa, nåssa)* den Nasalanlaut gemeinsam, dennoch ist auch in diesem Fall eine gänzlich verdunkelte Bildung aus "an einem (Ort)" wesentlich wahrscheinlicher. Dagegen könnte allerdings sprechen, dass im westl. Allgäu und am Bodensee neben dem lokal bezogenen Adverbtyp *nama/nåma* auch entsprechende anders bezogene Adverbien gleicher Bildungsweise in Verwendung sind, so *namar/nåmar* für 'irgendjemand' oder *namas/nåmas* für 'irgendetwas'. Dies hat A. Gruber (1987, II. Teil, S. 66) in folgender, eher scherzhafter westallgäuischer Wendung zusammengefasst: *Håt diar nåmma nåmmar nåmmas tång?* ('Hat dir etwa jemand etwas zuleide getan?).
Der zwischen oberem Lech und oberer Isar verbreitete Typ ***ebba(r)t*** geht in seinem ersten Teil sicher auf mhd. ë t(e)w â 'irgendwo' zurück, wobei -tw- regelhaft zu *-bb-* assimiliert ist (vgl. dazu die weit verbreiteten Dialektformen *ebbas/ebbes/ebbs* für 'etwas'). Möglicherweise steckt aber in der Zweitsilbe *-at/-art* ebenfalls ein verdunkeltes "-ort", eine Vermutung, die durch das teilweise gesprochene r an Plausibilität gewinnt. Wenn dies zuträfe, hätten wir in ganz Bayern als Synonyme zu dem weit verbreiteten "irgendwo" nur noch Bildungen mit dem Element "Ort".

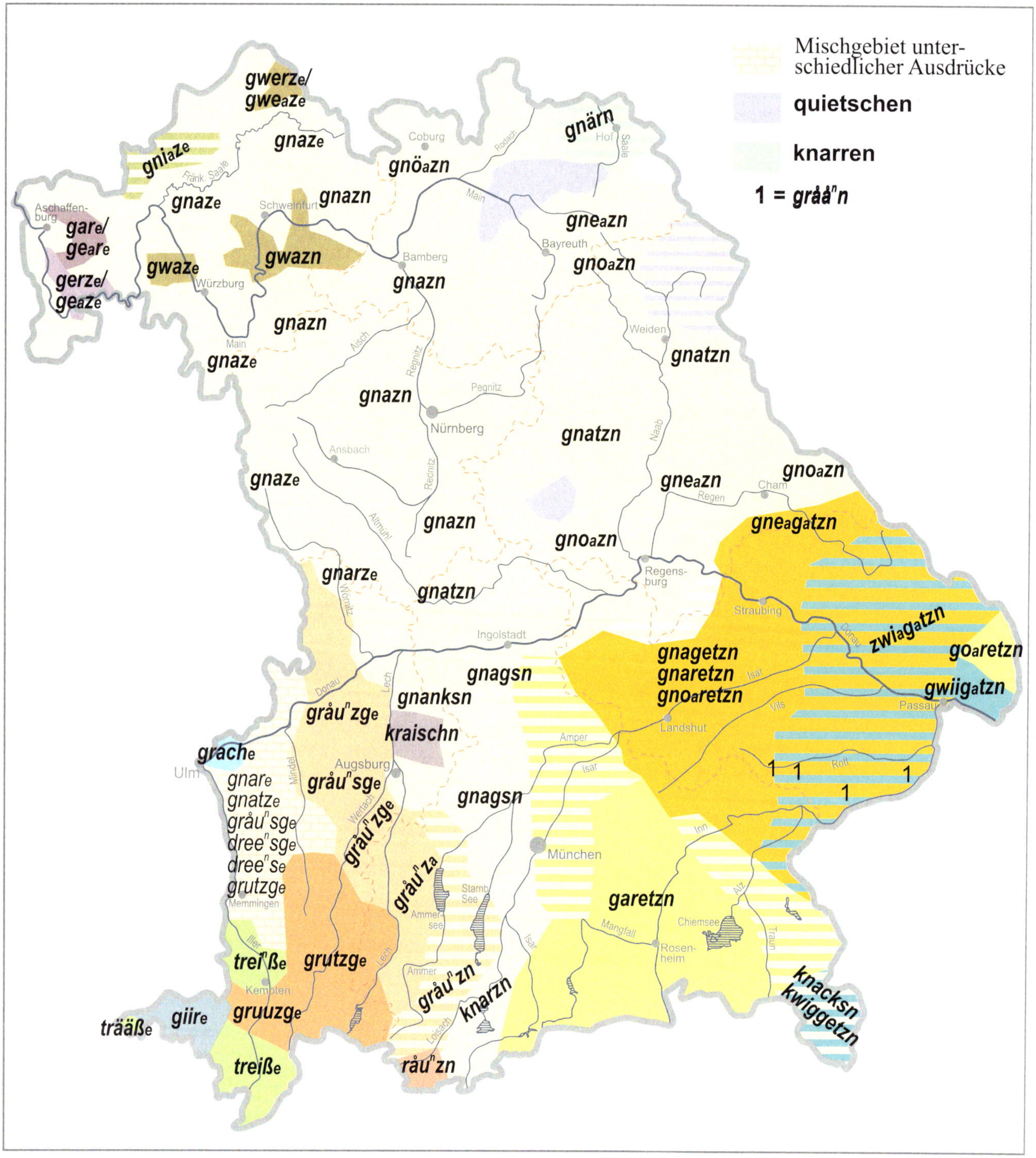

Karte 57: Lautnachahmende Bezeichnungen für das Knarren von neuen Schuhen

Bis in die Mitte des letzten Jahrhunderts hinein war es durchaus üblich – und man konnte es sich auch noch leisten –, sich vom Schuster ein paar neue Schuhe machen zu lassen. Diese hatten zwei Sohlen, eine, an der das Oberleder vernäht war, Brandsohle genannt, und eine zweite, die Laufsohle. Beide waren damals nicht geklebt, sondern in der Regel mit Holzstiften oder Holznägeln verbunden. Beim Tragen dieser Schuhe entstand durch geringe Verschiebungen dieser Sohlen gegeneinander ein Knack- bzw. Knarrgeräusch, das aber, wenn die Sohlen durch das Laufen weicher wurden, nach kurzer Zeit verschwand. Jeder, der neue Schuhe hatte, verriet sich durch diese Geräusche und wurde regelmäßig von seinen Mitmenschen darauf angesprochen und scherzhaft gefragt, ob die Schuhe noch nicht bezahlt seien. Wenn das Knarren gar nicht aufhören wollte, machte man die problematischen Stellen mit etwas Öl weicher.

Es gab eine Vielzahl von Bezeichnungen für dieses Geräusch. Alle sind in irgendeiner Weise lautnachahmend (onomatopoetisch), und die meisten drücken in irgendeiner Form die ständige Wiederholung dieses Knarrens aus. Die Mehrzahl beginnt mit g- oder k-, zwei nahe miteinander verwandten, im hinteren Mundraum gebildeten Explosivlauten; und diese gibt es fast nur in den Anlautkombinationen *gn-* und *gr-*, wobei Letztere den Südwesten einnehmen, die *gn-*Anlaute aber im übrigen Bayern zu finden sind. Entsprechend der allgemeinen Verteilung der Infinitivendung enden die Wörter im Osten auf *-n*, im Westen aber auf einem Murmelvokal *-e* bzw. *-a* (vgl. Karte 7).

Die hier auftretenden Formen sind in den Dialekten in ihrer Verwendung in der Regel nicht allein auf das Geräusch der Schuhe beschränkt, sondern werden zur Bezeichnung von allerlei anderen Geräuschen verwendet, auch für menschliche und tierische Lautäußerungen. Sie bezeichnen beispielsweise auch das Geräusch nicht geölter Türen, das von sich bewegenden Holzkonstruktionen (etwa von Dachstühlen) und oft auch das Knistern von angedrücktem Pulverschnee, wenn man bei tiefen Temperaturen auf ihm läuft. Auch das Schreien, Ächzen und Stöhnen von Menschen und von Tieren wird so genannt, und das regional sehr unterschiedlich und vielfältig.

Die iterative (= sich wiederholende) Bedeutungskomponente wird durch ein altes Suffix ausgedrückt. Im Ahd. ist es in vielen Beispielen belegt in der Form *-a(z)zen* und *-e(z)zen*, z. B. in heilazzen 'grüßen', tropfezzen 'tröpfeln'. Im Nhd. hat sich diese Ableitungssilbe nur in wenigen Wörtern erhalten, z. B. in "schmatzen" (aus älterem schmackezen zu mhd. smacken 'schmecken') oder "ächzen" (zur Interjektion "ach", eigentlich: '(häufig) *ach* sagen'). In den meisten Fällen ist diese Ableitungssilbe in den Dialekten ebenso wie im Nhd. kontrahiert und verschliffen und nur noch im -(t)z- greifbar, z. B. in fränk. *gnazn;* im Südosten des Freistaats aber hat sie sich noch nicht so weit von ihrer alten, ursprünglichen Form entfernt, z. B. in *goaretzn, garetzn, gneagatzn*, die auf der ersten Silbe betont werden.

Auch bei der Form *gnagsn* liegt wohl diese Ableitungsart (zu "knacken") vor, obwohl man da auch an eine Ableitung auf ahd. -ison (ebenfalls mit iterativer Funktion) denken könnte; obwohl früher zahlreich vorhanden, sind solche Bildungen heute oft nicht mehr zu erkennen, wie z. B. bei "herrschen" (< ahd. hêrisôn) oder "grausen" (< ahd. grûisôn). Im Südwesten herrscht ein Suffix vor, das aus dem -g- im Verbauslaut noch erkennbar ist; es kommt schon im Ahd. vor als -agôn oder -igôn und findet sich im Mhd. häufig auch als Verbableitung. Da gibt es pînigen zu pînen (zu Pein 'Schmerz'), stetigen neben steten 'befestigen'; steinigen neben steinen. Der Typ "trensen" (im Allgäu als *trääße, treiße* belegt) wird auf diese Weise zu *dree^{n}sge*. Wo *z* und *g* gleichzeitig vorhanden sind, liegt in der Regel eine doppelte Ableitung vor: Nachdem die erste Ableitung auf -azzen zu -zen abgeschwächt war, wurde nochmals (verstärkend) auf -(i)gen abgeleitet.

Die Basen dieser Wörter stellen alle Geräusche, auch menschliche und tierische, dar, sie sind durch ihre intentional schallimitierende Art auch in der Gestaltung des Vokalismus relativ beweglich, und sie gehorchen nicht so konsequent den an den jeweiligen Orten vorhandenen Lautentwicklungsregeln. Schon in ahd. Zeit belegt sind: karrôn/kerran, kerezzan (dazu: *gare, gere, gerze, gwerze, gwazn, garetzn, goaretzn*), rûnezzen (dazu: *rau^{n}zn* und *grau^{n}z(g)e*, mit ge-Präfix), kreisten (daraus *kraischn*, mit regional lautgesetzlicher Entwicklung -sten zu *-schn*), drâsen, mhd. dræsen (dazu: *trääße, trei$^{(n)}$ße, dree^{n}sge*).

Ebenfalls im Ahd. sind schon die Vorformen von *grache* (zu nhd. "krachen") vorhanden.

Erst später belegt sind:

– *giire* (wenn nhd. "girren" damit zusammenhängt: 15. Jh.); *gnarn*, *gnârn* (zu nhd. "knarren", 15. Jh.), aber auch *knarzn, gnarze/-n, gnaze, gneaze/-n, gnaretzn* u. a.;

– *knacksn/gnagsn* (zu nhd. "knacken" s. o., 15. Jh.) *gnagetzn, gneagatzn, gnatzn* (mit Assimilation ks > tz).

Das Nebeneinander von *gw-* und *zw-* bei *zwiagatzn* und *gwiigatzn* ist ein eher seltener Fall, man muss hier wohl von einer Vorform des nhd. "quieken" (daraus auch "quietschen") ausgehen, das seit dem 16. Jh. belegt ist. Die Formen *grutzge* und *gruuzge* könnte man zu ahd. gruzzi 'gemahlenes Korn' stellen. Die Übertragung müsste dann über den knisternden Schnee (s. o.) geschehen sein, denn in der Region, wo die neuen Schuhe "grutzgen", tut das auch der Schnee, und dieses Geräusch entsteht durch das Mahlen des Schnees, wenn man beim Darauftreten Druck erzeugt.

Die Karte spiegelt auch historische Entwicklungen: Einfache, nicht suffigierte Verben, die als Ausgangspunkt für die Entwicklungen zu gelten haben, finden sich nur in Rückzugsgebieten wie im Spessart und am Alpenrand.

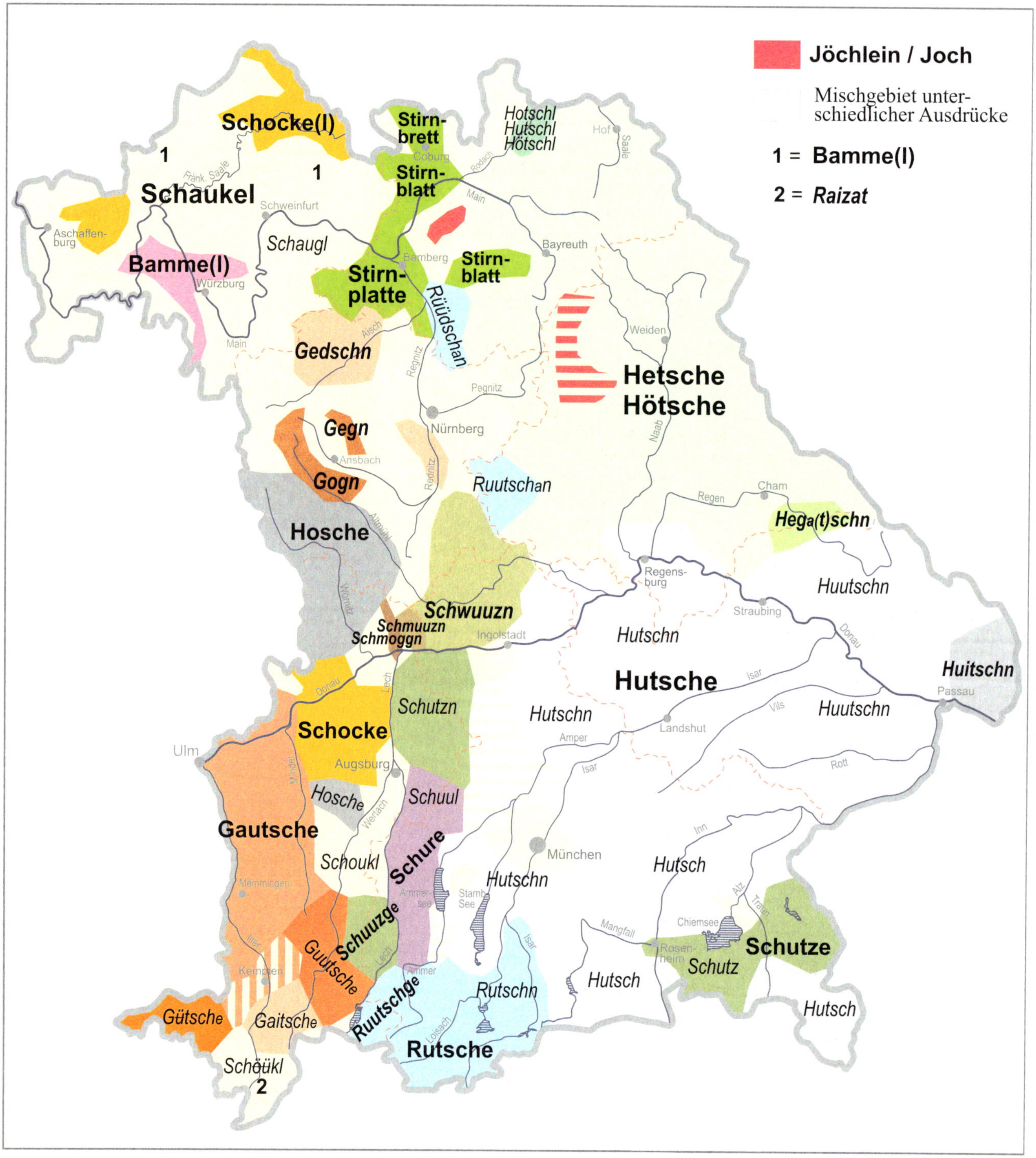

Karte 58: Bezeichnungen für die Hängeschaukel

Die Karte zeigt die Bezeichnungen für jene Schaukelart, bei der die Kinder auf einem an zwei Seilen eingehängten Brett sitzen und hin- und herschwingen. Die Seile hängen entweder von einem Ast oder von einem Balken herab.

Die Bezeichnungen für das Gerät sind meist mit den damit verbundenen Bewegungen verknüpft. Wo das Bewegungsverb primär ist, überträgt es sich auf das Instrument; bei primär bezeichneten Instumenten handelt es sich um Bänke oder Kästen, die man sowohl zum Wiegen (= Hin- und Herschaukeln) als auch zum Rutschen (z. B. im Schnee) verwenden konnte.

Im Nordwesten und auch in den städtischen Regionen um Nürnberg, München und Augsburg dominiert der auch in der Hochsprache übliche Typ **Schaukel** (f.); in den nordschwäb. und fränk. Landesteilen ist das inlautende -k- regelhaft erweicht worden (*Schaugl*, aber im Südwesten *Schoukl, Schööükl*). Das Wort ist im 17. Jh. aus dem Niederdt. (Schûkel oder Schukel) entlehnt worden, wobei der Tonvokal nachträglich diphthongiert wurde.

Als "einheimische", aber aufs Engste damit verwandte Entsprechung ist die **Schocke** (lenisiert *Schoge*) zu werten, welche wie "Schaukel" auf ahd./asächs. skokka ('Wagenkasten') zurückzuführen ist. In Teilen des nördl. Ufr. haben wir ebenfalls diesen monophthongischen Typ, allerdings ist er dort sowohl mit als auch ohne l-Endung anzutreffen (*Schoge, Schogl*). Die Endung "-el", sowohl bei den Substantiven "Schaukel" und "Schockel" als auch in den Verbformen "schaukeln", "schuckeln", gilt als iterative Erweiterung, welche eine sich permanent wiederholende Bewegung zum Ausdruck bringt.

Der vor allem im Schwäb. verbreitete Worttyp **Gautsch(e)** (f.) mit den im Allgäu heimischen lautlichen Untertypen ***Guutsche, Gütsche, Gaitsche*** bedeutet u. a. auch 'erhöhte Ofenbank' und 'hölzernes Kanapee'. Dazu gehört auch das in Mfr. anzutreffende ***Gedschn***. Möglicherweise sind hier Wörter verschiedener Herkunft zusammengefallen: So wird teilweise romanischer Ursprung (vgl. franz. couche, ital. cuccia 'Faulbett, Liege') erwogen, es ist aber auch der Bezug zum Verb "gautschen" mit der Bedeutung 'schaukeln, wiegen' zu sehen, das seit dem 15. Jh. vor allem im Westmitteldt. belegt ist. Dieses Verb tritt andernorts auch als "gauke(l)n" auf, womit die Verbindung zu den nur kleinräumig in Mfr. verbreiteten Typen ***Gogn***, umgelautet ***Gegn*** hergestellt ist.

Die schnelle Bewegung beim Schaukeln dürfte als Benennungsmotivation für die Form **Schutz(e)** (f.) mit dem Untertyp ***Schuuzge*** in Frage kommen. Dahinter steckt das mhd. Verb "schutzen", eine Intensivbildung zu "schießen", mit der Bedeutung 'durch Schwung oder Stoß in schnelle kurze Bewegung setzen, schaukeln'. Als deformierte Formen dazu, die nicht näher erklärt werden können, sind ***Schwuuzn*** und ***Schmuuzn*** im Raum Eichstätt/Neuburg a. d. Donau zu deuten. Und die westl. kleinräumig anschließende Form ***Schmoggn*** ist vermutlich in Vermischung mit "Schocke" entstanden.

Das in Altbayern am weitesten verbreitete **Hutsche** (f.) ist auch in Österreich in dieser Bedeutung bekannt. Das entsprechende Verb "hutschen" (vgl. "huschen" und "Hutzenstube" in Karte 54) ist seit dem 17. Jh. in der Bedeutung 'rutschen, schieben' belegt. Seine Herkunft ist unklar.

Damit eng verwandt ist wohl das in der Opf. und in Ofr. verbreitete **Hetsche** (f.), vermutlich eine entrundete Umlautform **Hötsche**, die im Ostmitteldt. auch in der Lautung "Hitsche" bzw. "Hütsche" vorkommt. Damit bezeichnet man dort neben der 'Schaukel' vor allem eine 'kleine Fußbank' oder einen 'kleinen Kinderschlitten'.

Im nördl. Ofr. sind auch noch Ableitungen dazu mit der Endung -el verbreitet: *Hotschl, Hutschl, Hötschl*. Keine Erklärung gibt es für die im Bayerischen Wald kleinräumig verbreitete Sonderform *Hegatsch* bzw. *Hegasch*.

Vermutlich ist auch **Hosche** (f.) mit "Hutsche" bzw. "Hetsche" entfernt verwandt, wobei möglicherweise als gemeinsame Etymologie die Ausrufe "hutsch!" bzw. "husch!" anzusetzen wären.

Bamme (z. B. *Båme, Bome, Boome*) bzw. **Bammel** (z. B. *Båml*) in Ufr. sind wohl zu den Verbformen "bammeln" (dazu gehört auch "Bammel" 'Angst') oder "baumeln" zu stellen; beide bedeuten 'frei hängend hin und her bewegen, schaukeln'. Die Herkunft dieser Verben ist nicht sicher geklärt. Auch ein Bezug zu 'Glockenturm' wird hier erwogen.

Während die bisher behandelten Wörter zu Verben zu stellen sind, welche eine Hin- und Her-Bewegung oder ein Anstoßen bezeichnen, beinhalten die Substantive **Rutsche** *(Rutschn, Ruutschn, Rüüdschan)* bzw. ***Ruutschge*** eigentlich eine gleitende Bewegung auf einer schiefen Ebene.

Für die im Lechrain heimische **Schure** *(Schuura)* mit dem wohl mittels des l-Suffixes abgeleiteten Untertyp ***Schuul*** (wohl aus "Schurel") lässt sich keine Herkunft angeben. Schmeller (II, 461) erwähnt für dieses Gebiet nur das Verb "schuren" mit der Bedeutung 'schaukeln'.

Im Gegensatz zu den vorausgehenden Wörtern sind **Joch** oder **Jöchlein** sowie **Stirnbrett, Stirnblatt** und **Stirnplatte** im Norden Bayerns nicht von der Bewegung und auch nicht von einer primären Sitzgelegenheit her motiviert. Sie beziehen sich vielmehr auf eine nicht ursprüngliche, also eigentlich zweckentfremdete Sitzauflage an der Schaukel, deren Bezeichnung dann auf das ganze Gerät übertragen wurde. Denn man verwendete in diesen Gegenden als primitive Schaukel offensichtlich das Ochsengeschirr, das aus einem an der Stirne des Ochsen befestigten Holzteil (Joch, Platte, Blatt, Brett) und den daran befestigten schon vorhandenen Zugseilen bestand. Der nur in Oberstdorf im Allgäu belegte Ausdruck **Raizat** ist wohl aus dem benachbarten Kleinwalsertal übernommen worden, wo es auch eine entsprechende Verbform gibt.

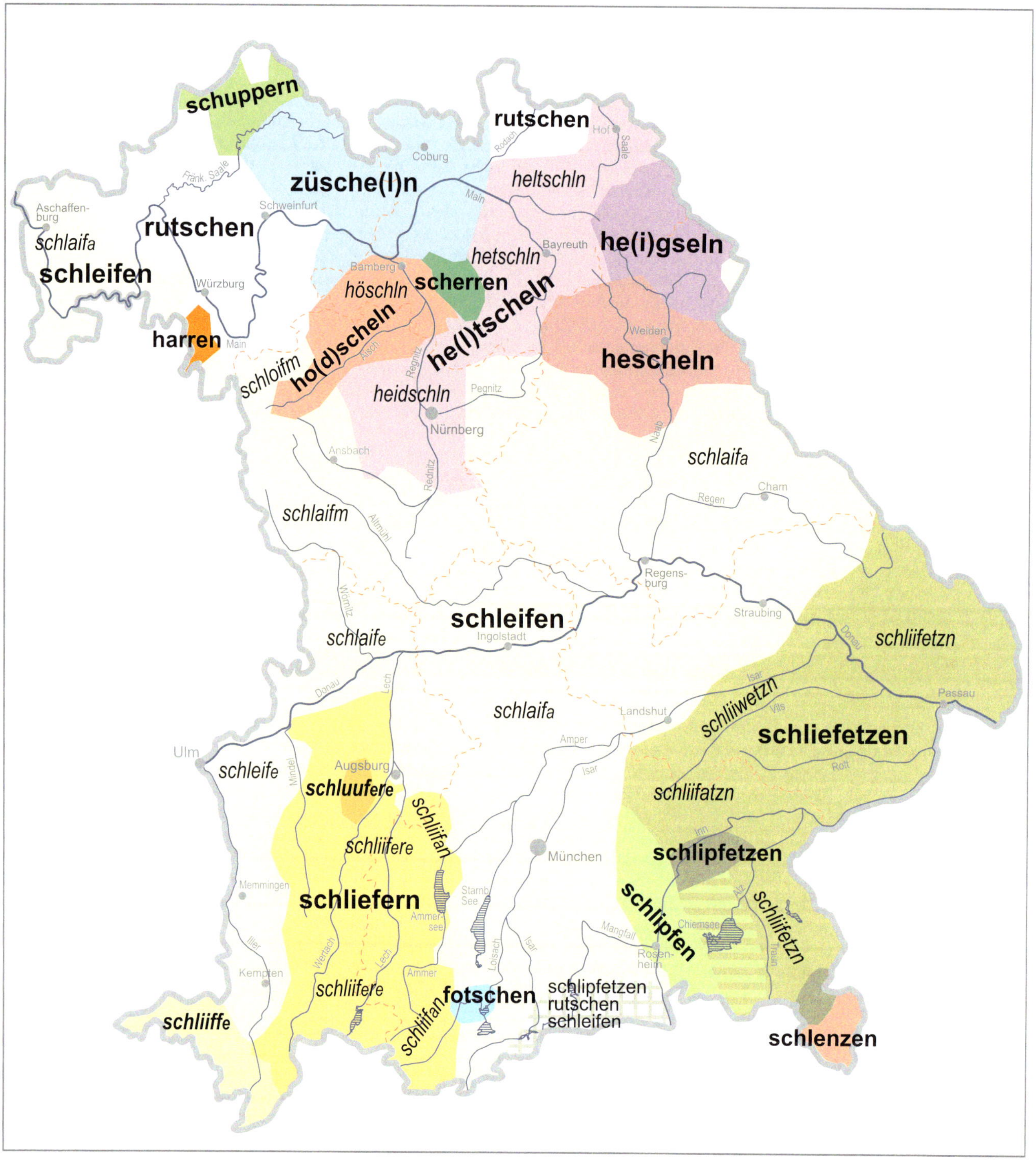

Karte 59: Bezeichnungen für mit Schuhen auf dem Eis gleiten

Es war früher ein beliebtes und billiges Wintervergnügen für Kinder, einen Anlauf zu nehmen und dann mit Schwung über eine Eisbahn zu gleiten. Man benötigte dazu keinen See, eine größere Pfütze reichte schon aus.

Im Norden Bayerns gibt es eine Gruppe von Wörtern, die alle einen *sch*-Laut im Innern aufweisen. Sie sind onomatopoetisch: In ihnen wird der Laut, der bei dem Vorgang entsteht, nachgeahmt. Vom Nhd. her ist das bei **zischen** sofort einsichtig. Es ist erst seit dem 16. Jh. bezeugt, vorher sagte man zispen, zispeln dazu; die Form zischeln als Diminutiv- oder Iterativbildung gibt es erst seit dem 18. Jh. (vgl. S. 147). Solche iterativen/lautmalenden Bildungen liegen auch bei **hodscheln/ hoscheln** vor, bei **hetscheln** und **heltscheln** und bei **hescheln**. Die Formen mit *o* im Stammvokal wechseln regional mit u-Formen, vermutlich in Anlehnung an "huschen" bzw. der Interjektion "husch!" zum Ausdruck einer schnellen Bewegung. Dieser Worttyp ist seit dem Mhd. vorhanden. Für die Worttypen mit Stammvokal *e* ist keine historische oder nhd. Verwandtschaft vorhanden, eine Verbindung mit den *o*-Typen aber lässt sich über eine Entrundung von **höscheln** denken. Ein Zusammenhang mit nhd. "hätscheln" 'jemanden verwöhnen' könnte über die Verben "hatschen" bzw. "hetschen" hergestellt werden, die im 16./17. Jh. in den Bedeutungen 'mit den Füßen gleiten, schleifend gehen, mit den Händen streicheln' belegt sind. Die Karte 58 "Hängeschaukel" zeigt bei Typ "he(t)sche(l)n" eine vergleichbare Vokalvielfalt: Da gibt es Formen mit *o, u, ö,* und *e* nebeneinander. Auch hier wird eine sich wiederholende schnelle Bewegung ausgedrückt, auch hier kann man von Nachahmungslautungen sprechen, die die Variation der Vokale bewirken, auch hier liegt eine im sonstigen Wortschatz kaum verankerte, vereinsamte Wortgruppe vor, die ein Korrektiv für solche "Deformationen" darstellen könnte. Auf solch eine sonst kaum motivierte Abwandlung ist auch der Typ **he(i)gseln** zurückzuführen und das bei **heltscheln** vorne eingefügte *-l-*. Der Typ **rutschen** ist aus dem Nhd. bekannt und seit dem 15. Jh. als rütschen belegt, das ein älteres rutzen, rützen ersetzt.

Das Gebiet mit **schuppern** setzt sich nach Norden in den mitteldt. Raum hinein fort. Dieses Wort gehört zu einem Verb "schupfen", 'in schaukelnder Bewegung sein oder in eine solche bringen', das eine frühe Ableitung zum starken Verb "schieben" darstellt. Die Endung "-ern" geht auf eine ahd. Form -arôn, -irôn zurück, die in iterativer Funktion heute noch im Nhd. vorhanden ist, in Wörtern wie "flattern, schlottern, stottern, lodern, klimpern, plätschern".

Den größten Teil Bayerns nehmen das alte starke Verb **schleifen** (ahd. slīfan) und seine Ableitungen ein. In dieser Bedeutung ('gleiten', aber auch 'schärfen') ist das Wort seit dem 9. Jh. belegt. Von einer seiner Formen mit i (vgl. ahd. slīfan, slifum 'schleifen', (wir) schliffen) ist die Form **schliefern** abgeleitet, mit dem Iterativsuffix -ern. Die Form ***schlüife*** im Westallgäu ist eine lautgesetzliche Entsprechung zu "schleifen" ohne Diphthongierung (vgl. Karte 18). Das ***schluufere*** westlich von Augsburg ist schwierig zu erklären, vielleicht hat das Verb "schliefern" vom Verb "schlupfen" den Vokal übernommen. Das Verb hat im Südosten in der Form **schlipfen** die hier vorliegende Bedeutung angenommen. Es ist abgeleitet vom starken Verb "schliefen" 'schlupfen' (zu ahd. sliofan). Eine Kreuzungsform/Kontaminationsform von "schlipfen" und "schliefetzen" ist **schlipfetzen**. Die geographische Verteilung zwischen den beiden Gebieten macht diese Interpretation sicher. "Schliefetzen" selbst ist eine Intensivbildung auf der gleichen Basis wie "schliefern", nur mit dem ahd. Suffix -azzen bzw. -ezzen. Das gleiche Suffix ist auch bei **schlenzen** vorhanden, das wohl auf ein *slenkezen zurückzuführen ist, mit der gleichen Basis wie "schlenkern", das im 15. Jh. in der Bedeutung 'nachlässig hin- und zurückschwingen' belegt ist, abgeleitet von mhd. slenker 'Schleuder'.

Nur in einem kleinen Gebiet ist **fotschen** in dieser Bedeutung vorhanden. Weiter verbreitet ist es als "fritschen" bzw. "fitschen" (bair., schwäb., tirol.) in der Bedeutung 'auf dem Hinterteil rutschen'. Es wird zu mhd. vut, futze, fotze 'weibliches Geschlechts-/Hinterteil' gestellt, das um die onomatopoetische Komponente -sch- bereichert wurde.

Das Verb **harren** ist zu ahd. harm 'Schmerz' zu stellen, von dem mhd. harwe 'schneidend, beißend' abgeleitet ist; "haren" ist ein im Mittel- und Niederdt. verbreitetes Wort für 'die Sense schärfen'. Von daher lässt sich das Wort auch für eine schnelle Bewegung verwenden (vgl. "wetzen" für 'schärfen' und 'schnell laufen', genauso wie "schleifen", das schon im Ahd. sowohl 'gleiten' als auch 'etwas schärfen' bedeutete. Zuletzt sei noch auf **scherren** verwiesen, ein altes starkes Verb, das abgeleitet als "scharren" im Nhd. überlebt hat. Es bedeutete in ahd. Zeit (als scerran) 'kratzen, schaben, reiben', eine Bedeutung, die sich leicht auf das Gleiten auf dem Eis übertragen lässt.

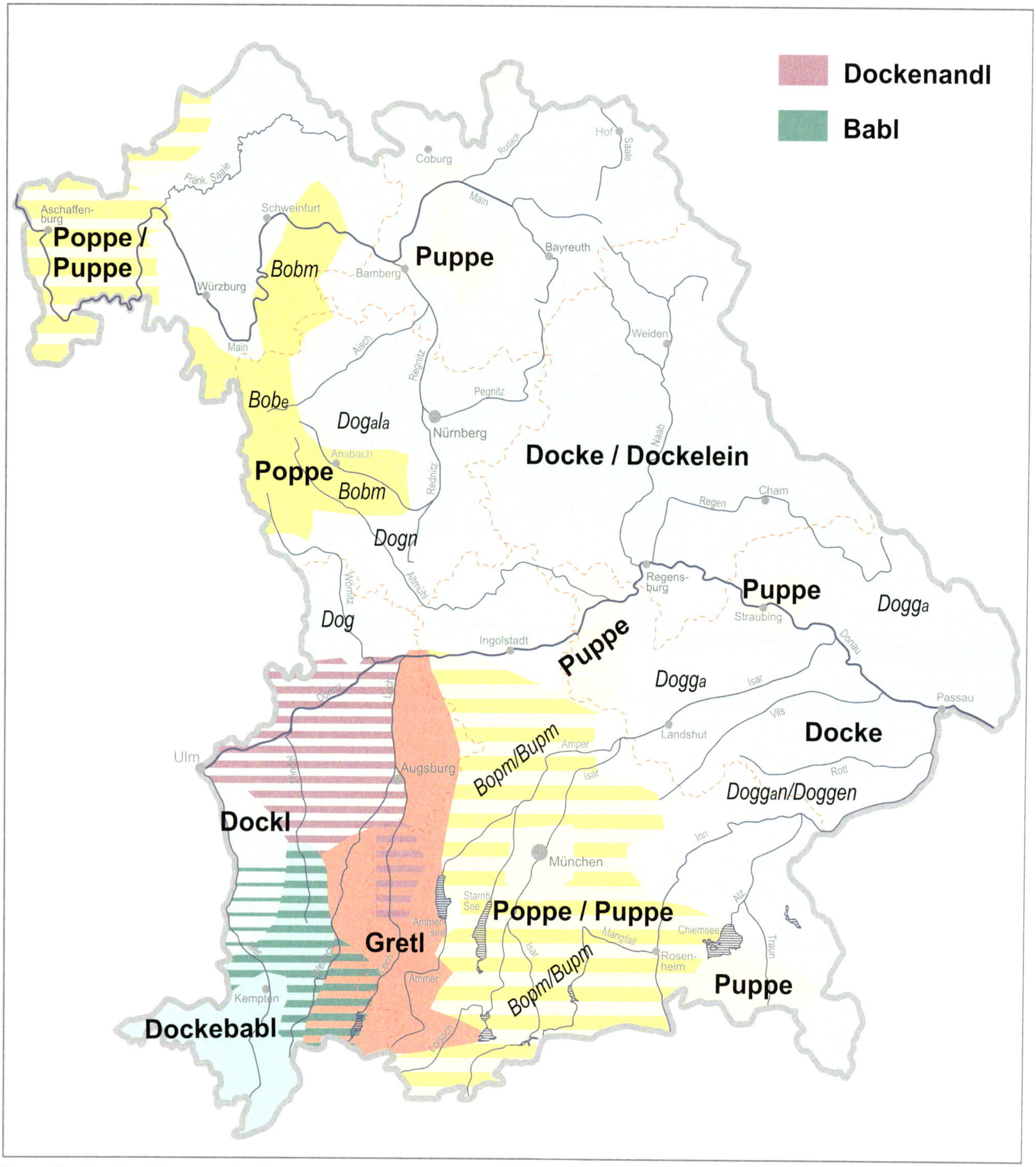

Karte 60: Alte Bezeichnungen für *Puppe*

Die Puppe war und ist ein beliebtes Spielzeug für Mädchen; schon im antiken Rom gab es Puppen, auch im deutschen Mittelalter sind sie bezeugt, aber nur selten sind sie (wegen der Vergänglichkeit des Materials) aus dieser Zeit erhalten. In der Reichsstadt Nürnberg sind "Dockenmacher" schon um 1400 bezeugt. Die Puppen wurden meist aus Holz oder Leder gefertigt, auch aus textilem Material. Im 19. Jh. kamen Köpfe aus Porzellan auf. Bis ins 20. Jh. hinein gab es das Nebeneinander von einfachen Holzpflockpuppen (oft gedrechselt), textilen Weichpuppen und aufwendig hergestellten plastischen Puppen mit beweglichen Gliedern.

Im größten Teil Bayerns wird das Wort **Docke** verwendet. Es war einst das in ganz Süddeutschland vorherrschende Wort und ist schon im 10. Jh. als ahd. tocka in dieser Bedeutung belegt. Im 14. Jh. erst ist dafür auch die Bedeutung 'walzenförmiges Holz' überliefert. Auch wenn die Beleglage etwas anderes suggeriert, so ist doch davon auszugehen, dass die später belegte Bedeutung die ursprüngliche war, vor allem wenn man die sachgeschichtliche Entwicklung dieses Kinderspielzeuges betrachtet, die von einfacheren Formen zu komplizierten, mehrfach gegliederten führt. Das Wort "Docke" herrschte früher auch im Münchner Raum. Es kann dort erst in den letzten 150 Jahren verdrängt worden sein, weil Schmeller in seinem Wörterbuch kein Stichwort "Puppe" hat, wohl aber "Docken, Dockelein". "Docke" kommt bayernweit vor als *Docke, Dogga*, teils auch ohne Auslaut (apokopiert) als *Dog*, teils auch mit einem auslautenden n, das aus dem Akkusativ stammt, als *Dogn, Doggan, Doggen* u. Ä., selten sind auch Diminutivformen wie *Dogala, Doggal* belegt.

Das Wort kommt im Südwesten aber auch in Zusammensetzungen vor, und zwar mit Mädchennamen: **Babl** ist die Kurzform zu "Bärbel/Barbara", **Nandl** eine Form von "Anna" und **Gretel** eine von "Margarete". "Babl" und "Gretel" können allein schon die Puppe bezeichnen, verdeutlichend ist in einigen Regionen noch die alte Bezeichnung "Docke" hinzugekommen. Die Verwendung von Vornamen als normale Bezeichnungen (= Appellative) ist so selten nicht: Man denke an "Dietrich" für 'Nachschlüssel', an "Paul" und "Leonhard" für 'Kater' oder "Heinz" für ein Heutrockengestell. Häufig vorkommende Namen wurden dazu verwendet, und nicht umsonst wird "Hinz und Kunz" (aus Heinrich und Konrad) verwendet, sind "Hans und Grete" bzw. "Hänsel und Gretel" ein Märchenpaar geworden. Der "Hansel" ist dann auch im Schwäb. das Gegenstück zur "Gretel", nämlich eine männliche Puppe.

Das Wort **Puppe** (älter **Poppe**) greift heute um sich und verdrängt die alte "Docke". Das Wort "Puppe" kommt im Deutschen erst im 15. Jh. auf, es ist aus dem lat. pūpa in dieser Bedeutung entlehnt, erst später kommt die Bedeutung 'Tierlarve' dazu.

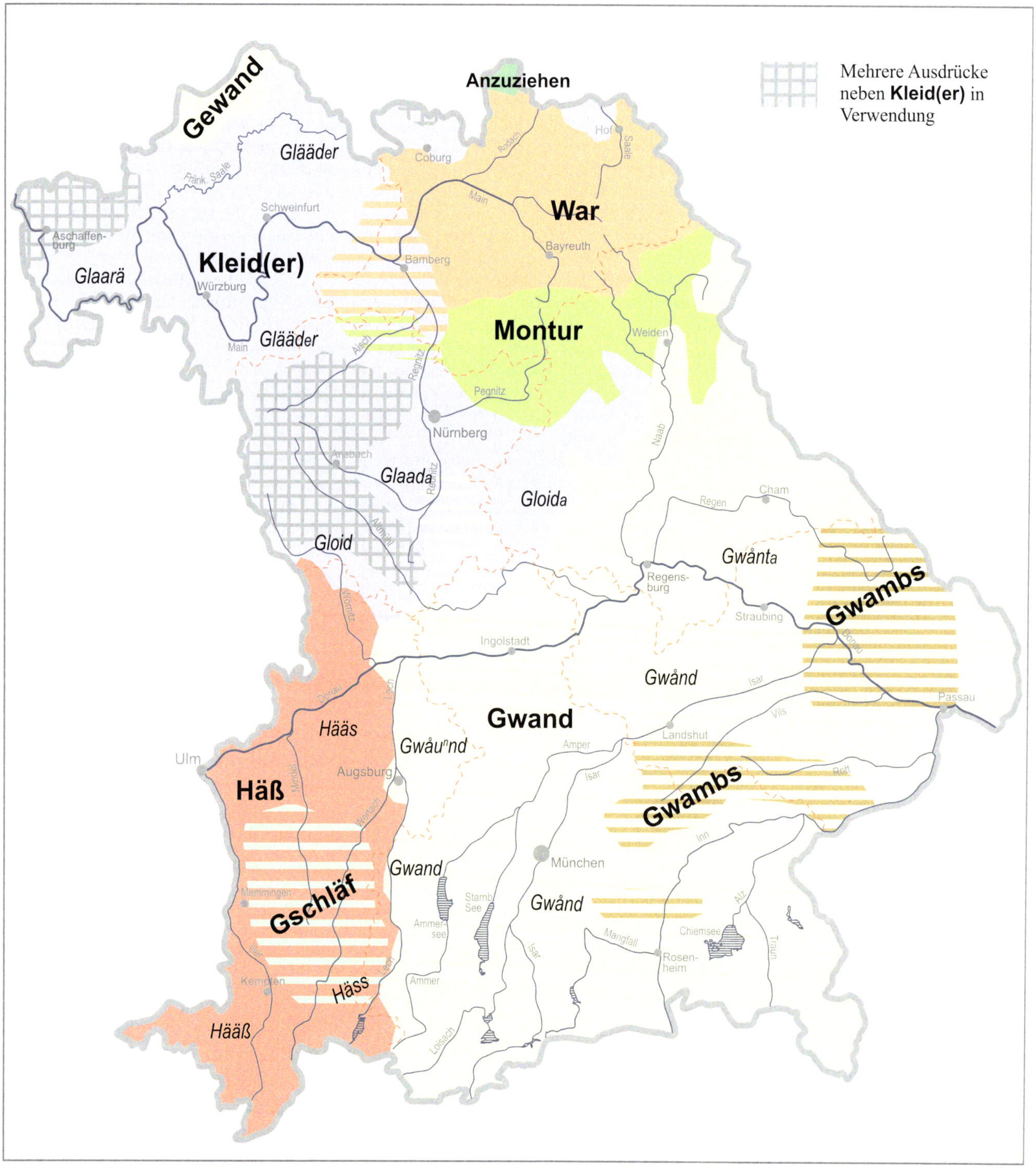

Karte 61: Bezeichnungen für *Kleidung*

Das größte Verbreitungsgebiet in Bayern hat **G(e)wand**, das seit dem 11. Jh. belegt ist und das von da an zunächst das alte mhd. wât als Normalbezeichnung für die 'Kleidung' verdrängt hat, welches in Bayern nirgends mehr in Gebrauch ist. Den Ausdruck mit der kollektivierenden Vorsilbe Ge- (vgl. "Geräusch" zu "rauschen", "Geflecht" zu "flechten") ist vom starken Verb "winden" (< ahd. wintan) 'drehen, umwickeln, schlingen, flechten' herzuleiten, zu dem auch das Substantiv "Wand" (vgl. auch "Leinwand") gehört. Die im Mhd. belegte Wendung ein kleit umbe winden zeigt sehr schön die vorhandene Benennungsmotivation. In diesem Sinne wäre "Gewand" als 'Gesamtheit dessen, was man um sich windet' zu verstehen. In der Forschung wird jedoch bevorzugt das dazugehörige schwache Verb "wenden" (< ahd. wenten) als Ausgangspunkt für "Gewand" gesehen, im Sinne des 'gewendeten, in Falten gelegten Tuchballens'.

Ein analog strukturiertes Kollektivum begegnet uns mit dem auf der Karte als **Gschläf** *(Gschlääf* und *Gschlaif)* typisierten Ausdruck, der im mittleren Schwaben neben "Häß", teils bereits stark abwertend, in Verwendung ist. In diesem Gebiet sind auch die entsprechenden Verbformen *ei*^{n}*schlääfe, ei*^{n}*schlaife* für 'einkleiden' verbreitet, aber auch *ei*^{n}*schliafe*, was den Bezug zum starken Verb "schliefen" (< ahd. sliefan) mit der Bedeutung '(hinein)-schlüpfen' deutlich werden lässt.

Auch **Gwambs** ist eine Kollektivbildung, und zwar zu "Wams", das auf mhd. wambeis und weiter auf altfranz. wambais zurückgeht; Letzteres war vorher aus dem ahd. wamba 'Bauch' ins Franz. übernommen worden, wobei es die Bedeutung 'Bauchkleid' angenommen hatte. Das Wort kam dann zusammen mit dem Gegenstand im Gefolge der Rittermode im 12. Jh. aus Frankreich wieder in das Deutsche und bezeichnete zunächst nur die 'eng anliegende Bekleidung des Rumpfes unter dem Panzer'. Die Bedeutungserweiterung auf 'Kleidung allgemein' ist wohl durch die Kollektivbildung mit Ge- (vgl. "Gebein" zu "Bein") erreicht worden. Das "Wams" wird seit dem 14. Jh. Teil der bürgerlichen Kleidung, entwickelt sich aber zum 17. Jh. hin in Form und Schnitt zur "Weste", worauf auch die franz. Bezeichnung veste ins Deutsche übernommen wurde.

Die hier mehrfach vorliegenden Kollektivbildungen haben ihre Ursache wohl in der folgenden Tatsache: Die Kleidung differenziert sich auch beim einfachen Volk in verschiedene Einzelstücke, und/oder die Leute haben allmählich nicht nur mehr eine "Garnitur", sondern eine zweite oder gar dritte. Damit wird es notwendig, dafür einen Begriff zu haben, der die Einzelteile zusammenfasst.

Häß (meist *Hääß*, ganz selten *Häss*) hat zwar eine große Verbreitung im ganzen deutschsprachigen Südwesten, und es findet auch im Zusammenhang mit der alem. Fasnacht im Kompositum "Häßträger" immer wieder Eingang in die Medien. Über die Herkunft des Wortes wissen wir aber sehr wenig. Es gibt zwar bereits im Mhd. ein männliches Wort hâz und ein umgelautetes Neutrum hæze/hæz in der Bedeutung 'Rock, Kleidung', die weitere Herkunft ist aber unklar.

In Franken überwiegt die Bezeichnung **Kleid** (überwiegend in der Pluralform **Kleider**), das ebenfalls nur bis zu mhd. kleit zurückverfolgt werden kann. Seine Herkunft ist unklar; möglicherweise ist es über eine idg. Wurzel *glei- mit unserem Verb "kleben" verwandt. Entsprechend den Regeln der Lautung von mhd. ei verteilen sich die Lautformen (vgl. Karte 21 zu "breit" bzw. "Leiter"). In Teilgebieten wird "d" zwischen Vokalen zu *r* erweicht (z. B. *Glaarä*), was auch in anderen Wörtern, z. B. in "Bruder" vorkommt (vgl. S. 69 "Gabel").

Montur wurde in der Bedeutung 'Kleidung des Soldaten' im 18. Jh. aus dem Franz. entlehnt, wo es zurückgeht auf mittelfranz. monture 'Ausrüstung', was wiederum vom Verb "monter" 'aufstellen' abzuleiten ist. Das Wort hat also eine beträchtliche Bedeutungsverschiebung erfahren.

Ein Lehnwort ist auch **War(e)**, das bei uns überall apokopiert, also ohne auslautenden Vokal erscheint (z. B. *Woa*). Es kommt aus dem Mittelniederdeutschen bzw. dem Mittelniederländischen ware, was ursprünglich 'Pelzwerk' bedeutete. Wesentlich großflächiger verbreitet ist das Wort in der Zusammensetzung "Weißwar(e)", womit man weiße Bettwäsche und allgemein "ungefärbte baumwollene oder leinene Gewebe" bezeichnet.

Möglicherweise in Ermangelung eines als dialektal empfundenen Substantivs für die 'Kleidung allgemein' ist im thüringischsprachigen Zipfel nördlich des Frankenwaldes die Wendung **(etwas) Anzuziehen** genannt worden.

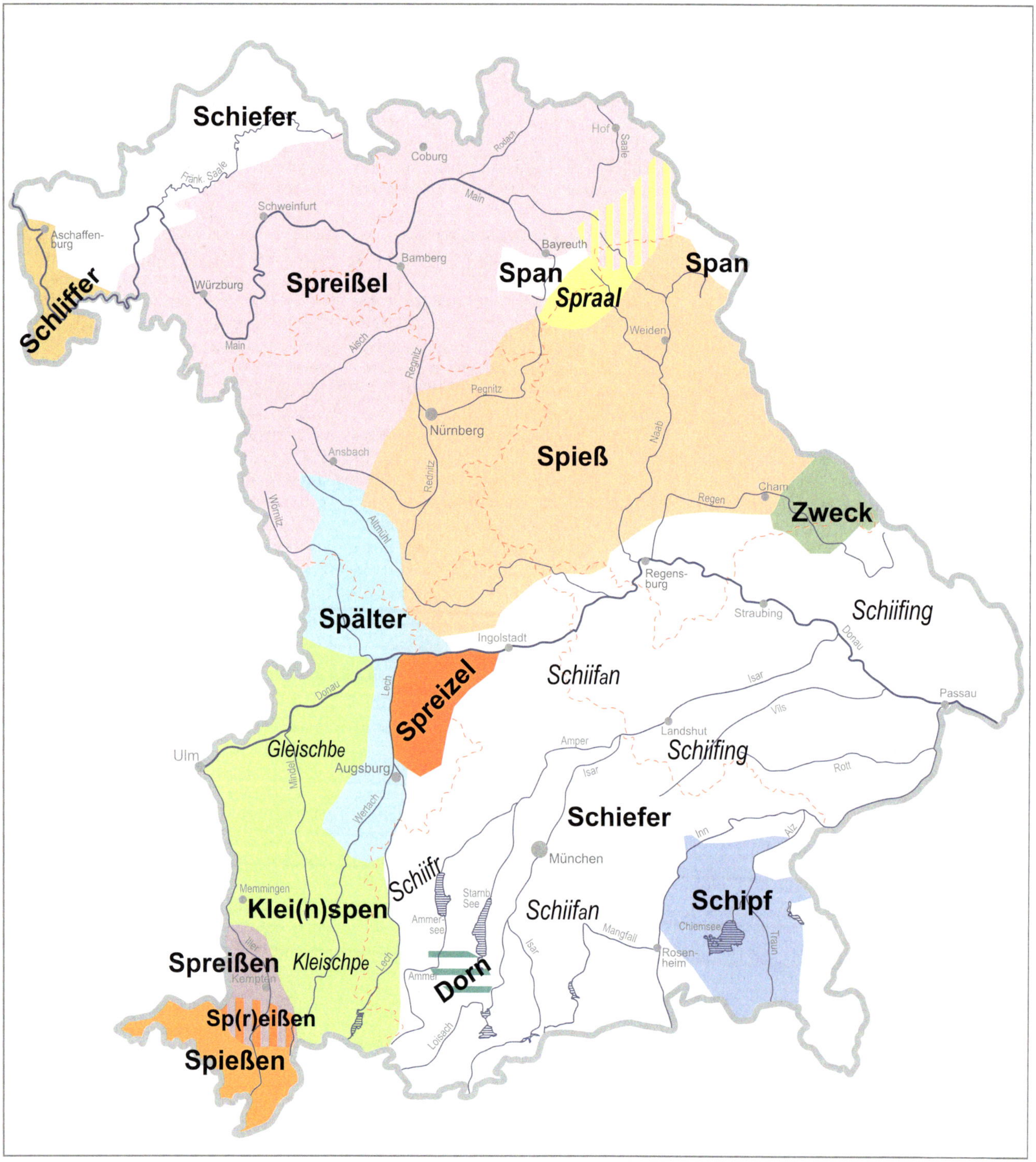

Karte 62: Bezeichnungen für einen Holzsplitter in der Haut

Wer mit der Hand über ein rauhes, nicht gehobeltes Brett fährt, dem kann es passieren, dass ihm ein kleiner Holzsplitter in die Haut fährt, den er, will er keine Entzündung riskieren, mit einer Pinzette entfernen muss. In der Hochsprache tut man sich schwer, dieses kleine Holzstück zu bezeichnen, solange es in der Haut steckt. Jeder Dialektsprecher in Bayern hat aber ein Wort dafür. Die Karte zeigt die regionale Variabilität der vorhandenen Ausdrücke. Die meisten davon sind motiviert von der Art des Gegenstandes.

Schiefer *(Schiifa, Schiifan,* auch ***Schiifing)*** bezeichnet in der Hochsprache vor allem eine Steinart, die in Platten auftritt (Schieferschreibtafel). In ahd. Zeit bedeutete das Wort skifaro noch ganz allgemein 'Splitter, Gesteinsbrocken'. Die teilweise vorhandene Endung -n ist aus flektierten Formen (das Wort war früher schwach gebeugt, d. h. mit -n, wie nhd. z. B. "der Bote") in die Grundform eingedrungen, wahrscheinlich aus dem Plural, weil Splitter in der Regel nicht als Einzelstücke auftreten. Den "Schiefer" gibt es nicht nur im Süden, sondern auch im Nordwesten. Aus dem Wort ist auch der **Schliffer** zu erklären. Es liegt hier wohl eine Kreuzungsform (vgl. heutiges "jein") mit dem im Rheinischen vorhandenen "Schliber" vor. Der Anlaut *Schl-* stammt vom eben genannten Wort, der zweite Teil von "Schiefer". Zur Vokalkürze trotz offener Tonsilbe vgl. S. 22.

Der **Spreißel** ist mhd. als sprîzel 'Span', bes. 'Lanzensplitter', belegt. Dazu gibt es auch ein Verb sprîzen 'ab- und zersplittern', das seinerseits wieder zu einer Wortgruppe gehört, die im nhd. "spreizen" (aus mhd. spriuzen) vorhanden ist. Der "Spreißel" ist wohl vom Verb abgeleitet und bezeichnet etwas, was beim Splittern entsteht (vgl. z. B. "Streusel" zu "streuen"). Auch der auf der Karte nicht vorhandene "Sprissel" ist zu diesem Verb zu stellen (vgl. "reiten" – "Ritt", wo ein vergleichbarer Vokalwechsel vorliegt). Nah damit verwandt ist auch der **Spreißen**, der als sprîze schon im Mhd. belegt ist und als Substantiv der schwachen Deklination gern ein -n annimmt, sei es über den Plural (vgl. oben "Schiefern"), sei es aus systembedingten Gründen, die sich auch bei den Varianten bestimmter nhd. Substantive zeigen (Name – Namen, Funke – Funken, Same – Samen). Der **Speißen** ist sicher von **Spießen** beeinflusst; wegen der geographischen Lage ist eine Kreuzung/Kontamination der beiden wahrscheinlich. Ein mhd. *spîze, das dem **Spießen** im alem. Allgäu zugrunde liegen könnte, ist nicht belegt. Aus lautlichen Gründen kann eine Herkunft aus "Spieß" ausgeschlossen werden; vielleicht hat der oben erklärte "Spreißel" (< mhd. sprîzen) das r unter seinem Einfluss verloren.

Der **Spreizel** (im Lech-Donauwinkel) hängt eng mit dem "Spreißel" zusammen, vielleicht ist es eine Intensivbildung wie "Glatze" aus "glatt" oder "reizen" aus "reißen", wobei das etymologisch verschiedene, aber lautlich ähnliche "spreizen" auch einen gewissen Einfluss ausübte.

Beim **Spälter** liegt eine Ableitung von "spalten" (ahd. spalten) vor. Es bezeichnet das Ergebnis des Spaltens, vergleichbar den Wörtern "Fehler" und "Beller".

Span ist in seiner heutigen Bedeutung schon im Ahd. als spān belegt. Dazu gehört wohl auch der Typ **Klei(n)spen** *(Gleischbe, Kleischbe, Klaischpe,* selten auch nasaliert als *Klei^{n}schpe* und ganz vereinzelt auch *Gleibschte).* Hier könnte eine Zusammensetzung aus "klein" und "Span" vorliegen, vergleichbar dem Wort "Kleinwagen". Die Betonung auf der ersten Silbe könnte auch dafür gesorgt haben, dass die zweite Silbe "-span" so weit abgeschliffen wurde, dass fast nichts mehr davon vorhanden ist. Etwas problematisch bei dieser Herleitung ist aber, dass der erste Wortteil nur selten nasaliert ist und auch im Hinblick auf die Qualität der Vokale nur im Kerngebiet mit der altdialektalen Aussprache des Adjektivs "klein" (< mhd. klîn) übereinstimmt; denn im Norden des Gebietes lautet das Adjektiv *gloi^{n}*, am Süd- und Südostrand *kloi^{n}, klui^{n}* oder *klua^{n}*, jeweils mhd. klein entsprechend (vgl. "Stein" in Karte 22).

Der Lauttyp ***Spraal*** ist als "Spreuel" zu deuten, das im nhd. Wort "Spreu" für den 'Dreschabfall' noch lebendig ist, das aber über die Bedeutung 'Grannen der Gerste', die sich gerne in die Haut schieben, zu dieser Bedeutung gelangt ist.

Um den Chiemsee gilt **Schipf**; das Wort ist nur schwer zu deuten: Es gibt im Bair. ein "schipfeln" für 'Holz zu kleinen Scheiten spalten'; eine gewisse lautliche Nähe (über Umlaut und Entrundung) zum Verb "schupfen" 'stoßen' (= Intensivbildung zu "schieben" wie "schnauben" zu "Schnupfen") ist gegeben, von der Bedeutung her ist ein solcher Übergang auch möglich.

Die noch verbliebenen Begriffe sind übertragen aus spitzen Gegenständen. Rosen, aber auch andere Sträucher haben **Dornen**, die man sich unter die Haut ziehen kann. Fast ausgestorben ist der **Zweck**, nur in "Reißzwecke" hat das Wort in seiner alten Bedeutung (ahd. zwec 'Nagel, Pflock') überlebt (vgl. auch 'Wäscheklammern' Karte 88). Über den Nagel, der in der Mitte der Schießscheibe das Ziel (= Zweck) abgab ("den Nagel auf den Kopf treffen"), bekam es die heutige abstrakte Bedeutung. Der **Spieß** ist heute weniger als Waffe denn als Bratspieß bekannt. Im Nhd. merkt man nicht mehr, dass diese beiden Bedeutungen auch eine unterschiedliche Etymologie besitzen. Der Spieß der Waffe geht auf ein ahd. spioz zurück, der vom Braten auf ein ahd. spiz. Da hier die monophthongische Lautform *Spiiß* vorliegt, muss in unserem Fall die zweitgenannte Ausgangsform Pate gestanden haben.

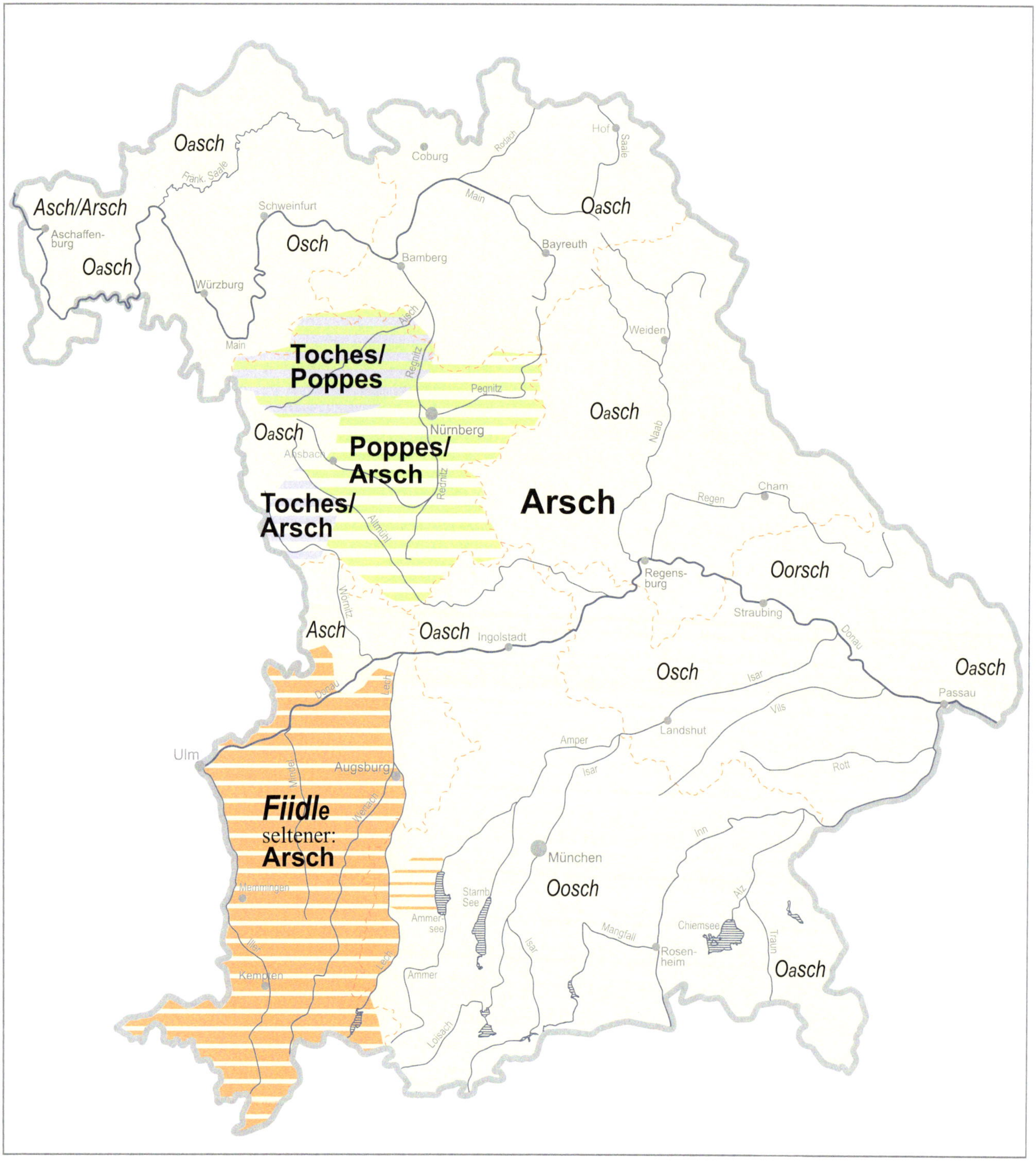

Karte 63: Bezeichnungen für das Gesäß

Die Karte zeigt die in Bayern gängigen dialektalen Bezeichnungen für den Körperteil, auf dem man gewöhnlich sitzt (**Gesäß**) und über den die Ausscheidung der vom Körper verwerteten Nahrung geschieht (**After**). Zu diesen zwei hochsprachlichen Ausdrücken, die in gewisser Weise tabuisieren und so auch im "neutralen" Sprachgebrauch der feineren Gesellschaft und innerhalb der Medizin üblich sind, gesellen sich noch weitere Ausweichformen wie etwa "Allerwertester" oder "Hinterteil", die nicht regional zuzuordnen sind.

Dialektal ist in ganz Bayern und sicher weit darüber hinaus der Ausdruck **Arsch** in Verwendung, teils aber nur neben anderen, regionaltypischeren Bezeichnungen. Dort, wo das Wort als einzige dialektale Form vorkommt, wird es auch kaum als ordinär empfunden. Im Gegensatz dazu haftet ihm im Südwesten Bayerns, wo man mit "Füdle" eine bodenständige, eher als liebenswürdig empfundene Neutralbezeichnung zur Verfügung hat, eine grobe bis ordinäre Konnotation an. "Arsch" geht zurück auf ein ahd./mhd. ars, das ca. 1000 erstmals belegt ist. Die Entwicklung der Konsonantenverbindung -rs- zu *-rsch-* vollzieht sich in frühnhd. Zeit, sie erfasst viele vergleichbare Wörter, so etwa "Hirsch, knirschen, Bursche, Kürschner, pirschen", sie hat sich aber nicht generell in der heutigen Hochsprache durchgesetzt, z. B. nicht bei "Ursula, Ferse, Person, anders". Die lautliche Variation, vor allem bezüglich des Erhalts oder der Vokalisierung von r, also zwischen *Oorsch/Aarsch* und *Oasch/Aasch*, zeigt keine klare Geographie und lässt sich deshalb auf der Karte nur ungefähr mit den Texteinträgen zeigen.

Das im Großteil Schwabens und teilweise auch im Lechrain bodenständige Wort *Fiidle* ist mit **Füdle** nur unzureichend in eine hochsprachliche Form gebracht. Der Wortstamm ist zurückzuführen auf mhd. vut, das damals das weibliche Geschlechtsteil bedeutete. Es liegt hier also eine für diese Gegend übliche Entrundung der Umlautform "Füt-" vor (vgl. S. 37). Das neutrale Genus und die Endung lassen vordergründig vermuten, hier sei eine reguläre Diminutivform gegeben. Die Tatsache aber, dass diese Endung nahezu überall als *-le*, also mit einem indifferenten Auslautvokal, gesprochen wird, während sonst im Singular die Diminutivendung im mittleren und nördl. Schwäb. *-le*, also mit volltonigem Vokal, lautet, spricht dafür, dass in der unbetonten Zweitsilbe nicht "-lein", sondern ein stark abgeschliffenes "-loch" verborgen ist. Diese Vermutung wird auch durch Pluralbelege *-lechr* (< "-löcher") und durch historische Schreibformen wie "Fidloh", "Fidlach", "Fudloch" bestätigt.

Abgesehen von einigen isolierten Streubelegen im Westen Bayerns tritt **Poppes** nur in Mfr. fast flächendeckend auf. Allerdings ist "Arsch" hier dialektal stärker verankert, und "Poppes" ist eher ein Konkurrenztyp auf stilistischer Ebene, was sich denn auch in der Wortgeschichte wiederspiegelt: Zunächst wurde das lat. podex, das übersetzt 'Furzer' bedeutet, um 1600 in der Bedeutung 'Gesäß, Hintern' als beschönigender Ausdruck in das damalige Schriftdeutsche entlehnt. Dann trat eine Verkürzung zu **Po** ein. Die nhd. Form **Popo** ist ab dem 18. Jh. nachweisbar. Die Verdoppelung ist kindersprachlich, und die Aussprache mit der Betonung auf der letzten Silbe *(Popó)* geht auf franz. Einfluss (vgl. auch "Papá" und "Mamá") zurück. Die in Mfr. dialektale Parallele dazu ist *Bobas*.

Der Hebraismus **Toches** (< hebr. tcht 'unter', 'Gesäß') ist im westl. Mfr. in etwa 20 Orten nachweisbar. Er ist über das Jiddische in den Dialekt gelangt. Da Mfr. einen relativ großen Anteil an jüdischer Bevölkerung hatte, dürfte der Worttyp früher eine noch größere Verbreitung gehabt haben.

Das auch standardsprachlich übliche **Hintern** ist in ganz Bayern als weitere Ausdrucksmöglichkeit vorhanden, was auf der Karte nicht berücksichtigt wurde. Trotz der durchaus dialektalen Lautungen (wie *Hindana, Hendere, Hindre, Hintan, Hindri*) ist der Typ stilistisch eher als neutrale, umgangssprachliche Ausweichform zu werten, die zwischen den oft als grob empfundenen Dialektausdrücken wie "Arsch" und "Füdle" und den vornehmeren, hochsprachlichen Bezeichnungen wie "Gesäß" und "After" steht.

Weitere, nur ganz vereinzelt notierte Ausweichformen oder eher ordinäre Zweitformen sind: "Sitzfleisch", "Vierbuchstaben"; "Scheibe", "Scheißer", "Bumser". Sie sind auf der Karte ebenfalls nicht berücksichtigt.

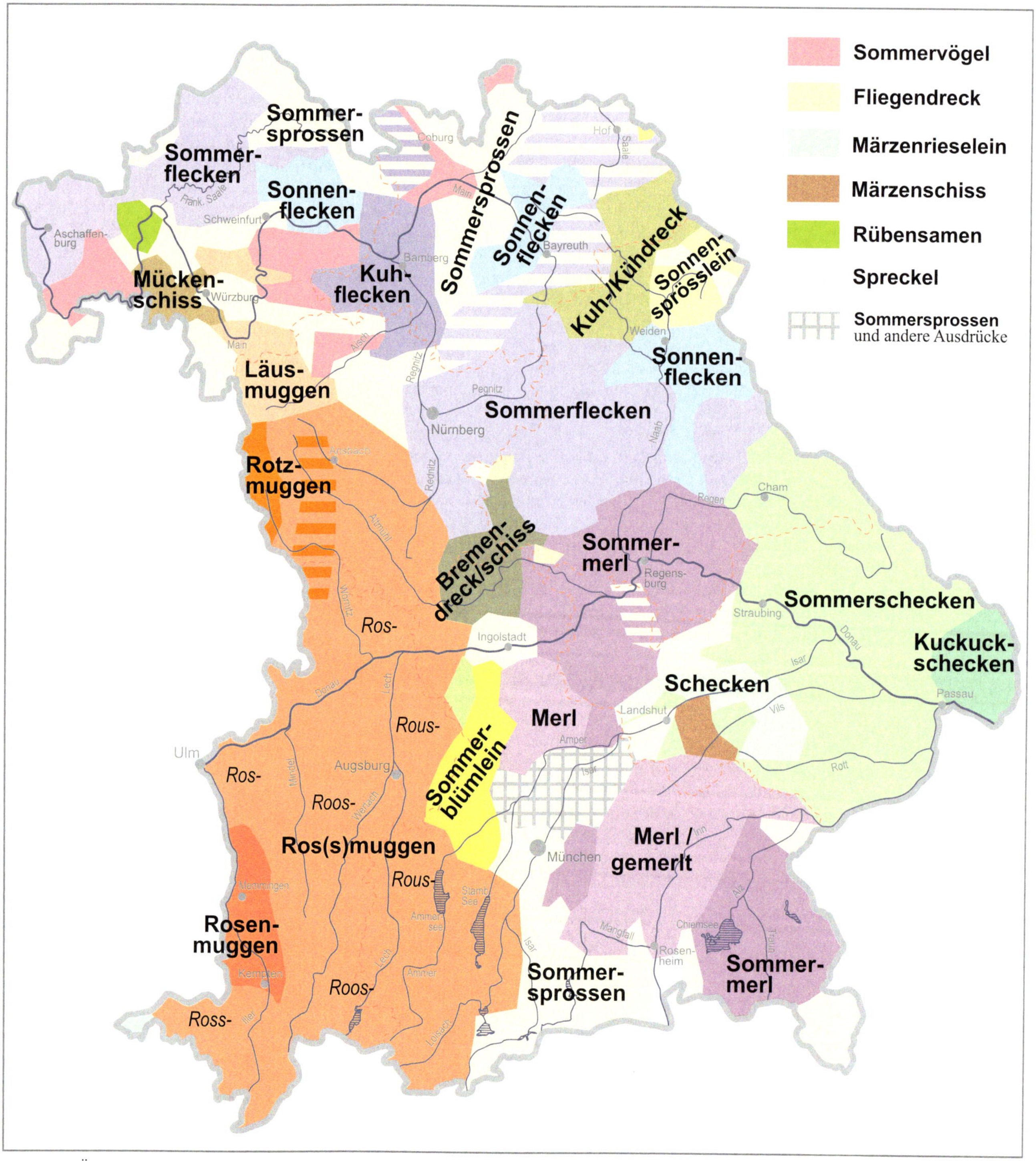

Karte 64: Ältere Bezeichnungen für *Sommersprossen*

Unter "Sommersprossen" versteht man im Allgemeinen hellbraune Flecken auf der Haut, die durch unregelmäßige Pigmentbildung hervorgerufen werden und im Sommer deutlicher hervortreten als im Winter. Es gibt zwei Arten von Sommersprossen: helle, eher großflächige und dunkle, eher kleinere.

Die im heutigen Hochdeutschen übliche Wortzusammensetzung **Sommersprossen** (f., Pl.) ist seit dem 17. Jh. bezeugt. Das ältere Grundwort, frühnhd. sprusse, ist eine Substantivbildung zum Verb "sprossen" und bedeutet 'Hervorgesprossenes' (vgl. "Lüge" zu "lügen"). Der erste Wortbestandteil bezieht sich auf das je nach Jahreszeit unterschiedlich starke Auftreten der Erscheinung. Das Wort ist heute überall in Bayern in Verwendung; wo aber daneben noch ältere Bezeichnungen existieren, wird es auf der Karte nicht dargestellt.

Die im Südwesten weit verbreiteten Typen **Rossmuggen, Rosenmuggen, Rotzmuggen** sind volksetymologische Umdeutungen zu einem ursprünglichen Typ **Rosmuggen**, der in seinem ersten Teil auf ein heute nicht mehr verständliches ahd. Wort rosamo ('Rost, Röte, Sommersprosse'), mhd. roseme, rosem ('Fleck, Makel'), zurückgeht. Selbst dort, wo das Bestimmungswort lang, also *Roos-* gesprochen wird, ist mit Umdeutung zu rechnen, da dort auch das einsilbige Wort "Ross" für 'Pferd' gedehnten Vokal hat. Das Grundwort -**muggen** ist die nicht umgelautete Entsprechung zu "-mücken", wobei aber die hier gewählte Schreibung mit -gg- der Lautung (der Plosiv wird nirgends mit Behauchung oder mit Reibung gesprochen) und damit der Etymologie eher gerecht wird als die normierte Orthographie. Möglicherweise ist auch das Bestimmungswort im nördl. anschließenden **Läusmuggen** umgedeutet worden und wird jetzt mit "Laus", < ahd. lûs, in Verbindung gebracht.

"Mücken-" kommt in Ufr. aber auch als Bestimmungswort vor, wo es zu **Mückenschiss** verbunden wird. Dabei steckt die gleiche Vorstellung dahinter wie bei der Bezeichnung **Bremenschiss**, dass nämlich die Hautflecken Hinterlassenschaften von Insekten (Mücken oder Bremsen) seien, wie man sie etwa auf Glasflächen erlebt. Diese Vorstellung von Kotspritzern auf der Haut ist sicher auch bei **Bremendreck** und **Fliegendreck** gegeben, möglicherweise auch bei **Kuh-/Kühdreck**. Erwähnt sei in diesem Zusammenhang, dass es dazu passende verbale Wendungen gibt wie "Den haben die Fliegen ver-/derschissen" oder "Der ist beim Kuhdreckdreschen dabei gewesen", wobei offen bleiben muss, ob die zitierten Phrasen am Anfang standen oder ob der Ausdruck Anlass für die Bildung der Wendungen war.

Das Kompositum **Kuhflecken** ist wohl eine Klammerform, gekürzt aus "Kuh(dreck)flecken", womit es in den zuvor beschriebenen Zusammenhang passt, aber auch in eine Reihe mit den durchsichtigen Zusammensetzungen **Sommerflecken** und **Sonnenflecken** gehört, in denen die Jahreszeit bzw. die Verursacherin der Hautveränderung ausgedrückt wird.

Das Wort **Schecken** ist aus dem altfranz. eschiec 'Schach' entlehnt und ist auch mhd. als schëcke belegt. Das Wort steht im Vergleich mit der gefleckten Oberfläche des Schachbrettes. Im Kompositum **Kuckuck**schecken steckt ein Vergleich mit dem gesprenkelten Gefieder des Vogels.

Sommervögel sind jene Vögel, die nur in der warmen Jahreszeit bei uns anzutreffen sind und dann wieder verschwinden.

In Altbayern weit verbreitet ist **Merl** *(Meal, Mial)*, auch in der Zusammensetzung **Sommermerl** *(Summameal)* und häufig im adjektivischen Partizip als **gemerlt** (z. B. *de iis gmialt*). Es gehört zum Verb "merlen" ('voll Pünktchen oder Flecken machen') mit unbekannter Herkunft.

Spreckel im oberen Inntal entspricht dem hochsprachlichen "Sprenkel", < mhd. sprinkel, spreckel 'Flecken'. Es wird ebenfalls häufig adjektivisch als **gespreckelt** verwendet.

Bei **Märzenschiss** in Nby. und bei **Märzenrieselein** *(Mierzeriisele)* am Bodensee deutet der erste Teil jeweils auf den Monat des ersten Auftretens dieser Hauterscheinung hin; das Grundwort "-rieselein" stellt sich zu mhd. risel 'Tau, feiner Regen, Schneeflocken'. Auch in anderen Teilen Bayerns kommt vereinzelt die vergleichbare Bezeichnung **Sommerrieseln** vor.

Nicht leicht erkennbar ist das Vergleichsmotiv für die an sich durchsichtige Zusammensetzung **Rübensamen** am Untermain.

Weitere vereinzelt auftretende Ausdrücke zeugen von der Phantasie der Dialektsprecher, so etwa **Merlgucke, Maienblümlein, Märzenkater, Sommermücken, Sommerröslein, Pfucksen, Blattern, Glotzmuggen, Sommersprösslein, Sonnenvögel**.

Karte 65: Bezeichnungen für *Gänsehaut*

Thema der Karte sind die in Bayern üblichen dialektalen Bezeichnungen für zeitweilige Erscheinungen an der Oberfläche der menschlichen Haut, wie sie sich vor allem bei Kälte, aber auch im Schreck und in Schocksituationen zeigen. Dabei stellen sich die Haarwurzeln auf, die Haare sträuben sich, es bilden sich auf der Haut kleine Erhöhungen, weshalb man eine solche Haut mit der von gerupftem Geflügel vergleicht.

Im Großteil Bayerns wählt man in solchen Situationen den Ausdruck, der auch hochsprachlich üblich ist und schon seit dem 16. Jh. belegt ist: **Gäns(e)haut** *(Genshaud, Gänshaut, Gee^{n}shout, Gei^{n}shoud)*. Das Bestimmungswort wird überwiegend im Plural ("Gäns-") verwendet, meist mit apokopiertem Endungs-e, wie es in den süddt. Dialekten die Regel ist (vgl. Textkasten). Im südl. Bayern heißt der Typ hingegen **Ganshaut** *(Ganshaut, Gaa^{n}shout, Gåu^{n}shaut, Gånshaud)*, man bezieht hier also den nämlichen Vergleich nur auf die Haut eines einzelnen Tieres.
Im nordwestl. Schwaben wird teilweise die Bezeichnung für die Tiere selbst vergleichend auf die menschliche Haut übertragen: **Gäns** bzw. **Gänslein** *(Gai^{n}s, Gei^{n}sle, Gee^{n}sle)*. Dabei können diese substantivischen Bezeichnungen in ganz unterschiedliche Kontexte eingebettet sein; neben der einfachen Aussage "Ich habe/kriege die Gäns" sind z. B. auch Wendungen üblich wie "Mir stehen die Gänslein", "Mir fahren/laufen die Gänslein auf".
Auch in einigen Landesteilen im Norden ist der Ausdruck "Gäns(e)haut" vornehmlich in Wendungen wie "mir läuft/steht die Gänshaut auf" in Gebrauch.

Als anderes Vergleichstier wird vor allem im Südwesten die Henne gesehen: **Hennenhaut** *(Hennehut, -hout, -hüt, -haud)*. Dies könnte damit zusammenhängen, dass in diesen eher gebirgigen Gegenden (Allgäu, Berchtesgadener Land, Bayerischer Wald) die Gänsehaltung weniger Tradition hat und dass deshalb die wesentlich bekanntere Tierart der Hühner zur vergleichenden Benennung herangezogen wurde.
Das Grundwort (Hennen-)**Brupfen** und die seltenere Nebenform -**pfrupfen** beziehen sich eigentlich nicht auf die Haut als Ganzes, sondern auf die erhöhten Punkte, die aussehen wie die vergleichbaren Punkte auf der Hühnerhaut, die beim "(Be-)Rupfen", also beim Entfernen der Federn, zurückbleiben. Die Verbform "berupfen" *(brupfe, pfrupfe)*, mit der man im Allgäu auch das Kratzen an Hautschorf und an anderen Hautunebenheiten benennt, ist eine Präfixbildung zu "rupfen", seinerseits eine schon seit dem 11. Jh. als ahd. ropfôn belegte Intensivbildung zum heutigen "raufen".

"Apokope"
und das "lutherische e"
Viele in der heutigen Hochsprache vorkommenden Endungs-e werden in den süddt. Dialekten nicht (mehr) gesprochen, sie sind weggefallen, "apokopiert".
Diese Apokope ist letztlich ausgelöst durch die Festlegung der Betonung auf die jeweils erste Silbe in germ. Zeit (vgl. Einleitungsteil), was in mehr als zweitausendjähriger Entwicklung zur Abschleifung und zum Verschwinden der gesamten in damaliger Zeit noch reichlich vorhandenen Endsilben führte (vgl. z. B. ahd. botôno, Genitiv Plural von "Bote"). Der Wegfall des e betrifft beispielsweise Pluralformen, vornehmlich solche, die durch Umlaut im Vokal bereits markiert sind ("Gäns, Bäch, Flöh"), ebenso tritt es bei Verbformen der 1. Person Singular auf ("ich geh, komm, sag, schreib"). Diese Entwicklung ist auch heute noch nicht abgeschlossen. So ist die Kennzeichnung des Dativ Singular nur mehr auf hohe Stilschichten beschränkt. In der Alltagssprache sind Formen wie "in dem Hause", "auf dem Turme", "am Baume", "dem Manne", "mit dem Kinde" bereits nicht mehr üblich.
Dieses in den süddt. Dialekten geschwundene Endungs-e war auch in den Schreib- und Druckersprachen Süddeutschlands bis ins 18. Jh. hinein nicht vorhanden. In der überwiegend protestantischen Mitte des dt. Sprachraumes war es hingegen in den Dialekten und in der Druckersprache erhalten geblieben. Dieses "lutherische e", wie man es damals im Süden nannte, wurde erst ab ca. 1750 wieder in den Schreib- und Druckusus des Südens aufgenommen.

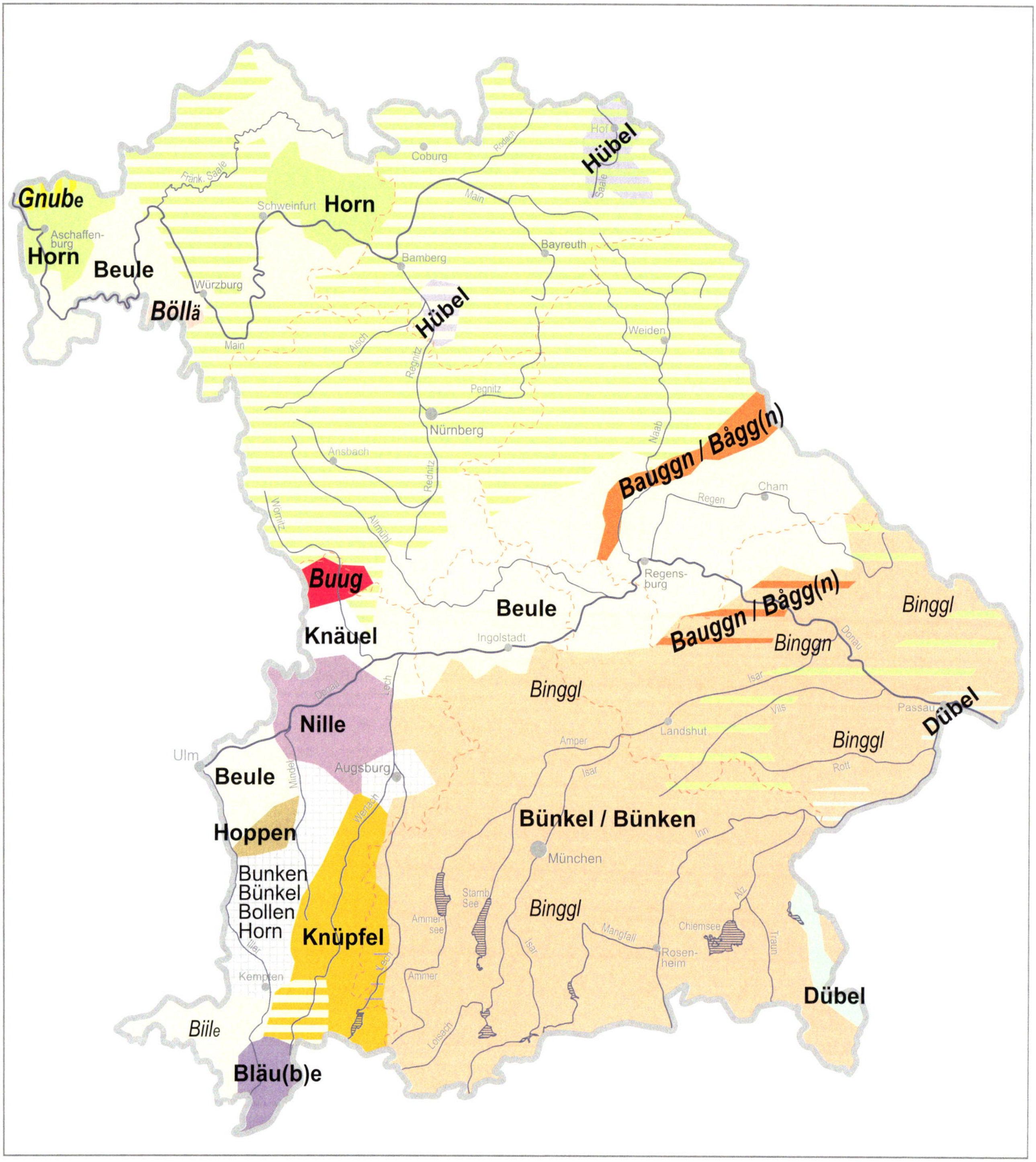

Karte 66: Bezeichnungen für eine Beule am Kopf

Jeder hat so etwas schon einmal gehabt: Man stößt mit dem Kopf irgendwo an, es bildet sich in relativ kurzer Zeit eine Geschwulst, die sich dann nur ganz langsam wieder zurückbildet. Am Anfang ist sie eher blau, wendet sich dann ins Rötliche, und kurz vor dem Verschwinden ist sie dann mehr grün-gelb. Im Nhd. heißt so etwas eine **Beule**, wobei dieses Wort semantisch doppeldeutig ist: Sowohl eine nach außen ragende Geschwulst als auch eine nach innen gehende Vertiefung (z. B. am Auto) wird damit bezeichnet. Dieses Wort, das es schon im Ahd. gibt (biula 'Blase, Pustel, Geschwulst'), ist im gesamten Nordraum vor allem als Zweitbeleg neben "Horn" verbreitet, im Donauraum ist es vorherrschend *(Boiln, Bain, Baaln, Baila, Beile);* und im südwestl. Allgäu herrscht die nicht diphthongierte, entrundete Form *Biile*.

Das im Norden stark verbreitete **Horn** gibt es strichweise auch im Süden. Dieses Wort ist seit Beginn unserer schriftlichen Überlieferung vorhanden (ahd. horn) und bezeichnet nicht nur die Hörner von Kuh, Ziege u. a., sondern auch das Geweih des Hirsches (vgl. Hirschhornsalz). Selbst der "Hornung", der alte Name des Monats Februar, ist davon abgeleitet, denn um diese Zeit zog man in den Wald, um die Abwurfstangen der Hirsche zu finden, die früher ein wertvoller Rohstoff, z. B. für Kämme oder Knöpfe, waren. Die Übertragung dieses Wortes auf die Beule am Kopf übertreibt zwar etwas, sie ist aber einleuchtend. Die meisten der vorliegenden Ausdrücke sind solche Übertragungen von Wörtern, die in anderen Bezugssystemen ihre Kernbedeutung haben. Die gilt auch für den **Hübel**, der schon vom Ahd. an für 'Hügel, Erhöhung' belegt ist und der im Mhd. als hübel, hubel auftaucht. In die gleiche Gruppe gehört wohl auch die **Nille** in Nordschwaben. Im Ahd. gibt es ein nel 'Gipfel, Spitze', das einen Verwandten im mhd. nulle 'Scheitel, Hinterhaupt, Nacken' hat, aus dem unsere "Nille" hervorgegangen sein könnte. Eine kleine Erhebung, z. B. auf der Straße, ist im schwäb. Dialekt ein "Hopper", die vertikale Bewegung, die so ein Hopper auslöst, bezeichnet man mit "hoppen", der Hase "hoppelt" und der Reiter "hoppt" im Kinderlied auch. Zu dieser bewegungsnachahmenden Wortgruppe gehört auch der **Hoppen**, der im Mittelschwäb. ein Gebiet ergibt.

Einige unserer Wörter haben als Ursprungsbedeutung etwas 'Rundes, Dickes' bzw. etwas 'durch Schlag Entstandenes', was sich nicht immer sauber trennen lässt, z. B. beim **Bünkel/Bünken**. Dazu gibt es im Ahd. einen bungo 'Zwiebel, Bunge (Pflanzenart mit dicker Knolle)' oder im Mhd. einen bunkel 'Schlag, Stoß' und bair. dialektal ein Verb punken 'stoßen'. In diese Gruppe gehört auch der **Knipfel**, der mit dem "Knopf" (ahd. knopf 'Sproß, Knauf, Knopf, Knoten') verwandt ist sowie mit "knüpfen" (ahd. chnupfan 'einen Knoten machen'); und ein Knoten ist bekanntlich etwas Rundes, genauso wie der **Knupper** *(Gnube)* in der äußersten Nordwestspitze Bayerns. In diese Gruppe gehört auch der **Knäuel** (Diminutiv zu ahd. kliuwa 'Knäuel, Kugel, Ball') und der **Bollen** (ahd. bolla 'Knospe, Knoten'). Der Kn-Anlaut ist einer größeren Gruppe von Wörtern gemeinsam, die alle einen runden, verdickten Gegenstand bezeichnen, so "Knopf, Knolle, Knoten, Knie, Knospe, Knorpel, Knüpfel" (vgl. S. 163).

Das Wort ***Buug*** erscheint in der verwandten Form buck 'Biegung, Krümmung, Hügel' erst im 16. Jh. Es ist sicher vom starken Zeitwort "biegen, bog, gebogen" abgeleitet. Von der 'Biegung/Krümmung' ist es nicht mehr weit bis zur 'Beule'. Schwierig zuzuordnen sind die in Ostbayern noch kleinräumig vorhandenen Ausdrücke ***Baugg/ Bågg(n)***. Entweder gehören sie ebenfalls in den Zusammenhang des Verbs "biegen" (mhd. bouc '(ich) bog') oder in das Feld 'schlagen, stoßen'; in letzterem Fall wären sie zum nhd. Wort "Pauke" zu stellen. Beide Ableitungen machen lautlich etwas Schwierigkeiten.

Eine ganz andere Benennungsmotivation haben die Wörter "Bläu(b)e" und "Dübel". Ersteres war früher wohl weiter verbreitet, das zeigen noch vereinzelte Streubelege, heute ist **Bläube** in Bayern nur mehr im alpinen Allgäu anzutreffen. In dieser Form steckt das Wort "blau", ahd. blâ, Genitiv blâwes, das im Ahd. auch als Substantiv blâwî 'Blaue' vorkommt. Mit Umlaut und einem Wechsel des *w* > *b* ist die Dialektform ganz lautgesetzlich zu erklären. In anderen Zusammenhängen gibt es diesen Konsonantenwandel auch zum Nhd. hin: In "gelb", < mhd. gel, Gen. gelwes, stammt das *b* aus dem *w* der flektierten Formen ("Safran macht den Kuchen gel"). Der **Dübel** kommt schon ahd. vor als tubil, in der Bedeutung 'Dübel, Pflock, Holznagel'. Solche Dübel dienten dazu, Holzteile zu verbinden. In der Natur der Sache lag es, dass sie oft etwas aus den Brettern bzw. Balken herausstanden. Dieses Hervorragen war Anlass für die Bedeutungsübertragung.

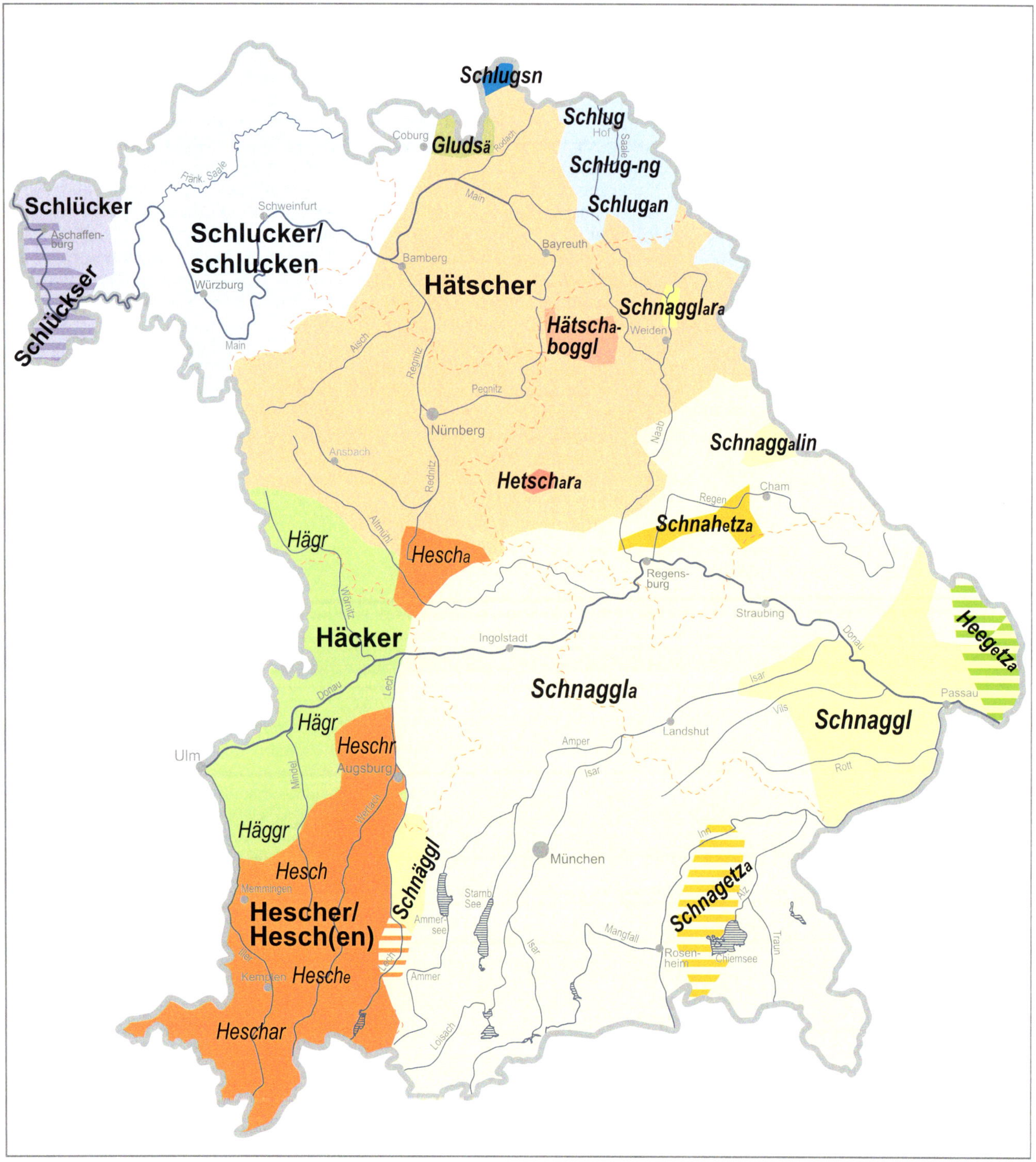

Karte 67: Bezeichnungen für den Schluckauf

Jeder kennt ihn, bei Kindern ist er häufiger als bei Erwachsenen, lang andauernd kann er sehr schmerzhaft sein, er kommt und geht, wie er will, man bekämpft ihn durch verschiedenste Mittel. Seine Ursache hat er in einem krampfhaften, ruckartigen Zusammenziehen des Zwerchfells, das eine Druckveränderung bewirkt, und die ist in der Regel auch mit einem Geräusch verbunden, das gerne mit *hick(s)* umschrieben wird.
Diesen begleitenden Ton ahmen einige der in Bayern verwendeten Ausdrücke nach. Alle aber sind sie aus Verben abgeleitet, meistens mit der Ableitungssilbe -er (wie z. B. bei **Schlucker**), die hier das Produkt, das Ergebnis einer Tätigkeit bezeichnet (vergleichbar im Nhd. der "Seufzer" zum Verb "seufzen"). Der Vorgänger dieser heute produktiven Ableitungssilbe ist ahd. -il, das vor allem in Instrumentenbezeichnungen wie "Stößel" (zu "stoßen") oder "Schlüssel" (zu "schließen") noch vorhanden ist. Verschiedentlich erfolgt die Substantivierung des Verbs auch auf andere Weise zu "der **Schluck**" (wie "besitzen" zu "Besitz") oder durch Konversion zu (das) **Schlucken**.
Im Nordwesten wird teilweise der Schluckauf auch verbal ausgedrückt, etwa durch "er schluckt", d. h., hier spiegelt sich entwicklungsgeschichtlich ein früherer Zustand, da ja bei allen Formen ursprünglich von einem Tätigkeitswort auszugehen ist.
Im Norden ist es das Wort "schlucken" und auch "schlucksen" (aus einer iterativen Ableitung auf -zen, vgl. S. 127), das als Basis dient, in einem kleinen Gebiet auch "gludsen", das wohl zu "gluchsen, glucksen" für den 'Ruf der Henne' zu stellen ist. "Gluckser" ist im Mitteldt. in großen Gebieten in der Bedeutung 'Schluckauf' verbreitet. Die umgelauteten Formen mit -ü- (entrundet gesprochen als *i*) sind in einen weit verbreiteten Wechsel von u- und ü-Vokalen einzubetten (wie "drucken/drücken", "Mucke/Mücke" u. a., vgl. Karte 9). Weitere Basisverben sind "heschen/hätschen" (laufnachahmend, vgl. "hatschi!" für das Niesen; vgl. Karte 69), "schnackeln", "häcken" (wohl von "hacken"). Alle diese Verben versuchen in ihrer Lautgestalt den Vorgang nachzuahmen. Vielfach sind diese mit Iterativsuffixen ausgebaut, z. B. "schnackeln" mit -l- (zu ahd. -alon, -ilon, nhd. -eln; vgl. "tröpfeln", "häufeln", auch mit verkleinernder Funktion); andere ***(Schnagetza, Heegetza)*** mit *-etz-* (von ahd. -azzen, -ezzen, vgl. Karte 57), bevor sie substantiviert wurden.
Das einzige Kompositium findet sich im Raum Auerbach in der Opf.: ***Hätschaboggl***. Der erste Bestandteil wurde oben schon erklärt, der zweite *(Boggl)* enthält den "Bock". Bei den Deutschen Westböhmens hieß es: "Den stoßt der Bockl", wenn man sagen wollte "Er hat den Schluckauf". Dass diese böhmische Eigenheit hier in der Region auftaucht, ist kein Zufall: Die Region um Auerbach kam um 1350 an das Königreich Böhmen und erlebte danach mit den Privilegien der böhmischen Könige eine Blüte. Ein sprachlicher Rest dieser Verbundenheit mit Böhmen lebt in *Boggl* fort.

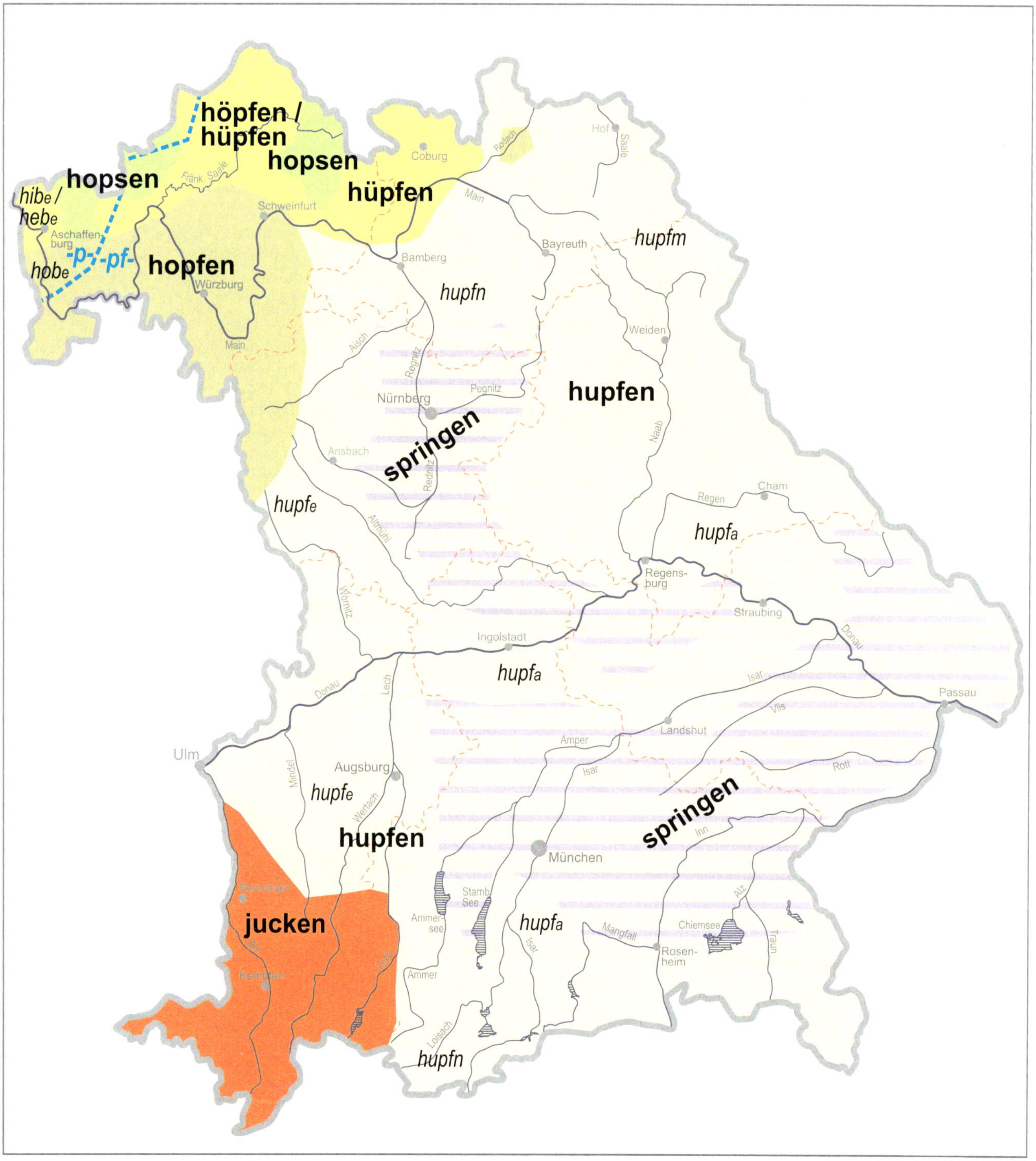

Karte 68: Bezeichnungen für *hüpfen*

Thema der Karte sind die in Bayern üblichen dialektalen Bezeichnungen für 'hüpfen', d. h. 'kleine Sprünge machen und sich dabei meist leicht vorwärts bewegen'. Diese Sprünge können auf beiden oder auf nur einem Bein ausgeführt werden. Es besteht eine inhaltliche Nähe zu der Bewegung, die man in der Hochsprache "springen" nennt, was im Süden beispielsweise auch in der Wendung "das ist gehupft wie gesprungen" ausgedrückt wird, womit man sagen will, dass etwas vollkommen einerlei sei.

Die größte Verbreitung auf der Karte hat **hupfen**, die nicht umgelautete, oberdt. Variante zu **hüpfen** (vgl. zum Problem des Umlauts S. 33). Beide Formen sind seit dem 12. Jh. so auch schon im Mhd. belegt. Im Nordwesten Bayerns treten überwiegend Varianten dazu mit gesenktem Vokal auf: **hopfen** und **höpfen**. Die umgelauteten Typen **hüpfen** und **höpfen** *(hüpfe, höpfe)* kommen nur im nördl. Franken vor, dort, wo gleichzeitig auch nicht entrundet wurde (vgl. dazu Karte 11 zu mhd. ö in "Köpfe"). Durch die auf der Karte eingezeichnete Lautverschiebungsgrenze im Spessart und in der Rhön ergeben sich regelhaft im mitteldt. Nordwesten Bayerns sowohl für "hüpfen/höpfen" als auch für "hopfen" unverschobene Entsprechungen *(hibe, hebe, hobe)*. Aus der letztgenannten mittel- und niederdt. Form **hoppen** hat sich erst im 19. Jh. **hopsen** entwickelt, wozu wohl der Ausruf "hops" beigetragen hat. Schon seit dem 17. Jh. war aus der nämlichen Form **hoppeln** entstanden, eine sog. Iterativbildung, welche eine sich wiederholende Bewegung zum Ausdruck bringt.

In weiten Gegenden Bayerns wird neben "hupfen" das Wort **springen** (< ahd. springan) bedeutungsgleich verwendet. Dieses Verb hat neben dem 'Hüpfen in die Höhe' weitere Bedeutungsaspekte, z. B. 'springen in die Weite', 'sprudeln/quellen', 'begatten bei Tieren'.

In den schwäb.-alem. Dialekten im Südwesten Bayerns bedeutet "springen" aber in erster Linie 'schnell laufen'. Dies ist möglich, weil man dort mit dem persönlich gebildeten Verb **jucken** (< ahd. jucchen) einen ganz anderen Ausdruck für 'hüpfen' zur Verfügung hat. Dieses in der Hochsprache meist unpersönlich gebrauchte "jucken" (Beispiele: "es/die Haut juckt") ist im ganzen deutschsprachigen Südwesten verbreitet und ist dort auch im Sinne des Kartenthemas in die Literatur eingegangen. So kann man bei Gottfried Keller lesen: "der Winkelpoet juckte auch ein paarmal in die Höhe" (DWB, 441).

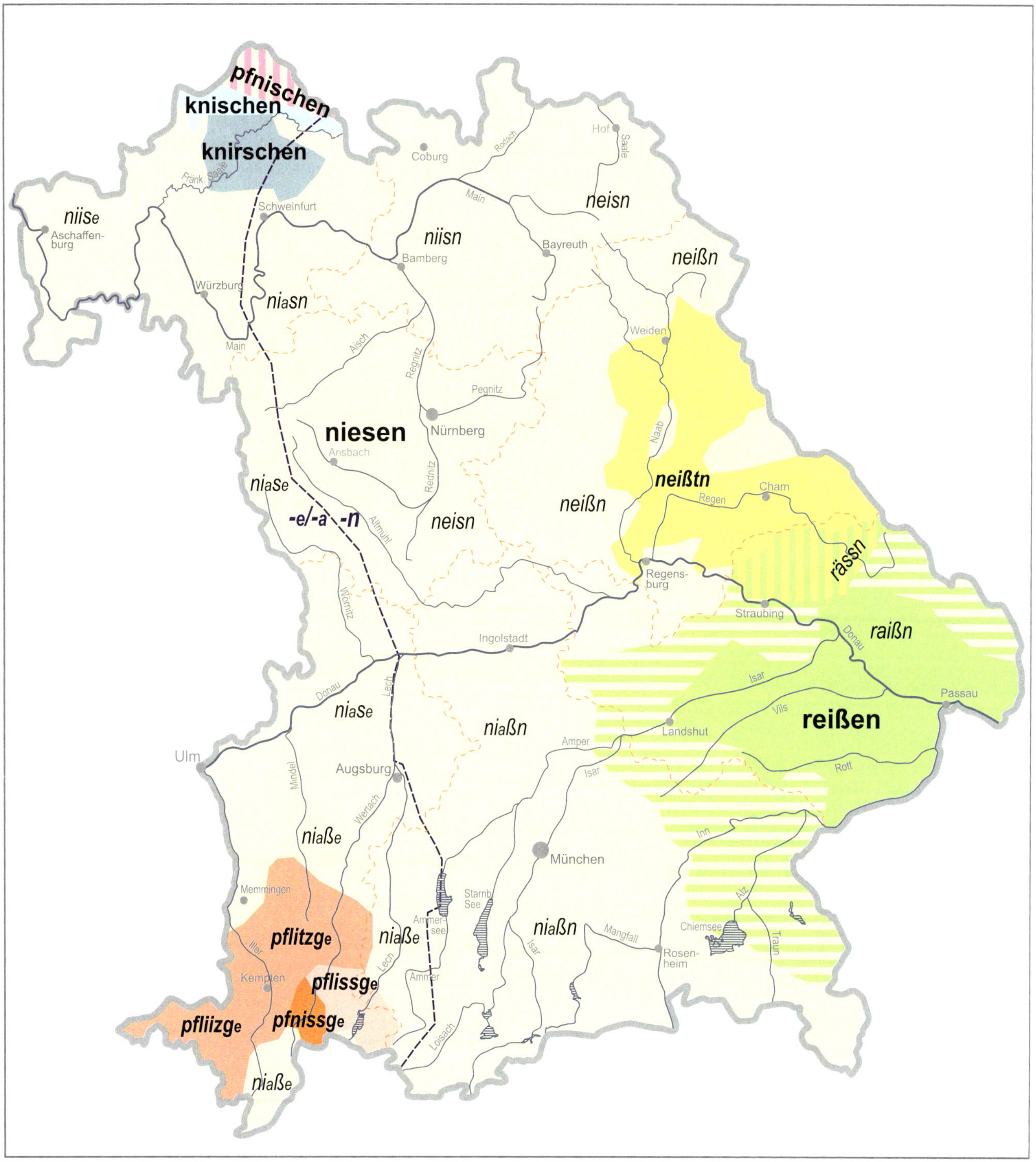

Karte 69: Bezeichnungen für *niesen*

Durch vermehrtes Niesen kündigt sich gewöhnlich eine Erkältung an; aber auch durch feinste Staubpartikel in der Luft können die Nasenschleimhäute so gereizt werden, dass ein Reflex ruckartig die Luft aus Mund und Nase ausstößt. Das dabei entstehende laute Geräusch wird häufig als "Hatschi" interpretiert.

Im größten Teil Bayerns stimmt die Bezeichnung mit dem hochsprachlichen Wort überein, man sagt **niesen**. Dieses Wort ist schon im Ahd. im 10. Jh. belegt. Es gehört zu einer Gruppe schallnachahmender Wörter, die in den germ. Sprachen verbreitet sind. Nahe steht bei ihm der schweizerische "Pfnüsel" für 'Schnupfen'. Das Wort stimmt im Vokalismus größtenteils mit "fliegen" (vgl. Karte 24) überein. Zur hier eingezeichneten Grenze der Infinitivendung (vokalisch vs. konsonantisch) vgl. S. 29. In der Opf. gibt es eine Variante zu "niesen", den Typ *neistn*. Die im Dialekt dort gegebene Synkope (= Ausstoßung) des e in der Endung lässt beim Übergang vom *s* zum *n* einen Gleitlaut *t* entstehen, der bei diesem Wort gebräuchlich geworden ist. Solche Ein- bzw. Anfügungen von t gibt es im Nhd. z. B. bei "niemand" (aus älterem nieman) und bei "gelegentlich" (aus älterem gelegenlîch).

Im niederbayerischen Raum herrscht mit **reißen** ein Verb, das es schon im Ahd. als rîzan gibt und das auch in Englisch "to write" 'schreiben' weiterlebt. Die schnelle Bewegung, die dieses Wort auch heute noch zum Ausdruck bringt, war offensichtlich der Grund für eine Übertragung auf den Vorgang des Niesens.

Weniger einleuchtend ist die Entstehung der Bedeutung 'niesen' aus dem erst spätmhd. belegten **knirschen** (aus knirsen), weil wir uns heute unter dem Knirschgeräusch etwas anderes vorstellen. An der Fränkischen Saale aber bezeichnet dieses schallnachahmende Wort den Vorgang des Niesens, genauso wie **knischen,** zu dem eine Nebenform knitschen 'quetschen' im 15. Jh. belegt ist, das sich aber auch aus "knirschen" gebildet haben kann; in dieser Gegend ist auch das Wort **pfnischen** verbreitet, das eine ähnliche Lautgestalt aufweist wie der oben schon erwähnte schweizerische "Pfnüsel" und wie dort vorhandene verbale Formen, etwa "pfusen" und "pfnüsen" für 'schnauben'.

In der gleichen Weise lautmalerisch sind die Allgäuer Ausdrücke mit den Anlauten pfl- **(pflitzgen, pflissgen)** oder pfn- **(pfnissgen)**, die alle ein eingefügtes g aufweisen, welches der Rest eines alten Iterativsuffixes (ahd. -agôn) ist (vgl. S. 127).

Karte 70: Bezeichnungen für *Fangen spielen*

Als die Kinder in den Dörfern noch einen großen Teil ihrer Freizeit im Freien verbrachten, waren einfache Bewegungsspiele wie Verstecken oder Fangen sehr beliebt. Man brauchte keine Hilfsmittel und konnte sie (fast) überall spielen. Nicht nur bei den Spielregeln gab es viele Varianten, sondern auch bei den Bezeichnungen, die sich geographisch so stark vermischen, dass sich keine klaren Gebiete abgrenzen lassen.

Basis fast aller Bildungen ist das Verb "fangen", das durch verschiedene Vorgänge der Wortbildung abgewandelt wurde. Weit verbreitet ist der substantivierte Infinitiv **Fangen**, der sich auch in der Schriftsprache durchsetzen konnte. In einem Streifen im Lechrain hat sich praktisch die ahd. Form erhalten: Bei ***Fååcha*** ist der ahd. Inlaut h (ahd. fahan 'fangen' fieng 'fing') noch erhalten geblieben und nicht durch das g der anderen Formen ersetzt worden. "Fangen" wird in der Regel zusammen mit dem Verb "spielen" verwendet. Da dieses Verb bis ins 17. Jh. mit Genitiv konstruiert wurde (des Balles spielen), hieß es dann "(des) Fangens spielen". Das n schwindet im unbetonten Auslaut, und es bleibt eine Endung -es, (mit Varianten -etz), die später nicht mehr als Genitivflexion erkannt wurde. Im **Fangerlens** (südlich von Nürnberg) dürfte die alte Endung (ohne n-Schwund) noch bewahrt sein. Das in verschiedenen Formen vorkommende *l* ist der Rest einer Diminutivform, genauso wie das *ch* in der Nordwestecke (vgl. Karte 40). Das -er- in vielen Typen ist wohl der Rest aus einer Form, die "Fanger spielen" hieß, wobei der "Fanger" das Kind ist, das fangen muss. **Fangis** ist eine den Lautregeln entsprechende Form, **Fangus** taucht zwar in der Karte nicht auf, streut aber im ganzen Gebiet; die lateinisch klingende Endung stammt sicher aus der Schüler- bzw. Studentensprache.

Auf einem anderen Wortbildungsprinzip dürften Formen, die in Obb. überwiegen, beruhen: **Fang-ein-Männlein**, ***Fangstei***^{n} und ***Fangadrei***^{n} sind wohl zu einem Wort "zusammengerückte" ehemalige Syntagmen, wobei die letzten beiden nur schwer in ihrer ursprünglichen Form zu bestimmen sind. Beim **Geierfangen** und **Habichttaubenfangen** ahmen die Kinder das Fangen der Hühner durch Greifvögel nach (Geier war das Wort für alle Greifer). Die Konstruktionen beruhen auf einem Vergleich: "wie der Geier (die Hühner) fängt", "wie der Habicht die Tauben fängt". Das ***Detifånga*** in der Südostecke beruht womöglich auf einem Ruf beim Abschlagen *(dedi,* auch *dada).*

Es geht auf dieser Karte hauptsächlich um Ausdrucksmöglichkeiten mit einfachen Verben für ungewöhnlichen Brandgeruch, der nicht einfach von dem im Herd oder Ofen brennenden Feuer stammt, sondern beispielsweise vom Anbrennen von Stoff oder von anderen nicht zum Verbrennen bestimmten Materialien verursacht sein kann. Solch ein Brandgeruch veranlasst Hausbewohner gewöhnlich dazu, zu überprüfen, ob nicht irgendwo ein gefährlicher Brandherd besteht. Mit diesen Verben wird aber auch der spezielle Geruch nach einem Gebäudebrand bezeichnet, und teilweise stehen sie auch für den Geruch von verbranntem Essen.

Karte 71: Bezeichnungen für *brenzlig riechen*

Die bei den Befragungen notierten Ausdrücke streuen geographisch so sehr, dass eine genaue Abgrenzung der Verbtypen nicht möglich ist, weshalb hier nur diese vereinfachte Art der Darstellung gewählt werden kann, aus der nur ungefähr hervorgeht, wo welche Wortform(en) in Verwendung sind.

Im Norden Bayerns (mit Schraffur markiert) sind ganz überwiegend nur Umschreibungen üblich, wie etwa "es riecht verbrannt" oder "es stinkt nach Rauch".

Im größeren Teil Bayerns hat man aber für diesen Sachverhalt einfache Verbalausdrücke zur Verfügung, in denen überwiegend der Wortstamm **brand-** bzw. die dazugehörige Umlautform **bränd-** (z.B. *brandln, brantln, brentele*) enthalten sind; im Untertyp ***bränggele*** im Allgäu dürfte "bränd-" + "-gelen" stecken. Als Ableitung zu "bränd-" ist auch der Stamm **brenz-** vertreten, zu dem auch die verwandten Typen ***brems-, brens-, brenst-*** gestellt werden können.

Daneben dienen auch die Verbstämme **rauch-** bzw. **räuch-** *(reechele, raachln, raiggan)* als Basis für die Infinitivformen. Überwiegend sind diese Verben mit der Ableitungssilbe **-eln** *(-ln, -iin, -in, -ain, -le, -ele)* gebildet, die u. a. abschwächende Bedeutung trägt, also beispielsweise 'leicht rauchen' (vgl. "lächeln" zu "lachen").

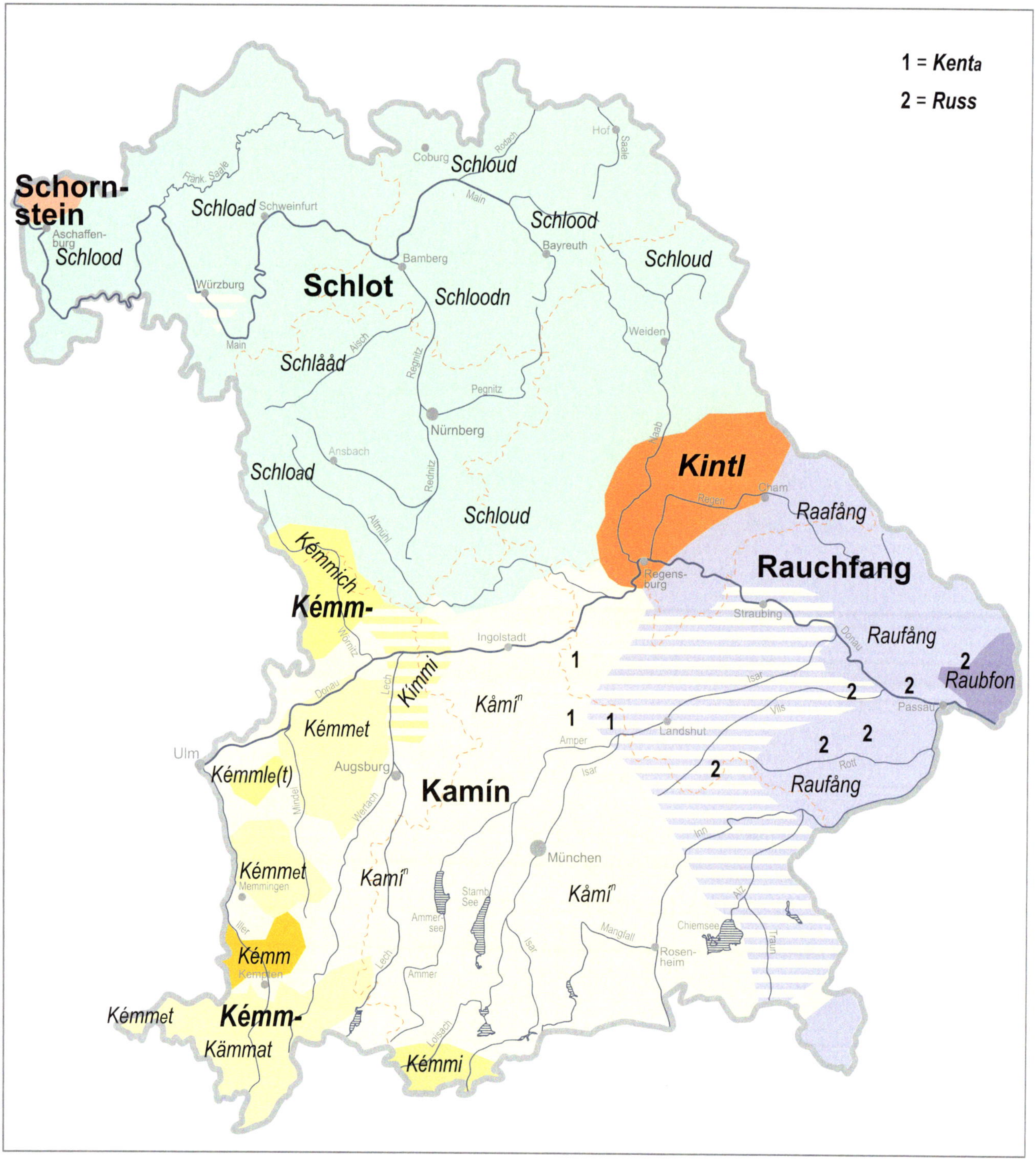

Karte 72: Bodenständige Bezeichnungen für den Rauchabzug in Wohnhäusern

Unsere Karte zeigt die dialektalen Wörter für den gewöhnlichen Rauchabzugsschacht in Häusern, der früher so bemessen war, dass der Kaminkehrer zur Reinigung noch selbst durchsteigen konnte. Dieser "deutsche" Kamintyp wurde im Laufe des 20. Jhs. von den "russischen" Kaminen abgelöst, die wesentlich enger sind und durch die man nur noch eine Bürste zieht. Auf diesen neueren Sachtyp beziehen sich einige in Nby. zusätzlich belegte, hier nicht kartierte Kaminbezeichnungen ***(Russ)***.

Das Wort **Kamin** kam zunächst mit der Sache selbst, dem gemauerten Rauchabzug, nach Mitteleuropa. Es geht zurück auf lat. camînus 'Feuerstelle (in der Schmiede), Herd, Rauchabzug' und wurde mit der germ. Betonung auf der Erstsilbe ins Deutsche integriert (ahd. kémîn, chémîn, mhd. kámîn, kémîn). Diese anfangsbetonten Formen haben sich vor allem im Schwäb. mit dem Wortstamm ***Kémm-*** erhalten, allerdings mit unterschiedlichen, oft kollektivierenden Endungen *(Kämmat, Kémmet, Kémmich, Kémmle(t), Kímmi)*, teils auch endungslos *(Kémm)*. Im 15. Jh. ist dann das Wort erneut aus ital. camíno entlehnt worden, woraus sich der endungsbetonte, heute hochsprachliche Typ **Kamín** und die dialektalen Formen *Kåmín, Kamíí, Kamé*^{n} entwickelten.

Schlot, < ahd. slât, mhd. slât, slôt, ist vermutlich zum mhd. Femininum slâte 'Schilfrohr' zu stellen, wobei der bedeutungsmäßige Bezug nicht sicher geklärt ist. Man geht davon aus, dass der alte, weite Rauchabzug regional mit Schilfrohr geformt wurde, das innen mit Lehm verkleidet war.

Das Bestimmungswort von **Schornstein**, < ahd. scorrenstein, stellt sich zu mittelniederdt. schôre 'Stütze, Stützpfahl' und auch zum ahd. Verb scorrên 'emporragen', mhd. schorren 'schroff hervorragen'. Der "Schornstein" war zunächst nur der Stein, der den Rauchfang seitlich stützte. Erst später wurde das Wort für die gesamte Feuerstelle mit gemauertem Rauchabzug verwendet.

Das vor allem im östl. Österreich verbreitete Wort **Rauchfang** lässt vermuten, dass es ursprünglich primär eine Haube über der Feuerstelle benannte, in welcher der Rauch aufgefangen, also gesammelt wurde, und dass damit erst später auch der zur Seite oder durch das Dach nach außen leitende Abzugsschacht mitbenannt wurde. Lautvarianten mit geschwundenem -ch (vgl. *Raufång*) haben wohl zu der auf der Karte farblich abgehobenen Lautform ***Raubfon*** geführt, wobei offen bleiben muss, ob dabei volksetymologisch umgedeutet wurde (möglicherweise von 'Rau(ch)pfann(e)') oder ob das *b* sich als Gleitkonsonant vor das *f* eingeschlichen hat.

Kintl könnte man im Zusammenhang mit dem teilweise gleichbenannten klein gespaltenen Herdholz sehen. Möglicherweise kann man es aber auch in einen Zusammenhang mit dem regionalsprachlichen Verb "(an)kenten" stellen, einem (alt)bair. Kennwort, das mit lat. incendere 'anzünden' verwandt ist.

Die Dialekte als Wortquelle für die Hochsprache

Im Mittelalter gab es nur Dialekte, gesprochen wie geschrieben (vgl. Einleitung). Als sich vor allem aus den Notwendigkeiten des Buchdrucks heraus die Deutschen in einem jahrhundertelangen Prozess auf eine einheitliche Hochsprache zubewegten (ab dem 15./16. Jh.), schälte sich "Schornstein" als das allgemeine Wort für diese Sache heraus. Damit waren Wörter wie "Kamin", "Schlot", "Esse" überflüssig geworden. Sie versanken aber nicht in den Dialekten des flachen Landes, sondern sie wurden zur Bereicherung des Wortschatzes der Hochsprache verwendet: "Kamin" meint heute hochsprachlich meist die 'offene Feuerstelle in Wohnzimmern', "Schlot" bezeichnet speziell die 'hohen Rauchabzugstürme von Fabriken', "Schornstein" gilt als die Neutralbezeichnung in Deutschland, und "Rauchfang" wird vom Duden zwar der Hochsprache in Österreich (Bedeutung 'Kamin') zugewiesen, man versteht darunter aber heute in Deutschland den unteren, erweiterten Teil des Kamins, der den sich entwickelnden Rauch aufnimmt. Hinzu kommt noch die "Esse", die 'Feuerstelle in der Schmiede', die in Bayern zwar nirgends als Dialektwort vorkommt, aber das Normalwort für den Rauchabzug im mitteldt. Osten ist und war.

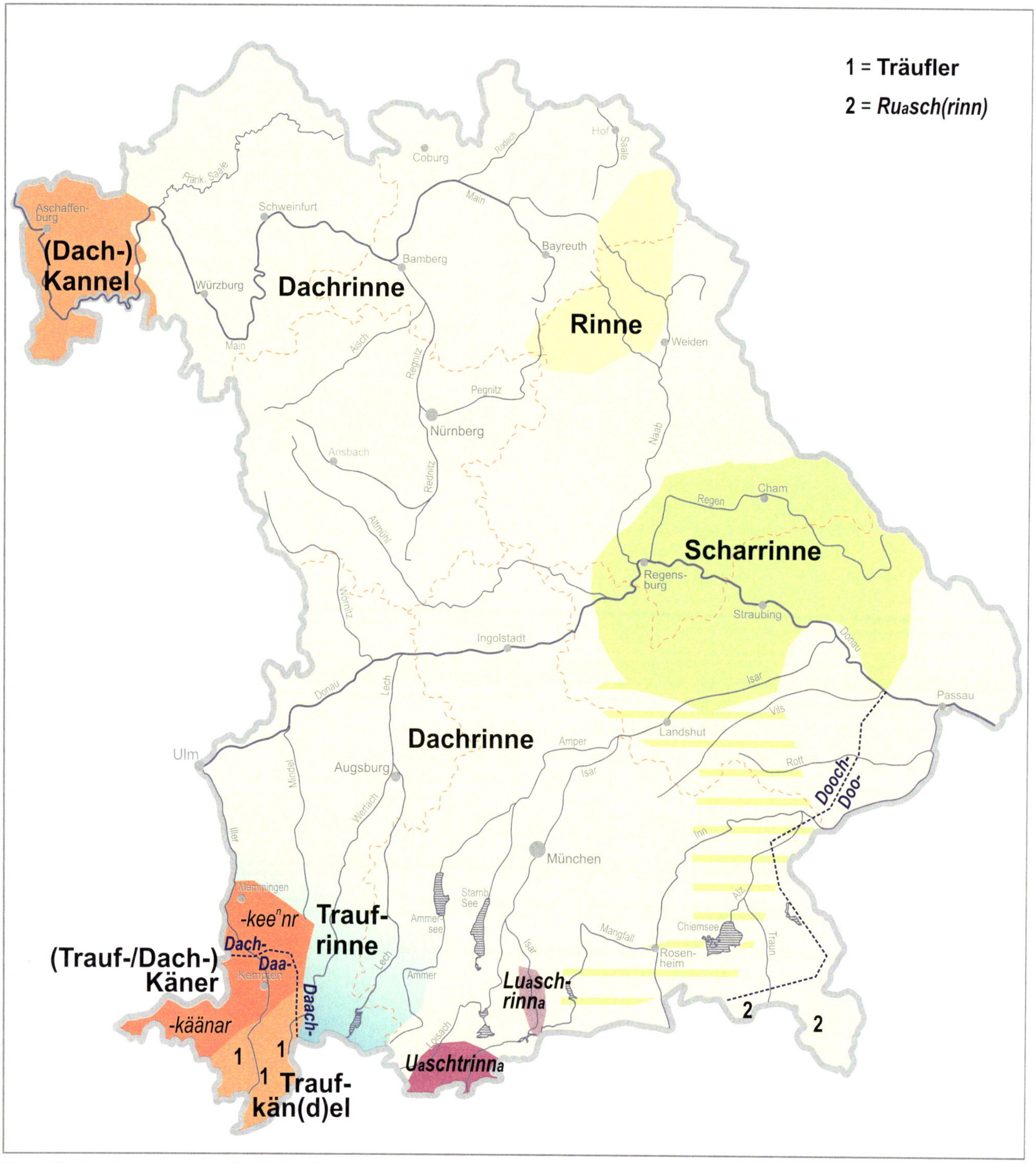

Karte 73: Alte Bezeichnungen für die Dachrinne

Die Karte zeigt die in Bayern üblichen Bezeichnungen für "die am Rand des Daches angebrachte Rinnen, um das Regenwasser aufzufangen und abzuleiten". Diese sind erst seit dem 15. Jh. nachweislich in Gebrauch. Die früher einfachen Holzrinnen, die teilweise nur mit Astgabeln an der Traufe, also an der unteren Dachkante, befestigt waren, mündeten an den Giebelseiten der Häuser noch als Wasserspeier. Später wurden Fallrohre an den Rinnen angebracht, die ein gezieltes Ableiten des Wassers ermöglichten.

Ganz überwiegend wird in Bayern **Rinne** als Bezeichnung verwendet, meist als Grundwort in Zusammensetzungen. Das Wort ist schon ahd. gleichbedeutend als rinna belegt.
In dem am weitesten verbreiteten Kompositum **Dach**rinne, das auch als die standardsprachliche Bezeichnung gilt, geht das Bestimmungsglied auf ahd. dahh, dah zurück, das wiederum über eine idg. Wurzel mit den lat. Verbformen tego, têctum 'ich decke, gedeckt' verwandt ist.
Das Kompositum **Schar**rinne *(Schoariina, Schåårrinna)* bezieht sich auf "Schar". Bei dieser handelt es sich nach Schmeller um "aneinander gefügte mit Schindeln benagelte Bretter, die den unteren Rand oder Vorschuss eines Ziegeldaches", also die Dachtraufe, bilden. Das Wort ist eng verwandt mit dem Verb "scheren" (< ahd. skeran), 'schneiden' und bezeichnete vielleicht geschnittene Schindeln, im Gegensatz zu den durch Spalten entstandenen.
Trauf(e), dialektal in allen drei Geschlechtern belegt, benennt die 'untere Kante des Daches'. Es geht zurück auf ahd. trouf, welches vom ahd. Verb triofan 'triefen, träufeln, fließen' abzuleiten ist. Der Farbverlauf auf der Karte deutet an, dass in diesem Gebiet die Bezeichnung "Traufrinne" *(Droof-, Drauf-)* nach Norden zu schrittweise von "Dachrinne" abgelöst wird. Im Oberallgäu ist vereinzelt auch **Träufler** in Verwendung, was wohl eine Ableitung zu "Traufe" ist, so wie "Sportler" zu "Sport" oder "Tischler" zu "Tisch", wobei ein -ler oder ein -er jeweils nicht nur eine handelnde Person anzeigen kann, sondern auch ein Instrument, wie z. B. "Bohrer" oder "Öffner".
Die Bestimmungswörter in den drei lautnah verschrifteten Ausdrücken ***Uascht-, Luasch-, Ruaschrinna*** am Südrand von Obb. findet man in den Wörterbüchern zusammengefasst unter **Nuesch** (m.), welches von ahd. nuost herzuleiten ist und 'Rinne, Gerinne, Kanal, ausgehölter Trog' bedeuten kann. Der fehlende und teilweise durch andere Konsonanten ersetzte n-Anlaut ist möglicherweise mit hyperkorrekter Tilgung des vermeintlich falschen n- zu erklären, dies im Hinblick auf Fälle, wo aufgrund falscher Trennung von unbestimmtem Artikel und Substantiv sich tatsächlich ein "falscher" n-Anlaut ergeben hatte (vgl. "Nast" für 'Ast', "Natter" für altes âter). Die starke Variation des Anlauts hat eine weitere Ursache in der Tatsache, dass das alte nuost nur in diesem Zusammenhang noch erhalten ist; Verben, Adjektive oder andere Substantive mit diesem Wort (d. h. nuost) als Basis hätten Bezugspunkte für eine historisch regelmäßige Tradierung dieses Wortes abgeben können. An diesem Beispiel zeigt sich eine generelle Tendenz bei vergleichbaren Wörtern, die man auch als "Deformation isolierter Bezeichnungen" erklärt.
Im äußersten Südwesten und Nordwesten Bayerns stoßen wir auf Bezeichnungen lat.-roman. Ursprungs für eine relativ junge Sache. **Kannel** und **-kän(d)el** existieren seit ca. dem 13. Jh. als Dialektausdrücke, sie leiten sich aus lat. canalis, ahd. canal(i) her.
Gleicher Herkunft ist **Käner**, bei dem aber mit einer Endung -er ein Suffix vorhanden ist, das u. a. auch Instrumente bezeichnet (vgl. links "Träufler"). Diese Endung erscheint im südl. Allgäu regelmäßig mit volltonigem a *(Käänar)*.

Farbige Strichlinien auf der Karte markieren im östl. Altbayern und im Allgäu jene Gebiete, in denen **auslautendes -ch** in "Dach-" und in anderen einsilbigen Wörtern wie "Bach", "Loch" und "Stich" schwindet (z. B. *Doorinna, Daakäänar*). Während aber im Südosten die Vokaldehnung in Einsilbern unabhängig vom ch-Schwund stattfindet, ist im zentralen und westl. Allgäu die Dehnung genau von diesem Schwund verursacht; denn dieses Gebiet ist, wie auch der nördl. anschließende mittelschwäb. Raum um Memmingen, Mindelheim, Illertissen, von der allgemeinen Dehnung der Einsilber nicht erfasst worden (vgl. dazu Karte 9 "Frosch").

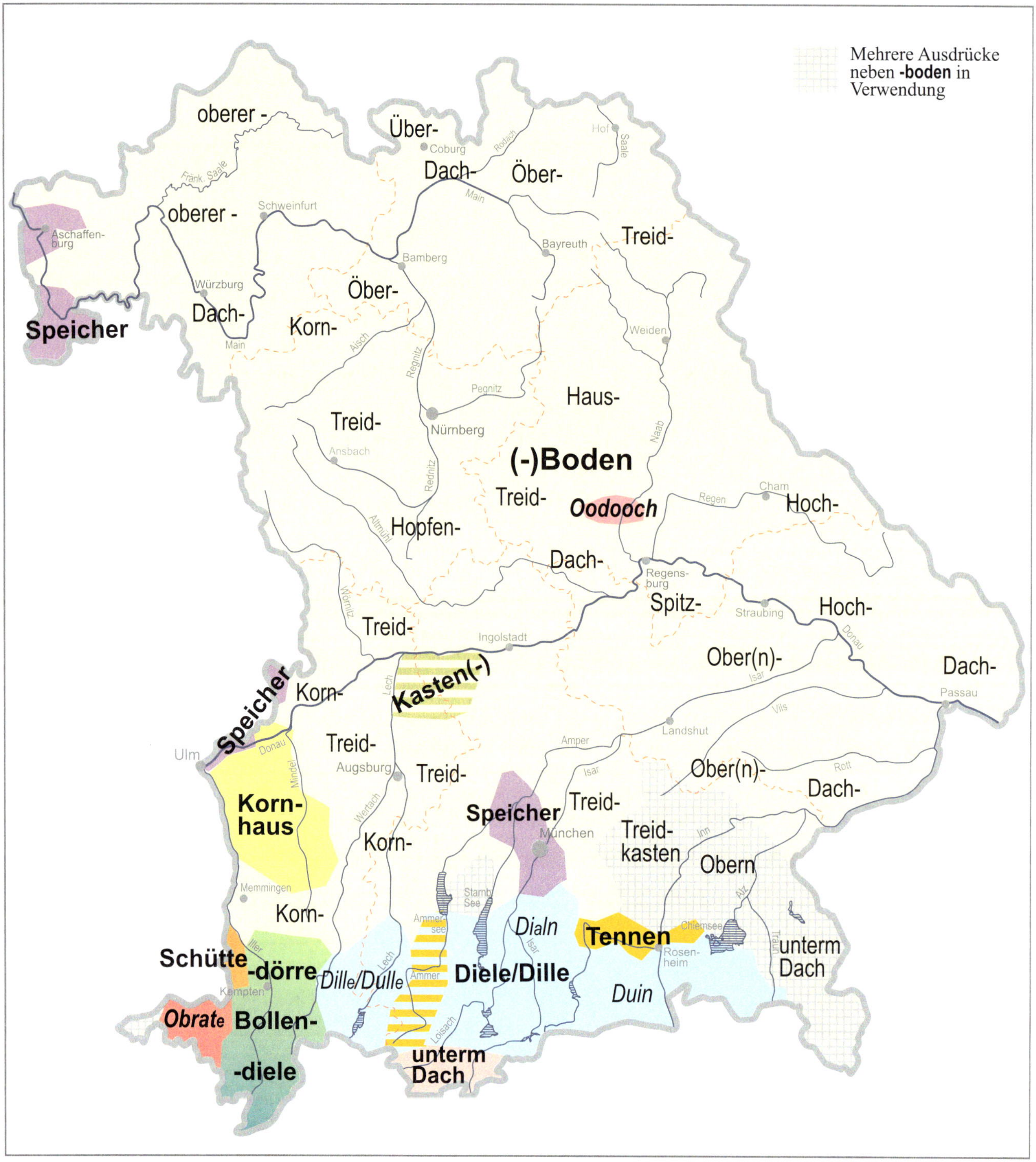

Karte 74: Bezeichnungen für den Dachboden im bäuerlichen Wohnhaus

Der Dachboden als zusätzlicher Raum im bäuerlichen Wohnhaus ist im Wesentlichen eine Erfindung des hohen Mittelalters. Damals forderten die Grundherren aus Sorge um die Holzverschwendung, dass im Dachbereich der Wohngebäude Böden, zunächst nur als lockere Stangenbeläge, einzubauen seien, um dort die Erträge aufzubewahren. Auf diese Weise sparte man sich nämlich zunehmend die seit dem 12. Jh. zu diesem Zweck üblich gewordenen Nebengebäude. Von daher ist anzunehmen, dass Bezeichnungen für ehemals separate Wirtschaftsgebäude auf den Dachboden im Haus übertragen werden konnten, wenn dieser die frühere Funktion als Lagerraum für bestimmte Erträge übernahm.

Der in Bayern am weitesten verbreitete **Boden**, als einfaches Wort oder als Grundwort in einer Zusammensetzung, geht zurück auf das seit dem 9. Jh. belegte ahd. bodam, zunächst in der Bedeutung 'Boden', auch 'Stockwerk', ab dem 16. Jh., als eine mehrstöckige Bauweise einsetzte, zunehmend in der verengten Bedeutung 'Dachstock'. Da die Bezeichnung aber ab da nicht mehr ganz eindeutig war, ergänzte man sie häufig durch Bestimmungswörter oder Attribute, die sich entweder auf die räumliche Lage (**Dach-, Spitz-, Hoch-, Ober(n)-, oberer-, Über-, Öber-**) oder aber auf die dort vornehmlich eingelagerten Erträge (**Korn-, Treid-, Hopfen-**) beziehen (zu den Formen und den Bedeutungen von "Treid" und "Korn" vgl. Karte 111).
Kasten *(Kåschn, Kåschtn)*, das seit dem 8. Jh. ahd. als kasto 'Behälter' belegt ist, wird im Knie von Donau und Lech gleichbedeutend mit dem Kompositum **Kastenboden** *(Kåschnboun)* für den ganzen Dachboden gesagt. Noch expliziter benennt das Kompositum **Treidkasten** den 'Raum unter dem Dach, wo Getreide aufbewahrt wird'. Hier liegt sicher eine Übertragung der Bezeichnung von einem früher separaten Nebengebäude auf den Dachboden im Haus vor.
Genauso ist es wohl bei **Kornhaus** *(Koarehous)* und bei **Speicher** (< ahd. spîhhari, spichar). Letzteres ist eine Entlehnung aus mittellat. spicarium 'Kornspeicher', eine Bildung zu lat. spîca 'Ähre'. Zumindest im Raum München dürfte dies nicht die alte Dialektbezeichnung sein.
Auffällig ist, dass gerade am Alpenrand Bezeichnungen ohne das Element "Boden" verbreitet sind.
Die hier lautnah verschriftlichte Form ***Obrate*** (f.) im Westallgäu ist wohl aus dem Adjektiv "ober" und dem im Alem. häufig vorkommenden Kollektivsuffix "-ete" *-(ate)*, < ahd. -âta, gebildet, bedeutet also so viel wie 'Gesamtheit des Oberen'. Parallele Fälle wären "Strickete" für das 'Strickzeug' oder "Rechete" für 'das, was man zusammengerecht hat'. Weniger wahrscheinlich ist die Interpretation als Zusammensetzung aus "ober" und "Tenne(n)". Dagegen spricht die Tatsache, dass es im Dialekt die Zusammensetzung "Obertennen" (m.) *(Oobrdenne)* ebenfalls gibt.
Die **Schütte** *(Schitte)*, eine Ableitung zum Verb "schütten" (wie "Ritze" zu "ritzen" oder "Spritze" zu "spritzen"), ist seit dem 15. Jh. auch als Bezeichnung für 'Lagerort für aufgeschüttetes Getreide' belegt.
Bollendörre *(Bolledeere)* und **Bollendiele** *(Bolledille, -diile)* gelten als allgäutypische Raumbenennungen, die auf jene Zeit zurückgehen, als man im Allgäu noch hauptsächlich Flachs angebaut hat. Damals nutzte man die Räumlichkeit unter dem Dach dazu, die Samenknollen (= Bollen) zu "dörren", also zu trocknen, damit sie besser zerspringen und die Leinsamen herausfallen konnten.
Diele bzw. **Dille** ist seit dem 8. Jh. als ahd. dil(o), dilla, dili im Sinne von 'Brett' und 'Bretterboden' belegt. Während in der schriftsprachlichen Form zum Nhd. hin Dehnung in offener Tonsilbe eingetreten ist, ist zumindest bei den Ostallgäuer Formen *Dille, Dulle* Vokalkürze bewahrt worden, wohl weil hier die alte Form dil-la dahintersteckt und somit keine offene Tonsilbe gegeben war. Im Bair. ist *l* meist vokalisiert (vgl. S. 65): *Duin* (zum *n*-Auslaut vgl. "Schiefer(n)" in Karte 62). Das Wort hat eine Bedeutungserweiterung von 'dickes Brett' zu 'Dachraum mit Bretterboden' erfahren.
Das Gleiche gilt für das in den heutigen Dialekten Südbayerns überwiegend männliche Wort **Tennen.** Es ist ahd. als tenni (n.) und mhd. als tenne bereits in allen drei Geschlechtern belegt, vor allem in der Bedeutung 'Dreschplatz', und gehört zu einer Wurzel, die ein ebenes Gelände, ein Tierlager bezeichnete. Der Zusammenhang mit "Tann" im Sinne von 'Wald, Nadelbaum' und "tännen" 'aus Tannenholz' ist unklar.
Nicht sicher zu entscheiden ist, ob die hier lautnah verschriftlichte Form ***Oodooch*** in der Opf. als "Ab-" oder als "Obdach" zu interpretieren ist.
Die Fügung **unterm Dach** *(untan Dooch)* am obb. Alpenrand erscheint meist als stark lexikalisierte Einheit, teilweise ist dort auch die entsprechende Zusammensetzung **Unterdach** *(Untadooch)* belegt.

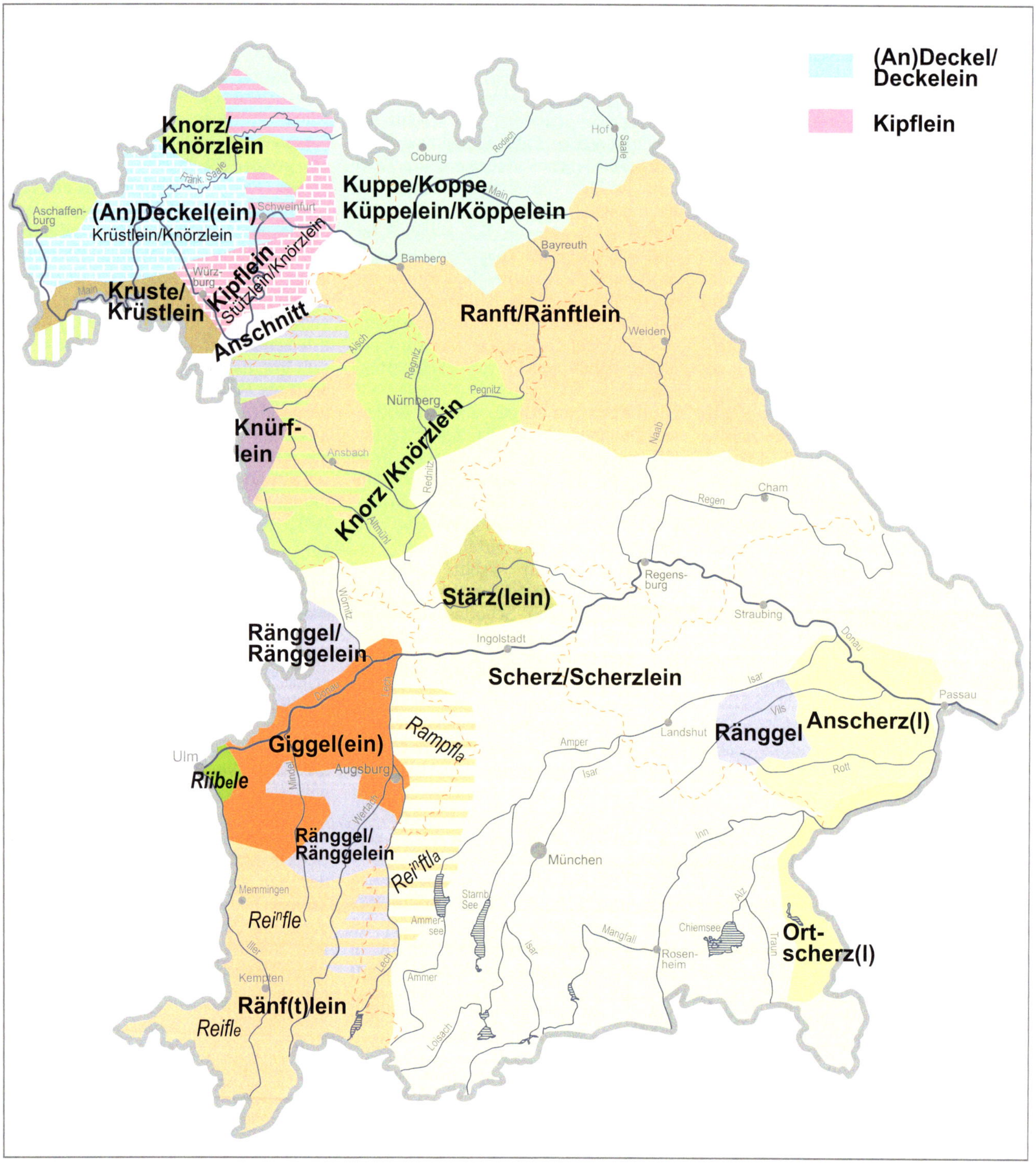

Karte 76: Bezeichnungen für den Brotanschnitt

Der Anschnitt des Brotes gilt vielen als das Beste, das Ende nicht unbedingt. Trotzdem wird beides meist gleich bezeichnet. Die belegten Worttypen ergeben keine sauber abgrenzbaren Verbreitungsgebiete. Vielerorts sind mehrere Wörter geläufig. Hinzu kommt, dass die innerhalb der Farbflächen auf der Karte dominierenden Typen teilweise sehr stark abweichende Untertypen mitrepräsentieren.

Der in Altbayern verbreitetste Typ **Scherz** bzw. **Scherzlein** erscheint u. a. als *Scheaz, Scherzla, Scheazl*. Im östl. Bereich bilden Zusammensetzungen mit **An**- und **Ort**- Gebiete *(O^{n}scheazl, Uachtscheaz, Åchtscheazl)*. Das Wort ist zu ahd. skeran 'abschneiden, scheren' zu stellen, aus dem eine nicht belegte Intensivbildung *skerzan abgeleitet wurde (wie "knarzen" zu "knarren"). Belegt sind ahd. skerzling 'abgeschnittenes Reisig' und mhd. scherze(1) 'abgeschnittenes Stück'. Zur gleichen Herkunftsgruppe gehören dt. "Schurz" und engl. "short" für 'kurz'. "Scherz(lein)" bedeutet also 'das Abgeschnittene', "Anscherz(l)" einfach 'Anschnitt' und "Ortscherzl" den 'Spitzen-(an)schnitt' (zu ahd. ort 'Spitze, Ecke, Ende').

An der Altmühl mischen sich Formen wie *Statzla, Stoaz, Stuuzl, Steazla*, die hier unter **Stärz(lein)** zusammengefasst sind, womit man gewöhnlich einen 'Schwanz' (der "Sterz" der Ente, des Pfluges) und auch den hinteren Teil der durchgehenden Stange an einem Langholzfuhrwerk bezeichnet. Das Wort gehört vermutlich zu einer Wurzel, die auch in "starren" 'steif sein, herausragen' vorkommt. Mhd. storren, star(r)en mit gleicher Bedeutung sind Basis für mhd. storre 'Baumstumpf' mit der Intensivbildung storz (vgl. unten "Knorren" und "Knorz") und die verbalen Intensivierungen mhd. starzen, sterzen 'steif emporragen'. Das "Stärzlein" wäre damit von zweierlei Aspekten her motiviert: von seiner Steif-/Starrheit und vom Charakter des Anfangs bzw. Endes der Sache.

Der Typ **Ranft** bzw. **Ränftlein** geht auf ahd. ramft, mhd. ranft/ramft 'Rand, Einfassung, Brotrinde' zurück, was seinerseits wieder zu einem ahd. Verb rimpfen 'zusammenziehen, falten, einschrumpfen' gehört. Der inlautende Nasalkonsonant (m/n) ist oft vokalisiert oder ganz geschwunden (vgl. Textkasten S. 59). Zudem schwindet im äußersten Südwesten auch t, so dass wir insgesamt eine ganze Palette unterschiedlicher Lauttypen registrieren können: *Rei^{n}ftle, Rei^{n}fle, Rääfle, Rai^{n}ftle, Rea^{n}ftle, Ree^{n}ftle, Raa^{n}ftla, Reeftle, Rambf(d)la, Rea^{n}mbfdla, Rämpfle.*

Die in der Grund- oder Verkleinerungsform belegten Typen **Ränggel** (m.) bzw. **Ränggelein** und **Giggel(ein)** erscheinen im S (vgl. Karte 27) mit unbehauchter Fortis *(Ränggl, Ränggele, Renggele, Ranggal, Rangge; Giggl, Giggele)*, im N mit Lenis und teilweise mit Vokallänge (z. B. *Rängele, Rengala; Gigele; Giigl, Giigele*). "Ränggel(ein)" ist verwandt mit "Rank" (< mhd. ranc) für 'Wegbiegung, Krümmung, Kurve' (vgl. Karte 121). Das "Giggel(ein)" ist ebenfalls von der Form her motiviert. "Gigel" kommt im Schwäb. in der Bedeutung 'Gipfel' vor und ist aus einem lat. cucullа 'Kugel' über gügel (mit Umlaut) zu "Gigel" (mit Entrundung) geworden. Dieses cuculla steckt auch in dt. "Kugel", in "Gugelhupf" (Kuchenart) und in Bergnamen auf "-gogel" bzw. "kogel" (z. B. Wildkogel).

In Ufr. tritt **Kipf** bzw. **Kipflein** gebietsbildend als Bezeichnung für den Brotanschnitt auf *(Khipf, Küpf, Kipfle, Küpfla)*. In anderen Gegenden bedeutet "Kipf" überwiegend das Langbrot, dies in Anlehnung an den Ausdruck "Kipfe" (< ahd. kipfa, kipfo) für die 'Wagenrunge', das schon früh (vor der 2. Lautverschiebung) aus lat. cippus 'Pfahl' entlehnt wurde. Die gemeinsame Form (längliches Brot, Pfahl) mag Anlass für diese Benennung gewesen sein. Die Nähe von "Gipfel" (vgl. "Giggel") und die im nördl. Schw. vorkommenden Streubelege mit unbehauchtem Anlaut *(Gipfele)* haben für eine Übertragung vom länglichen Laib auf den Anschnitt gesorgt.

Bei **Kuppe/Koppe** *(Kub, Kobm)* und den Verkleinerungsformen **Küpp(e)-lein/Köpp(e)lein** *(Köbala, Kübla)* liegen offensichtlich "unverschobene", also aus dem Niederdt. übernommene Lautungen vor. Eine hochdt. Entsprechung wäre im ahd. Wort kupfa 'Kopfbedeckung' gegeben, das aber nicht überlebt hat. Sie stellen sich zu lat. cuppa 'Becher'. Wir benutzen diese Lautformen auch in der Verbindung "Berg-" oder "Fingerkuppe".

Die Motivation für die Benennung **Kruste** bzw. **Krüstlein** *(Grüstla, Gristle)* ist wohl darin zu sehen, dass der Anschnitt wesentlich mehr von der begehrten äußeren Kruste enthält als die weiteren Brotscheiben.

Knorz und **Knörzlein** *(Knoarzä, Gnödsla, Gneadsla)*, vereinzelt auch **Knörrlein**, waren wohl zunächst, im Vergleich mit Auswüchsen an Baumstämmen, auf Ausbrüche am (runden) Brotlaib bezogen; an ihnen schnitt man das Brot bevorzugt an. Dabei muss "Knorr(en)" Basis für die Intensivbildung "Knorz" gewesen sein (vgl. oben; zum Anlaut Kn- s. S. 145).

Deckel bzw. **Andeckel**, meist in der verkleinerten Form *(Degele, Oudegela)*, sind davon motiviert, dass man mit ihnen die Schnittfläche des angeschnittenen Brotes abgedeckt und somit vor dem Austrocknen bewahrt hat.

Der um Ulm notierte Typ ***Riibele***, der sich nach W ein Stück weit fortsetzt und der auch das Ende eines Brotlaibs bezeichnet, ist zum Verb "reiben" zu stellen, weil dieser Rest – da die Backintervalle so groß waren – oft so hart war, dass er gerieben wurde.

Im äußersten Nordwesten von Schw. und in größeren Teilen von Ufr. konkurriert der auch hochsprachlich übliche Typ **Anschnitt** *(Aa^{n}schnid, Uuschnid, Ooschnid)* unterschiedlich stark mit altdialektalen Ausdrücken, was aus der Kartierung nur teilweise ersichtlich ist.

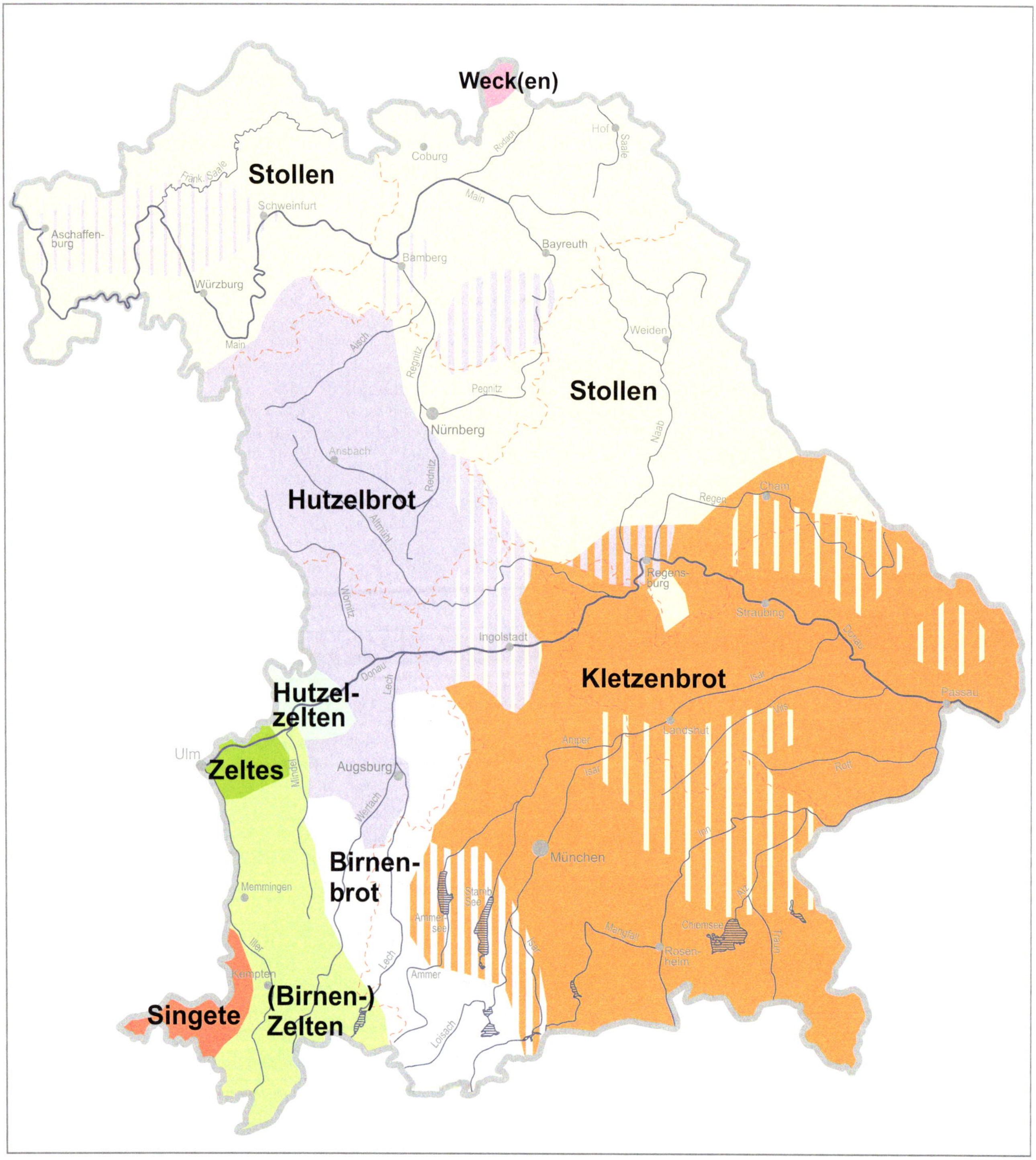

Karte 77: Bezeichnungen für das Weihnachtsfrüchtebrot

Die Tradition, in der kälteren Jahreszeit süßes Backwerk herzustellen, geht bis auf die Eisenzeit zurück. Damals begannen die Menschen, dem Fladenbrot, das sie als Alltagsspeise verzehrten, Wildhonig beizumischen. Dieses Brot war in dieser Jahreszeit wegen seines höheren Nährwertes sehr geschätzt.

Auf dieser Karte geht es in erster Linie um das zur Weihnachtszeit gebackene Früchtebrot, das außer der eher dunklen Brotteigmasse und getrockneten Birnen auch noch Rosinen, Feigen, Datteln und Nüsse enthalten kann. Bei diesem Brot ist die eher weiche und feuchte innere Masse von einer Brotteigrinde umhüllt.
Dieses weiche **Früchtebrot** unterscheidet sich deutlich von dem eher trockenen **Stollen** aus Hefeteig nach sächsischer Tradition, bekannt als "Dresdner Christstollen", der mit viel Butter gebacken wird und bei dem anstelle von Birnen und Feigen Zitronat und Orangeat verwendet wird.
Bei den Aufnahmen für die Sprachatlanten zeigte sich aber, dass in Teilen Bayerns, besonders im Norden, die Unterscheidung in der Sache und demzufolge auch bei der Benennung nicht so deutlich gemacht wird oder dass der Typ Früchtebrot dort keine Tradition hat.
Die Karte zeigt primär die maximale Ausdehnung der Bezeichnungen für das Früchtebrot. Wo nur "Stollen" oder "Wecken" belegt ist, muss davon ausgegangen werden, dass dort überwiegend der Stollen-Typ das traditionelle große Weihnachtsgebäck war.

Ein Teil der Bezeichnungen enthält das Grundwort **-brot** (< mhd./ahd. brôt), das jeweils zusammengesetzt ist mit **Birnen-** (ahd. bira, pira) oder gleichbedeutenden Bestimmungswörtern. Über die weitere Herkunft von "Brot" besteht keine Klarheit. Möglicherweise ist es in Beziehung zu stellen mit dem Verb "brauen".
Als Grundwort in Zusammensetzungen oder als Simplex ist **Zelten** (m.) *(Zäalte, Zälte)* in Teilen Schwabens üblich. Das Wort ist seit dem 10. Jh. belegt als ahd. zelto 'dünner, flacher Kuchen; Fladen'. Als Bezeichnung für einen runden Brotfladen, der gerne mit Salz, Schnittlauch, Rahm und Zwiebeln belegt wird, oder auch für einen flachen Hefekuchen mit Obstbelag und teilweise auch für Weihnachtsplätzchen (vgl. Karte 78) ist es auch in den östl. anschließenden Gebieten in Verwendung. Vermutlich ist das Wort etymologisch verwandt mit "Zelt".
Beim einfachen Wort **Zeltes** (n.) um Ulm dürfte es sich um eine ursprünglich adjektivische Form *zeltenes (Brot o. Ä.) handeln, die elliptisch, also ohne Substantiv, gebraucht wird und deren unbetonte Endung dann zu "-es" zusammengezogen wurde.
Die **Singete** *(Singate, Singat, Singete)* im westl. Allgäu reicht nur wenig nach Südwesten über diesen Raum hinaus. Das Wort ist so zu deuten, dass es "eine durch Singen verdiente Gabe" bezeichnet, was wiederum auf den Brauch hinweist, dass Kinder zur Weihnachts- und Neujahrszeit vor den Häusern sangen und dafür Früchtebrot bekamen.
Hutzel als Bezeichnung für die 'getrocknete Birne' ist seit dem Mhd. (hützel, hutzel) belegt. Das Verb hützeln bedeutet 'zusammenschrumpfend dörren'.
Unsicher ist die Herkunft des in Altbayern dominierenden Bestimmungswortes **Kletze(n)-**, das ebenfalls die 'getrocknete Birne' benennt. Eine Erklärungsmöglichkeit führt über das mhd. Verb klœzen 'mit einem klôz (Keil) spalten, trennen' (vgl. mhd. klôz-birne 'gedörrte Birne'). Auch im Schwäb. versteht man unter "Äpfel-" bzw. "Birnenschnitze" jeweils die gedörrten Früchte. Als entscheidendes Faktum für die Bezeichnung dieser Art von Obst wird also die Tatsache genommen, dass sie zum Trocknen in Schnitze aufgeteilt wurden.
Das von der Bedeutung her abweichende **Stollen** ist von ahd. stollo 'Stütze, Pfosten' herzuleiten. Seit dem 13. Jh. ist das Wort in die Bergmannssprache übertragen worden zur Benennung der unterirdischen Gänge, und seit dem 18. Jh. verwendet man "Stollen" auch zur Bezeichnung von großen, in einer länglichen Form gebackenen Kuchen und von Weihnachtsgebäck (vgl. "Kipf" in Karte 76).
Weck oder **Wecken**, < mhd. wecke, ahd. weggi 'Keil', wird übertragen auch für keilförmige, mit zwei Spitzen versehene große und kleine Brote verwendet.

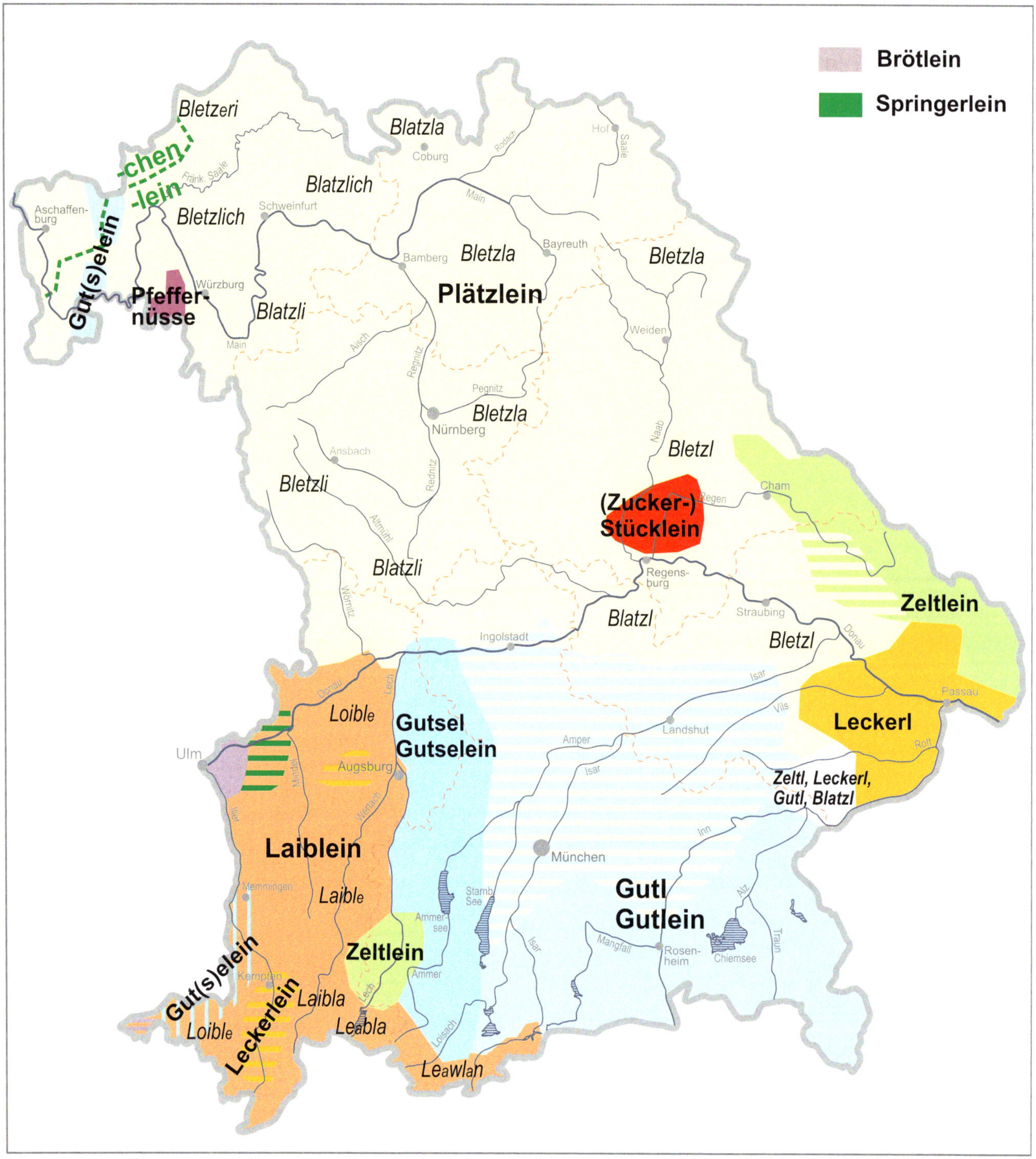

Karte 78: Bezeichnungen für das kleine Weihnachtsgebäck

Dargestellt sind auf dieser Karte die üblichen Bezeichnungen für die 'Weihnachtsplätzchen', also für jenes Kleingebäck, das man in der Adventszeit meist selbst bäckt und das zur Weihnachtszeit die Wohnungen mit köstlichem Duft erfüllt und dazu einlädt, verzehrt zu werden.

Der in der heutigen Hochsprache üblichste Ausdruck **Plätzchen** ist auch im Norden Bayerns dialektal am weitesten verbreitet, allerdings entsprechend der Geographie der Diminutivformen (vgl. Karte 40 "Hündchen") überwiegend in der Form **Plätzlein**. Die auf der Karte eingetragenen Lautformen zeigen aber, dass nicht überall der regulär zu erwartende Umlautvokal vorliegt, z. B. *Bletzal* neben *Blatzal* in Altbayern (vgl. Karte 20 "Schnäbel"), so dass man schließen muss, dass hier zumindest teilweise hochsprachlicher Einfluss vorliegt. Die Bezeichnungen sind Diminutivformen zu frühnhd. platz, das schon seit dem 15. Jh. in der übertragenen Bedeutung 'flacher Kuchen, Fladen' gebraucht ist und das in seiner primären Bedeutung 'freier Raum, ebene Fläche' aus dem altfranz. place entlehnt ist, welches seinerseits auf lat. platea 'breite Straße, freier Platz in Haus oder Hof' zurückgeht.
Auf die flache, fladenartige Form hebt auch die diminutivische Bezeichnung **Zeltlein** *(Zältla, Zeitln, Zeitl, Zoitl, Zaltla)* ab, die sich zu **Zelten** (m.) stellt, das bereits seit dem 10. Jh. als ahd. zelto in der Bedeutung 'flacher Kuchen' belegt ist und das wohl etymologisch mit "Zelt" verwandt ist. Zur weiteren Verwendung dieses Worttyps vgl. die Karten 77 "Früchtebrot" und 79 "Bonbon". Dieses "Zelten" steckt auch in der altbair. Bezeichnung "Fleischpflanze(r)l" für 'Frikadelle', das ursprünglich ein "Pfannzelt(en)" war, also ein in der Pfanne gebackenes flaches Gebilde, und das erst sekundär an "Pflanze" angeglichen wurde.
Mit der Bezeichnung **Laiblein** *(Loible, Laibla, Läabla)* werden die Plätzchen mit kleinen Brotformen verglichen, also mit "Laib" (< ahd. leib). Noch direkter geschieht dies mit der Bezeichnung **Brötlein** *(Breetle, Breedle)* um Ulm und am Bodensee.
Die bisher behandelten Wörter spiegeln den Brauch, beim Brotbacken eine kleinere Menge des Teiges mehr oder weniger flach ausgebreitet mit Honig, Rahm, Früchten oder Zwiebeln versetzt/belegt mitzubacken und nach kurzer Backzeit wieder herauszuholen und meist noch im warmen Zustand zu verspeisen. Je kleiner und flacher die Teile und je wertvoller die Zutaten, desto mehr näherten sie sich dem heutigen Weihnachtsgebäck.
Keine eindeutige Erklärung gibt es zu **Springerlein** *(Springerle);* sie sind nach H. Fischers "Schwäbischem Wörterbuch" ein "süsses Weihnachtsbackwerk mit plastischen Bildern; ... geformt aus Springerleinsmehl, -teig mit dem Springerleinsmodel".
Mit **Pfeffernüsse** bezeichnet man eigentlich eine spezielle Sorte von Weihnachtsgebäck, ein nussförmiges Gebäck aus Pfefferkuchenteig, der wiederum ein stark gewürzter Honigkuchen (= Lebkuchen) ist. Das Bestimmungswort "Pfeffer-" bezieht sich auf die beim Backen verwendeten starken Gewürze wie Piment (auch "Nelkenpfeffer" genannt), Zimt und Ingwer. Das Grundwort " nüsse" sagt wohl zunächst nichts aus über eine Verwendung von Nüssen, es bezieht sich nur auf die Form.
Vermutlich bezieht sich auch **Stücklein** eher auf eine speziellere Sorte von Plätzchen, zumindest das Kompositum mit "Zucker-" deutet dahin, dass hier eher mit Bonbons vergleichbare Gebäckstücke gemeint sein könnten.
Nicht auf die Form, sondern auf den Wohlgeschmack zielen die auf das Adjektiv "gut" bzw. auf die davon abgeleitete Substantivierung "(etwas) Gutes" zurückzuführenden Ausdrücke **Gutl, Gutsel** u. ä. im südl. Altbayern und **Gut(s)elein** im Südwesten: *Guatl, Guatla, Guatsla, Guatsele, Guatele*. Dabei kommt es zu ganz unterschiedlichen Diminutivbildungen. Der Ausdruck wird großflächig und mit anderer geographischer Verteilung auch für 'Bonbon' verwendet (vgl. Karte 79 "Bonbon").
Auch der diminuierte Ausdruck **Leckerlein** (*Läckarle* im Allgäu, *Leggal* in Nby.) ist vom Wohlgeschmack motiviert. Er stellt sich zum Verb "lecken" im Sinne von 'schlecken': Ein "Lecker", im Diminutiv "Leckerlein", ist etwas, woran man lecken kann, vergleichbar "Lutscher" zu "lutschen" (vgl. auch Karte 79 "Zuckerbonbon").

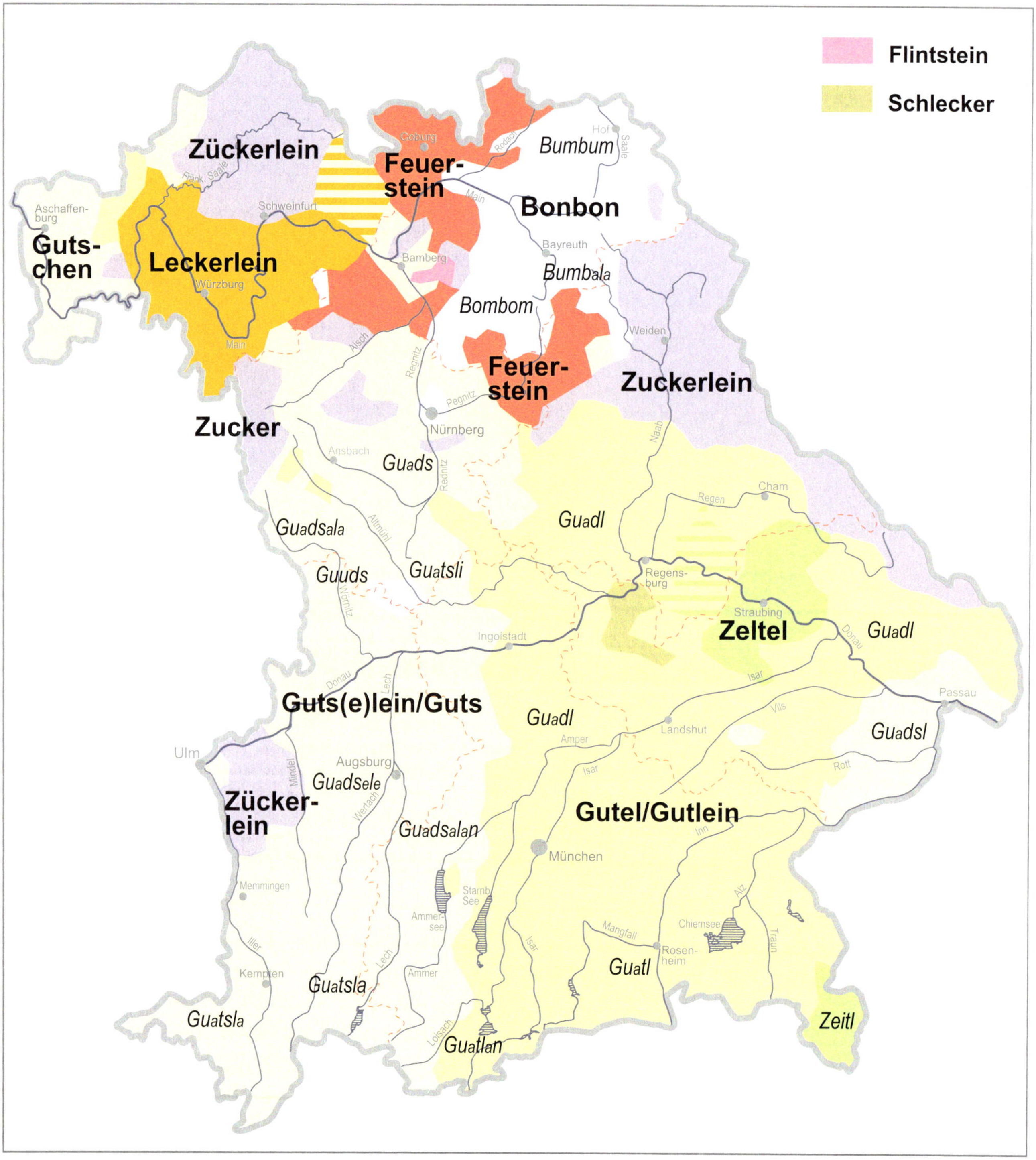

Karte 79: Bezeichnungen für *Zuckerbonbon*

Das älteste Süßungsmittel ist der Honig, der bereits im alten Ägypten bekannt war und auch bei uns in Europa bis ins 18. Jh. der gewöhnliche Süßungsstoff für die einfachen Leute blieb.
Das Zuckerrohr stammt ursprünglich aus Polynesien und wurde seit dem 3. Jh. n. Chr. in Indien planmäßig angebaut. Daraus gewann man zunächst nur flüssigen Zucker in Form von Sirup. Mit den Kreuzfahrern gelangte der Zucker nach Mitteleuropa, blieb aber lange ein Luxusprodukt, das hauptsächlich über Venedig vertrieben wurde. Die Araber bauten Zuckerrohr schon früh in Sizilien und Südspanien an, nach deren Vertreibung von der iberischen Halbinsel verlagerten die Spanier den Anbau auf die Kanarischen Inseln, von wo aus er nach Westindien, d. h. in die Karibik, gelangte. Erst mit dem Anbau und der Verarbeitungsmöglichkeit von Rübenzucker um 1800 entstand ein konkurrierendes Produkt zum Rohrzucker, so dass Zucker billig und zum Volksnahrungsmittel wurde und auch den Honig als Grundstoff für die Bonbon-Herstellung ablöste.
Solange der Grundstoff Zucker ein Luxusgut war, lag auch die Verarbeitung dieses Gewürz- und Heilmittels wesentlich bei den Apothekern. Sie stellten daraus sog. "Confectiones" oder "Morsellen" her, in die weitere gängige Würz- oder Heilmittel (z. B. Anis, Fenchel, Zimt) vermengt wurden.
Zur Herstellung des Massenprodukts Bonbon musste Zucker durch Kochen verflüssigt werden, er musste karamelisieren. Wollte man klare, glasige Bonbons erhalten, musste man durch Zugabe von Stärkemehl das Kristallisieren verhindern. Die mit Kräutern oder anderen Zutaten (Früchte, Liköre) vermischte Masse wurde dann zum Auskühlen auf eine kalte, glatte Fläche, z. B. eine Steinplatte, gegossen. Die fest gewordene Schicht konnte man dann nach Belieben in Stücke schneiden. Noch vor wenigen Jahrzehnten wurden solche Stücke beim Kaufmann in großen Gläsern zum Kauf angeboten.

Ein Teil der in Bayern verbreiteten Bezeichnungen beziehen sich direkt auf den Grundstoff: **Zucker** oder die Verkleinerungsform **Zückerlein,** im Nordosten auch ohne Umlaut als **Zuckerlein**.
Die Etymologie von "Zucker" spiegelt seinen Weg nach Europa: Auszugehen ist von einem altind. s á r k a r á 'Grieß, Geröll, Kies'. Dieses Wort wurde als s á k c h a r o n ins Griechische entlehnt und gelangte von dort als s a c c h a r o n ins Lateinische. Das ital. z u c c h e r o, aus dem das dt. "Zucker" entlehnt wurde, geht auf ein arab. s u k k a r zurück.
Einige Bezeichnungen für das 'Bonbon' sind vom Geschmack motiviert, so die Reihe von eher kindersprachlichen Ausdrücken, die das dt. Adjektiv "gut" entweder in seiner Grundform als Basis haben, wie **Gutel/Gutlein,** oder aber die flektierten Formen **Guts** (eigentlich: etwas Gutes) bzw. die davon abgeleiteten Diminutivformen **Guts(e)lein/Gutschen**.
Die franz. Entsprechung dazu ist das heute bei uns auch hochsprachlich am meisten verwendete **Bonbon**, welches im 18. Jh. aus dem gleichbedeutenden b o n b o n entlehnt wurde, in welchem das franz. Adj. "bon" für 'gut' reduplizierend gebraucht wird, was als typisch für ein Kinderwort angesehen werden kann. Dass diese Bezeichnung im Nordosten Bayerns alt ist, lässt sich daran erkennen, dass sie lautlich stark abgewandelt erscheint (z. B. *Bumbum*).
Auf die Art des Verzehrs deuten die Ausdrücke **Leckerlein** und **Schlecker**. Sie beziehen sich auf die Verbformen "lecken" < ahd. l e k k ô n 'mit der Zunge über etwas streichen' bzw. auf ein seit dem 15. Jh. dazu gebildetes Verb "schlecken" 'mit Genuss lecken, naschen, Süßigkeiten essen'.
Die im Norden großflächiger verbreitete Bezeichnung **Feuerstein** beruht wohl auf einem Vergleich der scharfkantigen, oft quaderförmigen Zuckerstücke, die entweder vom Zuckerhut, der früher allgemein üblichen und einzigen Handelsform des Zuckers, geschlagen wurden oder die beim Zerteilen der gehärteten Zuckerplatte entstanden. Im mitteldt. Raum kann auch das einfache Wort **Stein** im übertragenen Sinne bereits vielfach 'Bonbon' bedeuten. Dies gilt vereinzelt auch für Ofr., wo außerdem Ableitungen wie **Steinlein** und Zusammensetzungen wie **Flintstein, Zuckerstein, Bruststein** vorkommen, Letzteres wohl aufgrund der Verwendung gegen Brustschmerzen.
Zu den Formen **Zeltel** u. Ä. vgl. Karte 78 "kleines Weihnachtsgebäck".

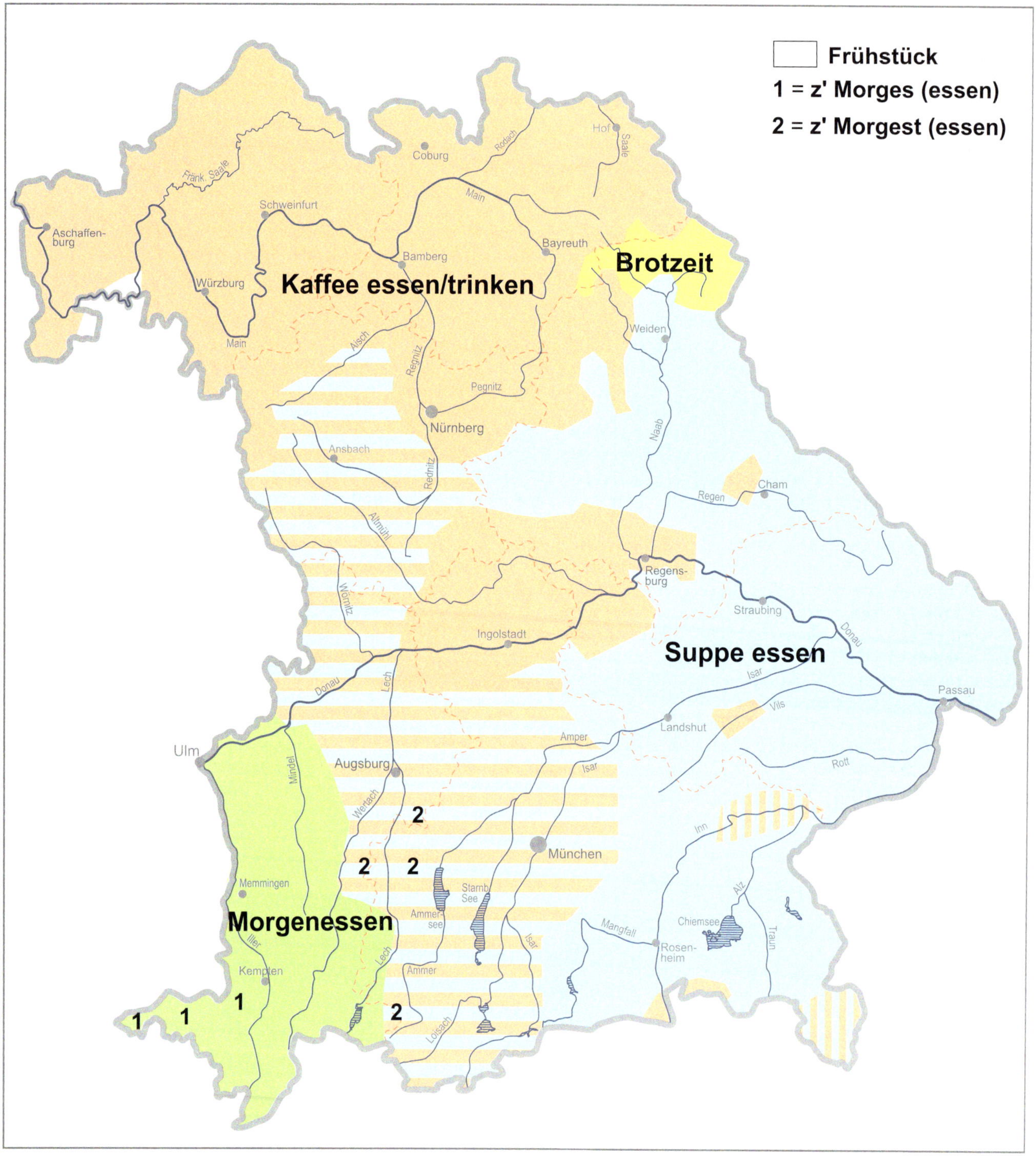

Karte 80: Alte Bezeichnungen für *Frühstück*

Das Frühstück wurde früher auf dem Land meist erst dann eingenommen, wenn man mit der Stallarbeit fertig war. Die älteste Art der Morgenmahlzeit bestand sicher aus einer dünnen Art von Brei, meist Mus genannt; das konnte Großmus (aus feinem Grießmehl) oder Hafermus sein. Auch verschiedene Arten von Suppen muss man hierzu zählen, z. B. Brennsuppe (eine stark verdünnte Einbrenne), Wassersuppe oder Milchsuppe. Bis mindestens in die Mitte des 18. Jhs. hinein war in der bäuerlichen Umgebung in Süddeutschland Mus oder Suppe der Hauptbestandteil der ersten Mahlzeit.
Im 17. Jh. war Kaffee noch ein seltenes Luxusgetränk, ab 1800 war er allgemeiner verbreitet, aber trotzdem für den größten Teil der Bevölkerung nicht erschwinglich. Deshalb begann man schon im 18. Jh. – auch unter dem Einfluss des Kaffee-Verbots, das FRIEDRICH DER GROSSE für Preußen ausgesprochen hatte –, Ersatz für den echten Bohnenkaffee zu suchen: Man fand ihn, indem man gekeimte Gerste (= Malz) und anderes Getreide oder die Wurzeln der Wegwarte (= Zichorie, der Chicorée-Salat stammt ebenfalls von ihr) oder Feigen röstete. Durchgesetzt hat sich schließlich der Malzkaffee, die anderen Basisstoffe haben als Würze in ihm überlebt. Dieser Kaffee wurde "Blümchenkaffee" genannt oder auch franz. "mocca faux" ('falscher Kaffee'), woraus der "Muckefuck" entstand. Er wurde schließlich bei der Landbevölkerung so beliebt, dass man ihn in der Folge auch "Bauernkaffee" nannte, und noch heute wird er als "Landkaffee" verkauft.
In diesen Kaffee brockte man Brot ein, so dass man ihn wie Suppe löffeln konnte. Im späten 19. Jh. hatte sich dann fast überall in Deutschland diese Art des Kaffeetrinkens bzw. -essens als erste Tagesmahlzeit durchgesetzt und hatte Mus und Suppe verdrängt.

Unsere Karte zeigt nur die Verbreitung der älteren Bezeichnungen für 'Frühstück', überall ist daneben inzwischen auch der Ausdruck **Frühstück** in Verwendung.
Grob gesagt haben wir in Bayern ein großes Gebiet im Südosten, wo man die Mahlzeit noch nach dem früheren Hauptbestandteil **Suppe** benennt, und ein ebenso großes Areal im Norden, wo man bei der Bezeichnung überwiegend auf den moderneren **Kaffee** Bezug nimmt. Als verbales Glied ist im Südosten überwiegend **essen** üblich, während zusammen mit "Kaffee" **essen** und **trinken** ziemlich gleichwertig verwendet werden kann. Diese verbalen Bestandteile können aber auch weggelassen werden, ohne dass sich dadurch die Bedeutung ändert, etwa in Sätzen wie: "Kommt zur Suppe!" oder "Jetzt machen wir erst einmal Kaffee!".
Das Wort **Kaffee** selbst ist im 17. Jh. aus dem Franz. entlehnt worden und stand lange in Konkurrenz mit dem englischen Coffee, das gleichzeitig im Deutschen auftaucht. Ins Franz. war das Wort aus dem Italienischen gekommen, wohin es aus dem Türkischen übernommen worden war, und die Türken hatten es wiederum aus dem Arabischen entlehnt. Letztlich soll es auf die Landschaft Kaffa in Abessinien zurückgehen.
Bei **Suppe** handelt es sich um ein niederdt. Wort, das ins Franz. und auch in den hochdt. Raum entlehnt wurde. Von seiner Herkunft gehört es zu einer Wortgruppe, der auch unser Verb "saufen" entstammt.
Im Südwesten Bayerns und noch weit darüber hinaus ist der Ausdruck für die erste Tagesmahlzeit nicht vom Hauptbestandteil, sondern vom Zeitpunkt motiviert: **Morgenessen**, seltener auch ***z' Morges(t)* essen**. Daneben sind in ganz Bayern vereinzelt auch andere Zusammensetzungen genannt worden, die sich auf die Tageszeit beziehen: **Frühsuppe, Morgensuppe, Morgenkaffee, Frühkaffe**.
Brotzeit, das nur in einem kleinen Raum im Fichtelgebirge und Stiftland für 'Frühstück' in Gebrauch ist, ist sonst großflächig für die zweite Mahlzeit am Vormittag üblich, wofür man im westl. Bereich auch **Vesper** sagt.

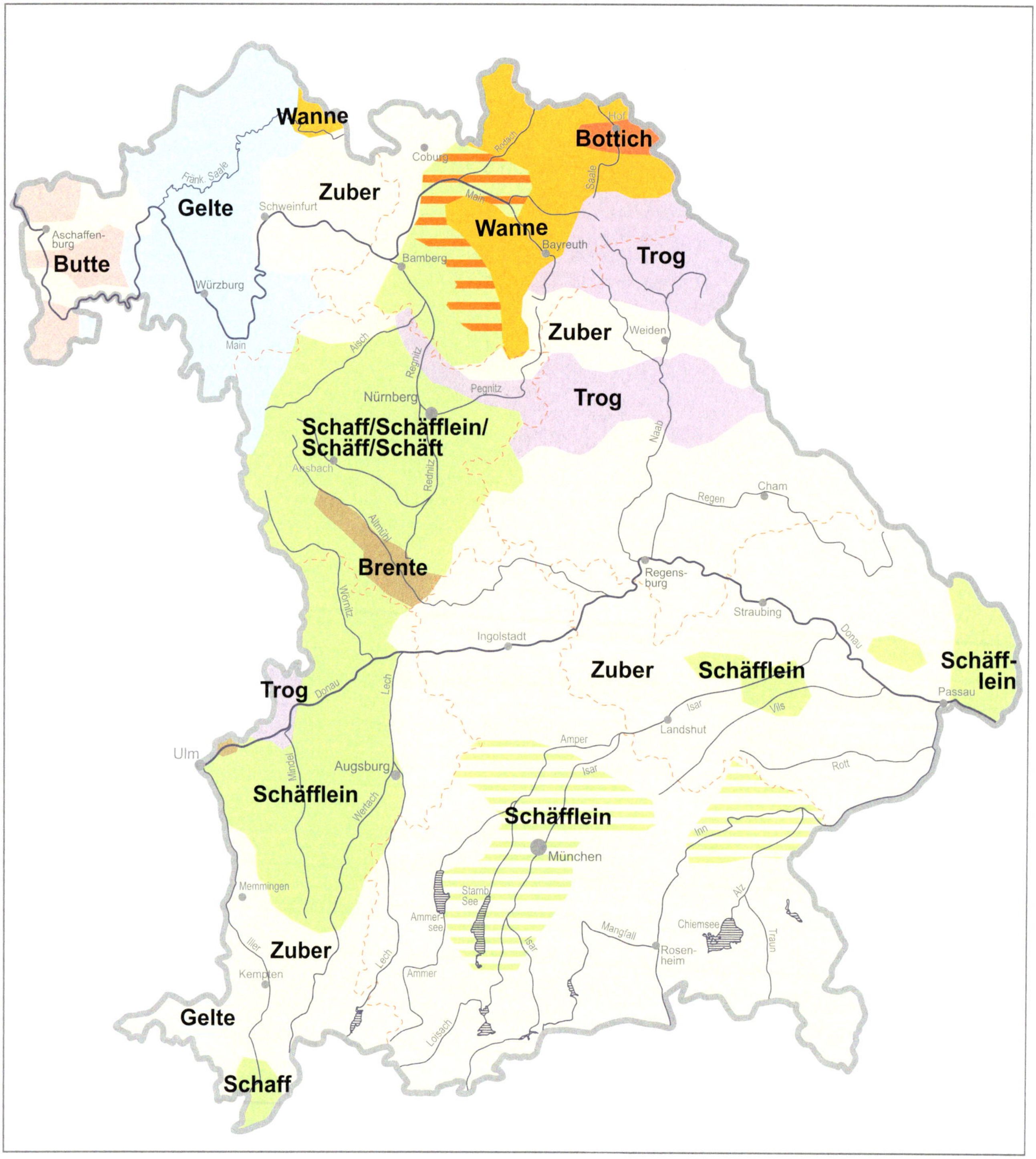

Karte 81: Bezeichnungen für das große, hölzerne Waschgefäß

Gefragt war nach den Bezeichnungen für das große, eher breite als hohe, meist hölzerne Gefäß, das man früher beim Wäschewaschen verwendete.

Fast überall in Bayern hat man im Dialekt für diesen Gefäßtyp mehrere Ausdrücke zur Verfügung, mit denen man teilweise unterschiedliche Ausprägungen der Sache (Größe, Form, Material) benennt. Es lassen sich deshalb auf dieser Karte mit Farbflächen nur die ungefähren Verbreitungsgebiete der gängigsten Bezeichnungen darstellen. Schraffuren von zwei oder mehr Farben zeigen, wo mehrere Ausdrücke dialektal in Verwendung sind.

Das größte Verbreitungsgebiet zeigt der Ausdruck **Zuber**, in Lautformen wie *Zuubr, Zuubar, Zuuwa, Zuwä, Zuufa, Zuuga* vereinzelt auch umgelautet als *Züwa*. Er geht auf die ahd. Vorformen zubar, zwibar zurück, worin die zwei Elemente zwi 'zwei' und beran 'tragen' stecken. Die Bedeutung war also ursprünglich 'zweiträgiges Gefäß' bzw. 'Gefäß mit zwei Henkeln'. Der Ausdruck ist eine parallele Bildung zum älteren Ausdruck "Eimer", der spätahd. als eimbar 'Eimer', eigentlich 'Eintrage', belegt ist. Der eimbar selbst ist eine volksetymologische Umformung aus ambar mit der gleichen Bedeutung 'einhenkliges Gefäß', das zusammen mit anderen Behältern schon in vorahd. Zeit aus dem Lat. als amphora (das selbst wieder aus dem Griech. stammt) entlehnt wurde (vgl. auch "Kiste", < lat. cista, und "Sarg", < lat. sarcophagus).

Weit verbreitet ist auch **Schaff** *(Schaff, Schaaf, Schoof)* bzw. die davon abgeleiteten Formen **Schäfflein, Schäfferlein, Schäffel, Schäff(t)** *(Schäffle, Scheffla, Schafferle, Schaffe, Schaffl, Scheff, Scheft)*, wobei die Verkleinerungsform bei weitem nicht überall auf die Größe des Gefäßes schließen lässt. Die Ausdrücke sind eng verwandt mit "Scheffel" ('Getreidemaß'). Die ahd. Vorformen scaf oder scapf lassen auch noch den Zusammenhang mit den Verbformen "schaffen, schöpfen" erkennen, deren Bedeutung ursprünglich 'schnitzend gestalten' war. Die alte Grundbedeutung des Substantivs war wohl 'Ausgehöhltes, Ausgeschabtes'.
Das vor allem im Norden Bayerns in diesem Sinne gebrauchte **Gelte** *(Gelde, Gäldn)* geht auf ahd. gellita 'Milchgefäß' zurück. Es ist aus der mittellat. Form gal(l)eta im allgemeineren Sinne von 'Gefäß, Kübel' entlehnt. In anderen Gegenden Bayerns ist das Wort u. a. zur Bezeichnung von Melk- und anderen Gefäßen verbreitet (vgl. auch Karte 85).
Der **Bottich** *(Bodich)* in Ofr. und der in Nby. verstreut belegte Typ **Bottig(en)** *(Boodan, Booden, Booren)* gehen auf ahd. botega (f.) zurück, welches aus dem roman. Sprachbereich entlehnt ist und wohl im ersten Teil das lat. Wort but(t)is 'Fass' enthält. Eine Ableitung dieses lat. Wortes, nämlich butina 'Flasche, Gefäß', ist wiederum als Ausgangsform von **Butte**, < ahd. butin, anzusetzen.
Trog, das meist in der Zusammensetzung **Waschtrog** *(Wåschdrouch, Droog, Druug)* vorkommt, ist schon seit etwa 800 als trog für ein 'großes, muldenartiges, oben offenes Gefäß' belegt. Es ist vermutlich eine sehr alte Bildung aus einer idg. Wurzel *drû- 'Baum' und einer alten Nachsilbe *-ga, die entweder die Zugehörigkeit zu einem Baum oder die Verkleinerung eines Baumes ausdrückte.
Das an der oberen Altmühl und teilweise in Mittelschwaben in diesem Sinne verbreitete **Brente** *(Brandn, Brent, Brände)* bzw. **Brentlein** *(Brendle, Brandla)* ist seit dem späten Mhd. als brente belegt. Es gilt als Alpenwort (z. B. nordital. brenta) unklarer Herkunft. Aufgrund der Lautung *Brandn* im Raum Treuchtlingen ist bei diesem Wort kleinräumig auch Sekundärumlaut anzusetzen, wofür historisch passender die Schreibung **Bränte** zu wählen wäre.
Wanne, ahd. als wanna belegt, bedeutete ursprünglich wie die lat. Ausgangsform vannus (f.) eine 'Getreide- bzw. Futterschwinge', also ein rundes, relativ flaches, großes Geflecht, aus dem die Spreu durch kreisende und werfende (Wind!) Bewegungen von den Körnern getrennt wird. Der Ausdruck ist auch in seiner Verkleinerungsform **Wännlein** *(Wännla, Wannl, Wännele)* in Verwendung.
Nur vereinzelt und kleinräumig sind noch weitere Gefäßbezeichnungen genannt worden, die auch für Gefäße zum Einsalzen von Fleisch verwendet werden, so **Kübel, Kufe, Stücht, Fass** (vgl. Karte 85).
Alle hier aufgeführten Wörter können präzisierend mit Bestimmungswörtern wie **Wasch-, Wäsch-, Holz-** u. Ä. verbunden sein.

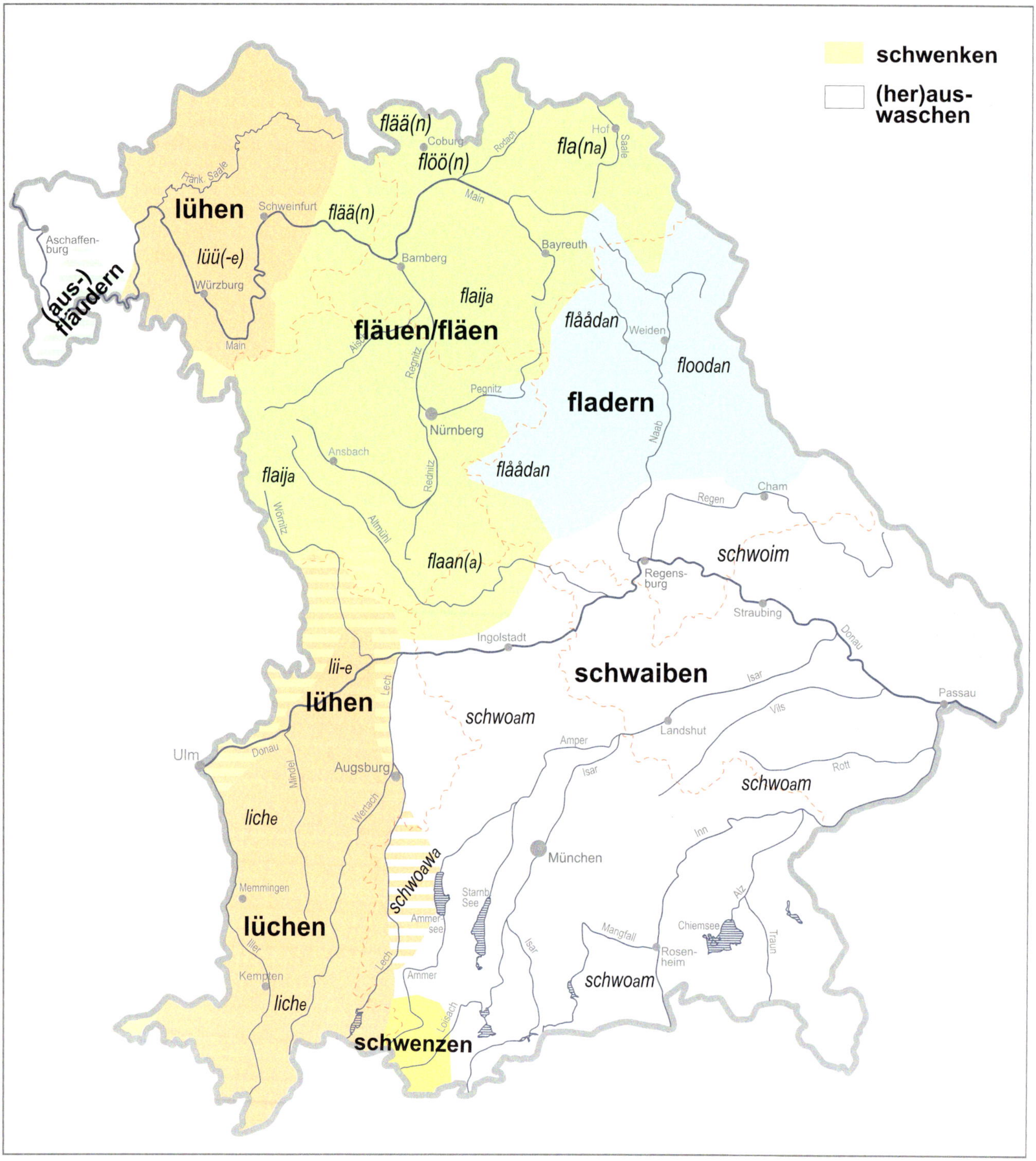

Karte 82: Bezeichnungen für das Klarspülen der Wäsche

Seit es Kleidung gibt, besteht für die Menschen auch die Notwendigkeit, diese von Zeit zu Zeit zu reinigen. Schon sehr früh fügte man dem Waschwasser Holzasche hinzu, um mit dieser scharfen Lauge die reinigende Wirkung des heißen Wassers zu verstärken. Auch Rindergalle war bis ins 18. Jh. als Waschmittel gebräuchlich, und im Orient nutzte man schon seit dem 10. Jh. schäumende Aufgüsse aus der Wurzel des Seifenkrautes. Schließlich erlangte die Seife große Bedeutung als Hauptbestandteil von Waschlauge.
Unabhängig davon, womit Waschlauge erzeugt wurde, war es immer nötig, diese Zusätze samt dem gelösten Schmutz am Schluss des Waschvorgangs wieder herauszuspülen. Dies geschah in klarem Wasser, wenn möglich in einem fließenden Gewässer. In einem stehenden Gewässer ging es auch, aber da musste man die Wäschestücke viel intensiver im Wasser hin- und herbewegen.

Das in Altbayern am weitesten verbreitete **schwaiben** ist bereits ahd. als sweibôn in der Bedeutung 'sich bewegen, sich drehen, schweben' belegt. Es gehört zu einer Wortsippe, die auch "Schweif" 'Schwanz' oder "schweben" enthält.
In mhd. Zeit "schwebte" der Fisch im Wasser, heute "schwimmt" er darin. Zum lautl. Unterschied *schwoam* – *schwoim* vgl. Karte 21.
Unter dem Typ **fläuen/fläen** ist hier eine ganze Palette von variierenden Ausdrücken zusammengefasst. Für sie sind bereits im Mhd. eine Vielfalt an Schreib- und vermutlich auch Sprechvarianten belegt: vlæjen, vlän, vlæn, vlewen, vlöun, vlöuwen in der Bedeutung 'spülen, waschen, säubern'. Auch ahd. ist schon bedeutungsgleich flewen belegt. Damit in Zusammenhang steht der mhd. Wortstamm vlât 'sauber', der in der heutigen Hochsprache noch im Kompositum "Unflat" und im Adjektiv "unflätig" erhalten ist. Die in Ufr. belegte Form **(aus)fläudern** dürfte eine Iterativbildung dazu sein.
Dieser Bildungstyp liegt auch beim Typ **fladern** in der nördl. Opf. vor, der zum mhd. schwachen Verb vladeren 'flattern' gehört, das u. a. auch das Lodern des Feuers benennt. Es ist eine schon seit dem 15. Jh. bezeugte Iterativbildung auf -ern, vgl. "glitzern" zu mhd. glitzen, "gackern" zum Tierlaut "gack".
Die Herkunft von **lüchen** (meist entrundet als *liche* gesprochen) und dem sicher aufs Engste damit verwandten Untertyp **lühen**, ohne gesprochenes *h* bzw. *ch (lii-e, lüü-e)*, liegt im Dunkeln. Der Ausdruck ist aber in dieser Bedeutung weit über das westliche Bayern hinaus verbreitet, z. B. auch in Vorarlberg und in Thüringen.
Auf die Bewegung beim Klarspülen bezieht sich das transitive Verb **schwenken** (< ahd. swenken 'schwingen machen, hin- und herschwingen'). Von "schwenken" abgeleitet ist **schwenzen** (< mhd. swenzen); es ist eine Iterativbildung auf ahd. -azzen, -izzen (wie z. B. auch "schluchzen" zu "schlucken" oder "ächzen" zu "ach"), wobei auch eine Vermischung mit "schwänzen" 'mit dem Schwanz wedeln' stattgefunden haben kann.

Da die kartierten Verben meist in einem Kontext mit Modalverb erfragt bzw. genannt wurden, z. B. "man muss die Wäsche ...", ist im nördl. Ufr. und im Raum Coburg sowohl bei **lühen** als auch bei **fläuen/fläen** meist nur eine endungslose Infinitivform belegt: *lüü, flää, flöö* (vgl. dazu Karte 7).

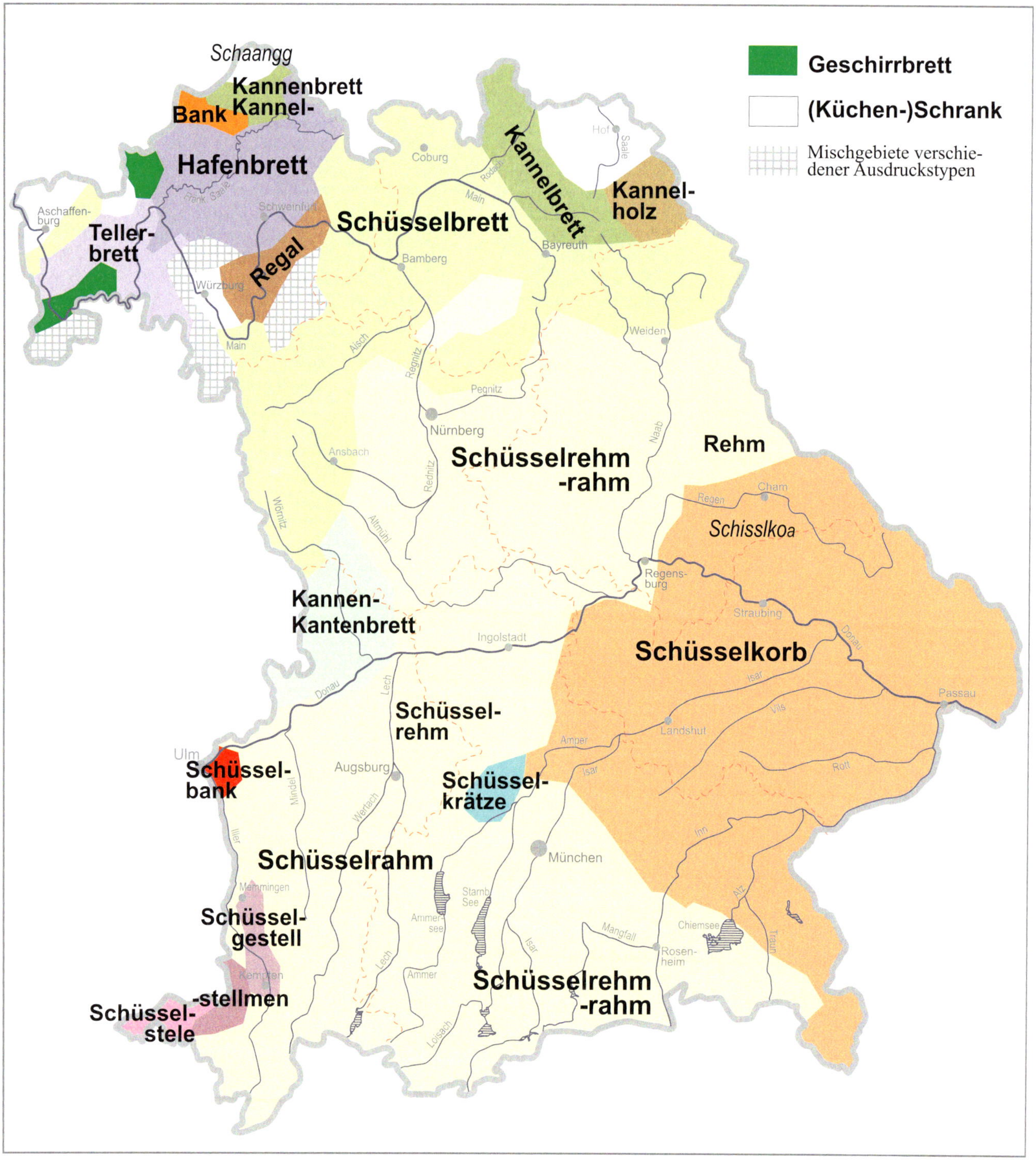

Karte 83: Bezeichnungen für das Geschirrgestell mit Querstangen

Thema der Karte sind die in Bayern verbreiteten Bezeichnungen für das früher an der Küchenwand hängende Gestell mit mehreren etagenförmig angebrachten Querleisten, das der griffbereiten Verwahrung von Geschirr, wie Teller, Schüsseln, Tassen und Krügen, diente. Es war meist ein einfaches, oft aus billigem Holz gefertigtes Möbelstück, bei dem die stabile Konstruktion und der praktische Nutzen wichtig waren. Auf eine kunstvolle Ausstattung wurde dabei weitgehend verzichtet, ganz im Gegenteil zu den in heutigen Wohnungen im Landhaus-Stil hängenden, rein der nostalgischen Dekoration dienenden modernen Nachahmungen dieser alten Möbelart. Im 19. Jh. stellte man unter das Schüsselbrett einen halbhohen Schrank, eine Anrichte. Das offene Schüsselbrett wurde dann durch einen geschlossenen Aufbau ersetzt und die neuentstandene Einheit als Schrank oder Büfett bezeichnet. Vielfach blieb daneben auch das alte Geschirrgestell in Gebrauch.

Deshalb erinnerte man sich bei der Befragung noch fast überall an Ausdrücke für den alten Typ des Geschirrgestells. Lediglich am Nordrand Bayerns kannte man ausschließlich die Bezeichnung (Küchen-)**Schrank** (z. B. *Küscheschrångg,* im Henneberger Raum *Schaang* mit *r*-Schwund, wie er in Thüringen und Hessen weit verbreitet ist), was darauf hindeutet, dass im Norden der alte Möbeltyp schon früher ersetzt wurde. Möglicherweise sind auch die Gebiete mit einer stärkeren Mischung von Ausdrücken für alte und neue Typen im südl. Ufr. (karierte Flächen auf der Karte) ein Indiz dafür.

Die überwiegend gebrauchten Zusammensetzungen beziehen sich im Bestimmungswort i. d. R. auf das zu verwahrende Geschirr: **Schüssel-** (< ahd. scuzzila, aus lat. scutela 'Trinkschale' entlehnt), **Teller-** (< entlehnt aus altfranz. tailleor 'Vorlegeteller', zum Verb tailler 'zerschneiden'), **Hafen-** (< ahd. havan 'Topf') und **Kannen-** (< gleichbedeutendem ahd. kanna), Letzteres auch in den Nebenformen **Kannel-** (z. B. *Kannlbraad*) und **Kanten-** (z. B. *Kandebräd*).

Die Grundwörter benennen hingegen das Möbelstück:

Dabei erinnert **Brett** (< ahd. bret, Pl. brittir) daran, dass dieses Gerät einmal ein einfaches Brett gewesen ist (z. B. *Hoofebraad, Daalerbriid, Gschiabreed*); und in **Bank** < ahd. bank (z. B. *Schislebaa^{n}g*) ist eine alte Bedeutung des Wortes bewahrt, die man z. B. in "Fleischbank" oder "Freibank" (als Warenauslegetisch) noch erkennt.

Auch beim Grundwort in Kannel**holz** steckt noch die ursprünglich einfache Ablagebank, und im Schüssel**korb** (z. B. *Schisslkårb, -koab, -koa*) erkennt man ein einstmals geflochtenes Behältnis, genau wie in Schüssel**krätze** (z. B. *Schisslgrätzn*). Vgl. dazu Karte 86.

Das **Regal** ist ebenfalls ein eher einfaches Gerät; die Betonung auf der Zweitsilbe lässt fremde Herkunft vermuten, doch ist die Etymologie dieses seit dem 17. Jh. belegten Wortes nicht klar. Das Regal hat aber mindestens schon übereinander gestellte Ablageflächen bzw. Ablageleisten.

Solche sind auch bei **Schüsselgestell** *(Schisslgstöll)*, < ahd. gistelli, zu vermuten; das kollektivierende "Ge-" vor der Basis ahd. stal 'Stelle, Stall' macht eine über eine einfache Ablagefläche hinausgehende Konstruktion wahrscheinlich. Wie das *m* in **-stellmen** kommt, muss offen bleiben; von daher ist auch nichts über die Komplexität des Gerätes zu sagen. Die **-stele** *(Schisslsteele)*, < mhd. stele 'hoch an der Wand angebrachtes Gefach', das ebenfalls zu ahd. stal zu stellen ist, scheint jedoch in mhd. Zeit nicht nur eine einfache Ablagefläche gewesen zu sein.

Genauso ist es bei den Zusammensetzungen auf **-rehm** bzw. **-rahm** (meist f.), z. B. *Schisslreem, -ream, -raam, -råum*, die vereinzelt auch in der dem Nhd. entsprechenden Form **-rahmen** *(Schisslraame)* vorkommen. Diese Grundwörter gehen zurück auf ahd. ram, rama 'Stütze, Gestell'. In diesen Bedeutungen erkennt man, dass hier schon senkrechte Konstruktionselemente vorhanden sind.

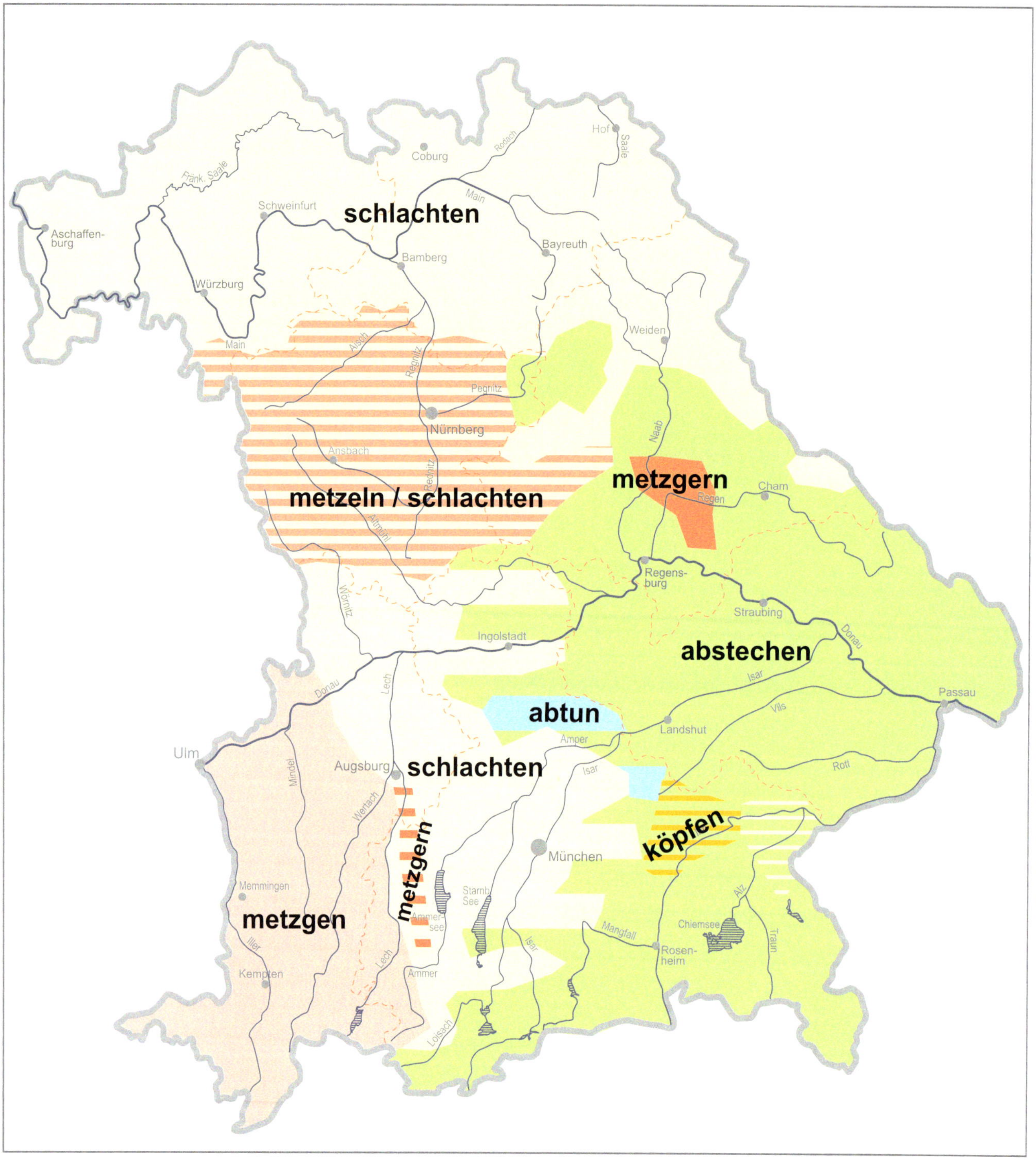

Karte 84: Bezeichnungen für das Schlachten (von Schweinen)

Als Berufsbezeichnung stellt "Metzger" mit den Ableitungen bzw. den etymologisch verwandten Typen "Metz(e)ler", "Mexter" und "Mexer" in ganz Bayern und weit darüber hinaus im deutschsprachigen Südwesten und Westen das Normalwort dar. Gegen den Osten Österreichs zu schließen sich die Ausdrücke "Fleischhacker" und "Fleischhauer" an, die sich umgangssprachlich auch in Westösterreich schon stark ausgebreitet haben; im ostmitteldt. Raum ist "Fleischer" das normale Dialektwort, und im ganzen Norden ist "Schlachter", seltener "Schlächter" üblich. Demgegenüber ergibt sich für die entsprechenden Tätigkeitswörter bereits innerhalb Bayerns ein wesentlich differenzierteres Bild:

Die Verben **metzgen** *(metzge)* und **metzgern** *(metzgara, metzgan)* sind beide von der Berufsbezeichnung "Metzger" abgeleitet: Einmal mit kürzerer Basis (ohne -er) und einmal mit längerer Basis. Das Verb **metzeln** *(mätzln, mätzle)*, das seit dem 15. Jh. in dieser Bedeutung in Verwendung ist, stellt sich hingegen zu "Metz(e)ler". Dieses geht zurück auf mittellat. macellarius 'Fleischhändler', welches seinerseits zu lat. macellum 'Fleischmarkt' gehört. Um zu "Metzger" zu gelangen, setzt man i. d. R. eine mittellat. Nebenform *maceum 'Fleischbank' an, aus der sich gleichbedeutendes mhd. metzje entwickelt haben könnte, wovon dann die Substantive metzjer/metzger bzw. die Verben metzjen/metzgen gebildet wurden. Ein Wechsel von j > g im Inlaut ist häufiger zu beobachten, etwa wenn sich im Nhd. statt der mhd. Normalform mit j die Form mit g durchsetzt, z. B. in "Ferge" 'Fährmann' (< ahd. ferio) oder "Scherge" (< ahd. scerio, scario). Auch das g in "Venedig" (< Venetia) bzw. in "Mennige" 'rote Farbe' (< lat. minium) ist auf den gleichen Vorgang zurückzuführen.

Das am weitesten verbreitete **schlachten** *(schlachte, schlåchtn)*, das auch als die schriftsprachliche Variante angesehen werden kann, geht auf ahd. slahtôn 'schlagen, töten' (zu ahd. slaht(a) 'Schlag, Tötung, Gemetzel') zurück und ist eng verwandt mit dem Verb "schlagen" (< ahd. slahan). Zu dieser Wortfamilie zählen in der Bedeutung 'Art' auch "Schlag, Geschlecht, nachschlagen". "Schlacht" hat seine ursprüngliche Bedeutung 'Tötung' ab dem 16. Jh. zu 'Kampf zwischen Heeren' verschoben.

Bei den Verben **abstechen** *(oostecha, ååstechn)* und **abtun** *(oodoo*^{n}, *ååtua*^{n}*)* hat man die ursprüngliche Bezeichnung für einen Teilaspekt, die eigentliche Tötung durch das Aufschneiden der Schlagader, auf den gesamten Schlachtvorgang übertragen. Dies gilt auch bei dem für sich selbst sprechenden Ausdruck **köpfen** *(kepfa)*.

Nicht auf der Karte berücksichtigt ist, dass in Altbayern, wo bei der Erhebung nach Tierarten getrennt befragt wurde, neben dem speziell auf die Schweine bezogenen **abstechen**, vielfach auch der Ausdruck **schlagen**, seltener **abschlagen** *(schloong, ååschoong)* notiert wurde, allerdings nur bezogen auf Rinder und andere Großtiere.

Die kartierten Ausdrücke **köpfen** und **abtun** sind hingegen teilweise ausdrücklich nur auf das Schlachten der Hühner bezogen worden.

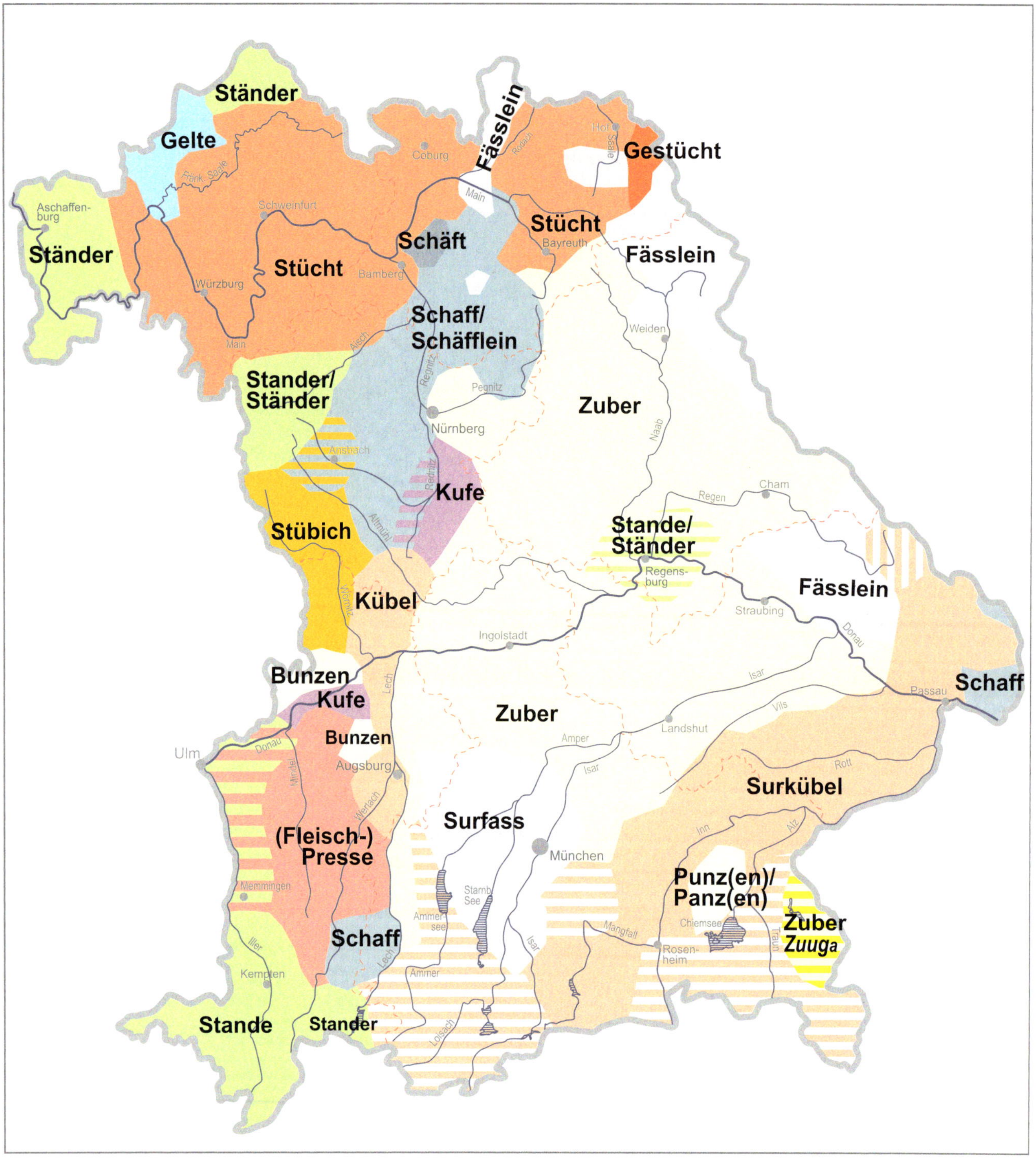

Karte 85: Bezeichnungen für das Gefäß zum Einsalzen von Fleisch

In früheren Zeiten, als es noch keine Kühl- bzw. Gefriergeräte gab, konnte das Fleisch nur durch Einsalzen mit anschließendem Räuchern oder Trocknen haltbar gemacht werden. Dazu wurde es nach dem Schlachten kräftig mit Salz eingerieben und für eine gewisse Zeit in Gefäße eingelegt. Diese waren ursprünglich aus Holz, später aus Steinzeug. Sie waren meist zylindrisch, konnten aber auch fassartig sein; gegendweise waren sie auch konisch, wobei sie nach oben enger oder weiter sein konnten. Wichtig war, dass man die Oberfläche mit einem Deckel abdeckte und diesen mit Steinen beschwerte oder mit einer Spindelpresse auf das Fleisch drückte, so dass der sich oben sammelnde Saft des Fleisches die Luft abhielt. Diese Art der Konservierung nennt man teils "suren", teils auch "pökeln".

Vielerorts in Bayern hat man im Dialekt für diesen Gefäßtyp mehrere Ausdrücke zur Verfügung, mit denen man teilweise unterschiedliche Ausprägungen der Sache (Größe, Material, Abdeckvorrichtung) benennt. Die Karte kann daher mit Farbflächen nur die ungefähren Verbreitungsgebiete der gängigsten Bezeichnungen darstellen. Bestimmungswörter wie "Fleisch-", die beliebig hinzutreten oder fehlen können, werden i. d. R. nicht dargestellt.

Drei der großflächig verwendeten Ausdrücke, nämlich **Zuber, Gelte** und **Schaff/Schäft/Schäfflein** kommen auch als Bezeichnungen für das 'große Waschgefäß' vor; sie sind auf S. 173 ausführlich behandelt.

Die Pressvorrichtung gibt bei dem Ausdruck (Fleisch-)**Presse** *(Flaischbress)* dem Gefäß seinen Namen, woraus man wohl schließen darf, dass man dort überwiegend die Abdeckung über dem Fleisch mit einer Spindelpresse, die man in den zwei verlängerten Fassdauben einhängte, nach unten presste.

Die Bezeichnungen **Stande** (f.) und die verwandten Worttypen **Stander/Ständer** (m.) sind wohl so zu erklären, dass diese Gefäße Standfässer waren, also i. d. R. an einem Ort stehen blieben und folglich nicht dem Transport dienten. Beide sind nominale Ableitungen (Instrumentenbezeichnungen) zu einem ahd. Verb stantan (ahd. stanta, stanter), wie z. B. "Hacke" zu "hacken" oder "Bohrer" zu "bohren".

Im Gegensatz dazu steht **Stübich** *(Stibich)*, das bereits mhd. als stübich, stubich in der Bedeutung 'Packfass' belegt ist. Es geht vermutlich auf ein mittellat. stupa 'Werg, grober Flachs' zurück, eine Etymologie, die in der Bedeutungsentwicklung doch einige Schwierigkeiten bereitet. Diese Bezeichnung ist weit verbreitet, z. B. auch in der Pfalz, und wird für Gefäße ganz unterschiedlicher Zweckbestimmung verwendet, wobei aber überwiegend trockene Sachen darin transportiert wurden. Möglicherweise stehen der in Franken weit verbreitete Ausdruck **Stücht** und die Kollektivform **Gestücht** damit in einem engen Zusammenhang.

Kufe (f.) (*Kuaf, Kuafm*, im südöstl. Mfr. meist mit eingeschobenem Dental, also *Koufdn*), ist bereits seit dem 9. Jh. in der ahd. Form kuofa belegt, es ist entlehnt aus lat. cûpa, einer Nebenform zu cuppa 'Becher, Trinkgefäß'. Einen ähnlichen Ursprung hat der **Kübel**. Seine ahd. Form kubilo ist entlehnt aus der lat. Ableitungsform cûpella 'Trinkgefäß, Getreidemaß' zur lat. Grundform cûpa. Die einfache Bezeichnung "Kübel" wird in weiten Gegenden allgemein als die dialektale Entsprechung zum eher umgangssprachlichen "Eimer" verwendet. Das Bestimmungswort "Sur-" ('sauer') unterscheidet ihn von anderen 'Kübeln' anderer Funktion und Größe.

Dieses Differenzierungsbedürfnis gilt auch bei (Sur-)**Fass** (< ahd. faz) und (Sur-)**Fässlein**, deren Grundwörter ebenfalls ein breites Anwendungsspektrum aufweisen. Die nahe liegende Annahme, dass der Ausdruck "Gefäß" (< ahd. gifâzi 'Ausrüstung, Schmuck') eine Kollektivbildung zu "Fass" sei, ist nicht richtig.

Auf eine bauchige Form deutet der im nördl. Schw. verbreitete (Fleisch-)**Bunzen** *(Flaischbonze)* und die in Obb. belegten **Panz(en)/Punz(en)**. Diese Bezeichnungen werden für fassartige Gefäße ganz unterschiedlicher Größe und Zweckbestimmung verwendet, so auch für das Güllefass. Anzunehmen ist eine Herkunft aus dem roman. Raum: Man könnte es zu ital. punzone 'Meissel' stellen, womit wohl ursprünglich ein gestempeltes, also ein geeichtes Fass benannt wurde. Erwogen wird auch ein Zusammenhang mit rätoroman. ponzel 'Schmerbauch'.

Karte 86: Bezeichnungen für den Holzkorb mit zwei Griffen

Dargestellt sind auf dieser Karte die Bezeichnungen für den gewöhnlichen geflochtenen Korb mit zwei Griffen, mit dem hauptsächlich Brennholz auf kürzere Distanzen getragen wird, z. B. von dem im Freien aufgestellten oder an der Hauswand angelehnten Holzvorrat in die Küche. Er kann aber ebenso gut zum Transport von Kartoffeln und Rüben sowie von geschnittenem Futter u. Ä. verwendet werden.

Großflächig ist das hochsprachliche Wort **Korb** auch im Dialekt üblich, selten auch in der Verkleinerungsform **Körblein**. Das Wort ist eine Entlehnung aus lat. corbis und ist seit dem 9. Jh. belegt als ahd. korb, korf. Die im südl. Altbayern räumlich ziemlich genau abgrenzbare Lautung *Kårb* ist dort eine regelhafte Senkung von altem o vor r + Labialkonsonant, wie sie auch in Wörtern wie "Dorf", "gestorben" oder "Worb" vorkommt. Auch der Auslautschwund in *Koa/Koar* in Ostbayern tritt dort häufig bei einsilbigen Wörtern auf, wie etwa in "Wor(b)" oder "Kru(g)".

Zu diesem Wort "Korb" gehört auch die **Kürbe** *(Kirm, Kürm)*, die in der Bedeutung 'Rückentragekorb' ein wesentlich größeres Verbreitungsgebiet hat (zum Nasalauslaut vgl. "Schiefer(n)" S. 137).

Ob auch **Krebe** *(Greem, Greewa,* Dim. *Grääwle)* herkunftsmäßig mit "Korb" verwandt ist, ist nicht sicher. Das Wort wird in Mfr. mehrheitlich für einen kleineren Handkorb mit Bogenhenkel verwendet.

Drei Typen auf der Karte, nämlich **Kretze(n)** *(Gretzn, Grätzn)*, **Krätten/Kretten** *(Gräde, Krätte, Krette)* und **Kratten** *(Kratte)*, haben wohl einen gemeinsamen Ursprung in der lat. Form *crattis, die zunächst vor der 2. Lautverschiebung (vgl. Einführung) entlehnt wurde, was ahd. kretzo (m.) ergab; aus einer zweiten, späteren Entlehnung resultieren wohl die nichtverschobenen ahd. Wortformen kratto (m.) und kretto (m.), bei denen es zu keiner Verschiebung von t > tz mehr kommen konnte. Mit "Kretze(n)" auf das Engste verwandt ist "Kräze" in der Bedeutung 'Rückentrage'. In diesem Zusammenhang steht auch die heute abschätzige Bezeichnung "Krattler" für einen 'schäbigen, in ärmlichen Verhältnissen lebenden Menschen'. Es ist eine Übertragung der ursprünglichen Benennung für einen "fahrenden Händler (oft aus Tirol), der mit einer [einem] 'Kratten' auf dem Rücken seine Waren verhausierte" (Zehetner, 187).

Die **Mande** ist nach Ausweis der Wörterbücher im westmitteldt. Sprachgebiet weit verbreitet. Im rheinfränk. Gebiet innerhalb Bayerns kommen durchgehend Lautformen vor, bei denen -d- an das vorausgehende -n- assimiliert ist *(Måne, Mane)*. Das Wort stammt aus dem niederdt. Sprachgebiet und ist seit dem 17. Jh. auch im hochdt. Raum belegt. Die weitere Herkunft ist unklar.

Die **Zaine** bzw. **Zainde** im Südwesten, < mhd. zeine, ahd. zeinn(a), ist schon seit dem 9. Jh. in der Bedeutung 'Korb' in Gebrauch. Hier ist anzumerken, dass die vorkommenden Tonvokale nur teilweise den angesetzten Etyma entsprechen (z. B. *Zoi*^{n}*ne, Zoi*^{n}*de, Zuinde*). Bei den Lautformen *Ziarne, Zianne* und *Zuarne* im Westallgäu und am Bodensee hat sich der Vokal dem nicht umgelauteten alten iu-Diphthong angeschlossen (vgl. Karte 20). Das inlautende *d* dürfte einfach als Gleitlaut entstanden sein, vgl. mhd. eigenlîch > "eigentlich". Das *r* könnte eine hyperkorrekte Einfügung sein, weil in diesem Gebiet Wörter häufig ursprüngliches r vor n ausfallen lassen, z. B. *Steanne* für 'Sterne' oder *Keanne* für 'Kerne'.

Zistel geht auf lat. cista zurück, woraus auch das dt. Wort "Kiste" entlehnt worden ist. "Zistel" muss aber später als "Kiste" entlehnt worden sein, erst nach dem 6./7. Jh. In dieser Zeit wechselte nämlich die Aussprache von lat. *k-* vor *i* und *e* zu *ts-*. Das Wort könnte im Süden auch ein Relikt einer dort länger als im übrigen Bayern nachweisbaren romanischen Bevölkerungsgruppe sein. Das -el ist wohl analog zu anderen Gerätenamen angefügt worden (vgl. "Schlegel, Meisel, Gabel").

Das im Bayerischen Wald kleinräumig für 'Holzkorb' belegte **Zeger** *(Zeega)* ist in den Formen "Zecker, Seger" im Sinne von 'Handkorb' oder 'Einkaufstasche aus Stroh oder Bast' weiter verbreitet.

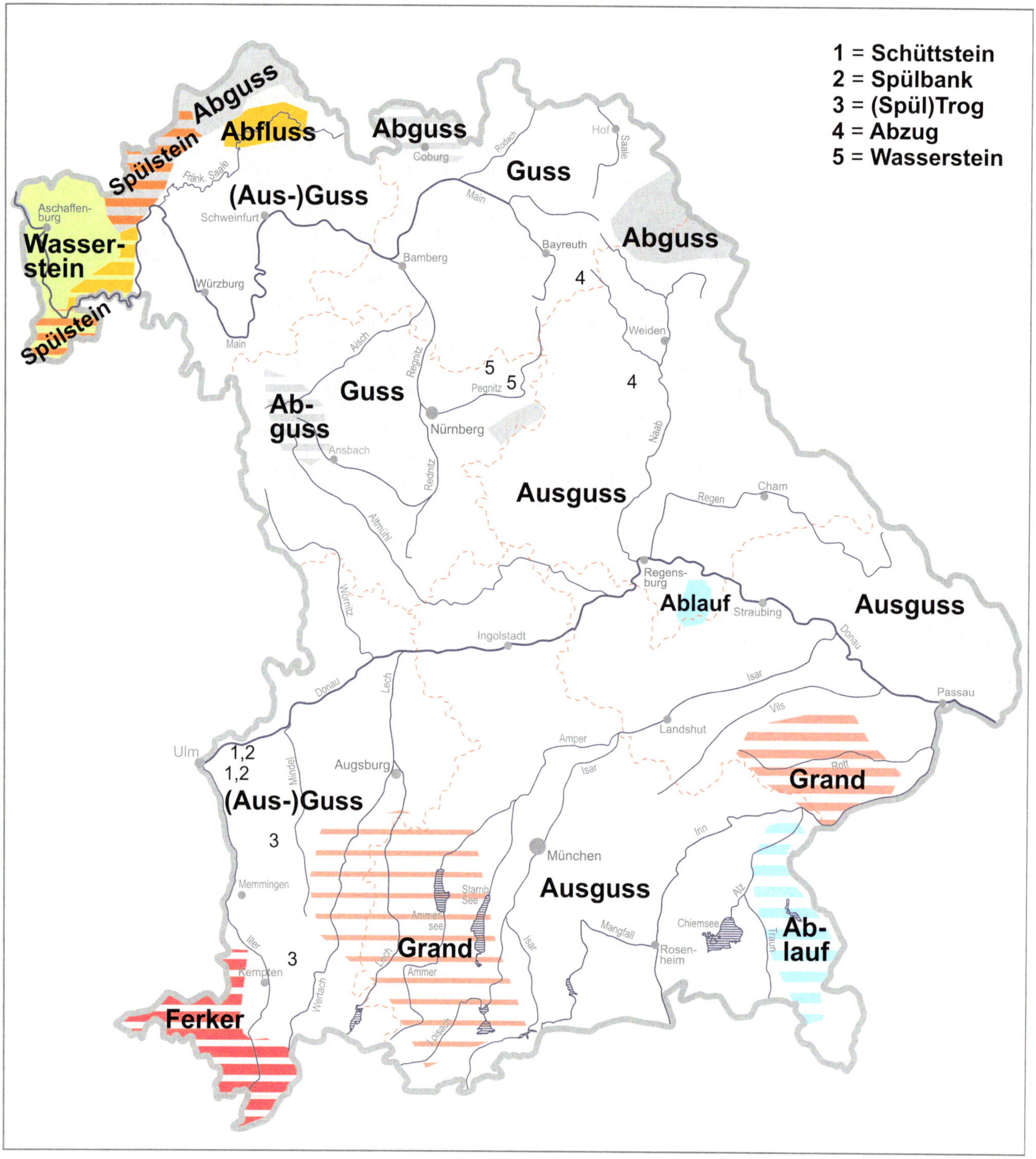

Karte 87: Bezeichnungen für den Küchenausguss

Der Ausguss in der Küche ist eine relativ junge Erscheinung, vor allem, wenn damit auch ein Spülbecken gemeint ist. Fließendes Wasser kam in der Regel erst am Anfang des 20. Jhs. in das bäuerliche Haus. Zuvor gab es nur einen Brunnen auf dem Hof bzw. im Dorf. Damit man aber nicht wegen jeder kleinen Menge benötigten Wassers das Haus verlassen musste, gab es in der Küche einen Vorratsbehälter für Wasser. Dieser konnte kleiner oder größer sein, aus Holz oder aus Stein, das war regional und von Haus zu Haus jeweils sehr verschieden. Manchmal war es nur ein hölzerner Kübel, der etwas erhöht auf einer Bank stand, manchmal ein steinernes Becken mit breitem Rand und eventuell auch weiterer Stellfläche, auf der man in Holz- oder Metallgefäßen spülen konnte. Das verbrauchte Wasser wurde eher selten über ein Loch in der Wand (dann war eine trichterartige Schütthilfe notwendig) oder ein Loch im Fußboden, das praktischerweise über eine Konstruktion aus Stein in der Nähe der Außenwand realisiert wurde, beseitigt. Von diesen Fakten muss man ausgehen, wenn man die Ausdrücke für den Küchenausguss betrachtet:

Regional wurden verschiedene Dinge herangezogen, um die Sache zu bezeichnen, die bis in die 50er Jahre hinein oft nur aus einem gusseisernen, halbrunden, nicht verschließbaren Becken bestand, das also nur der Beseitigung des Restwassers diente.

Dies spiegelt auch das am häufigsten belegte Wort, nämlich **Guss** (*Guss, Guus;* eine Nominalbildung zu "gießen" wie "Schuss" zu "schießen") mit den Varianten **Aus**- oder **Abguss**. Die oben beschriebene Ausschüttöffnung wurde namengebend für die Sache. Auch der **Ablauf** und der **Abzug** sind so zu erklären.

Dies gilt auch für **Ferker** *(Ferggar, Fiarggar, Fiargger, Feerggar)* in der alem. Südwestecke Bayerns, der andernorts auch als **Felker** in Gebrauch ist. Dieser Worttyp ist für die heutigen Sprecher nicht mehr durchsichtig, er ist sozusagen synchron isoliert; deswegen ist auch der Wechsel von *r* und *l* möglich. Historisch gehört er zu einem Verb mhd. vertigen 'fertig machen, zur Fahrt ausrüsten', das in den anschließenden Gebieten von Vorarlberg und der Schweiz als "ferggen" heute noch im Sinne von 'fortschaffen' gebräuchlich ist. Es liegt hier Ausfall des unbetonten Zwischenvokals (= Synkope) mit anschließender Verschmelzung (= Assimilation) von *t* und *g* vor: vertigen > vertgen > ferggen. Der "Fergger" ist also das Instrument, mit dem man etwas fortschafft (vgl. "Bohrer" zu "bohren").

Der **Grand** war ursprünglich ein Wasserbehälter außerhalb oder innerhalb des bäuerlichen Hauses. Er wurde – wie **(Spül-)Trog** – nach Einführung der Wasserleitung oft zur Spüle umfunktioniert. Das Wort selbst kommt überwiegend im Bair. (einschl. Österreich) vor und bezeichnet auch die Futterkrippe, den Trog der Tiere im Stall. Es ist etymologisch nicht weiter verfolgbar.

Beim **Spülstein** oder beim **Wasserstein** ist nicht klar, ob hier ursprünglich die Abstellvorrichtung für die Gefäße (wie bei **Spülbank**) zugrunde liegt oder ob es sich hier um eine frühe Wegschüttvorrichtung aus Stein handelt, aus der sich dann das Spülbecken entwickeln konnte.

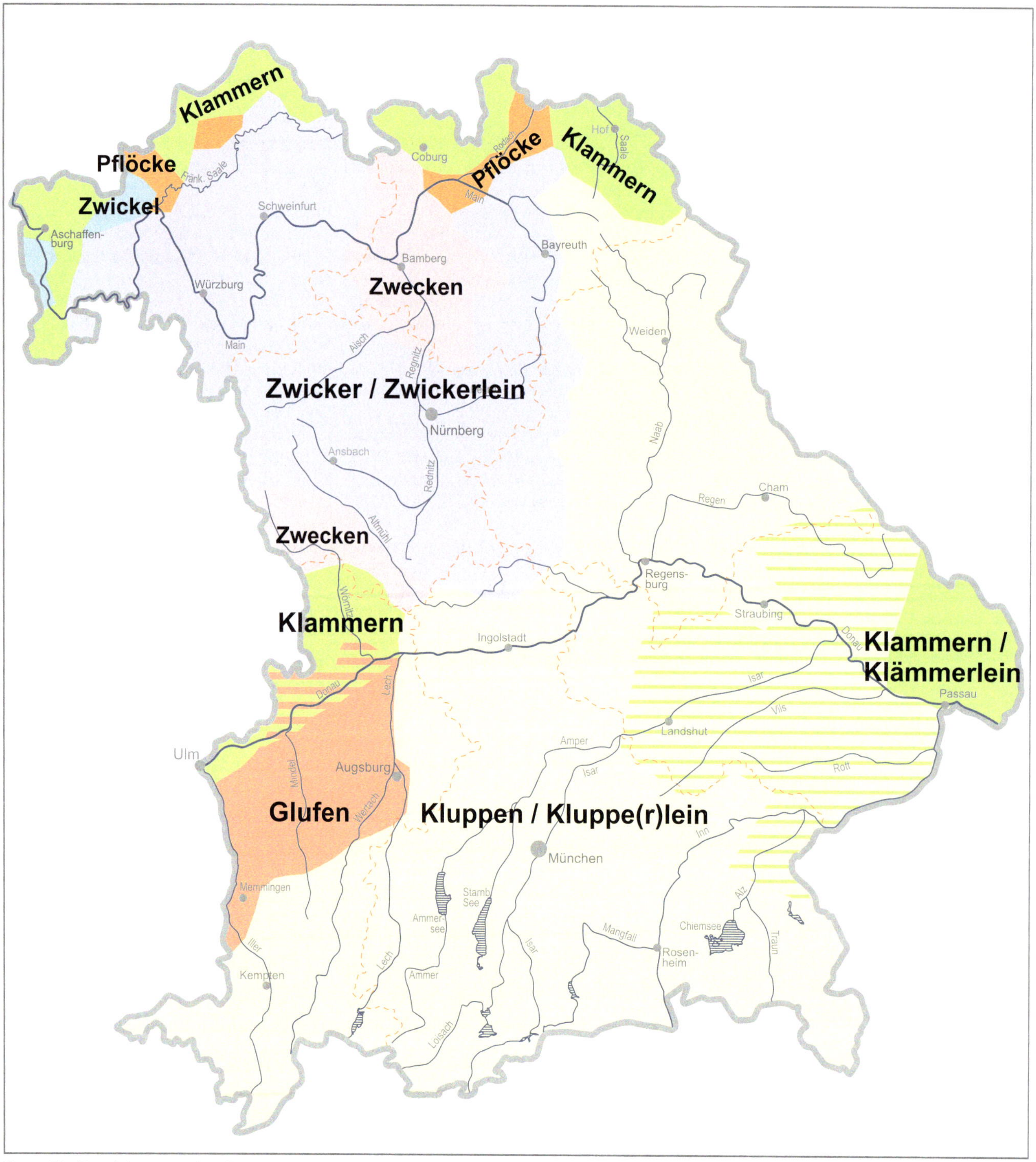

Karte 88: Bezeichnungen für die Wäscheklammern

Die heute üblichen Wäscheklammern aus Plastik haben einen hölzernen Vorgänger in gleicher Konstruktionsweise mit Federklemmung. Davor gab es aber für diesen Zweck eine wesentlich simplere Art von länglichen Holzstücken, die an einer Seite eine tiefe, keilförmige Einkerbung aufwiesen, welche man über die am Seil hängende Wäsche steckte und diese damit am Seil festklemmte.

Auf den älteren der beiden Typen von Holzklammern beziehen sich noch weitgehend die in Bayern üblichen Bezeichnungen, die allerdings heutzutage ohne Einschränkung auch auf den modernen Sachtyp übertragen werden.

So ist die Grundbedeutung des seit dem 14. Jh. belegten Ausdrucks **Pflock/Pflöcke** (m. < mhd. pfloc, pflocke) einfach 'Holznagel'. Ein Holznagel war ein meist rundes Stück Holz (z. B. der Teil eines Astes), mit dem der Zimmermann oder der Bootsbauer zwei Balken oder zwei Planken miteinander verbinden konnte. Wenn man Holzkeile in die herausschauenden Enden trieb, verklemmte sich der Nagel so, dass eine hohe Festigkeit erreicht wurde. Ein Pflock als Holznagel hat also viel mit klemmen zu tun.

Auch **Zweck** (m.), das schon seit dem 9. Jh. als ahd. zwec vorkommt, bedeutete ursprünglich 'Nagel, Pflock', genau wie die Nebenform **Zwick** (m.). Erst im 15. Jh. bildete das Wort über den "Nagel", den man in der Mitte der Schützenschießscheibe "auf den Kopf treffen" sollte, die heutige Normalbedeutung 'Ziel' heraus, während die zweisilbige Form **Zwecke** (in "Reißzwecke") die ursprüngliche Bedeutung beibehielt.

Ob die heute im Großteil Frankens verbreiteten Worttypen **Zwicker** bzw. **Zwickerlein** Ableitungen von der alten substantivischen Nebenform "Zwick" sind oder erst später aus dem Verb "zwicken" abgeleitet wurden, muss hier offen bleiben.

Auch **Zwickel** (m.), < ahd. zwickil, bedeutet primär 'Keil'. Es ist der Keil, den man in den Pflock/Holznagel trieb, um ihn festzuklemmen. Damit ist das Wort ebenfalls zum Verb "zwicken" in der Bedeutung 'einklemmen' zu stellen, denn man klemmte ja damit die Wäsche am Seil fest.

Eine Ableitung zum Verb "klemmen" liegt in **Klammer** bzw. **Klämmerlein** *(Glammal)* vor, das seit dem 13. Jh. als mhd. klam(m)er, klamere belegt ist.

Ähnlich motiviert ist der Ausdruck **Glufe** (f.), der seit dem 15. Jh. auftaucht. Möglicherweise ist es eine Entlehnung aus einem oberital. Wort glove 'Astgabel', welches selbst wiederum auf ahd. oder germ. Vorgänger des nhd. Wortes "Kloben" (vgl. ahd. klobo, mhd. klobe 'gespaltenes Holz zum Klemmen, Festhalten') zurückgehen könnte. In diesem Falle hätten wir es also mit einem Rückwanderer zu tun, also einem Wort, das ursprünglich aus der eigenen Sprache stammte und später aus einer fremden Sprache in anderer Form und Bedeutung neu übernommen wurde, denn "Glufe" ist auch in anderer Bedeutung in Verwendung, z. B. für 'Stecknadel', 'Sicherheitsnadel' oder 'Brosche'. Der oben erwähnte "Kloben" ist eine alte Ableitung zum Verb "klieben", das die Bedeutung 'spalten' trägt (vgl. Karte 119).

Mit "klieben" hängt auch **Kluppe** (f.) bzw. **Kluppe(r)lein** *(Glubbal)* zusammen: Die ahd. Vorstufe dazu ist klubba, 'Zange'; man sieht die gleiche Benennungsmotivation, es wird etwas geklemmt. Warum der enge Zusammenhang mit "klieben"? Die Kluppen und Kloben waren das Ergebnis des Spaltens und Kliebens, der Arbeit mit der Axt. Mit ihr wurde in früherer Zeit sehr viel mehr gearbeitet als mit der Säge.

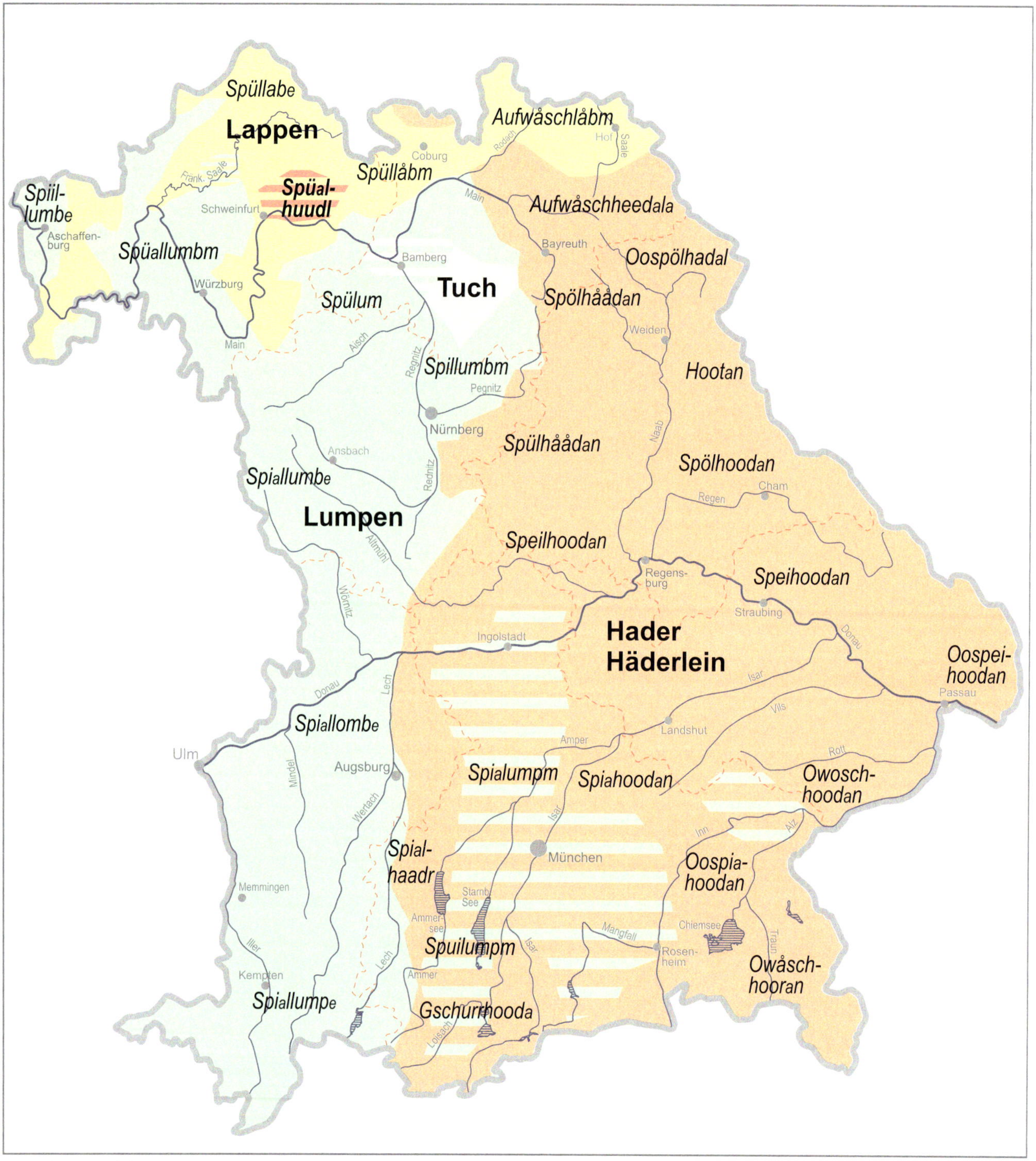

Karte 89: Bezeichnungen für den Spüllappen

Thema dieser Karte sind die in Bayern üblichen Bezeichnungen für das Tuch oder den Lappen, mit dem man Geschirr im Wasser spült, nicht also das Tuch zum Trockenreiben des Geschirrs. Heute ist dieser Lappen weitgehend durch die Spülbürste oder durch den Spülschwamm ersetzt. Weil man einen Lumpen bzw. Hader auch zum Putzen bzw. zum Aufwischen des Fußbodens verwendete, ist das Wort vielfach mit seiner Funktion, die meist verbal ausgedrückt wird, näher bestimmt: **(Ab-)Spül-, (Ab-) Wasch-, Aufwasch-, Geschirr-**. Die vielen Varianten können auf der Karte nur teilweise in ihrer ungefähren geographischen Verteilung und in ihrer Lautform wiedergegeben werden.

Die in der Hochsprache gängigsten Ausdrücke **Lappen** (m.) und **Tuch** (n.) erscheinen nur im Norden Bayerns als dialektale Bezeichnungen. Da aber auch im Norden inselartig Reste der weiter südl. flächendeckend erhaltenen Dialektausdrücke anzutreffen sind, kann man annehmen, dass hier im Norden die alten Dialektausdrücke durch solche aus der Hochsprache überlagert worden sind.

Hader (m.), meist mit auslautendem ***-n***, das aus den flektierten Formen in den Nominativ eingedrungen ist, lässt sich bereits ahd. als h a d a r a in dieser Bedeutung nachweisen. Die am Main kleinräumig verbreitete Nebenform (Spül-)***Huudl*** ist schon in mhd. Zeit belegt als h u d e l und als h u d e r in der Bedeutung 'Lappen, Lumpen'. Es entstammt wohl der gleichen Wurzel wie der "Hader"; und auch das Verb "hudeln" gehört zu dieser Familie.

Lumpen (m.) ist seit spätmhd. Zeit als l u m p e 'Lappen, Fetzen' belegt. Im Plural wird es meist auf 'zerrissene Kleidung' bezogen. Der "Lump" ist ein Mensch, der in Lumpen gekleidet ist; und wer "sich nicht lumpen lassen will", will sich nicht als "Lump" schelten lassen. Ein "Haderlump", als übertragene, abwertende Bezeichnung für einen 'liederlichen Menschen' oder gar für einen 'Betrüger', ist wiederum eine verdeutlichende Zusammensetzung, eine Steigerungs- oder Modernisierungsform, um den allmählich verschwindenden "Lumpen" für 'Fetzen' (vgl. die durch Schraffur angedeuteten Restbelege) aktuell zu halten.

Das nhd. Wort "Hader" im Sinne von 'Streit' und das dazugehörige Verb "hadern" haben eine andere Herkunft.

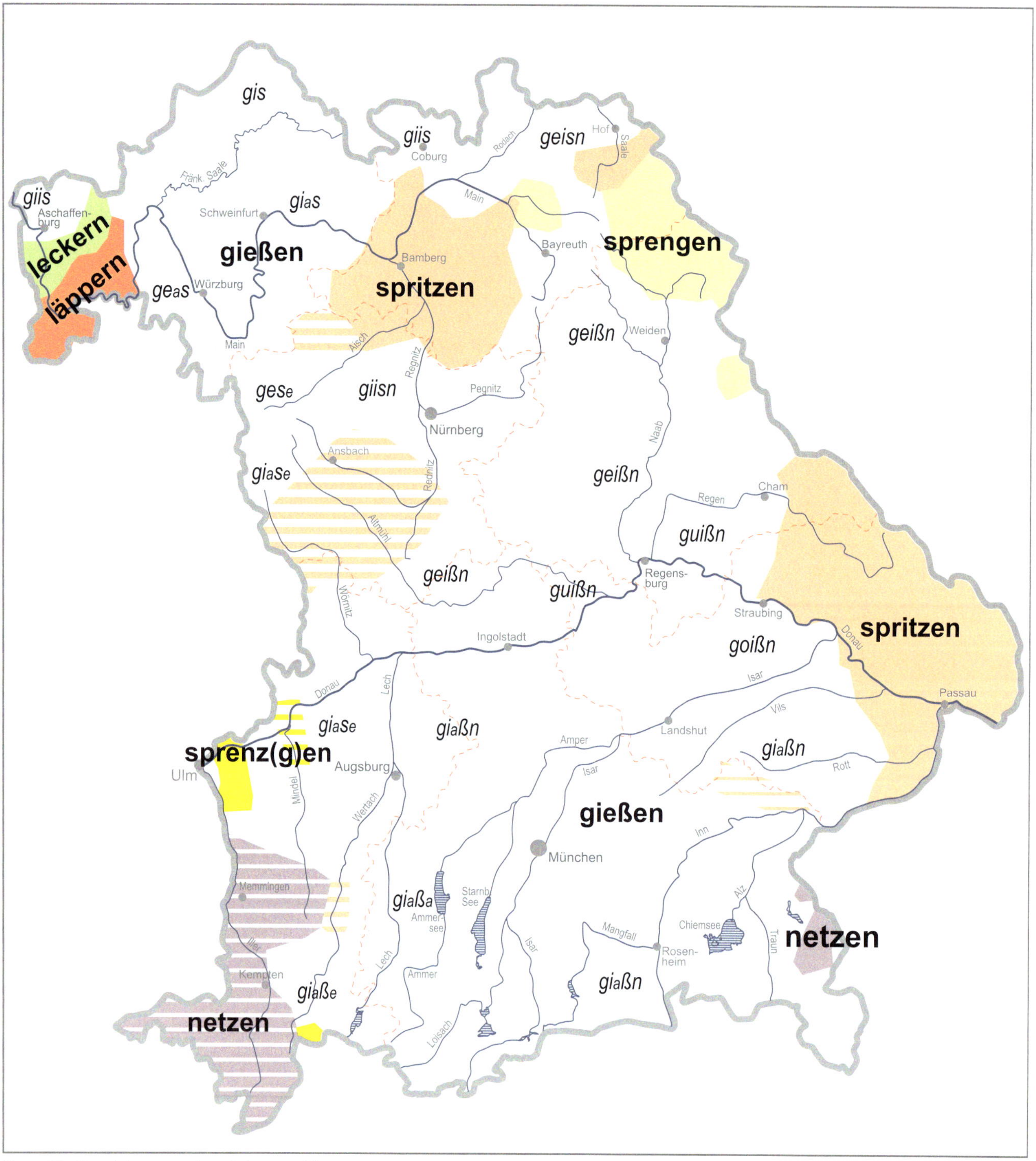

Karte 90: Bezeichnungen für *gießen* von Blumen

Die Karte zeigt die in Bayern üblichen Verbformen für das Gießen der Blumen. Weitgehend identisch dürfte der Vorgang benannt werden, wenn man den Pflanzen im Garten Wasser gibt.

Der hochsprachlich gängigste Ausdruck **gießen** hat auch in den Dialekten Bayerns die größte Verbreitung. Er geht auf gleichbedeutendes ahd. giozan zurück. Die Lautung des Tonvokals *(giaße, giaßn, geißn, guißn, goißn, gi(i)s)* entspricht weitgehend dem von mhd. ie in "fliegen" (vgl. Karte 26). Einzig die Lautungen *geas, gese* weichen davon ab (zur fehlenden Endung bei Infinitivformen im Norden vgl. Karten 7 und 30).
Ebenfalls in der Hochsprache verwendet wird das schon ahd. so belegte Verb **sprengen**, eine Ableitung zu "springen", mit der eigentlichen Bedeutung '(Wasser) springen machen'. Zu diesem "sprengen" gibt es eine seit dem 18. Jh. belegte Iterativbildung **sprenzen**, die im Deutschen in Wörtern wie "schluchzen" (zu mhd. slucken 'schlucken') oder ächzen (zu "ach!") vorkommt und die auf ein Suffix ahd. -azzen, mhd. -ezzen zurückgeht. Der Stammauslaut -ze(n) wird im Schwäb. gern mit einem -g- intensiviert, so dass **sprenzgen** *(sprenzge)* entsteht. Vgl. auch schwäb. Verbformen wie *juchzge*, *grau*^{n}*zge* (vgl. Karte 57), *befzge* 'bellen', *schmatzge*, *gatzge* 'gackern', aber auch Substantive wie *Bretzge* 'Breze', *Wefzge* 'Wespe'.
Die Form **netzen** *(netze)* ist seit dem 9. Jh. als ahd. nezzen belegt. Es handelt sich dabei um eine faktitive Bildung zum Adjektiv "nass" (< ahd. naz), bedeutete also ursprünglich 'nass machen'. Als solche ist sie schon im Gotischen (4. Jh.) als natjan belegt.
Auf das dosierte Auslaufen des Wassers aus der Gießkanne bezieht sich wohl **leckern**, dem ein Verb ahd. lehhan, mhd. lehhen 'austrocknen (von Holzgefäßen), undicht sein, leck sein' zugrunde liegt. Das dazugehörige Adjektiv "lech" ist im Schriftdeutschen nie belegt, wohl aber im Niederdeutschen als "leck" und im dazugehörigen Substantiv "das Leck" für 'undichte Stelle im Schiff', das über die Seemannssprache ins Hochdeutsche entlehnt wurde. Die hier vorliegende Form "leckern" ist entweder von diesem niederdt. Wort abgeleitet (eher unwahrscheinlich) oder aber eine Intensivbildung zum Verb lehhen, so wie "glitzern" zu "gleißen", mit der intensivierenden oder iterierenden Endung ahd. -arôn (> leckern). Für den Wechsel g > k vgl. die Intensivbildungen "Zicke" zu "Ziege" oder "bücken" zu "biegen". Vergleichbar damit ist auch das Verb "spritzen" (< mhd. sprützen), das zu "sprießen" gehört und den gleichen Konsonantenwechsel zeigt wie "nass" zu "netzen".
Eine seit dem 16. Jh. belegte Iterativbildung zu dem mittelniederdt. belegten Verb lapen ('schlürfen, verschütten') führte zu **läppern**; diese Wortform drückt also das wiederholte Geschehen des Wasserverschüttens aus.

Für die auf der Karte erscheinenden Verbformen finden sich teilweise Entsprechungen bei den **Bezeichnungen für Gefäße**, mit denen man Wasser dosiert den Blumen oder Pflanzen verabreicht: "Gießer", "Gießkanne/-kante", "Spritzer", "Spritzkrug/-kübel". Beachtenswert ist aber, dass beispielsweise im südwestlichen "netzen"-Gebiet eine Gefäßbezeichnung "Netzkanne/-kante" o. Ä. nicht existiert; wohl aber deckt sich das "netzen"-Gebiet im Südosten teilweise mit der Verbreitung des Substantivs "Dürrnetzer" für 'Gießkanne'. Im Grenzgebiet zum Egerland sind großflächiger als das Verb "sprengen" die Gefäßbezeichnungen "Sprenger", "Sprengeimer" und "Sprengkrug" in Gebrauch. Für die Verbformen "leckern" und "läppern" gibt es keine Entsprechungen bei den Ausdrücken für die "Gießkanne".

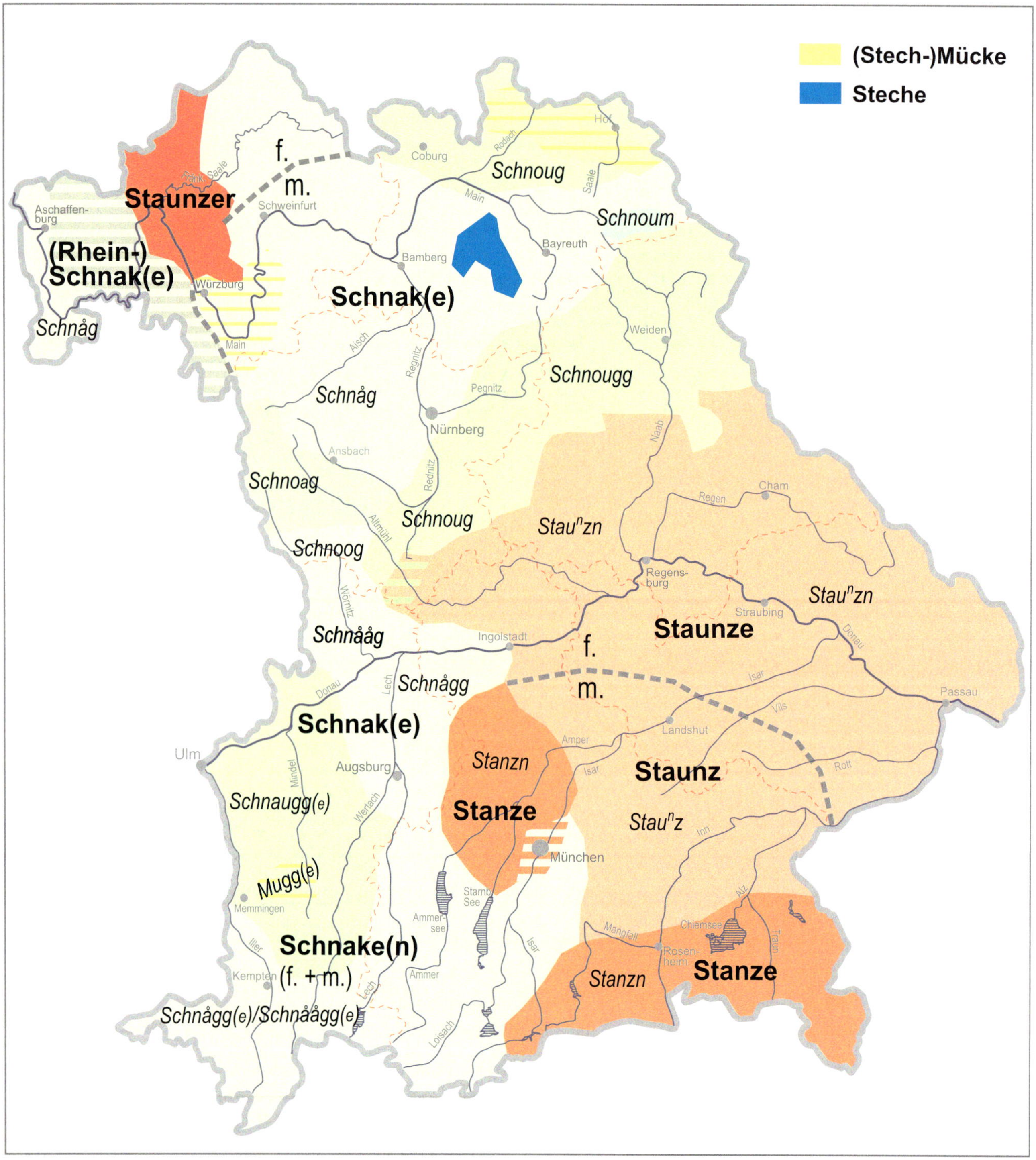

Karte 91: Bezeichnungen für die Stechmücke

Thema der Karte sind die dialektalen Bezeichnungen für das langbeinige Insekt (lat. culicida), das – vor allem nachts – surrt und sticht, das Blut saugt und juckende Stellen hinterlässt und das auch Krankheiten übertragen kann.

In Bayern existieren als Bezeichnungen die beiden Haupttypen "Schnake" und "Stau(n)ze(r)". Den größeren Raum nimmt dabei **Schnake** (mhd. snâke m., f., seit dem 18. Jh. vorwiegend f.) ein. Das Wort hat nur in den nordischen Sprachen Parallelen, wo es z. B. im Norwegischen (mundartlich snage) 'hervorspringende Spitze, Landzunge' bedeutet und mit ehemaligem sn-Anlaut zu einer Gruppe von Wörtern gehört, die mit Spitzen zu tun haben (vgl. z. B. dt. Schnabel, schneiden). Die beiden Geschlechter (Genera), die im Mhd. belegt sind (und damals sicher auch schon eine geographische Verbreitung hatten), verteilen sich in den Dialekten Bayerns folgendermaßen: Im Nordwesten von Ufr. ist feminines **Schnake** belegt, der übrige bayerische Raum weist überwiegend maskuline(s) **Schnak(en)** auf, wobei großflächig die Auslautsilbe geschwunden (apokopiert) ist (vgl. Textkasten S. 143). Im Schwäb. mischen sich die zwei Genera, und neben einsilbigen Singularformen *(Schnåågg, Schnågg, Schnaugg)* sind nach Süden zu vermehrt auch zweisilbige verbreitet *(Schnåågge, Schnaugge, Schnåggn)*, was auf der Karte mit dem Typ **Schnake(n)** angezeigt wird.
Auffällig ist in Ufr. die sonst in Gesamtbayern nicht auftretende Zusammensetzung **Rheinschnake**, deren Bestimmungswort wohl auf den Fluss Rhein verweist. Vermutlich wurde die nahe Rheinebene mit ihren ehemals vorhandenen Altwassern und Überschwemmungsgebieten als Herkunftsort und Brutstätte der Stechmücken betrachtet.
Die Lautungen des Tonvokals entsprechen weitgehend der normalen Verteilung von mhd. â, so dass uns auf der Karte neben den verdumpften *å*-Monophthongen die bekannten Diphthonggebiete begegnen: *Schnaugg* im zentralen Schwäb., *Schnougg, Schnoum* im Nordbair. und Falldiphthong *Schnoag* im westl. Frankenland (vgl. Karte 13).
Das große Gebiet des Ausdrucks **Staunze**, dessen Herkunft völlig ungeklärt ist, zeigt im nördl. Bereich folgende diphthongischen, femininen Lautungen: *Staunzn, Stau*^{n}*zn, Stauzn, Ståuzn*, im Südteil überwiegt hingegen maskulines, ohne Endungs-n gebildetes *Stanz, Stau*^{n}*z*. Die monophthongische Form **Stanze** (f.) *(Stanzn)* schließt sich in farblich abgehobenen Arealen südl. und westl. davon an.
Eng verwandt damit ist der im nördl. Ufr. verbreitete männliche Typ **Staunzer** *(Stau*^{n}*zer* oder *Stau*^{n}*zer)*.
Die unter "Sta(u)nz(e)" zusammengefassten Worttypen sind gegenüber der "Schnake" auf dem Rückzug. Das zeigen Reliktformen von "Staunze" im "Schnaken"-Gebiet und umgekehrt. "Schnake" ist auch das Wort der westmitteldt. und süddt. Umgangssprachen; "Gelse" herrscht im Osten Österreichs. Der Norden Deutschlands, eingeschlossen Sachsen und Thüringen, sagt zu diesem Tier "Mücke", das als **(Stech-)Mücke** teilweise auch im Maindreieck und im Norden von Ofr. verbreitet ist.

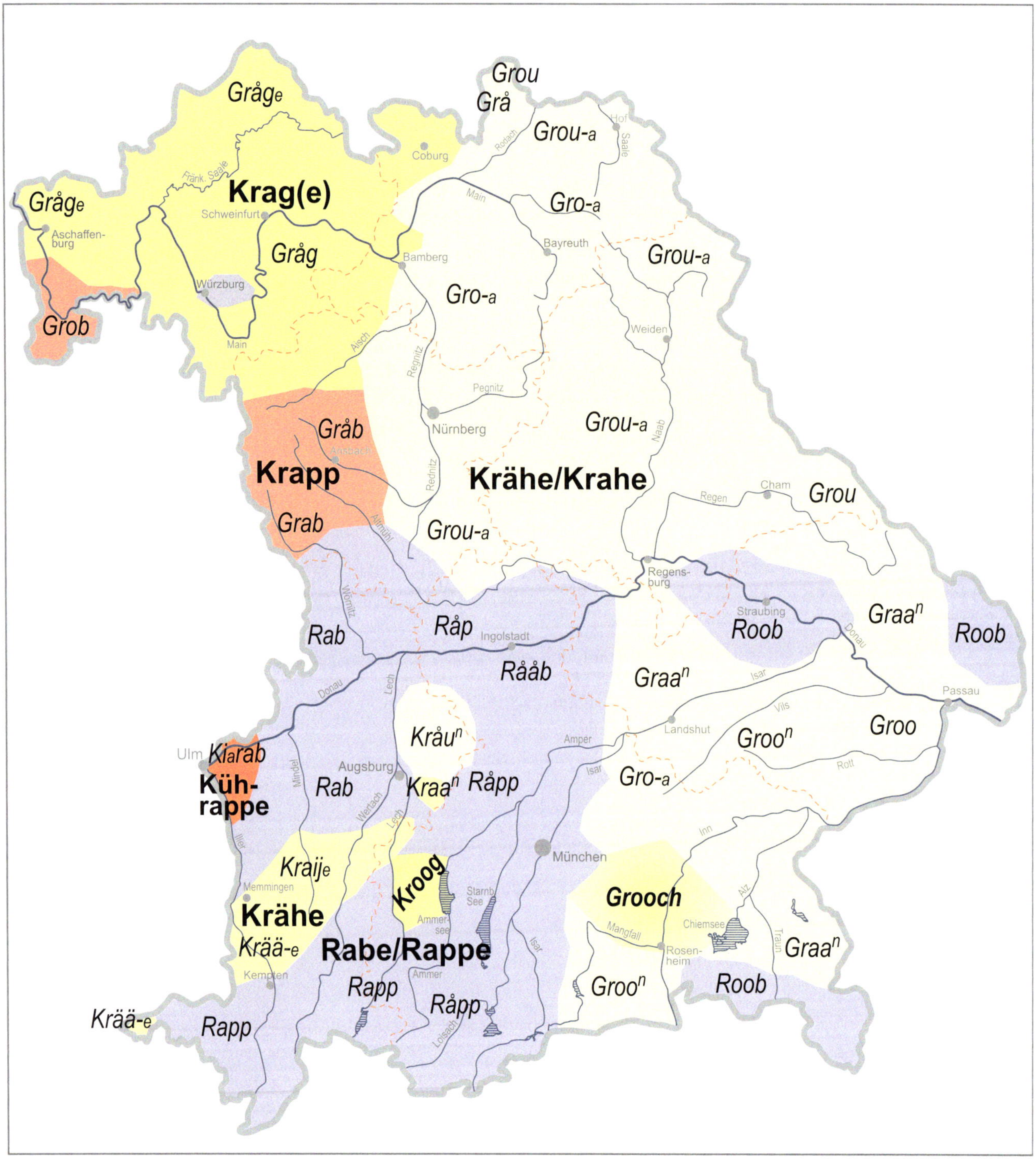

Karte 92: Bezeichnungen für *Rabe/Krähe*

Gegenstand dieser Karte ist das Vorkommen und die geographische Verteilung der Bezeichnungen **Rabe** oder **Krähe** in Bayern. Dabei kann man davon ausgehen, dass diese beiden Vögel im breiten Volk kaum unterschieden werden und dass jeweils nur einer der zwei Ausdrücke als dialektal eingestuft wird, während der jeweils andere als die eher schriftsprachliche Benennung angesehen wird.
Sowohl die Krähe als auch der Rabe gehören zur Gattung der Rabenvögel (Corvidae), die als die klügsten und anpassungsfähigsten aller Vögel gelten. Der in Süddeutschland als Brutvogel eher verbreitete Kolkrabe (Corvus corax) wird bis zu 67 cm groß, die Saatkrähe (Corvus frugilegus) bis zu 47 cm. Die im Winter einfallenden Schwärme stammen aus Nord- und Osteuropa. Beider schwarzes Gefieder schimmert grün und purpurfarben. Wegen ihrer geringeren Größe gilt die Krähe im Volksglauben als die Frau des Raben. Beide Arten gehören zu den in unseren Breiten bedrohten Vögeln.
Der Ruf der Krähe hört sich "kaah-kaaah" oder "ki-uk", der des Raben krächzend und tief "brack-brack" an. Im Ruf dieser großen, schwarzen Vögel werden auch lockende Laute gehört, die vor allem dem Raben die Bezeichnungen "Komm-mit-Vogel" oder "Mitvogel" für 'Totenvogel' eingebracht haben. Neben zahlreichen anderen positiven und negativen Bedeutungen im Aberglauben genießen die Rabenvögel wegen ihrer Fähigkeit, Wörter zu lernen und nachzuahmen, den Ruf des Verräters.
Das Wort **Rabe** (m.) geht auf die stark gebeugte ahd. Form (h)raban zurück, die sich in mhd. Zeit zum schwach gebeugten rabe entwickelt hat. Die heutigen dialektalen Formen, die alle ohne Auslautvokal, also apokopiert erscheinen (vgl. Textkasten S. 143), weisen teilweise Langvokal auf *(Rååb, Roob)*, überwiegend haben sie aber Vokalkürze *(Rapp, Råp, Rab)* und sind somit einem Untertyp **Rappe** (m.) zuzuordnen, der auf die bereits im Ahd. belegte Nebenform (h)rappo mit Konsonantenverdoppelung (wohl als Intensivbildung) zurückgeführt werden kann.
Alte Konsonantenverdoppelung hat auch die auf der Karte gesondert eingezeichnete Form **Krapp**. Sie ist entweder eine Kontamination von "Krähe + Rapp", oder sie ist in Verbindung zu bringen mit der weiteren Sonderform **Kührappe** *(Kiarab)*, die an einem Ort auch mit singularischem Bestimmungswort *Kuaraab* belegt ist. Ein Motiv für diese an sich durchsichtige Bildung ist nicht erkennbar.
Im östl. Bayern überwiegt die Bezeichnung **Krähe** (f.), ursprünglich eine lautnachahmende Bezeichnung für den, der *kra-kra* macht (vgl. nhd. "krähen"); diese Bezeichnung weist eine breite Palette von Lautformen auf: *Graa, Grou, Grou-a, Gro-a, Groo, Groo^n, Graa^n*. Sie geht auf den ahd. Stamm krâ(a) zurück, wobei die zwei Vokale keinen Diphthong darstellten und somit ein sog. Hiatus (= Kluft zwischen zwei Vokalen, die zu zwei Silben gehören) vorhanden war. Um diese Kluft zu überbrücken, wurden regional unterschiedlich Konsonanten wie w, j, g, h als sog. Hiatustilger eingefügt, was zu zahlreichen schon alten Erweiterungen führte, vgl. z. B. mhd. krâhe, krâwe, kreije, kreige. Die umgelauteten Formen gehen auf Bildungen mit j zurück. Ein j geht damit wohl auch dem g in kreige voraus (zum Wechsel von j und g vgl. S. 179, und zur hiattilgenden Funktion dieser zwei Laute vgl. S. 73). Von letztgenannter Form sind wohl die auf der vorliegenden Karte eigens ausgewiesenen Typen **Krag(e)** *(Gråg, Gråge)* im westl. Franken und ***Kroog*** im Lechrain herzuleiten. Dies gilt möglicherweise auch für die geographisch nicht deutlich abgrenzbare Lautform ***Grooch*** am Inn.

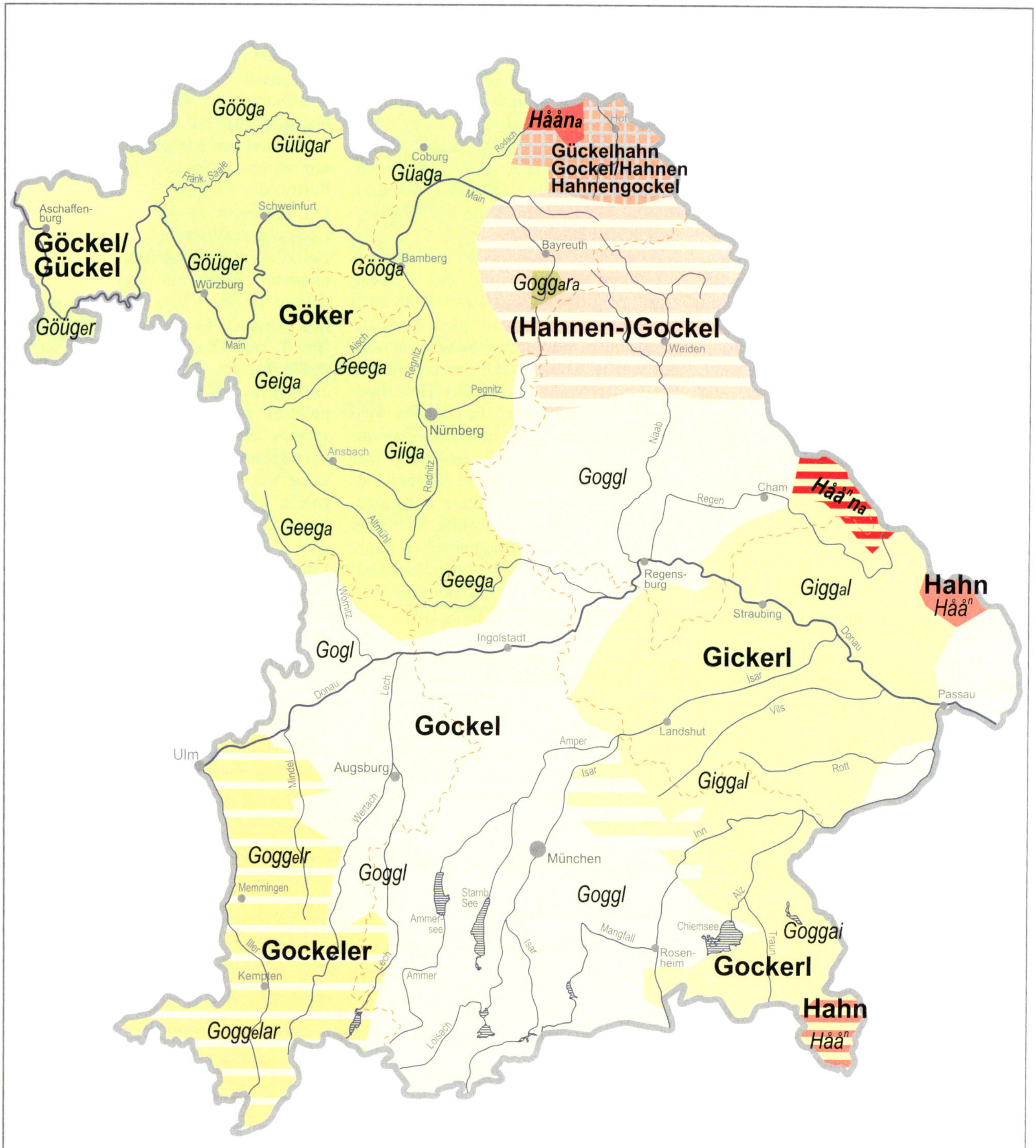

Karte 94: Bezeichnungen für den Hahn

Die wilden Stammeltern unseres Haushuhns stammen ursprünglich aus Südostasien. Hühner sind schon sehr früh auch im prähistorischen Mitteleuropa nachgewiesen, doch erst mit den Römern wurden sie häufiger und allgemein verbreitet.

Die deutschen Bezeichnungen für das männliche Tier, den Hahn, beziehen sich weitgehend auf die Stimme dieses Morgensängers.
Hahn (m.) ist seit dem 8. Jh. als ahd. han(o) belegt, es wird weiter zurückgeführt auf eine germ. Form *hanôn und ist verwandt mit dem lat. Verb canere 'singen'. Die ursprünglich schwache Deklination (Typ "des **Hahnen**") hat sich teilweise bis ins 18. Jh. in der Schriftsprache gehalten, in manchen Mundarten bis heute, so auch im Nordosten Bayerns und in einem kleinen Gebiet an der Grenze zu Böhmen *(Hååna)*. Eine aufs Engste mit "Hahn" verwandte Ablautform ist "Huhn" (< ahd. huon). "Henne" (< ahd. henin) ist nichts anderes als "die Hahnin" (vgl. "Wirtin" zu "Wirt", "Äffin" zu "Affe").
Im ganz überwiegenden Teil Bayerns sind jedoch Bezeichnungen in Gebrauch, die auf Schallnachahmung basieren, so auch **Gockel** (m.), das unter lautlichen Gesichtspunkten richtiger mit **Goggel** zu verschriftlichen wäre, da der inlautende Verschlusslaut überall unbehaucht gesprochen wird. Umgelautete Entsprechungen zu "Gockel" finden wir am Untermain mit den Formen **Göckel/Gückel** (m.) *(Gögl, Gigl, Gügl)*. Unter dem Lemma **Göker** (m.) sind hier alle Bezeichnungen zusammengefasst, die einen langen Stammvokal *(ee, ii, öö, üü, öü, üa)* haben und einen Lenis-Verschlusslaut *g*.
Das Wort **Gockel** selbst ist als göckelhahn erst im 16. Jh. belegt und ist nahe verwandt mit unserem Wort "Küken" oder engl. cock, franz. coq. Die Lautnachahmung beruht wohl nicht auf dem lauten Morgenruf, sondern auf dem etwas verhalteneren Sammelruf des Hahnes. Auch historisch tritt das Wort in verschiedener Gestalt auf, als gockel, göcker, guckel oder gickel. Die Endungen -er und -el haben die jeweils gleiche Funktion. Sie bezeichnen einen, der etwas tut ("Macher" zu "machen"), wobei -el heute nicht mehr produktiv ist, aber z. B. noch in "Büttel" zu "bieten" oder "Gimpel" zu "gumpen" für 'hüpfen' weiterlebt; diese Endung wird aber häufig für männliche Tiernamen verwendet (vgl. Karten 93 "Kater", 97 "Enterich" und 101 "Zuchtstier"). Bei **Gockeler** wurde irgendwann das -el nicht mehr in seiner ursprünglichen Funktion erkannt und es wurde daraufhin ein zusätzliches -er angefügt. Die Täterbezeichnung ist also im Prinzip doppelt vorhanden.
Diminutivformen sind **Gockerl** (n.) und **Gickerl** (n.). Letzteres ist eine entrundete Form von "Gückerlein".
Interessant sind auch die verdeutlichenden Zusammensetzungen vom Typ **Gockelhahn** und **Hahnengockel**. Diese im Nordosten nebeneinander vorkommenden Bildungen sind wohl entstanden, um den Hühnerhahn von anderem männlichen Federvieh abzuheben, vielleicht auch einfach aus Freude an der Bildung. Es sind dabei echte Kopulativkomposita entstanden mit zwei gleichberechtigten, koordinierten Gliedern; die in den Dialekten praktizierte Vertauschung der Glieder ohne Bedeutungsänderung beweist dies (vgl. dagegen die Bildung "Besenstiel" vs. "Stielbesen"). Solche verdeutlichenden Zusammensetzungen waren z. B. früher auch "Lindwurm" (mhd. lint 'Schlange') oder "Windhund" (mhd. wint 'Windhund').

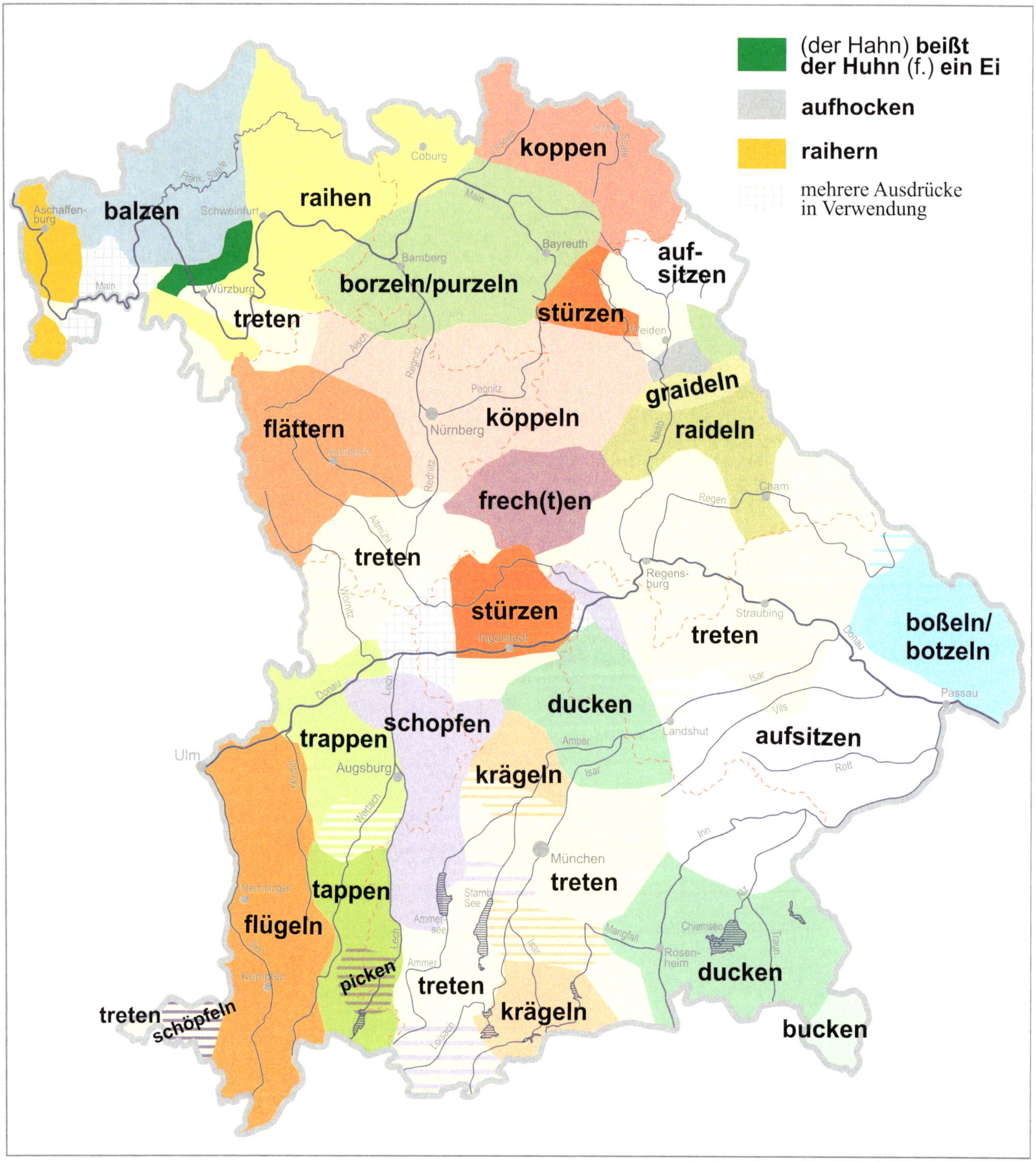

Karte 95: Bezeichnungen für das Begatten der Henne

Für den Begattungsakt bei den Hühnern, also für den Vorgang, wenn der Hahn auf die Henne springt, gibt es in Bayern eine Vielfalt von unterschiedlichen Ausdrücken, die aber meist eine relativ klare geographische Verteilung aufweisen.

Die Ausdrücke betonen unterschiedliche Aspekte des Vorgangs:
Auf die vom Hahn beim Begattungsakt eingenommene Position heben die Ausdrücke **aufsitzen** und **aufhocken** ab, die außer in den ausgewiesenen Gebieten auch an verschiedenen anderen Orten vereinzelt belegt vorkommen. Dagegen betonen **ducken** *(dugga)* und **bucken** *(bugga, buckn)* und wohl auch **stürzen** *(stiazn, steazn)*, dass die Henne dabei auf den Boden gezwungen wird, nicht nur mit dem Körper, sondern auch mit dem Kopf, den der Hahn mit dem Schnabel niederdrückt.
Das am meisten verbreitete **treten** *(dräate, dreete, dreedn, dreen)* und die bedeutungsgleichen in Schw. üblichen Verben **tappen** *(tabbe)* und **trappen** *(drabe)* nehmen Bezug auf die Fußbewegungen des Hahnes.
Heftige Flügelbewegungen des Gockels beim Begattungsakt haben hingegen wohl das im westl. Schwaben übliche Wort **flügeln** *(flíigle)* und das im westl. Mfr. verbreitete **flättern** *(flädan, fladan)* motiviert.
Wenn man in Südbayern gebietsweise die Verben **krägeln** *(graagln)* und **schopfen** *(schopfa)* verwendet und darüber hinaus auch vereinzelt **schöpfeln** *(schepfle)* und **schöppeln** *(schepln)* genannt werden, nimmt das vermutlich darauf Bezug, dass der Hahn die Henne beim Bespringen am Kragen bzw. am Schopf packt. Vorstellungen, wonach der Hahn dabei die Henne malträtiere, verbinden sich wohl mit dem im Ostallgäu belegten **picken** *(bicke)* oder dem im Westallgäu vereinzelt notierten **schlutten** *(schlutte)*, womit man u. a. das '(scherzhafte) Würgen' benennt.
Bei **purzeln** *(buazln, butzln)* liegt vermutlich eine nachträgliche Umdeutung von **borzeln** *(boazln, botzln, båtzln)* vor, welches wohl eine Ableitung vom oberdt. Verb "borzen" ('ragen, strotzen, hervorstehen') ist, von dem auch das Substantiv "Bürzel" für den hintersten Teil des Vogelrückens gebildet ist.
Die im Norden Bayerns verbreiteten Verbformen **koppen** *(kobbm, kåbm)* und **köppeln** *(köbln, käbln, kebln)* gehören zum Substantiv "Kopp" 'Kapaun, Hahn' bzw. zur Verkleinerungsform "Köppelein" (vgl. Karte 96 "Küken"). Ob auch ein Zusammenhang besteht mit "koppen", mit relikthaftem p statt pf wie in der Normalform "kopfen", ist kaum mehr feststellbar. Es wäre von der Bedeutung her dann wie "schopfen" oder "krägeln" zu erklären.
Die Herkunft von **balzen** (*balsd, bälsd*, 3. Sg.), das im allgemeinen Sprachgebrauch vornehmlich für das Liebesspiel bei Wildhühnern verwendet wird, liegt ebenfalls im Dunkeln. Von der Bedeutung her dürfte es mit folgenden Wortformen eng verwandt sein: **raihen** (*rääd, räd, raad, rad* je 3. Sg., < mhd. rei(g)en) und die Ableitung **raihern** (*raijen, raihen, geraahed* Part., *raijäd* 3. Sg.) in Mainfranken sowie **raideln** *(roiln, roadln)* bzw. **geraideln** *(groadln, groadlan)* in der Oberpfalz. Diese Verben drücken allgemein Drehbewegungen aus, hier dürfte primär das werbende Umkreisen der Henne durch den Hahn benannt sein.
Die Verbformen **boßeln** *(boosln)* bzw. **botzeln** *(botzln)* im Bayerischen Wald sind wohl Iterativbildungen, die zu "boßen" (< ahd. bôzen 'stoßen, klopfen, schlagen') zu stellen sind. Zur Endung "-eln" vgl. S. 219 und 225.
frech(t)en *(frecha, freecha, fräächtn)* gehört zum Adjektiv "frech", das u. a. auch die Bedeutung 'geil' trägt, und zum Substantiv "Freche" für 'Geilheit'. SCHMELLER bringt in diesem Zusammenhang den Beispielsatz: "Der Vogel ist in der Freche."
Weitere, ganz vereinzelt genannte Verbformen sind: **decken, drucken, reiten, huggeln, mugeln, gockeln, greifen, besteigen**.

Eine verdeckte Ausdrucksweise steckt wohl in der nördl. von Würzburg üblichen Ausdrucksweise **der Huhn** (f., Dat.) **ein Ei beißen** (z. B. *baisd der Hua a Ää*). Andere vereinzelt notierte Ausdrücke sind nicht nur tabuisierend, sondern auch ausgesprochen witzig, z. B. **der Gockel schaut auf die Uhr/auf den Kirchturm** oder **er lugt** ('schaut') **ins Land**.

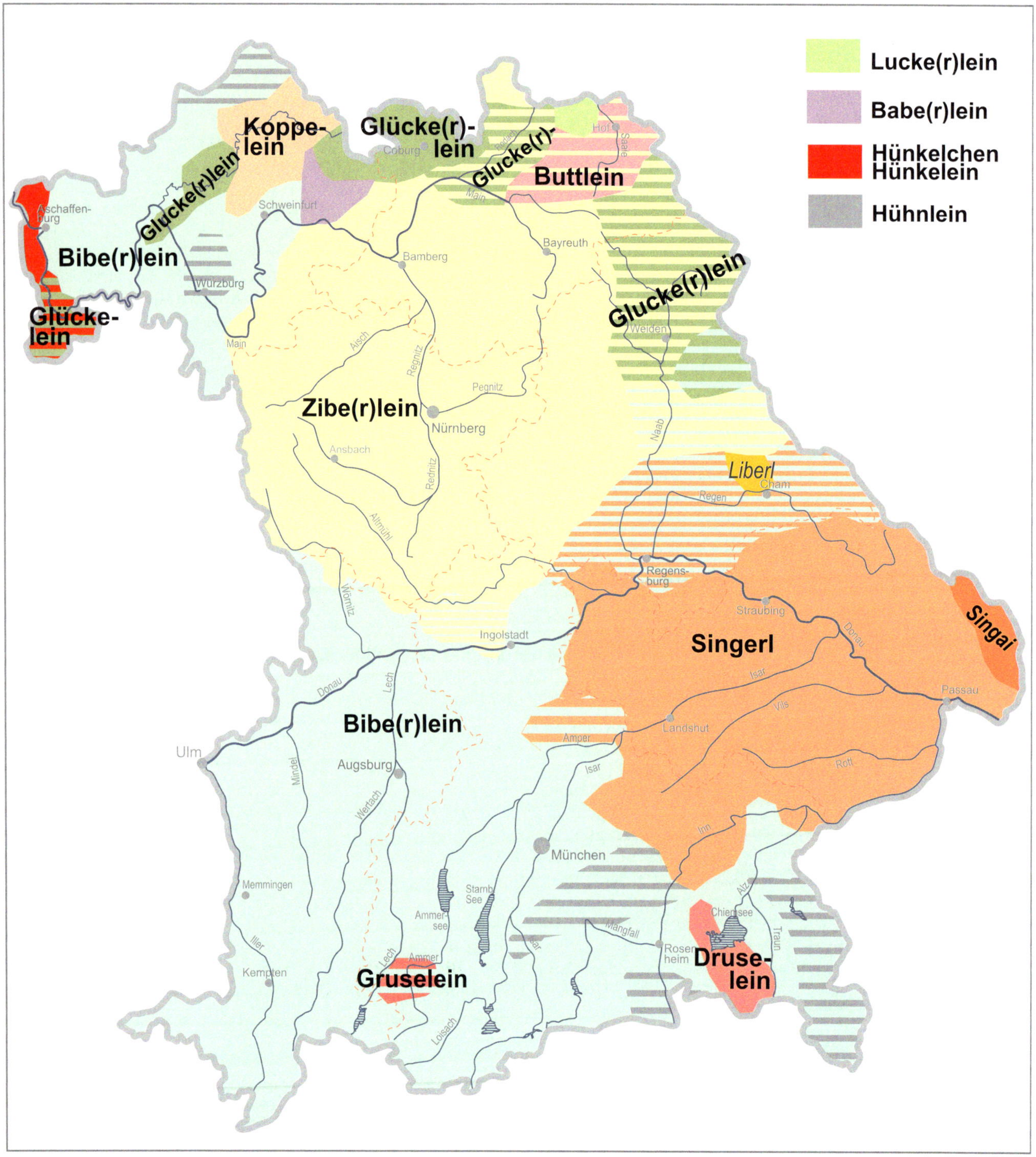

Karte 96: Kinderwörter für *Küken*

Die Karte zeigt die in Bayern üblichen Bezeichnungen für die jungen Hennen, wie sie vornehmlich im Sprachgebrauch der Erwachsenen mit den Kindern oder der Kinder untereinander üblich sind.

Bei den Wörtern handelt es sich nur zum geringen Teil um Diminutivformen zu Ausdrücken für die großen Hühner:
Hühnlein bzw. **Hühnchen**, das u. a. in den Lautformen *Hea^{n}la, Hea^{n}l, Hia^{n}le, Hiinla, Hiile, Heeli, Hüali, Hüalich, Höönli, Hüachjen* vorkommt, sowie **Henn(e)lein** (*Hennla, Hendl, Henneli* u. Ä.) haben als Ausgangsform Bezeichnungen für das weibliche Huhn, ahd. huon bzw. ahd. henna, henin, aus einer movierten Form hanina zu hano 'Hahn', die sich deuten lässt als 'die Hahnin'. Sie kommen als Kinderwort nur verstreut in ganz Bayern vor, dienen aber großflächig als Normalbezeichnung für die Junghühner.
Koppelein *(Kobelich, Kobele)* ist ebenfalls eine Verkleinerungsform zu "Kop-p(e)", das regional verbreitet ist in der Bedeutung 'Kapaun' (= verschnittener Hahn). Dieses Wort geht auf ein mittellat. cappus zurück, das in verschiedener Form ins Deutsche eingegangen ist, belegt ist z. B. ahd. kappo und mhd. kappun. Daneben trägt dieses Wort auch die Bedeutung 'Hahn' oder 'Henne' (vgl. dazu auch die Verbformen "koppen" und "köppeln" in Karte 95).
Die Ausdrücke *Hingelschje, Hüngeljen, Hüngelich* u. Ä. im Aschaffenburger Raum sind Verkleinerungsformen zu der im Rheinland weit verbreiteten Wortform **Hünkel** ('Hühnchen'), die ihrerseits auf die ahd. Diminutivform huoniclîn zurückgeht. Die vorliegenden Wortformen werden also für Kinder zweifach verkleinert.
Eher selten dient die ortsübliche Bezeichnung für den Hahn als Basis für geschlechtsneutral verwendete Verkleinerungsformen, etwa **Göckelein** *(Gegela, Göügala)*, das nur verstreut in Franken vorkommt und daher nicht auf der Karte erscheint.
Bei **Glucke(r)lein** *(Glugerle, Gluggela, Gluugala, Glugelich)* bzw. der umgelauteten Entsprechung ***Gligelich*** dient "Glucke", also die 'Bruthenne', die selbst wieder nach ihrem Lockruf "gluck-gluck-gluck" benannt ist, als Basis.
Ob **Luckerlein** *(Lugala)* im Frankenwald auf einen Lockruf "luck-luck", der z. B. im Schwäb. verbreitet ist und auch im Thüringischen mit "lug-lug-lug" vorkommt, zurückgeht oder nur eine Abwandlung von dem westlich weit verbreiteten "Gluckerlein" ist, muss offen bleiben.
Bei den in Nby. verstreut genannten ***Spatzerl*** bzw. ***Spatzl*** könnte es sich um einen liebevollen Vergleich mit den wesentlich kleineren Sperlingen handeln.

Andere in Bayern übliche Ausdrücke sind Diminutivformen, die auf Lockrufen basieren und die selbst wieder auf Schallnachahmung zurückgehen (vgl. "Wau-wau" und "Miau" als Kinderwörter):
Unter **Zibe(r)lein** sind hier alle Bezeichnungen zusammengefasst, die mit dem Lockruf "zib-zib-zib" zusammenhängen: *Ziibala, Ziiwela, Ziiwerli*. Dabei ergibt sich im südwestl. Mfr. ein klar abgrenzbares Gebiet mit kurzem Tonvokal: *Zibali*.
Auf "bi-bi-bi" oder "bi-bi-bib" geht **Bibe(r)lein** zurück: *Biibele, Bibberla, Biiwerlin, Biiwal, Bibeli, Biibchjen*. Östl. von Schweinfurt haben wir in einem kleinen Gebiet den Untertyp **Baberlein** *(Baawelich)*, der zu einem Lockruf "Babel(e)-Babel(e)" und zu einer in Thüringen belegten Koseform "Bäbel" für das Huhn gehört.
Auch das in Altbayern weit verbreitete **Singerl**, das im östl. Bayerischen Wald gebietsbildend mit der vokalischen Diminutivform ***Singai*** vorkommt, basiert auf dem Lockruf "sing-sing". Es könnte aber auch von den Piep-Tönen kommen, die die Küken dauernd abgeben und die man als "singen" bezeichnet.
Möglicherweise ist auch das im Lech-Ammer-Gebiet anzutreffende **Gruselein** *(Gruusela)* zum Ruf "gruusi-gruusi" zu stellen, und auch für **Druselein** *(Druusai)* im südl. Chiemgau könnte ein lautähnlicher Lockruf den Ausgang darstellen. Im nahen Tirol ist "grus-grus" als Lockruf verbreitet.
Vereinzelt werden auch Lockrufe unverändert als Ausdruck für die jungen Hennen verwendet, z. B. *Biibibi, Bibe*.
Für das kleinräumig um Cham belegte **Liberl** *(Liiwal)* findet sich bei SCHMELLER (I, 1413) als Bezug der Lockruf für Hühner: "Libe, Libe, Libe". Dazu sind wohl auch Einzelbelege wie *Lüfäle* in der Rhön zu stellen.
Es lässt sich vermutlich darüber streiten, ob für **Buttlein** *(Budla, Budli, Budlain)*, das außer in dem ausgewiesenen Gebiet im Norden Bayerns noch mehrfach als Einzelbeleg vorkommt, der Lockruf "put-put" die Basis darstellt oder ob es sich möglicherweise zu "Pute" stellt, einer Entlehnung aus dem Niederländischen für 'Truthenne'.

Um Miltenberg mischen sich die Typen **Gögerlein, Glücklein, Biberlein** und **Hinkelchen**.

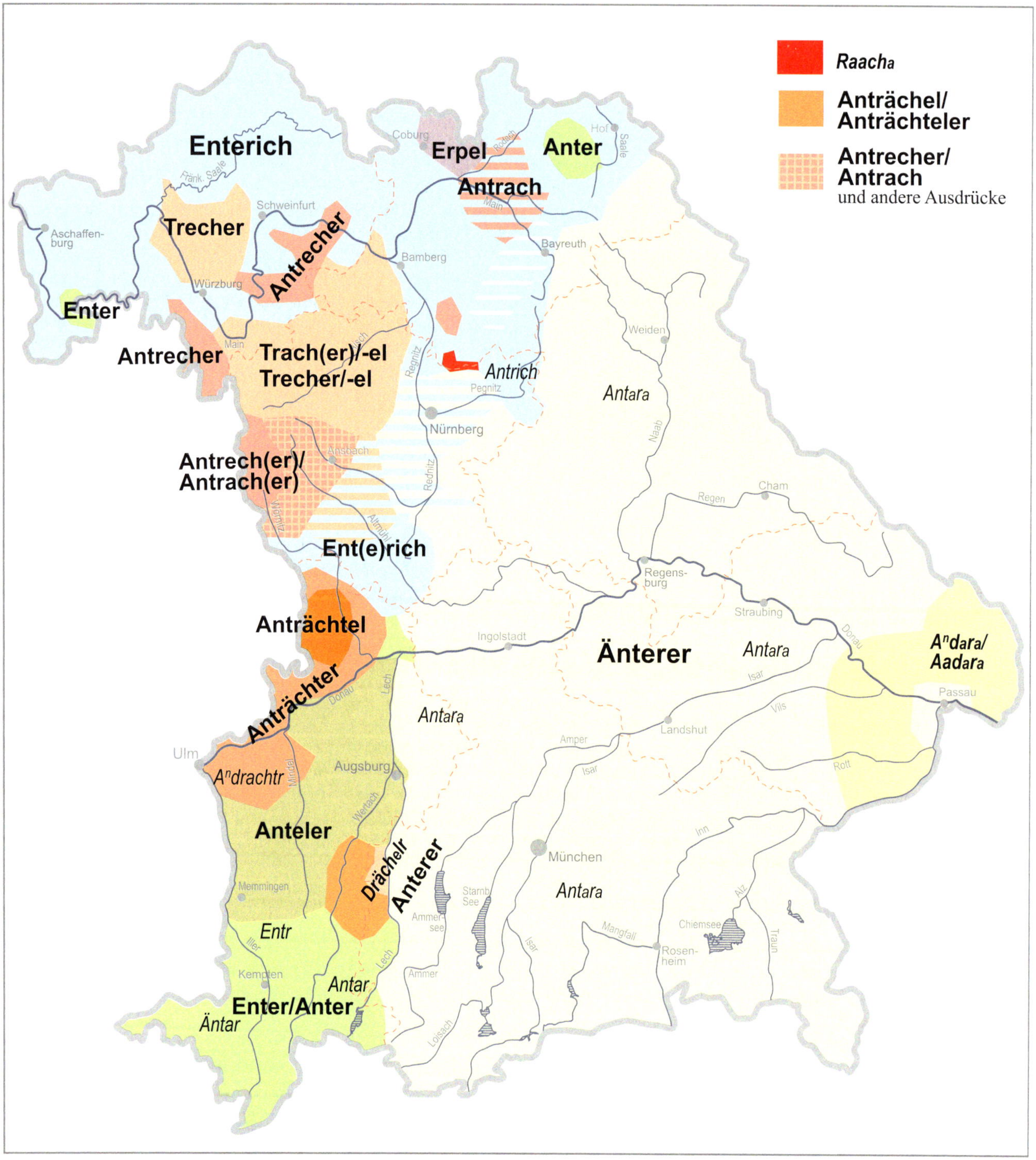

Karte 97: Bezeichnungen für den Enterich

Im Gegensatz zu den Gänsen besitzen die männlichen Enten im Vergleich zu den weiblichen ein sehr viel auffälligeres Federkleid. Deshalb überrascht es auch etwas, dass entgegen dem sonst überwiegenden Brauch ("Wirt" → "Wirtin"; vgl. S. 199) die Bezeichnung für den Mann von jener für die Frau ("Ente" → "Enterich") abgeleitet wird. Das ist nicht nur in der Schriftsprache der Fall, sondern auch in den Dialekten Bayerns. Die weiblichen Tiere waren unseren Vorfahren offensichtlich wichtiger als die männlichen Gegenstücke. Die nhd. Form **Enterich**, die auch im Norden Bayerns gilt, wird in der Regel auf eine ahd. Form anutrehho 'Enterich' zurückgeführt. Dieses Wort ist seit dem 11. Jh. überliefert. "Anut" ist das gewöhnliche Wort für die Ente, im zweiten Teil steckt das ahd. Wort trahho, unser heutiges "Drachen". Dieses Wort wurde schon in vorahd. Zeit aus dem lat. draco 'Drachen' entlehnt. Der Name des antiken Fabelwesens (Reptil mit lähmendem Blick und zwei Flügeln) wird für den germ. (oft ungeflügelten) Lindwurm verwendet. Welche Vergleichsmerkmale zu der Übertragung auf den Enterich geführt haben, weiß man nicht, so dass man aufgrund von engl. drake, niederdt. drake 'Enterich' auch schon an eine genuin westgerm. Herkunft des Wortes in der Bedeutung 'Enterich' gedacht hat. Dann wäre die ahd. Bildung eine verstärkende, verdeutlichende Zusammensetzung wie "Pudelhund" oder "Lindwurm" (ahd. lint bedeutete an sich schon 'Lindwurm, Drache', dennoch wurde später das Grundwort "-wurm" hinzugefügt). Dieser ahd. anutrehho hat sich zum Nhd. hin zum "Enterich" entwickelt; die Endung ist bei weiteren Namen (meist für Vögel) produktiv geworden: Gänserich, Täuberich. Dialektal gibt es selbst einen "Bräuterich" für 'Bräutigam' in Dialekten Südbadens. In Anlehnung an die Namen auf -ich (Dietrich, Heinrich) hat sich dazu auch ein Suffix für männliche Personen entwickelt, das sich im Nhd. aber nur im Wort "Wüterich" etablieren konnte. Der anutrehho des Ahd. ist auch noch in Worttypen wie **Antrach**, **Antrich** und **Anträcher** sowie (mit Erhaltung des zweiten Bestandteils) in **Trecher** oder **Drächeler** zu erkennen. Die Annahme einer solchen Verkürzung ist nicht zwingend, wahrscheinlicher ist, dass die beiden Wörter süddt. Reste des sonst nur im Englischen und Niederdt. belegten einfachen Wortes sind, das 'Enterich' bedeutet. Auch das kleine Gebiet mit dem Ausdruck ***Raacha*** gehört hierher; hier ging das anlautende *t* verloren, weil die Sprecher bei diesem isolierten Wort (ohne weitere Verwandtschaft) dieses t bzw. das tr- als Form des Artikels interpretierten; also aus *dr dracha* wird durch schnelles Sprechen und Zusammenziehung *dracha*, das in langsamer, betonter Sprechweise wieder getrennt, auseinander genommen werden musste, was im historischen Sinne nicht immer richtig gelang. So konnte *da Racha* entstehen, wobei das *-a* am Schluss für eine Endsilbe -er steht, die nicht nur hier, beim Grundwort ahd. trahho, sondern auch bei **Enter, Anter** vorkommt. Ursprünglich nur auf männliche Täternamen beschränkt (Schneid**er**, Trink**er**), wurde dieses schon in germ. Zeit aus dem Lateinischen (-arius) entlehnte Suffix auf weitere semantische Bereiche ausgedehnt. Hier wird es (wie bei "Ganser", "Hexer" und "Witwer") zur Bezeichnung eines männlichen Wesens verwendet. Wo die Ableitung auf -er lautlich und semantisch verblasste, wurde nochmals abgeleitet wie in **Anterer**. Der heute nicht mehr produktive Vorläufer dieses -er-Suffixes war das -il-Suffix im Ahd. In Wörtern wie "Büttel" für 'Polizist' oder "Gimpel" (zu "gumpen" für 'hüpfen') ist es noch erkennbar. In **Trachel** oder **Trechel** ist es noch vorhanden, ebenso in den doppelt suffigierten Typen **Anteler** oder **Drächeler** (vgl. dazu auch "Gockel" und "Gockeler" in Karte 94). Es bleibt noch das eingefügte *t* beim Typ **Antrecher**/**Antrechtel** zu erklären. Es gehört zu jener Gruppe von Lauten, die aus phonetischen Gründen in der Aussprache oft hinzugefügt werden und die in manchen Fällen sogar in die Schreibung eingegangen sind, wie z. B. bei mhd. habich >nhd. "Habicht" (vgl. auch "niesen" in Karte 69). Die Lautformen ***Aadara*** bzw. ***A^{n}dara*** im Osten sind auf Nasalschwund bzw. Nasalvokalisierung zurückzuführen.

Zu erklären bleibt nur noch der hd. **Erpel**. Das ist ein niederdt. Wort, das ins Mitteldt. vordringen konnte und wohl über die Sprache der Jäger in die Schriftsprache gelangt ist. Es gehört zu einem ahd. Adjektiv erpf 'braun' (und zum Namen erpfo 'der Braune'), das im Altsächsischen nur als Name Erpo 'der Braune' belegt ist. Wahrscheinlich wurde der Name auf das Tier übertragen, ein keineswegs seltener Vorgang (vgl. "Petz" aus "Bernhard" 'Bär', "Isegrimm" für 'Wolf' und Beispiele für "Kater" in Karte 93).

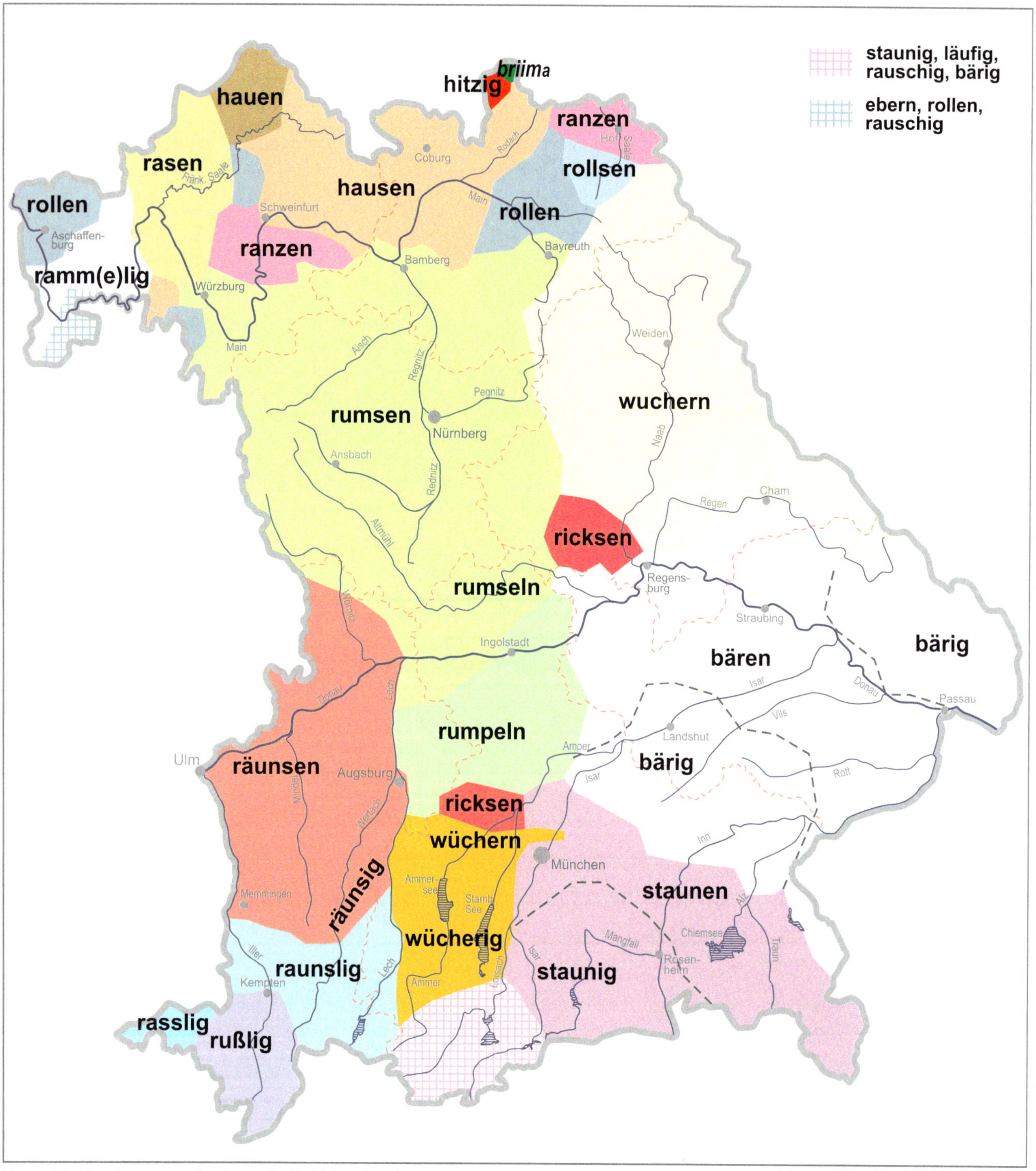

Karte 98: Bezeichnungen für *brünstig* (bei Schweinen)

Thema dieser Karte sind die Bezeichnungen für den Zustand bzw. das Verhalten des weiblichen Schweines in der Brunst, in der Fachsprache "Rausche" genannt.
Dieser Zustand tritt im Alter von 5–6 Monaten erstmals auf, um sich ab diesem Zeitpunkt in einem Zyklus von drei Wochen regelmäßig zu wiederholen. Während der "Rausche", die etwa 1–2 Tage andauert, signalisiert das Tier u. a. durch das Anschwellen der Schamlippen und durch verstärkte motorische Aktivität Paarungsbereitschaft. Die Jungsau sollte zum Zeitpunkt der ersten Belegung ein Gewicht von 100–120 kg erreicht haben, was etwa im Alter von 7–8 Monaten der Fall ist. Dieses Alter erreichen heute nur noch die Schweine, die zur Zucht verwendet werden; diejenigen, die wir auf unseren Tellern vorfinden, wurden quasi schon als Kinder getötet.

In den Dialekten Bayerns gibt es für diesen Zustand bzw. Vorgang adjektivische und verbale Ausdrucksmöglichkeiten. Vielerorts können beide gleichzeitig nebeneinander ohne besondere Präferenz verwendet werden und sind deshalb nur teilweise und nur ungefähr voneinander abgrenzbar. Im Folgenden werden, wo beide Wortarten vorhanden sind, nur die als primär anzusehenden verbalen Ausgangsformen dargestellt.

Der größte Teil der hier vorhandenen Formen ist onomatopoetisch motiviert und bezieht sich auf die Unruhe, die das Tier an den Tag legt, und auch auf seine Lautäußerungen. Beide sind sprachlich in verschiedenen Fällen nicht so klar zu trennen, wie man es von der reinen Begrifflichkeit her vermuten möchte. Das dt. Verb "poltern" kann dazu als Beispiel dienen; es drückt sowohl eine Bewegung als auch die dabei entstehenden Geräusche aus. Durch den schallnachahmenden Charakter unterliegen diese Wörter mehr als der sonstige Wortschatz spontanen, nicht unbedingt den üblichen Lautentwicklungsregeln entsprechenden Veränderungen, so dass die hier vorliegenden Wörter nur mit großer Unsicherheit historischen Vorformen und vergleichbaren Formen der Standardsprache zuzuordnen sind. Es wird deshalb auf eine entsprechende Beschreibung verzichtet.
Zu den onomatopoetisch im weiteren Sinne motivierten Ausdrücken gehören: **räunsen/räunsig** *(rei^{n}se/rei^{n}sig)*, **raunslig** *(råu^{n}sleg)*, **rußlig** *(ruaßleg)*, **rasslig** *(rassleg)*, **rumse(l)n** *(rumsn, rumsln)*, **ranzen** (*ranze*, zu spätmhd. ranzen 'ungestüm springen'), **rasen** *(raase)*, **rumpeln** *(rumpen)* und **roll(s)en** (*roln, rollsn*, vgl. Karte 93 "Kater"). Es fällt auf, dass diese Wörter alle mit r- beginnen.

Eine andere Bedeutungskomponente, nämlich das Verlangen nach dem Eber und die Bereitschaft zur Paarung, ist bei folgenden Wörtern gegeben: **ebern, bären** (*bean*, vgl. Karte 100), **hauen** (*hau*, nach dem "Hauer", wie gelegentlich der Zuchteber genannt wird). Davon abgeleitet ist wohl **hausen** (*haus*, so wie "rollsen" aus "rollen"). Auf Hitze verweist **hitzig** *(hitzich)*, **rauschig** *(rauschi)* und das Verb ***briima***, das wohl aus "brinnen" für 'brennen' (vgl. "Brunst") deformiert ist.
Der Ausdruck **ramm(e)lig** *(råmmlich)* verweist auf das Verb "rammeln" im Sinne von 'koitieren von Tieren', **wuchern, wüchern** *(wouchan, wiachan)* auf historische Bedeutungen (ahd. wuocher 'Ernte, Ertrag, Zins'). Der "Wucherstier" und das "Wucherschwein" waren 'Zuchtstier' und 'Zuchteber', also die Tiere, die für die Nachkommenschaft und damit für den Ertrag sorgten. Sehr schwierig zu deuten ist **ricksen** *(ricksn)*, das wohl zu "Rick" zu stellen ist, womit man zwar gewöhnlich einen kastrierten Eber benennt (vgl. Karte 100), was aber, wie auch andere Beispiele zeigen, durchaus auch mal für das unverschnittene Tier stehen kann. Genauso ist es mit **staunen** *(stauna)*, das weder zu standardsprachlichem "stöhnen" noch zu "staunen" passen will.

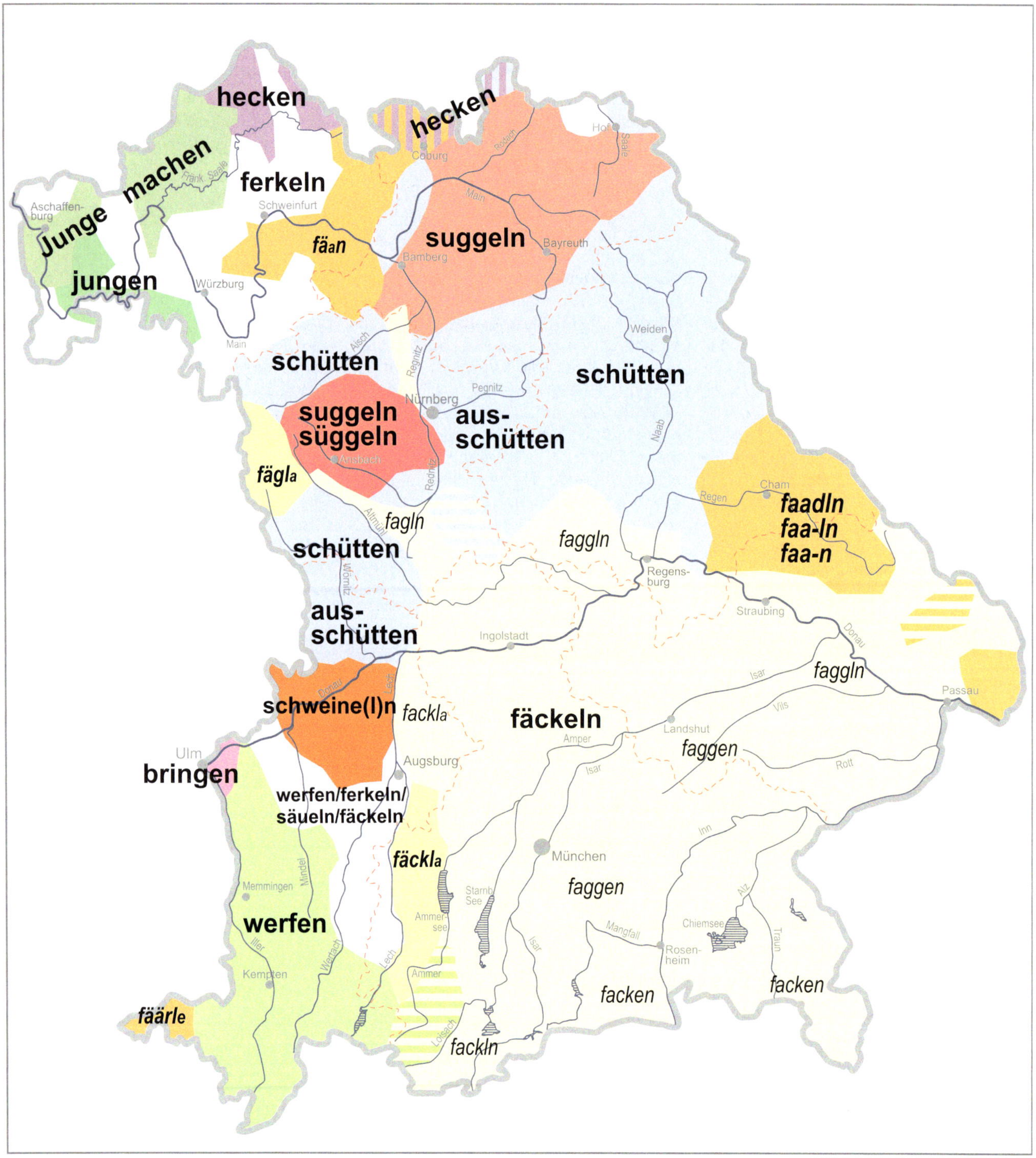

Karte 99: Bezeichnungen für *ferkeln*

Die Karte zeigt die regional unterschiedlichen Bezeichnungen für den Geburtsvorgang bei den Schweinen. Dieser Vorgang, bei dem ein Mutterschwein in relativ kurzer Zeit etwa 10–12 Ferkel auf die Welt bringt, läuft normalerweise relativ leicht ab.

Ein Teil der in Bayern dialektal üblichen Ausdrücke ist vom Ablauf motiviert: **werfen** und **(aus)schütten** beziehen sich darauf, dass die Ferkel aus menschlicher Sicht ungewöhnlich schnell aus der Muttersau "herausgeworfen" werden.
Nicht nur auf den Vorgang nimmt das Verb **bringen** Bezug. Hier ist aus Sicht der Menschen auch der Aspekt betont, dass man etwas Neues bekommt.
Die Bedeutungen 'ausbrüten' und 'sich fortpflanzen' stecken in **hecken**, so schon mhd. belegt, das allgemein meist als "aushecken" verwendet wird. Hierher gehört auch ein Substantiv "Hecke", das u. a. die 'in einem Wurf geborenen Jungen' bezeichnet. Zurückzuführen sind diese Wörter auf einen Stamm *hag-, der auch in der Bezeichnung "Hagen" für 'Zuchtstier' vorkommt. Alle diese und auch die meisten folgenden Verben werden ohne Objekt konstruiert, es heißt also nur "die Sau wirft/bringt/schüttet".

Die anderen Bezeichnungen sind alle auf das sichtbare Ergebnis des Geburtsvorgangs, auf die jungen Schweine bezogen. In einer recht nüchternen Weise trifft dies auf den Ausdruck **Junge machen** bzw. **jungen** in Ufr. zu.
Andere Verbformen leiten sich von den regional üblichen substantivischen Bezeichnungen für die jungen Schweine ab. So ist problemlos **säueln** *(seile)* zu "Sau" und **schweine(l)n** *(schwei^{n}ne, schwei^{n}le)* zu "Schwein" bzw. zur Diminutivform "Schweinlein" zu stellen.
Die Verben **suggeln**, umgelautet **süggeln**, gehören zu "Suggel", "Suggerl" u. Ä., Bezeichnungen für 'junge Schweine', die auch gerne auf unsaubere Kinder übertragen werden. Hierher gehört auch das seit dem 14. Jh. belegte Verb "suckeln", eine Intensiv- bzw. Iterativbildung (vgl. S. 225) zu "saugen", von dem wiederum die "Suggel" abgeleitet ist, quasi als "Säugling".
Eine andere Deutungsmöglichkeit ergibt sich aus der Tatsache, dass Haustiernamen häufig von Lockrufen oder sonst schallnachahmend gebildet werden. Dazu würde "suk-suk-suk" passen, das in beiden Funktionen (Lockruf und Lautäußerung) vorkommt (vgl. S. 203).
Das Verb **ferkeln** hat seine substantivische Entsprechung in "Ferkel" bzw. "Ferkelein" (< mhd. verhel, verhelîn < ahd. far(a)h, farhilîn). Von gleicher Herkunft ist auch der "Fack" ('großes Ferkel') und die Diminutivform "Fäckel", von dem **fäckeln** abgeleitet ist. Man muss hier Schwund von r zwischen dunklem Vokal und hinterem Verschlusslaut annehmen: farh > *fach > Fack. Die Karte zeigt die geographisch unterschiedlichen Lautungen von Sekundärumlaut *(ä, a)*, von alten -ck- *(ck, gg, g)* und der Endung -eln *(-la, -ln, -en)*.
Auch die sehr unterschiedlich gesprochenen, hier unter **fär(le)n** zusammengefassten Verbformen (z. B. *fäärle, fean, faadln, faa-n*) haben substantivische Entsprechungen, z. B. "Färlein", die auf verhelîn zurückgehen.

Karte 100: Bezeichnungen für das kastrierte männliche Schwein

Seit etwa 7000 vor Chr. nutzt der Mensch das Schwein als Haustier. Bei den Germanen war Fleisch, besonders vom Schwein, schon seit jeher ein wichtiges Lebensmittel. Im 4. und 5. Jh. n. Chr. verbreitete sich die Vorliebe für das Schwein als Schlachttier über ganz Mittel- und Nordeuropa. Die Ahnen des europäischen Hausschweins sind das mitteleuropäische Wildschwein und etliche kleinere Rassen aus dem Mittelmeergebiet.

Um den unangenehmen Geschmack, den das Fleisch von Ebern hat, zu vermeiden, werden männliche Ferkel, die lediglich zur Mast bestimmt sind, durch das Entfernen der Hoden kastriert.

Auch wenn der Konsum von Schweinefleisch bayernweit gleichermaßen bedeutsam sein dürfte, spielt die Schweinezucht und -mast in einigen Gebieten, so im Allgäu und am obb. Alpenrand, offensichtlich eine nur untergeordnete Rolle. Dies äußert sich dadurch, dass es dort für das kastrierte Mastschwein entweder gar keinen speziellen Ausdruck gibt oder dass man den Ausdruck **Eber** (< ahd. ëbur) unspezifisch für jede Art von männlichem Zucht- oder Mastschwein verwendet. In den anderen Gebieten werden die beiden zwar unterschieden, doch häufig ist der Ausdruck für den Zuchteber zu dem des verschnittenen Tieres geworden, vor allem deshalb, weil fast alle männlichen Tiere dieses Schicksal erleiden.

Auch der Ausdruck **Bär** *(Bea)*, besonders in der Opf. auch großflächig in der Verkleinerungsform **Bärlein** *(Beal, Beadl, Beala)*, wird im Großteil Altbayerns in der weiten Bedeutung 'männliches Schwein' gebraucht. Das Wort hat nichts mit dem vordergründig gleichnamigen braunen Tier "Bär" (< ahd. bero 'ursus') zu tun, sondern ist auf ahd./mhd. bêr zurückzuführen, was ursprünglich 'der Schreckliche' bedeutete. Von daher wäre eine Schreibweise "Ber" konsequenter. Zur Differenzierung vom Zuchttier, also vom Eber, wird teilweise das Attribut "geschnittener ..." hinzugefügt, das in manchen nicht klar abgrenzbaren Gebieten auch ohne zugehöriges Substantiv stehen kann: **Geschnittener**.

Barg (< ahd. barug, mhd. barc) ist seit dem 10. Jh. in der Bedeutung 'verschnittener Eber' belegt. Im Norden Bayerns liegt teilweise Spirantisierung von auslautendem *-g* > *-ch*, Umlaut *(a > ä)* sowie stärkere Verdumpfung des Vokals (*a* > *o*, teils mit Hebung bis *u*) vor, so dass wir eine breite Vielfalt lautlicher Realisierungen haben *(Burg, Borch, Boach, Boasch, Boisch, Boich, Baüsch, Barch)*. Vor allem in Ufr. sind teils großflächig auch Ableitungen mit der Endung -el, also **Bärgl** *(Bärgl, Bärchl, Barchl, Barichl, Beigl)*, und die Diminutivform **Bärgelein** *(Bärchela, Bäächele, Bäschelsche)* in Gebrauch. Die Verwendung der Diminutivformen ist wohl damit zu erklären, dass die Schweine schon relativ früh (mit etwa 6 Wochen) kastriert werden.

Für das in sehr unterschiedlicher Lautung belegte **Rick** *(Rick, Rüg, Rüch, Reeg, Riag, Rigng)* lässt sich keine sichere Herkunftsangabe machen. Es besteht aber vermutlich ein Zusammenhang mit dem weiter südl. belegten Verb "ricksen" im Sinne von 'brünstig sein' (vgl. Karte 98).

Der Typ **Betz** *(Bätz, Betz, Bäaz)* mit dem westl. von Augsburg verbreiteten Untertyp **Benz** *(Bea^{n}z)* dürfte auf einen Vornamen ("Bernhard" oder "Benedikt") zurückzuführen sein (vgl. dazu Karte 93, wo diese Benennung an anderen Orten für den Kater vorkommt).

Fock bzw. **Fack**, das im gesamten Verbreitungsgebiet voll "verdumpft" vorkommt *(Fock)*, steht im Bair. weitgehend auch allgemein für ein etwas größeres Ferkel. Es ist zum ahd. Wort farah, farh 'Ferkel' zu stellen (vgl. "ferkeln" in Karte 99).

Brack und **Bock** sind allgemeine Bezeichnungen für das männliche Tier. Beide Wörter kommen in anderen Gegenden Bayerns für 'Kater' vor (vgl. Karte 93).

Der "Saubär" als Schimpfwort ist wohl nicht eine Zusammensetzung mit dem honigliebenden Bären, der bei den Menschen ja ein gutes Image hat, sondern eine verstärkende Bildung zu der hier vorliegenden Bedeutung, also eine doppelte Sau.

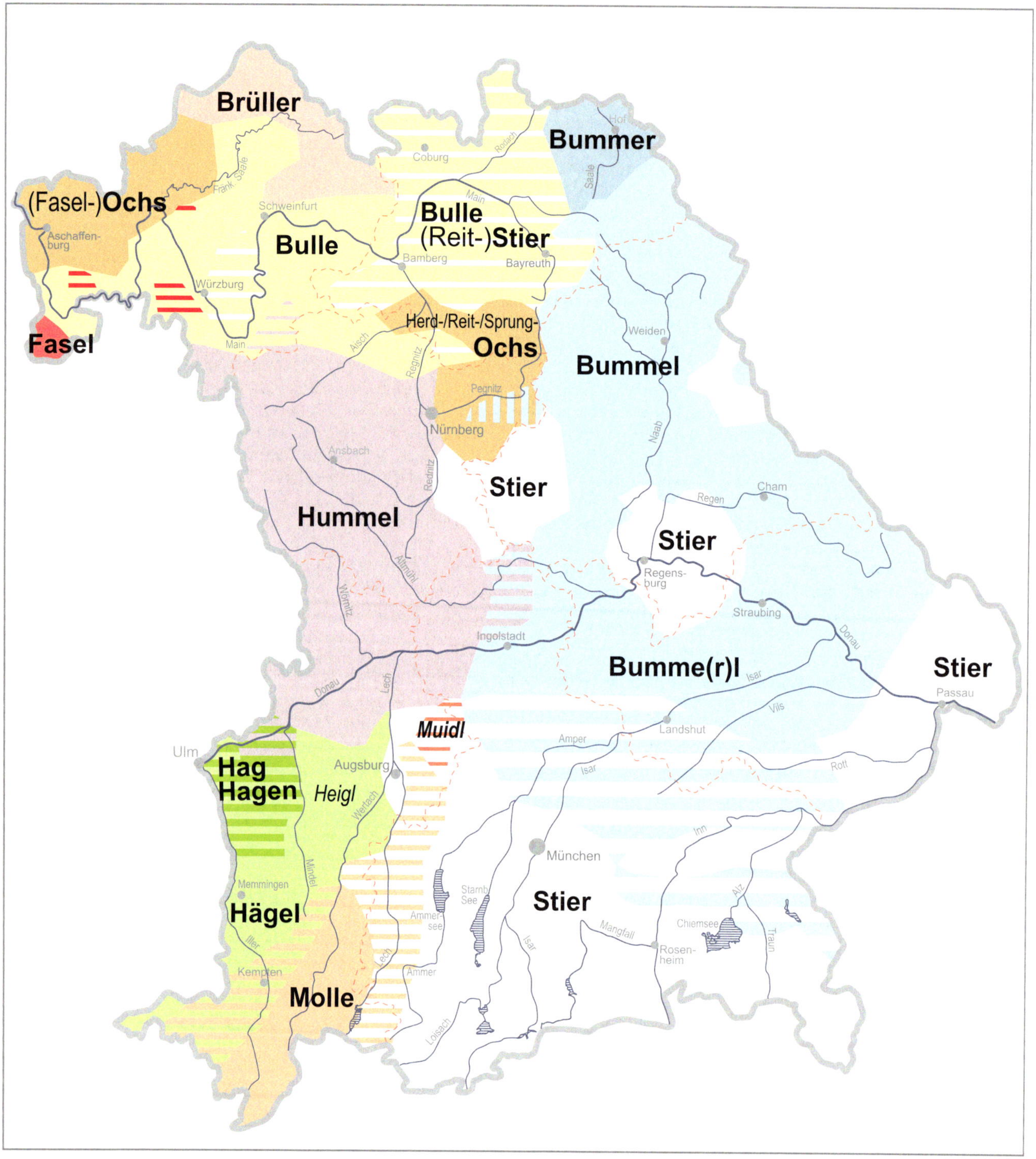

Karte 101: Bezeichnungen für den Zuchtstier

Wie zur vorausgehenden Karte bereits ausgeführt, hatte man ganz früher bei den im Freien gehaltenen größeren Kuhherden immer auch einen Stier dabei, der zum richtigen Zeitpunkt die rindrigen Kühe deckte, so dass sich der Bauer nicht darum kümmern musste. Dies hatte aber auch zur Folge, dass der Bauer keinen genauen Überblick über die Stadien der Trächtigkeit seiner Kühe hatte.
Bei Stallhaltung (ab dem 18. Jh.) hatten nur noch die großen Bauern einen eigenen Zuchtstier, die kleineren taten sich entweder in der Dorfgemeinschaft zusammen und leisteten sich gemeinsam einen Stier (**Gemeinde**stier), oder sie organisierten sich in einer Zuchtgenossenschaft (**Genossenschafts**stier). Das Tier wurde dann jeweils bei einem der Bauern gehalten, und die anderen trieben ihre brünstigen Kühe zum Decken dorthin.
In der zweiten Hälfte des 20. Jhs. reduzierte dann die "künstliche Besamung", die eine gezielte und ökonomische Auswahl von hochwertigem Samen für Höchstleistungen in der Rinderzucht ermöglichte, die Haltung von Stieren außerhalb der Besamungsstationen gewaltig.

Die dialektalen Bezeichnungen für den Zuchtstier sind unterschiedlich motiviert. Mehr oder weniger deutlich auf das Geschlechtsteil bzw. auf die geschlechtliche Tätigkeit des Stieres sind folgende Ausdrücke zu beziehen:
Bulle stammt aus dem niederdt. Sprachraum und ist erst im 17. Jh. in die hochdt. Schriftsprache übernommen worden. Das Wort wird auf eine idg. Wurzel *bhel- zurückgeführt, welche 'aufblasen, aufschwellen, prall sein' bedeutet. Die Bezeichnung ist mit der Zeit vom Geschlechtsteil auf das ganze Tier übertragen worden. Verwandt damit ist das griech. Wort phallos 'männliches Glied'.
Hinter dem Wort **Stier**, ahd. stior, ist eine idg. Wurzel anzusetzen, die 'massiv, fest, dick, breit' bedeuten soll. Eine Variante dazu hat zu lat. taurus geführt.
Ochse, < ahd. ohso, das in der allgemeinen Hochsprache für das 'kastrierte männliche Rind' verwendet wird, wird auf eine idg. Wurzel *ugh- 'feucht, feuchten, (be)spritzen' zurückgeführt. Hierzu stellen sich auch griech. hygrós und lat. ûvidus 'feucht, nass'. Damit wäre von einer Grundbedeutung 'Befeuchter, (Samen)Spritzer' auszugehen.
Fasel, das als einfaches Wort, aber auch in der Zusammensetzung **Fasel**ochse vorliegt, geht zurück auf ahd. fasal 'Zucht, Zuchttier'.
Im Großteil des Schwäb. sind **Hag** und **Hagen** (mhd. hagen 'Stier') und die davon abgeleiteten **Hägel/Heigl** die üblichen Bezeichnungen. Sie gehören zu einem nur im Deutschen und Englischen nachweisbaren Stamm, der etwas mit Fortpflanzung zu tun hat. Das Verb "hecken" in der Bedeutung 'Junge zur Welt bringen' (vgl. "aushecken", Karte 99) ist der nächste Verwandte im heutigen Deutschen. "Hägel" ist mit dem -il-Suffix gebildet (vgl. "Gockel", Karte 94).

Andere Bezeichnungen für den Stier beziehen sich auf die von ihm verursachten Geräusche: **Brüller** ist eine Ableitung zum Verb "brüllen" aus mhd. brüelen (mit Kürzung und Monophthongierung) für das laute Schreien des Tieres. Bei **Hummel** liegt die gleiche Bezeichnung wie für das Insekt (ahd. humbal, hummel) vor, wobei das alte lautmalerische Verb hummen für den leiseren Brummton des Stieres steht (vgl. engl. to hum 'summen').
Eine dritte Gruppe von Bezeichnungen hebt auf die dicke Gestalt ab: Zu **Bummer, Bummerl, Bummel** stellen sich die Adjektive "bumpelig" oder "pummelig", die jeweils Dickleibigkeit und runde Form zum Ausdruck bringen.
Das mit **Molle** in Verbindung zu bringende Adjektiv "mollig" ('weich, dick, plump') gilt als urverwandt mit lat. mollis 'weich'. Eine Sonderform zu "Molle" dürfte in dem nur vereinzelt belegten **Muidl** vorliegen. Dabei dürfte sich zwischen einem Stamm "Mui-" mit vokalisiertem l und einer Endung "-el" ein *d* als Gleitlaut herausgebildet haben. Die Benennungsmotivation über 'dick' und 'weich' passt nicht unbedingt zum kraftstrotzenden, bösen Zuchtstier. Dieses Wort ist sicher über die Bedeutung 'Ochse' zu seinem hier vorhandenen Inhalt gekommen. Denn Ochsen sind gutmütig, setzen Fett an und werden deshalb weich und mollig. Ihr Fleisch ist weich und zart. Der Austausch der Bedeutungen ist wohl damit zu erklären, dass das junge männliche Rind, auch wenn es verschnitten wird, tendenziell seinen Namen (den des unverschnittenen Tieres) beibehält und dann ein neuer Ausdruck für das zeugungsfähige Tier gebraucht wird. Dazu kann der alte Ausdruck für das verschnittene Tier verwendet werden. Das kann über nähere Bestimmungen in einem Kompositum gehen, wie z. B. **Herd-, Reit-, Fasel**ochse. Lässt man das Bestimmungswort "Fasel-" weg (wie häufig belegt), hat das Wort **Ochse** die Bedeutung 'Stier' bekommen. Ermöglicht wird dieser Vorgang auch dadurch, dass es in einem Dorf ungleich mehr Ochsen als Stiere gab. Das Häufigere gab den Gattungsnamen ab (Ochse), der für das Seltenere (um Missverständnisse zu vermeiden) näher bestimmt wurde.

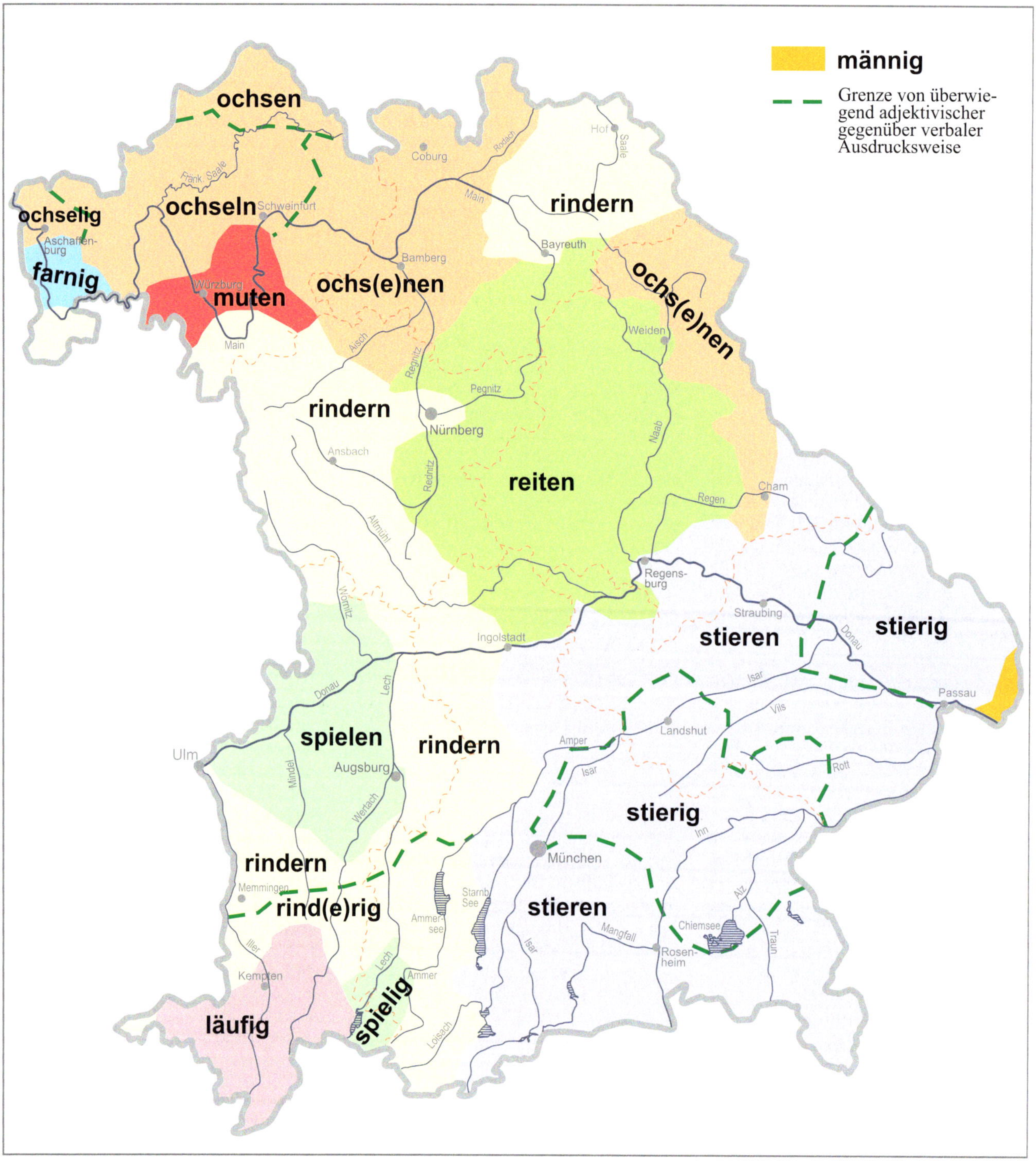

Karte 102: Bezeichnungen für *brünstig* bei Kühen

Es sind jeweils nur ein bis zwei Tage in einem Rhythmus von drei Wochen, in denen die Kuh fruchtbar ist. Für den Bauern ist es wichtig, diesen Zustand zu erkennen, um die Kuh zum richtigen Zeitpunkt decken zu lassen. Zu Zeiten, in denen die Kühe weniger Zeit im Stall und mehr auf der Weide verbrachten, hatte der Bauer diese Aufgabe nicht. Die Kuh konnte durch ihr Verhalten ihre Aufnahmebereitschaft zu erkennen geben, was dem bei der Dorfherde weilenden Stier nicht verborgen blieb.

Die unterschiedlichen Arten der Viehhaltung spiegeln auch die meisten der in Bayern vorhandenen Ausdrücke: mit **reiten, spielen** und **läufig sein** haben Beschreibungen, die vom Weidebetrieb her zu erklären sind, überlebt, die anderen sind wohl erst entstanden, als der Mensch direkter in das Fortpflanzungsgeschehen eingriff. Die drei erstgenannten Wörter beschreiben das Verhalten einer brünstigen Kuh auf der Weide, wenn sie sich frei bewegen kann: Sie versucht auf anderen Kühen zu **reiten** und lässt dies auch gerne an sich geschehen, sie läuft aufgeregt herum, ist in dauernder Unruhe. Das Verb **reiten** erklärt sich somit von selbst. Dem Ausdruck **läufig** *(leiffeg, laifig)* im Allgäu entspricht ein Verb "laufen", das früher in dieser Bedeutung weit verbreitet war und schon bei Luther belegt ist. Und **spielen** beschreibt das Verhalten der Kuh sehr treffend, wenn man den Bedeutungsumfang dieses Wortes in älterer Zeit berücksichtigt: Ahd. spilôn bedeutet nämlich auch 'sich bewegen, sich tummeln, hüpfen, ausgelassen sein', mhd. spiln u. a. auch 'sich lebhaft bewegen vor Vergnügen oder Verlangen', auch in sexuellen Kontexten. Der Bauer beobachtete früher nur das auffällige Verhalten des Rindes, den Deckvorgang organisierte er aber nicht, das überließ er dem Stier auf der gemeinsamen Dorfweide.
Bei überwiegender Stallhaltung konnte das nicht mehr so ablaufen, denn nun musste die brünstige Kuh zum meist einzigen Stier im Dorf geführt werden (vgl. S. 213), und das möglichst zum günstigsten Zeitpunkt. Der Bauer erkannte diesen an den äußeren Anzeichen der Brünstigkeit. Und bei der Benennung dieses Zustandes spielte das Verlangen der Kuh nach dem männlichen Rind die wesentliche Rolle. Die Ausdrücke, die von **Ochse, Stier** oder **Farren** und auch **Rind** abgeleitet sind, gehören in diesen Zusammenhang. In den ahd. und mhd. Texten ist uns für ohso/ohse zwar nur die Bedeutung 'kastriertes, verschnittenes männliches Rind' überliefert, im späten Mittelalter und in den Dialekten ist der Ausdruck jedoch auch in der Bedeutung 'Stier' verbreitet. Der schon im Ahd. belegte ûrohso 'Aucherochse' für das ausgestorbene europäische Wildrind ist Zeuge für eine entsprechende Verwendung in älterer Zeit. In der Zeit, in der diese Ableitungen von "Ochse" entstanden sind, muss das Wort in den betreffenden Gebieten das Normalwort für den 'Stier' gewesen sein. Eine ältere Bezeichnung für ihn steckt auch in dem Wort **farnig**, das im westl. Ufr. gebräuchlich ist. In ihm steckt ein ahd. far bzw. farro, das schon damals den 'Ochsen' und den 'Stier' bezeichnen konnte. Auch heute noch ist "Farre(n)" als Dialektwort regional in Gebrauch. Vom selben Wortstamm gebildet ist "Färse" für das 'weibliche Rind, das noch nicht gekalbt hat'. Die Ableitungen von Stier erklären sich selbst. In ahd. Zeit kann das Wort stior sowohl den (jungen) Stier wie auch den Ochsen bezeichnen.
Im östl. Zipfel Bayerns gilt **männig** *(maane)*. Die Benennungsmotivation geht parallel zu den Bezeichnungen der eben beschriebenen Gruppe, nur geht man von "Mann" aus. Bei **rindern/rinderig** ist der Fall nicht ganz so einfach: In der Regel ist "Rind" der allgemeine Ausdruck für die Gattung, regional auch für die 'junge Kuh vor dem ersten Kalben', aber auch für den 'Ochsen' und für den 'Zuchtstier'. Von dieser letzten Bedeutung, die es z. B. in der Schweiz noch gibt und die auch im 19. Jh. nachweisbar ist, muss man wohl ausgehen, wenn man **rindern/rinderig** erklären will. Interessant ist bei dieser Gruppe, dass nur im Südosten die Ableitungsbasis die aktuell im Dialekt vorhandene Form für das männl. Zuchttier ist (**stierig/stieren** zu "Stier").
Bei **muten** um Würzburg liegt ein altes Verb vor, nämlich ahd. muoten, muotôn 'verlangen nach', das in der Schriftsprache seit 1800 ausgestorben ist. Es gehört mit "Mut, mutig, vermuten, mutmaßen" u. a. zu einer Wortsippe. Im Tiroler Unterinntal gibt es dazu noch "mutig" für 'brünstig' von der Stute. Das Verb ist sicher abgeleitet vom ahd. wort muot, das die Gesamtheit der inneren Triebkräfte, Gemüts-, Erregungs- und Empfindungszustände bezeichnete.
Der Zustand, in dem sich brünstige Tiere befinden, kann durch Verben und durch Adjektive ausgedrückt werden. Sehr häufig stehen in den Dialekten beide Formen zur Verfügung, etwa: "die Kuh stiert/ist stierig". Entwicklungsgeschichtlich sind die verbalen Formen wohl die älteren, sie beschreiben ein konkretes aktuelles Verhalten. Wenn ich sage, die Kuh "ist läufig", dann ist das ein Zustand, der Anfang und Ende hat, den der Bauer erkennen muss, weil er innerhalb dieses Zeitraumes handeln muss.

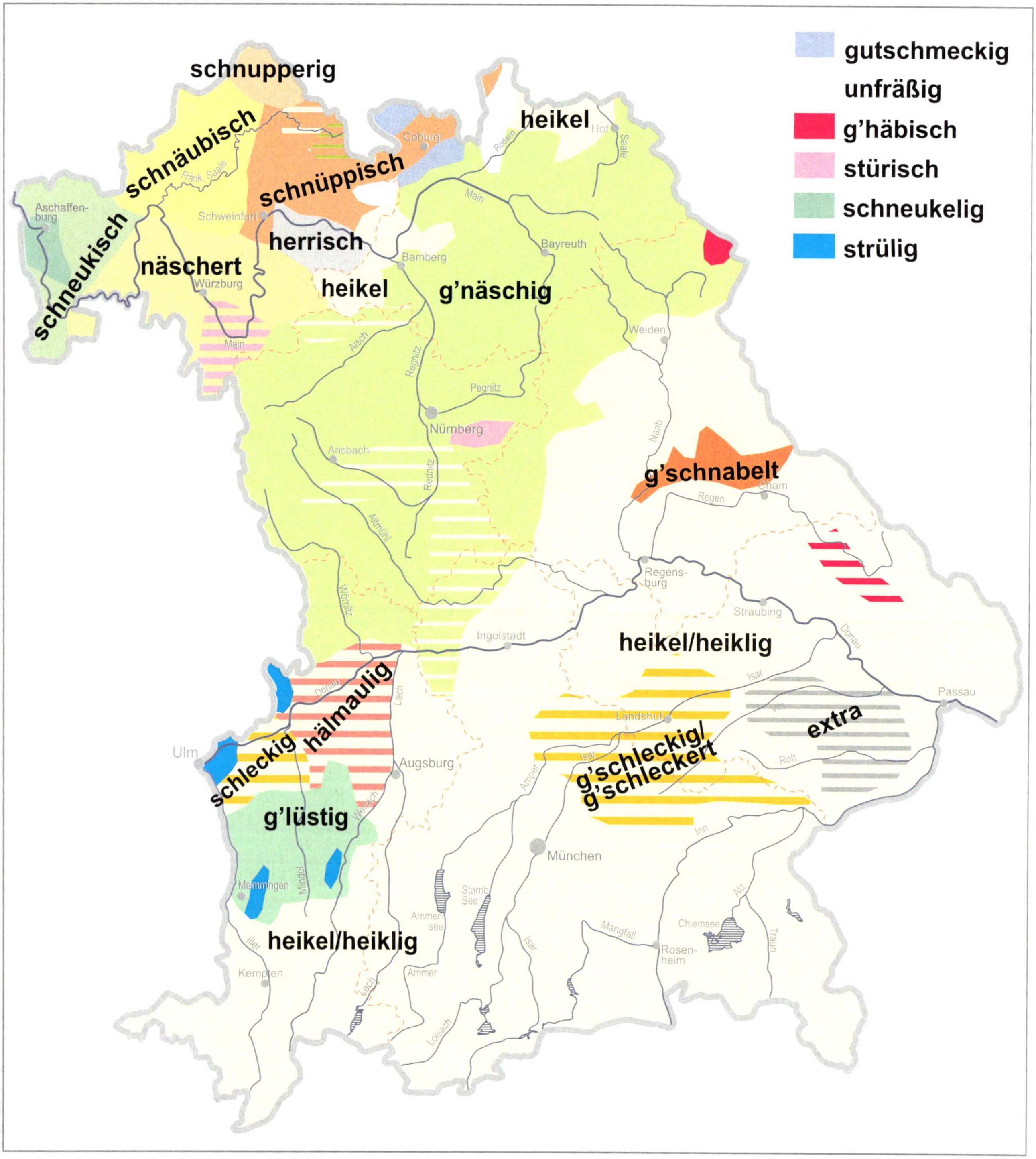

Karte 103: Bezeichnungen für wählerisch sein beim Fressen

Wie bei den Menschen, die nach individuellen Kriterien bestimmte Speisen nicht oder nur ungern essen, lässt sich auch beim Vieh ein vergleichbares Fressverhalten feststellen. Auf dieser Karte sind die meist adjektivischen Ausdrücke in den Dialekten Bayerns für diese Eigenschaft dargestellt. Sie betonen teils eher den Aspekt der Abneigung gegen bestimmtes Futter, teils eher den Aspekt der gezielten Auswahl und Bevorzugung von Futter. Die Ausdrücke werden größtenteils auch für das entsprechende Verhalten beim Menschen gebraucht.

In Altbayern und in Teilen Schwabens sind dafür der seit dem 16. Jh. belegte Ausdruck **heikel** *(hoaggl, hoiggl, haiggl, haagl)* bzw. die davon abgeleitete Form **heiklig** *(hoaggli, hoaglich, haglich, hoingla, hoiggla)* am weitesten verbreitet. Ihre Herkunft ist nicht geklärt. Am ehesten ist noch ein Anschluss an das Verb "hegen" im Sinne von 'hegen, schützen, schonen' herzustellen, z. B. über eine Verwendung in Kontexten wie "eine heikle Angelegenheit".
Weit verbreitet in Mfr. und im nördl. Schw. ist auch der Ausdruck **g'näschig** *(gnäschi, -ich, -ig, gnäaschi, gnaschi)*, der sich im südl. Ufr. in den Formen **näsche(r)t** *(näschert, näschet, näschit)* und **vernäscht** *(vernäscht)* fortsetzt. Diese umgelauteten Adjektive sind zum Verb "naschen" zu stellen, das mhd. sowohl als naschen als auch in der umgelauteten Form neschen belegt ist und auf ahd. nascôn 'schmarotzen' zurückgeführt werden kann.
Die Ausdrücke **schnüppisch** *(schnübisch, schnibisch)*, **schnuppig** *(schnubich)* und **schnuppe(rig)** *(schnuberich, schnube)* sowie **schnäubisch, -ig, -e(r)t** *(schnöübich, schnoiwisch, schnöbert, schöübet)* im nördl. Ufr. hängen mit dem mittel- und niederdt. Verb "schnuppen" für 'schnupfen, schneuzen' zusammen, dessen hochdt. Variante "schnupfen" im 14. Jh. erstmals auftritt. Dieses "schnupfen" hängt eng mit "schnaufen", "schnauben" und "schnüffeln" und natürlich auch mit "schuppern" zusammen, lauter Verben, die erst in frühnhd. Zeit belegt sind. Altverwandt dazu sind auch "Schnabel" und "Schnauze" (vgl. unten "g'schnabelt"). Die Bildung zielt auf eine Person, die zuerst überall herumriecht, bevor sie anfängt zu essen.
Zum mhd. Verb stürn/stüren 'stochern' zu stellen sind wohl die im Norden Bayerns vorkommenden Ableitungen **stürig** bzw. **stüret** *(stüürig, stüürich, stüüret)*. Dies bezieht sich darauf, dass heikle Wesen im Essen herumstochern, bevor sie es zum Munde führen. Genauso ist **strülig** *(strialig)* im Westen von Schw. motiviert. Es gehört zu einem dialektalen Verb "strülen", das neben 'sich herumtreiben' auch 'neugieriges, unerlaubtes Durchsuchen' bedeutet.
Im Spessart und am Untermain dominieren Ausdrücke vom Typ **schneukisch, -et, -elich** (wie *schneegisch, -ich, -et, schnäiget* oder *schneegelich*), die im Grabfeld vereinzelt auch mit dem Stammvokal *a* vorkommen *(schnaglisch)*. Dahinter steckt vermutlich das mhd. Verb snöuken 'schnuppern, heimlich gehen'. Dieses Verb wird in der Lautform *schneigge* im Alem. im Sinne von 'naschen' verwendet.
Der Ausdruck **herrisch** erscheint entsprechend den Lautverteilungen von germ. ë (vgl. Karte 7 "essen") als *harrisch* oder *hårrisch*. Dahinter steckt wohl die Vorstellung, dass adelige Menschen, eben "Herren", nur die guten Stücke essen.
Zum Verb "schlecken" ('leckere Speisen genießen') zu stellen sind **(g')schleckig** bzw. **g'schlecke(r)t**, die man im Süden Bayerns belegt findet.
In der Zusammensetzung **hälmaulig** ist das Erstglied häl- (ahd. hâli 'glatt, schlüpfrig', mhd. hæl(e) mit zusätzlicher Bedeutung 'heimlich') in einer übertragenen Bedeutung verwendet.
Die im Bayerischen Wald und an der alten Grenze zum Egerland mit hellem a belegte Lautform *kabisch* wird bei SCHMELLER nur mit den Bedeutungen 'wählerisch, heikel' erklärt. Vermutlich steckt darin ***g'häbisch** ('ein Gehabe haben').
Der Ausdruck **unfressig** *(uufrasich, uunfraased, uungfääßich, oovreisich)* könnte das Ergebnis einer Umdeutung sein; die heutige Vorsilbe "un-" war möglicherweise früher ein "ur-", das nicht mehr erkannt wurde (vgl. Erklärung zu "urkauen/-käuen" S. 219).

Einige eher kleinräumig genannte Ausdrücke bedürfen keiner Erklärung, z. B. **gutschmeckig, geierig** ('wie ein Geier fressen'), **obstinat** (zu lat. obstinatus 'starrsinnig'), **extra, extrig, eigen, g'lüstig, g'schnabelt** (vgl. oben), **ausgespitzt**.

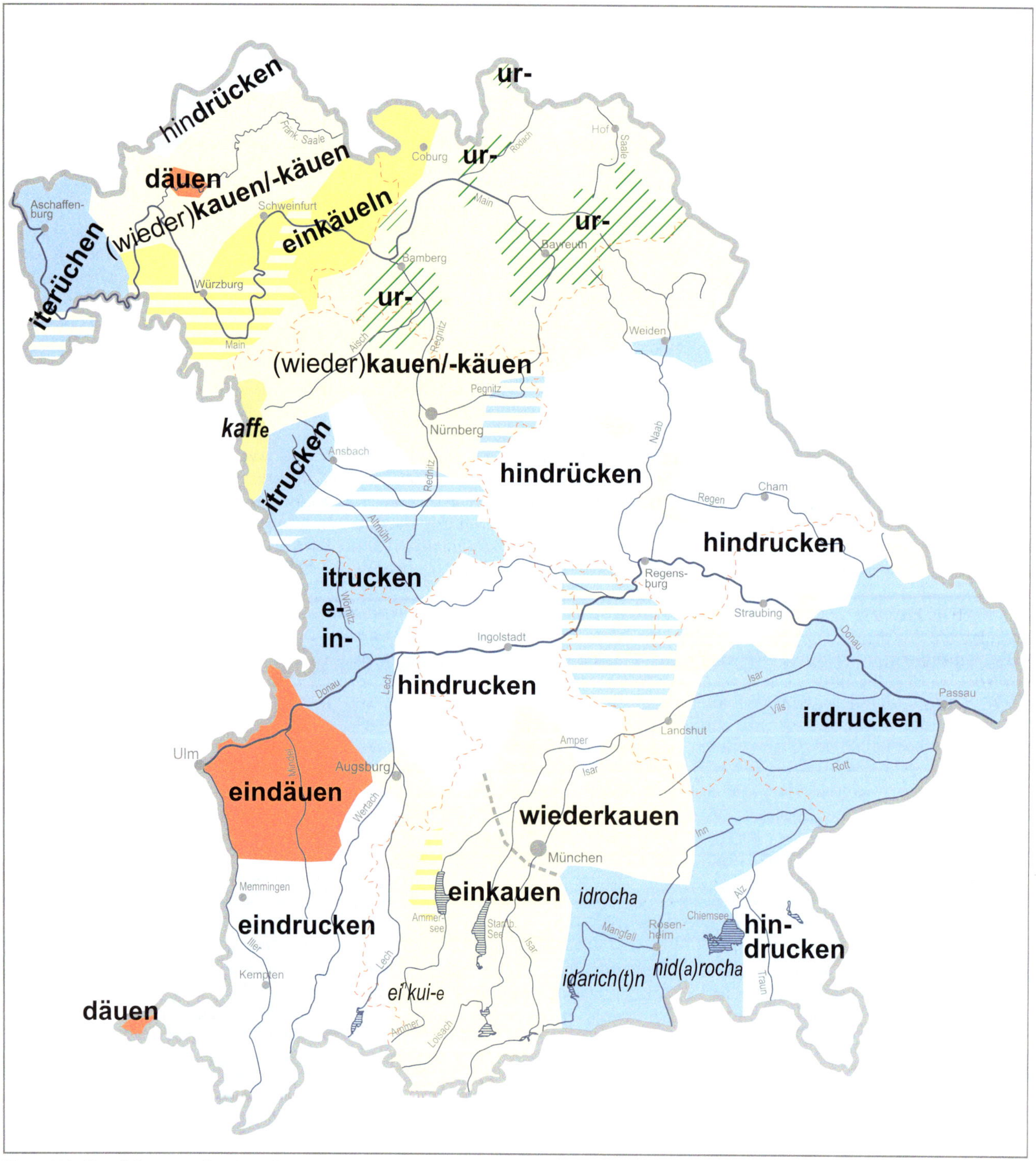

Karte 104: Bezeichnungen für das Wiederkäuen bei Kühen

Mit "wiederkäuen" bezeichnet man das nochmalige Kauen von teilweise verdauter, aus dem Magen wieder ins Maul beförderter Nahrung.
Wiederkäuer, beispielsweise Rind, Schaf und Ziege, besitzen drei, meistens jedoch vier Magenabteilungen: 1. Pansen, 2. Haube oder Netz, 3. Blättermagen oder Psalter, 4. Labmagen. Das Wiederkäuen beginnt etwa eine bis eineinhalb Stunden nach dem Fressen und dauert eine halbe bis eine dreiviertel Stunde. Dieser Vorgang wiederholt sich im Laufe von 24 Stunden ungefähr drei bis vier Mal. Beim Fressen wird die Nahrung im Maul nur grob zerkleinert, eingespeichelt und in den Pansen abgeschluckt. Dort wird sie zur Förderung der Verdauung von Bakterien zersetzt. Durch Aufstoßen gelangt die Nahrung wieder zurück ins Maul, wird dort mit etwa 42 Kaubewegungen erneut zermahlen und eingespeichelt. Der weitere Verdauungsvorgang wird anschließend von Haube, Blättermagen und Labmagen übernommen.

Das Verb **kauen,** ahd. kiuwan, und die umgelautete Entsprechung **käuen** kommen entweder als einfache Formen vor, so vor allem im nördl. Ufr. (*kääd, koid* 3. Singular, *kaun, koen, kuin, koeja* Inf.), oder als Präfixbildung mit den Erstgliedern "wieder-", "ur-" und "ein-" (*ei*ⁿ*-, äi-*). Das Präfix **ur-** *(uue, uua-)* im Ostfränk. und im anschließenden Thüringen und Sachsen ist ein altes Bildungselement. Es stammt aus einer idg. Wurzel, zu der auch nhd. "aus-" (ahd. ûz-) gehört. Dieses Präfix ist nur im Ahd. noch als Präposition mit der Bedeutung 'aus, heraus' bzw. 'bis zu Ende, vollständig' belegt. Als Präfix kommt es heute nur noch bei Nomina vor, bei Verben lautet seine Form er-. Der Lautunterschied ist wohl so zu erklären, dass die älteren nominalen Bildungen noch der germ. Anfangsbetonung unterworfen waren und sie damit ihren vollen Vokal erhalten konnten. Die jüngeren verbalen Bildungen haben jedoch gewöhnlich die Betonung auf dem Verbstamm, so dass das Präfix abgeschwächt wurde. Man vergleiche: "Úrlaub" vs. "erláuben" oder "Úrteil" vs. "ertéilen". Beim hier vorliegenden **úrkauen/-käuen** muss sich jedoch eine sehr alte, auf der Vorsilbe betonte Verbalbildung erhalten haben, mit der Bedeutung 'zu Ende kauen'. Im Bair. kennt man auch noch ein Verb *úrassn* in der Bedeutung 'verschwenden, vergeuden' (< ahd. urezzan 'zu Ende essen'); und im Fränk. gibt es noch den Ausdruck "Urass" für einen 'wählerischen Esser' oder auch für 'verschmähte Speisereste'.
Im äußersten Nordwesten von Mfr. und im östl. angrenzenden Taubergrund ist der stärker abweichende Lauttyp ***kaffe*** verbreitet. Er beruht auf dem Etymon von "kauen" mit regionaler lautlicher Sonderentwicklung. Durch das große "kauen"-Gebiet im Norden Bayerns zieht sich ein **kaueln/käueln**-Streifen (*kaal, kääl, kääln, kääwld* 3. Singular, *kööwld* 3. Singular). Es handelt sich dabei um eine Bildung mit der Nachsilbe "-eln" (< ahd. -ilôn), die entweder eine verkleinernde bzw. abschwächende Funktion hat (vgl. "lächeln" zu "lachen") oder aber eine iterative, die also die Wiederholung anzeigt (vgl. "sticheln" zu "stechen").

Der zweite, auf der Karte blau dargestellte Haupttyp hat sich in den Dialekten in sehr unterschiedlicher Ausprägung bis heute erhalten, wobei hier auf der Karte danach unterschieden wird, ob die alte Form **iteruchen** u. Ä. oder Teile davon noch erkennbar sind oder ob durch volksetymologische Umdeutungen durchschaubare neue Verbzusammensetzungen (s. unten) entstanden sind. Bei der alten Form handelt es sich um eine Bildung aus der Vorsilbe ahd. ita- und dem Verb *-rukjan, -ruchen. Das Grundwort wird auf idg. *reug- 'sich erbrechen, rülpsen' zurückgeführt, das sich auch im lat. ructare 'rülpsen, ausspeien' findet. Das Grundwort -ruchen zeigt sich bereits im Ahd. völlig isoliert, es existiert nur noch in der Verbindung mit ita- 'wieder'. Bis ins Ahd. reichen auch Umformungen der Vorsilbe zurück, wie der Ausfall des auslautenden Vokals (ita-/ite- > it-/id-), wodurch sich die Silbengrenze verschob: it(a)-ruchen > i-truchen. Hiermit hängt wiederum unmittelbar die Umdeutung des Grundwortes zu 'drücken' (< ahd. drucchen) zusammen. Der Rest des alten Präfixes wurde im 14./15. Jh. weiter verändert: i- > **in-/ein-**. Durch n-Vorschlag entstand der Typ **nit(e)rücken/nit(e)**rucken, der heute noch in der Rhön *(nüdrög, -drog, näidrug)* gebräuchlich ist. Volksetymologisch wurde "nit-" weiter verformt zu **nieder-**, wie etwa in Teilen des Chiemgaus *(nidrocha, nidarocha)*. Auch der Spessart zeigt Formen mit *ch* und *sch (ilriche, ierärische)*. An letzteren Beispielen lassen sich des Weiteren Wandelerscheinungen wie *d* > *l* oder *t/d* > *r* beobachten. In allen anderen iterücken-Gebieten dominieren aber Verschlusslaute *(-druga, -drucka, -druggn)*.
Großflächiger haben sich in den Dialekten Bayerns jedoch die umgedeuteten Formen durchgesetzt. Dabei dominiert die Variante **hin-** vor **ein-**.
Das Verb **(ein)däuen** *(däe, ei*ⁿ*daije, däá, dääb)* geht auf ahd. douwen, dewen 'verdauen' zurück. In seiner ursprünglichen Bedeutung hat sich "dauen" nur in der zusammengesetzten Form "verdauen" erhalten. Einen Beleg im Sinne von 'wiederkäuen' findet man erstmals in frühnhd. Zeit beim Elsässer Geiler von Keisersberg (1445–1510): "[. . .] darumb ist ein ochs ein zweideuwig thier, douwet in dem magen die speis und auch in dem maul" (DWB II, 838).
Möglicherweise ist die zusammengesetzte Form **eindäuen** als Wortkreuzung mit dem nördl. und südl. benachbarten Typ "eindrücken" entstanden.

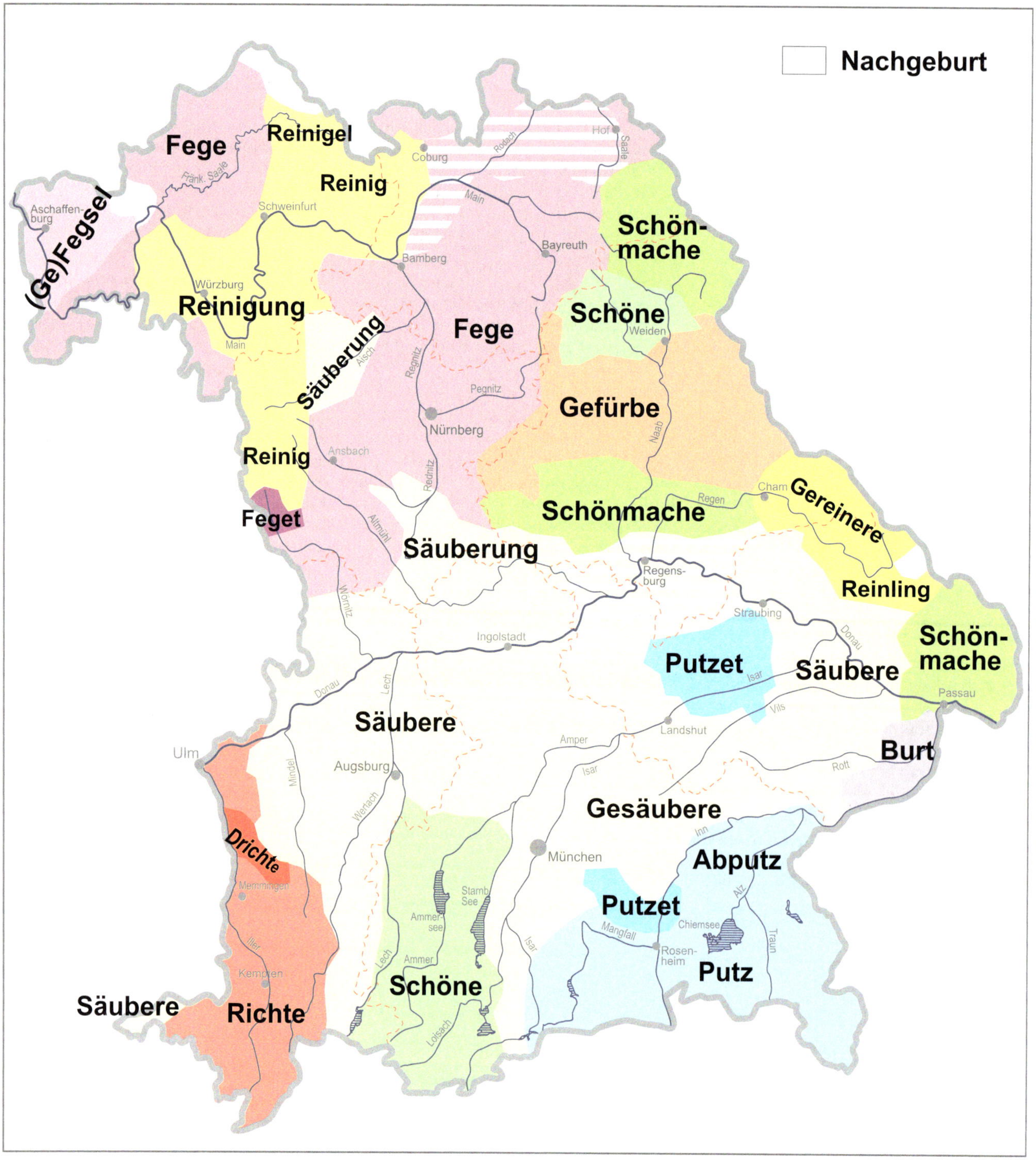

Karte 105: Bezeichnungen für die Nachgeburt der Kuh

Der Fachbegriff für die Nachgeburt der Kuh ist "Mutterkuchen" oder auch "Plazenta". Sie ist ein kompliziert angelegtes Organ, das während der Tragezeit den Stoffwechsel zwischen der Mutterkuh und dem ungeborenen Kalb, die getrennt voneinander angelegt sind, regelt. Die Nachgeburt umfasst das nach der Geburt abgestoßene Gebärmuttergewebe einschließlich der Eihaut und des Rests des Nabelstranges; ihr Abgang erfolgt im Normalfall drei bis acht Stunden nach der Geburt. Danach setzt die Rückbildung der Gebärmutter ein, die etwa 2–3 Wochen in Anspruch nimmt.

Wie andere Säugetiere auch, versuchen Mutterkühe häufig, die Nachgeburt aufzufressen. Das wurde und wird durch den Tierhalter verhindert, früher, weil man glaubte, dass die Kühe dann weniger Milch geben würden, heute dürften dafür eher medizinische Gründe maßgebend sein. Überhaupt gab die Nachgeburt in früherer Zeit Anlass zu vielerlei Aberglauben und war mit verschiedensten Bräuchen verbunden. Zum Beispiel gab man der Kuh, die gekalbt hatte, ein bestimmtes Stück der Nachgeburt zu fressen, damit man gesundes Vieh und gute Milch bekam. In anderen Gegenden wurde die Nachgeburt verbrannt, um Medikamente aus der Asche zu gewinnen. Man kann auch nachlesen, dass die Nachgeburt unter einem fruchttragenden Baum vergraben wurde, wenn sich der Bauer von der Mutterkuh bei der nächsten Trächtigkeit weibliche Kälber erhoffte.

In Bayern sind für den Vorgang, die Nachgeburt von sich zu geben, unterschiedliche Verbformen verbreitet: "sich fegen", "sich putzen", "sich reinigen", "sich säubern", "sich schön machen", "sich verrichten", "sich fürben" (< ahd. furben 'reinigen, säubern'). Aus diesen verbalen Basen werden die Bezeichnungen für das Ergebnis dieses Vorgangs auf zwei verschiedene Arten gebildet: Einmal durch Suffixbildungen mit den Endungen -e, -el, -et, -sel, -ung, z. B. **Schöne, Reinigel, Putzet, Fegsel** und **Säuberung**, zum anderen durch Zirkumfixbildung wie in **Gefege, Gereinere, Gesäubere** und **Gefürbe** als kombinierte Ableitung durch die Vorsilbe Ge- + Verbstamm (-feg-, -reinig-, -säub-, -fürb-) + Endung -e. Sowohl die Zirkumfixbildungen als auch die Endung -et machen die Basisverben nicht nur zu Substantiven, die das Ergebnis des Verbalvorgangs darstellen ("Fege" als Ergebnis des "sich Fegens"), sondern sie tragen in sich auch eine weitere bedeutungsmäßige Komponente, nämlich eine zusammenfassende, eine kollektivierende (vgl. dialektal "Nähet" 'Nähzeug' oder schriftsprachlich "Getöse" zu "tosen").

Auf der Karte konnten nur relativ hoch abstrahierte, standardnahe Formen untergebracht werden. Deshalb wird im Folgenden ein Überblick über die Fülle regionaler Varianten gegeben:

Im nordwestl. Teil Bayerns überwiegen Bildungen aus dem Verb "sich fegen": **Feg(e)** *(Faache, Feech)* bzw. **Gefege** *(Gfeechi)*, sowie **Fegsel** *(Feegsl)* bzw. **Gefegsel** *(Gfäägsl)*; südl. anschließend ist auch **Feget** *(Feeched)* belegt. Im Süden überwiegen Formen von "sich säubern": **Säubere** *(Seibere, Siibre, Saibere, Saiwan)*, **Säuberung** *(Soiwaring)*, und **Gesäuber** *(Gsoiba)*. Im Südosten treten neben **Putz** *(Buds)* und **Putzet** *(Butsad)* auch **Abputz** *(Oobutz)* und **Abputzet** *(Ååbutzad)* auf.

Vom Allgäu bis zur Donau wurden **Richte** *(Richte)* bzw. **Drichte** *(Drichte)* als Dialektwörter notiert. Der d-Anlaut bei Letzterem resultiert aus dem bestimmten Artikel, der mit dem Hauptwort verschmolzen ist (< "d' Richte") und dann später nicht mehr als Artikel erkannt worden ist. Das Substantiv wurde dann wieder von neuem mit einem Artikel versehen: "die Drichte". Dabei mag geholfen haben, dass in der Region der Vorgang als *verdrichde* bezeichnet wird, was aus älterem "ver-ent-richten" abzuleiten ist.

Aus "sich reinigen" resultieren die Bildungen **Reinigung** *(Reenichung)*, **Reinigel** (*Reenichl*; *Rainggl*) und **Reinung** *(Raaning)* sowie **Gereinere** *(Groinara)* und **Reinling**.

Über ganz Bayern verteilen sich die Gebiete von **Schöne** *(Schee, Schea^{n}na)* und **Schönmache** *(Scheimachich)*, dabei ist die e-Endung häufig apokopiert. **Gefürbe** in der mittl. Opf. ist in der Lautform *Gfiam* gebräuchlich.

Als modernerer Zweitbeleg findet sich der standardnahe Ausdruck **Nachgeburt** (z. B. *Nochgebuad*) in weiten Teilen Bayerns. Er ist aber nur vereinzelt raumbildend. Lediglich **Burt** *(Buath)* als verkürzte Form von 'Geburt', evtl. auch von 'Nachgeburt', bildet am unteren Inn ein größeres Gebiet.

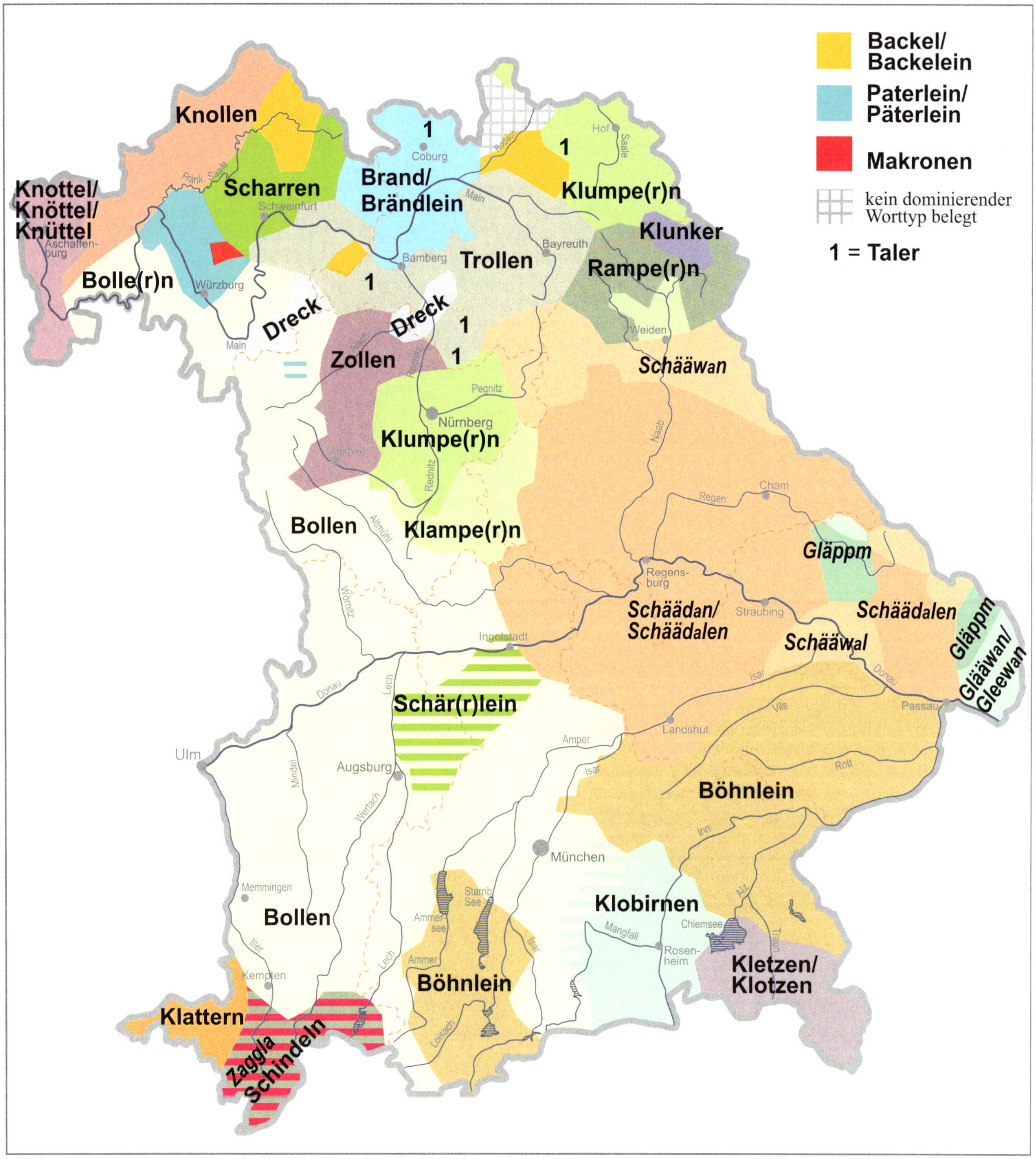

Karte 106: Bezeichnungen für vertrocknete Kotklumpen an Kuhschenkeln

Hinter diesem Titel verbirgt sich ein bei herkömmlicher Stallhaltung von Rindvieh nicht zu umgehendes Phänomen. Selbst wenn man den Stand- bzw. Liegeplatz der Kühe sehr kurz hält, so dass sie mit den Hinterfüßen notgedrungen am hinteren Ende, also am Absatz zur Kotrinne, stehen müssen, schaffen es die Kühe immer wieder, den hinteren Teil der Liegefläche mit ihrem Kot zu bedecken und sich dann noch in diesen zu legen, falls der Bauer nicht rechtzeitig den Dreck in die Rinne abziehen kann. Der frische Kot trocknet dann sehr rasch und verklebt sich an den Haaren von Schenkeln und Hinterteil der Kühe. Nur durch ein regelmäßiges und intensives Putzen, wozu man als Instrument den Striegel braucht, lässt sich verhindern, dass schon nach kurzer Zeit rundliche Dreckkugeln oder gar mosaikartig verteilte kleine Platten die Hinteransicht der Tiere zieren. Früher galt so etwas als Indiz für einen schlampigen Bauern.

Die Karte zeigt sehr viele, oft auch nur kleinräumig verteilte Varianten. Das ist kein Wunder, denn über diese Verschmutzung des Viehs redet man höchstens in der Familie, dies ist kein Wort, das im überregionalen Verkehr oder gar im Handel eine Rolle spielt. Für die Bezeichnung werden vor allem Wörter verwendet, die auf die Form Bezug nehmen, und auch metaphorische Bezeichnungen, die sich meist auf Essbares beziehen.
Allgemein für 'Schmutz' gilt das Wort **Dreck**, das in zwei Gebieten im Fränkischen auftritt. Offensichtlich hat man dort für diese Sache keinen eigenen Ausdruck. Das Wort **Klatter** in der Südwestecke hat sich dort auf diese Art von Schmutz spezialisiert, es stammt aber ursprünglich aus dem Norddeutschen, wo es ebenfalls allgemein den Schmutz bezeichnet. Übertragene Bezeichnungen sind die **Paterlein/Päterlein**, die die Perlen des Rosenkranzes (Gebetsschnur der Katholiken, aus "Paternoster", dem Anfang des "Vaterunser") bezeichnen, auch die **Makronen** (Mandelgebäck, Weihnachtsplätzchen), die **Böhnlein** (zum Bohnenkern) und die **Kletzen** oder **Klotzen,** die im Dialekt für die getrockneten Birnen stehen (vgl. Karte 77). Dazu gehören auch die **Klobirnen**, die ursprünglich mal "Klozbirnen" (mhd. klozbirne) waren. Von der Form her sind Übertragungen wie **Taler** zu erklären oder **Zaggeln** (zu ahd. zagal 'Schwanz') zur Bezeichnung der runden, mit den Haaren verflochtenen Verschmutzungen im Anfangsstadium, die sich dann später flächig ausbreiten und wie **Schindeln** am Haus oder auf dem Dach aussehen.
Die meisten Bezeichnungen sind von der Form her motiviert: Im Ahd. ist zollo ein Kreisel, im Mhd. gibt es zol als 'zylinderförmiges Stück Knebel', daraus sind die **Zollen** westlich von Nürnberg entstanden. Zylinderförmig sind auch die **Rollen** und **Trollen**, wobei letzterer Ausdruck mit einer Verschmelzung des Artikels in "d' Rollen" erklärt werden kann.
Das Pluralwort **Bollen/Bollern** (f. und m.) bezeichnete ursprünglich (ahd. bolla (f.), entlehnt aus dem Lateinischen) die Knospe von Pflanzen, bevor es zum allgemeinen Wort für 'runde Körper' wurde. **Knottel/Knöttel/Knüttel** sind etymologisch zu "Knoten" (ahd. knoto) zu stellen, auch der "Knödel" gehört in diese etymologische Gruppe. Die **Knollen** (ahd. knollo) haben wie der "Knoten" ein kn- im Anlaut, das häufig ist bei Wörtern für runde, dicke Gegenstände (z. B. Knauf, Knopf, Knorren, Knospe). Zu den Bezeichnungen für etwas eher Dickes gehören auch die **Klumpe(r)n** und **Klampe(r)n**. Das Wort "Klumpen" stammt ursprünglich aus dem Mittel- und Niederdeutschen. Ein Klumpen ist oft etwas Weiches, Verformbares. Er steht damit in seiner Bedeutung schon in der Nähe der ***Glääwan/Gleewan*** und der **Gläppm**, Ausdrücke, die mit "kleben" zusammenhängen könnten. Lautlich passen sie aber auch sehr gut zur oben schon erwähnten Bezeichnung "Klobirnen", wenn sie umgelautet und entrundet ist.
Was am Boden der Bratpfanne sich bildet und kleben bleibt, ist in manchen Dialekten die "Schärre" (weil man es "wegscharren" muss); davon sind dann die **Schär(r)lein** und die **Scharren** abgeleitet; oder man muss es "wegschaben", das ergibt dann die **Schäbern** *(Schääwan)* oder **Schäberlein** *(Schääwal)*. Die **Schädern/Schäderlein** *(Schäädan/Schäädalan)* sind wohl zum Typ "Schärrlein" zu stellen; denn so wie aus *dl* ein *rl* werden kann (vgl. Karte 115), so kann (hyperkorrekt) auch der umgekehrte Vorgang eintreten, vgl. bair. regional *Beadl* für "Beerlein". In diese Gruppe gehören auch die **Backel(ein)** und eventuell auch die **Bränd(lein)**, die etwas bezeichnen, was "angebacken" bzw. "angebrannt" ist.
Keine befriedigende Erklärung gibt es für **Rampern**.

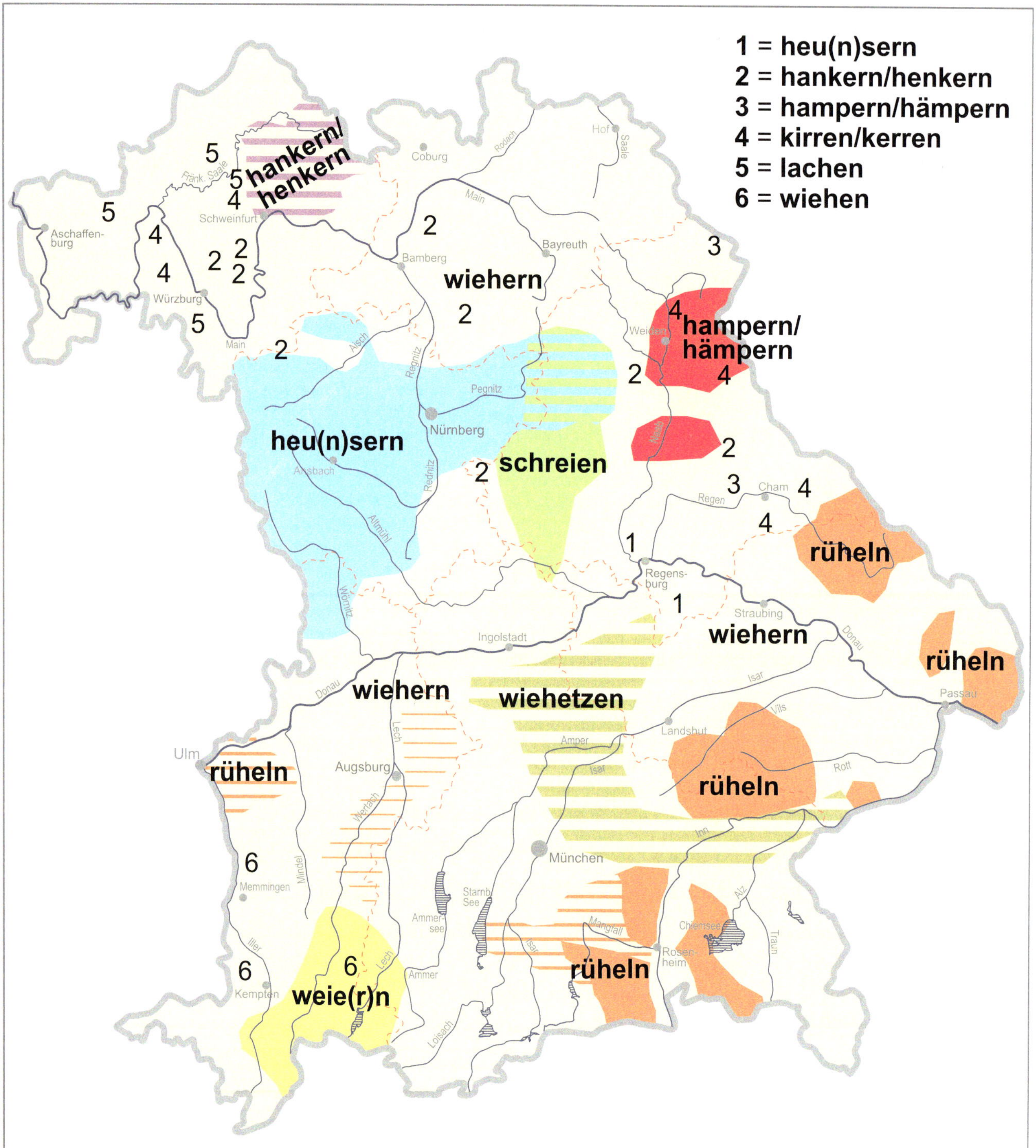

Karte 107: Bezeichnungen für *wiehern* (die Stimme des Pferdes)

Die Karte zeigt die dialektalen Ausdrücke für die normale Stimme des Pferdes. Die entsprechenden Ausdrücke sind weitgehend onomatopoetischer Natur, d. h., sie ahmen Laute nach.

Der hochsprachlich übliche Ausdruck **wiehern** ist auch in den Dialekten Bayerns am weitesten verbreitet, allerdings in sehr unterschiedlicher Lautgestalt und mit unterschiedlichem Auslaut *(wiare, wii-an, wiihan, wichan, wiihere, wiichere)*. Dieses Verb ist seit dem 15. Jh. als wy(h)ern belegt. Es ist eine Ableitung von einem älteren Verb (ahd. wihôn, mhd. wihen) mittels der Endung -ern, die eine sich wiederholende Handlung zum Ausdruck bringt (Iterativbildung; wie "plätschern" zu "platsch!"). Sie kommt häufig bei Tierlauten vor: "gackern", "meckern", "schnattern". In Teilen Altbayerns kommt das Verb auch als **wiehetzen** *(wiihatzn)* vor, eine Ableitung auf ahd. -azzen mit verstärkender/intensivierender und davon nur schwer zu trennender iterierender Funktion (vgl. "blitzen" zu "blecken" aus ahd. blekkazzen oder "schluchzen" zu mhd. slûhen 'schlucken, schlingen'; vgl. dazu auch *garetzn* 'knarren von neuen Schuhen' in Karte 57).

Neben wihôn gab es im Ahd. eine gleichbedeutende Nebenform weiôn, auf welche der Ausdruck **weien** *(waije, woaje)* und die davon abgeleitete Form **weiern** *(waire)* im östl. Allgäu zurückzuführen sind.
In mehreren Gegenden Südbayerns ist der Typ **rüheln** mit den Varianten **rühern, rügeln, röheln, rönheln** verbreitet: *riihen, richan, riicharn, riigln, reechele, rea^{n}chele*. In der Ulmer Gegend ist altes -h- ausgefallen: *ree^{n}le, rea^{n}le*. Die Formen gehen, wie die hochsprachliche Form "röcheln", auf mhd. rücheln, rüheln zurück, was wiederum eine Iterativbildung bei gleichzeitig diminuierender (= verkleinernder) Funktion mittels des ahd. Suffixes -ilon zu ahd. rohôn 'brüllen' ist (wie "lächeln" zu "lachen" oder "hüsteln" zu "husten").
Das in Ufr. und in der Opf. vereinzelt vorkommende **kirren** bzw. kerren ist wie "girren" oder "gurren" ein rein lautmalendes Wort.

Teilweise stehen die Ausdrücke für die Stimme des Pferdes in einem engen Zusammenhang mit den Bezeichnungen für das Pferd allgemein oder für das Fohlen, also das junge Pferd:
Unter dem Übertyp **heu(n)sern** sind hier Ausdrücke mit ganz unterschiedlicher Lautung und mit unterschiedlichen Endungen zusammengefasst: *hei^{n}sere, hei^{n}san, hei^{n}sle, hei^{n}sln; haisre, haisan, haisln*. Hier liegt der Zusammenhang mit den Ausdrücken *Haiß, Haißl, Hei^{n}sl, Hui^{n}schl* für das junge Pferd auf der Hand. Die Herkunft dieser Wortformen liegt im Dunkeln.
Auch das in Ufr. raumbildend belegte **hankern** *(hanggern, hanggen)* und die in Ofr. und in der Opf. nur vereinzelt notierte Entsprechung **henker(l)n** *(henggan, henggarln)* stehen in Beziehung zu dem in Franken verbreiteten Ausdruck "Hankelein" für 'junges Pferd' und wohl auch zu "Hengst" (< ahd. hengist).
Mit dem Ausdruck "Hämpel" für 'Pferd' steht auch das in der östl. Opf. verbreitete **hampern** *(hâmpan)* bzw. **hämpern** *(hamparn)* in Verbindung. Schmeller hält in seinem Wörterbuch einen Zusammenhang mit "Hampelmann" für möglich.

Von selbst erklären sich Ausdrücke wie **schreien**, das nur im Fränkischen Jura gebietsbildend, im übrigen Bayern aber nur sporadisch vorkommt, und das vereinzelt in Ufr. notierte **lachen**.

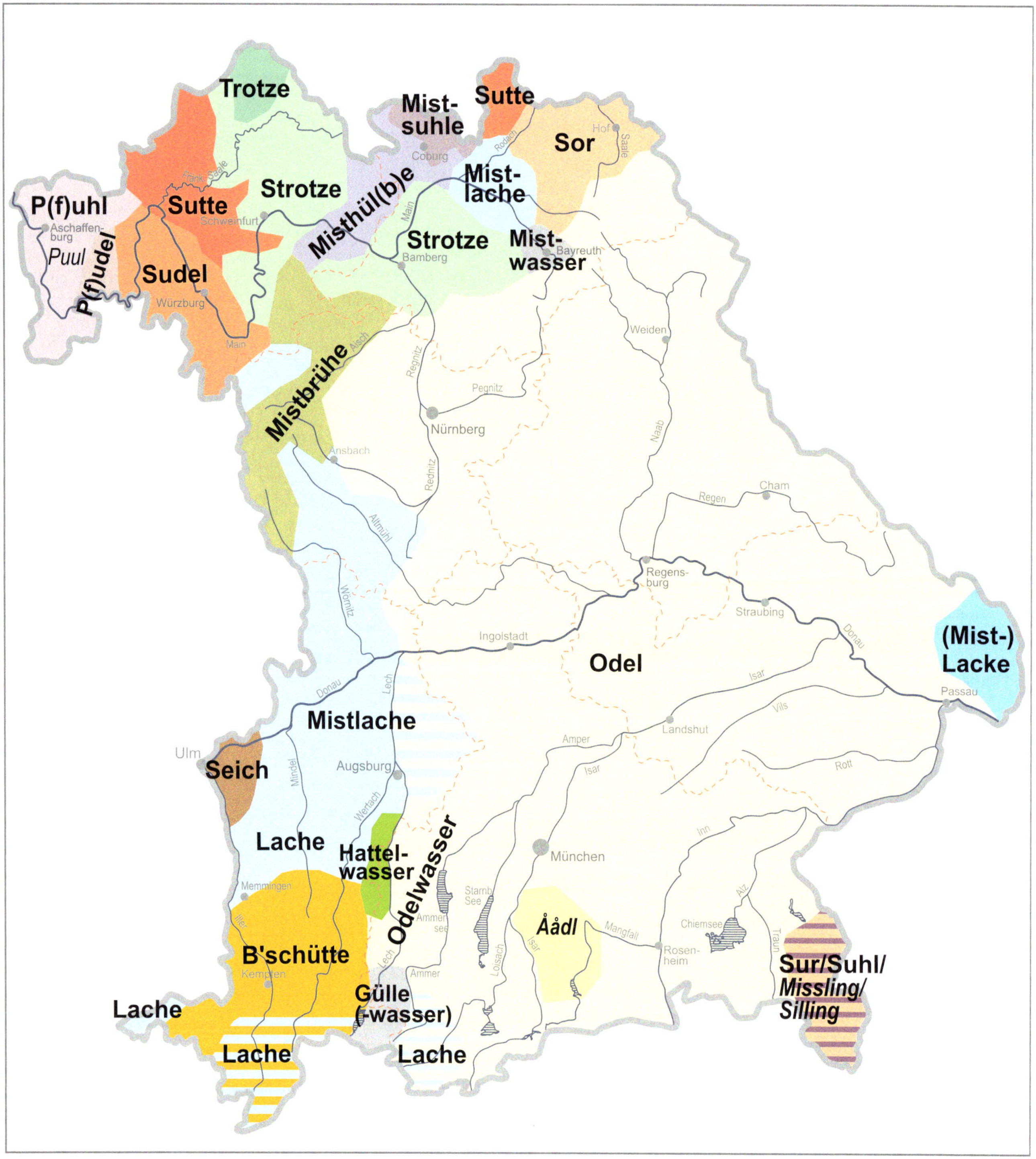

Karte 108: Bezeichnungen für die Jauche

Die hier kartierten Worttypen können in ihrem Bedeutungsumfang variieren: Vornehmlich bezeichnen sie den mit Kot vermengten Harn der Stalltiere, während er in Gruben gesammelt wird und dort einem Gärungsprozess unterliegt. Teilweise benennen sie aber eher den mit Wasser verdünnten flüssigen Dünger. Es kann damit aber auch primär die vom Misthaufen abfließende Flüssigkeit gemeint sein.
Allgemeine Bedeutung als Dünger gewinnt die Jauche erst im Laufe des 19. Jhs. mit der Einführung der Stallfütterung, des künstlichen Futterbaus und einer allgemein intensiveren Bewirtschaftung. Von da an ließ man die Flüssigkeit vom Misthaufen nicht mehr einfach "auf die Gasse laufen", sondern sammelte sie in mit Holz ausgeschlagenen Gruben und brachte sie dann in Fässern auf die Wiesen und Weiden.

Für den in fast ganz Altbayern und darüber hinaus verbreiteten Worttyp **Odel**, meist m., seltener n. und vereinzelt auch f., ist keine sichere Herkunft auszumachen. Die häufige Schreibweise **Adel** – so auch im DUDEN – entspricht der vermuteten Herkunft von einem germ. Wort *adelôn 'Jauche'. Im Mhd. gibt es ein Wort atel für 'Schlamm, Morast'. Dies deutet darauf hin, dass sich das Wort ursprünglich auf die vom Misthaufen abfließende Flüssigkeit bezog. Gegen die Schreibweise mit "A" spricht allerdings die Tatsache, dass auch dort ein *O*-Anlaut vorliegt, wo das ehemals kurze mhd. a nicht "verdumpft" ist, so z. B. im Lechrain (vgl. Karte 5). Auffällig ist, dass in einem geschlossenen Gebiet zwischen Isar und Mangfall nur ein gering verdumpfter langer *a*-Laut gesprochen wird *(Åådl)*. Dieser Umstand soll den dortigen Bewohnern schon den Spott ihrer Nachbarn eingetragen haben, dem sie damit begegneten, sich im Spaß als "Adelige" zu bezeichnen. Der Auslaut *-del* ist meist zu *-l* assimiliert, so dass großflächig Lautformen wie *Ool* bzw. *Oo^{u}l* vorliegen. Vor allem entlang des Lechs ist das Wort auch in der Zusammensetzung **Odelwasser** verbreitet.
Auch **Lache** *(Lach, Lache)* ist auf die sich oft in einer Pfütze sammelnde, vom Mistlagerplatz ablaufende Flüssigkeit bezogen. Es ist als einfaches Wort im Südwesten Bayerns üblich, weiter nördl. tritt es meist mit **Mist-** zusammengesetzt auf: *Miischdlach, Miisdlache, Misdlåchn*. Es ist über das Idg. mit lat. lacus 'See, Trog' verwandt oder von dort entlehnt. Ahd. ist es als lacha, mhd. als lache belegt. Hierher gehört auch der Typ **Mistlacke** *(Mistlogga, Mistlågga)* im östl. Bayerischen Wald sowie die "Lake" 'Salzwasser' im Niederdt.
Das im Allgäu verbreitete Wort **B'schütte** *(Bschitte)* bezeichnete zumindest ursprünglich den Flüssigdünger, womit Wiesen und Weiden "beschüttet" wurden. Dort ist auch das Verb *bschitte* für das 'Ausbringen der Gülle' allgemein üblich.
Der **Seich** *(dr Soich)* um Ulm bezog sich hingegen ursprünglich nur auf den Urin der Tiere (vgl. "seichen" 'harnen') und hat dann seine Bedeutung auf 'Jauche' ausgeweitet.
Nur kleinräumig verbreitet ist **Hattelwasser**. Darin steckt wohl ein altes Wort "Hattel" für 'Ziege'. Dies könnte darauf hindeuten, dass auf den ertragsarmen, kiesigen Böden des Lechfeldes einst die Haltung von Ziegen vorherrschte.
Das neben "Jauche" zum Standardwortschatz gehörende **Gülle** (< mhd. gülle 'Lache, Pfütze, Pfuhl', erst seit dem 16. Jh. 'Jauche') kommt nur im Lech-Ammer-Gebiet als Dialektwort vor, meist im Kompositum **Güllewasser**. Das Wort ist vor allem im südwestl. dt. Sprachraum verbreitet.
Im Südosten Bayerns trifft man auf die Ausdrücke **Sur** *(Surm, Suar, Suur)* und **Suhl** *(Sui, Suin)*, die in einem engen Zusammenhang mit den im nördl. Ofr. verbreiteten Typen **Sor** *(Soor, Soar, Soa)* und **Mistsuhle** *(Mistsüln, Mistsuln)* stehen. Sie sind den hochsprachlichen Wörtern "Sohle" für 'Salzwasser' bzw. "Suhle" für 'Sumpf, in dem sich Wild zur Kühlung wälzt' zuzuordnen. Die Lauttypen ***Missling, Silling*** u. Ä. dürften aus den Zusammensetzungen "Sürling" oder "Sühl-ling" bestehen, teils noch mit dem zusätzlichen Bestimmungswort "Mist-".
Mit **Mistbrühe** *(Mischdbria, Misdbrüü, -brüa, -brii)* in Franken wird vor allem die vom Misthaufen wegfließende Flüssigkeit benannt. Das in Bayern nirgends dialektal belegte Wort **Jauche** führt übrigens auf die gleiche Bedeutung zurück. Es ist aus einer der slawischen Nachbarsprachen entlehnt (slaw. jucha 'Brühe, Suppe').
Das Grundwort von **Misthül(b)e** *(Misthüln, -höln)* geht auf ahd. huliwa, hulwa 'Loch, Pfütze, Pfuhl' zurück.
Die **Sutte** *(Sud, Sudn, Suudn)* bzw. **Sotte** *(Soode, Sode)*, < mhd. sut(t)e 'Lache, Pfütze', und der **Sudel** *(Suudl, Sudl)*, < mhd. sudel 'Lache, Pfütze', haben die gleiche Grundlage und sind mit dem Verb "sudeln" 'schmieren, unsaubere Arbeit machen' verwandt. Die Wortformen sind im angrenzenden Hessen und Thüringen weit verbreitet.
Das im rheinfränk. Nordwesten anzutreffende ***Puul*** – mit unverschobenem *P*-Anlaut (vgl. Karte 3) – entspricht hochsprachlichem "Pfuhl" 'Sumpf, Morast'. Die Wortform **Pudel/Pfudel** *(Budl, Puudl, Pfudl)* im Spessart scheint alt zu sein; die unverschobene Variante (vgl. Karte 3) ist westl. außerhalb Bayerns großräumig verbreitet.
Strotze *(Strodzn, Strådze, Struaz, Struuz, Strooz)* und **Trotze** *(Drådze, Drodze)*, deren Herkunft nicht geklärt ist, sind ebenfalls im anschließenden hessischen Raum weit verbreitet. "Strotze" ist auch in der Bedeutung 'Schund, Durchfall' gebräuchlich.

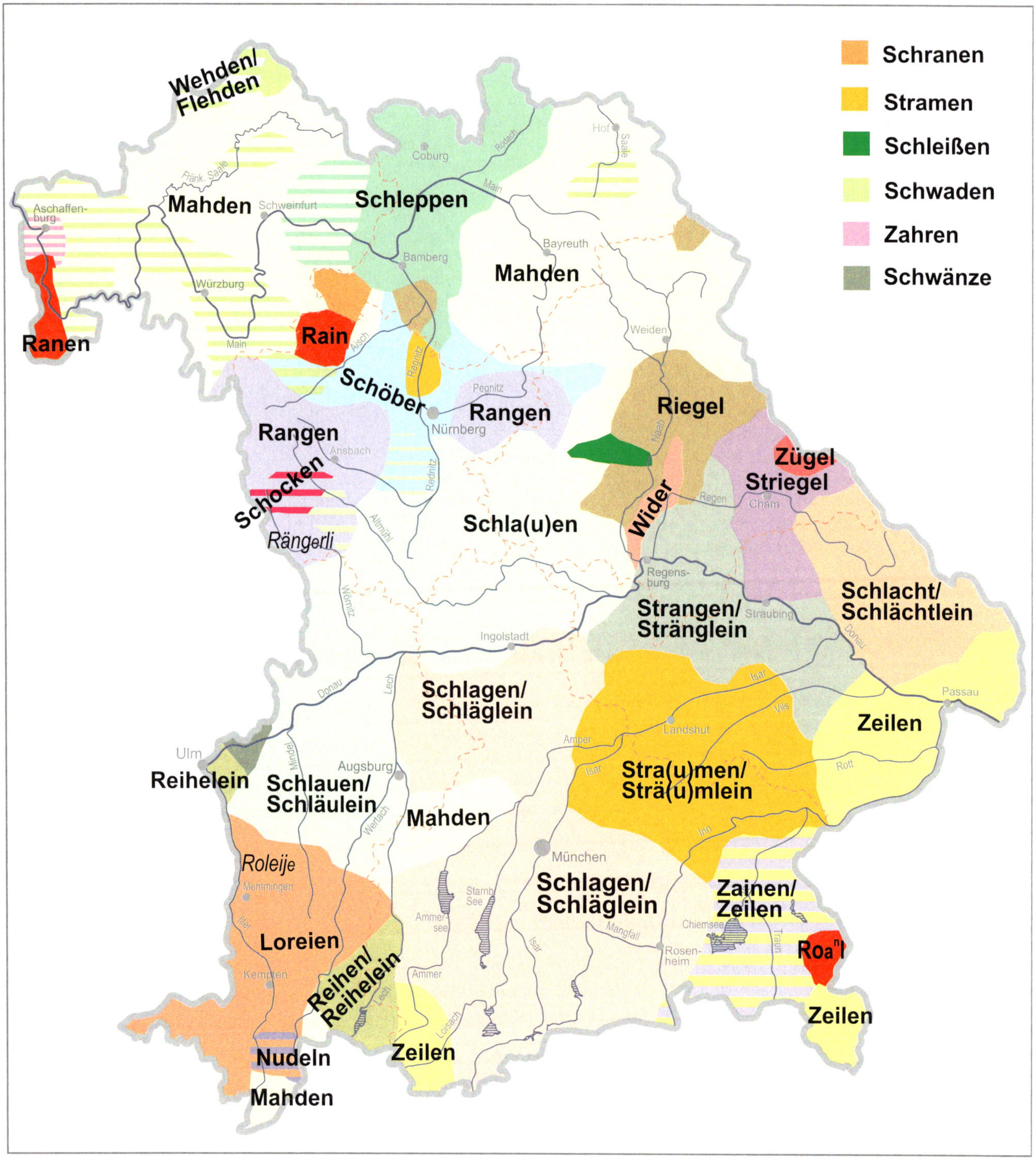

Karte 109: Bezeichnungen für dünne Reihen von halbdürrem Heu

Die Rede ist von den dünnen Reihen, die man – früher mit dem Rechen – gegen Abend des ersten und teilweise auch zweiten Tages aus dem gemähten Gras gemacht hat, damit das angedörrte Gras über Nacht nicht so viel Feuchtigkeit aufnahm. Davon zu unterscheiden sind die wesentlich größeren Reihen (oder Haufen), die man zum Aufladen machte.

Nicht überall in Bayern sind klare Verbreitungsbilder der Ausdrücke auszumachen. Dies dürfte u. a. mit der unterschiedlichen Bedeutung der Grünlandwirtschaft in den einzelnen Regionen zu tun haben. Besonders in Ufr. ergibt sich eine äußerst kleinräumige Verteilung bzw. eine starke Vermischung der Ausdrücke.

Im Norden Bayerns sind Ausdrücke in Verwendung, die in erster Linie die Reihen des frisch gemähten Grases bezeichnen, die aber auch für diese Art von Reihen gebraucht werden:

Die **Mahde** *(Maade, Moon, Moodn)* gibt es schon als ahd. mada, mhd. made. Von der ursprünglichen Semantik her identisch ist der wohl auch aus der Hochsprache übernommene Ausdruck **Schwade** (f.) bzw. **Schwaden** (m.), < mhd. swade 'Reihe gemähten Grases'.

Andere Ausdrücke sind von der länglichen Form motiviert:

Dazu zählen die **Schla(u)en** *(Schlau-e, Schlåå-e, Schlou-an, Schlau-an,* an der unteren Altmühl auch *Schloudn, Schloun)* bzw. die diminuierten Formen **Schlä(u)lein** *(Schlaile, Schlääle, Schlääli,)* im W des Areals. Der Typ geht zurück auf mhd. slouwe, slâ 'Spur, Fährte'.

Unter **Stra(u)men/Strä(u)mlein** sind Wörter zusammengefasst, die auf unterschiedliche Etyma mit sehr ähnlicher Bedeutung ('Streifen') im Mhd. zurückgehen: strâm (vgl. "Strom"), strûm, stroum, streim. Sie erscheinen in ganz unterschiedlicher Lautgestalt: *Stråman, Straamä, Strååᵐm, Stramen, Straime, Sträme, Stroam, Streame.*

Strangen (Pl.) *(Strångan),* < ahd. strang (m.), mhd. strange (f.) für 'Strang, Seil, Streifen', bzw. **Stränglein** *(Strangl)* sind andernorts auch die 'Furchen' im Acker.

Rangen (Pl.) *(Rånga, Rångan)* bzw. **Ranken** (Pl.) *(Rånggan),* < mhd. ranc, range 'Einfassung, Rand, Schrägstück', und die dazugehörigen Diminutive *(Rängerli)* bilden teilweise noch geschlossene Gebiete in Mfr.

Eine durchsichtige Benennungsmotivation haben die **Reihen** (< mhd. rîhe oder reie) bzw. **Reihelein** *(Ròijele* um Ulm, *Raicha, Raichela* am oberen Lech) sowie die Wörter **Schwänze, Riegel** und **Nudeln**. Dies gilt auch für die **Zeilen** *(Zai, Zaina, Zain)* im Südosten. Allerdings mischen sich im Chiemgau Formen von "Zeile" mit solchen von **Zain** (m.) bzw. **Zainlein** *(Zoaⁿl, Zoal),* die auf ein schon ahd. belegtes Wort zein (m.) mit der Bedeutung 'Gerte, Stab, Rohr' zurückgehen; insbesondere bezeichnet es die geraden Weidenruten, aus denen Körbe geflochten werden. Eine Übertragung der Bedeutung 'etwas Schmales, Langes' auf die Heureihen ist möglich.

Rain *(Raa)* (nördl. der Aisch) steht andernorts für 'Grenzstreifen zwischen Äckern' oder für 'Abhang'. Diminutivformen dazu sind die im Südosten kleinräumig verbreiteten ***Roaⁿl***. Auch der Typ **Ranen** *(Roone, Rooune, Roane)* am Untermain ist wohl dazuzustellen; und auch bei **Schranen** (Pl.) *(Schråna)* westl. von Bamberg könnte eine Vermischung mit diesem Wort vorliegen.

Ein Teil der Ausdrücke bezieht sich auf die Arbeitsweise:

Schlagen *(Schlooga, Schlonga, Schlaagna)* bzw. **Schläglein** *(Schleegla, Schlaaglan)* sind wohl vom Verb "schlagen" im Sinne von 'zusammenschlagen eines Tuches' abgeleitet. Damit verwandt sind die Typen **Schlacht** *(Schloocht, Schlochtn)* bzw. **Schlächtlein** *(Schlachtl)* im Bayerischen Wald, die auf das ahd. slaht (f.) zurückzuführen sind, eine alte Ableitung zum Verb "schlagen" (vgl. "Zucht" zu "ziehen" oder "Gift" zu "geben").

Die **Schleppen** (Pl.) im Nordosten sind zu der im mitteldt. Raum verbreiteten unverschobenen Verbform schleppen zu stellen, dem oberdt. schleipfen 'auf dem Boden hinziehen' entspricht.

Schöber (Pl.), schon mhd. als schober (m.) 'Haufen' belegt, bzw. **Schöberlein**, die im Norden teilweise gebietsbildend vorkommen, bezeichnen in anderen Gegenden eher 'Heuhaufen'. Sie sind zum Verb "schieben" zu stellen. Es könnte sich hier eine ursprünglich andere Praxis bei der Heubearbeitung (d. h., man machte Haufen statt Reihen) in der Benennung erhalten haben. Dies trifft wohl auch auf die **Schocken**, < mhd. schoc 'aufgeschichteter Haufen', zu.

Zügel, < ahd. zugil, tritt mit Kurz- oder Langvokal auf (*Zigl* und *Ziigl*) und steht in einem engen Zusammenhang mit dem Verb "ziehen".

Schleißen (Pl.) 'Reihe' ist eine Ableitung von den mhd. Verben slîzen bzw. sleizen 'abnutzen, spalten, schälen'.

Die **Zahre** *(Zoore, Zååre)* um Aschaffenburg dürfte wohl zum gleichbedeutenden, pfälzischen "Zatte" bzw. "Zahde" gehören, die Ableitungen von "zetten" 'ausstreuen, verteilen' sind.

Unterschiedliche Erklärungsansätze gibt es für die **Loreien** (*Loreije*, Pl. *Loreija*) im Südwesten, die nördl. von Memmingen auch mit vertauschten Konsonanten (Metathese) als **Roleien** *(Roleije)* vorkommen. Möglicherweise steckt dahinter ein roman. Wort *laborerium, eine Ableitung von lat. labor 'Arbeit'; denkbar ist aber auch die Rückführung auf lat. lôrum 'Riemen' bzw. auf roman. lôria 'riemenartig'.

Der **Striegel** ist nur schwer mit der nhd. Bedeutung des Wortes zusammenzubringen. Das Gebiet liegt zwischen den durchaus motivierten Ausdrücken "Riegel", "Zügel" und "Strangen", was nahe legt, dass diese Form als eine Kreuzungs-/Vermischungsform aus diesen drei Wörtern entstanden ist.

Keine befriedigende Erklärung gibt es für **Wider, Wehde** *(Weeade, Weede)* und **Flehde** *(Fleede)* und für viele Einzelbelege, die nicht auf der Karte markiert werden konnten.

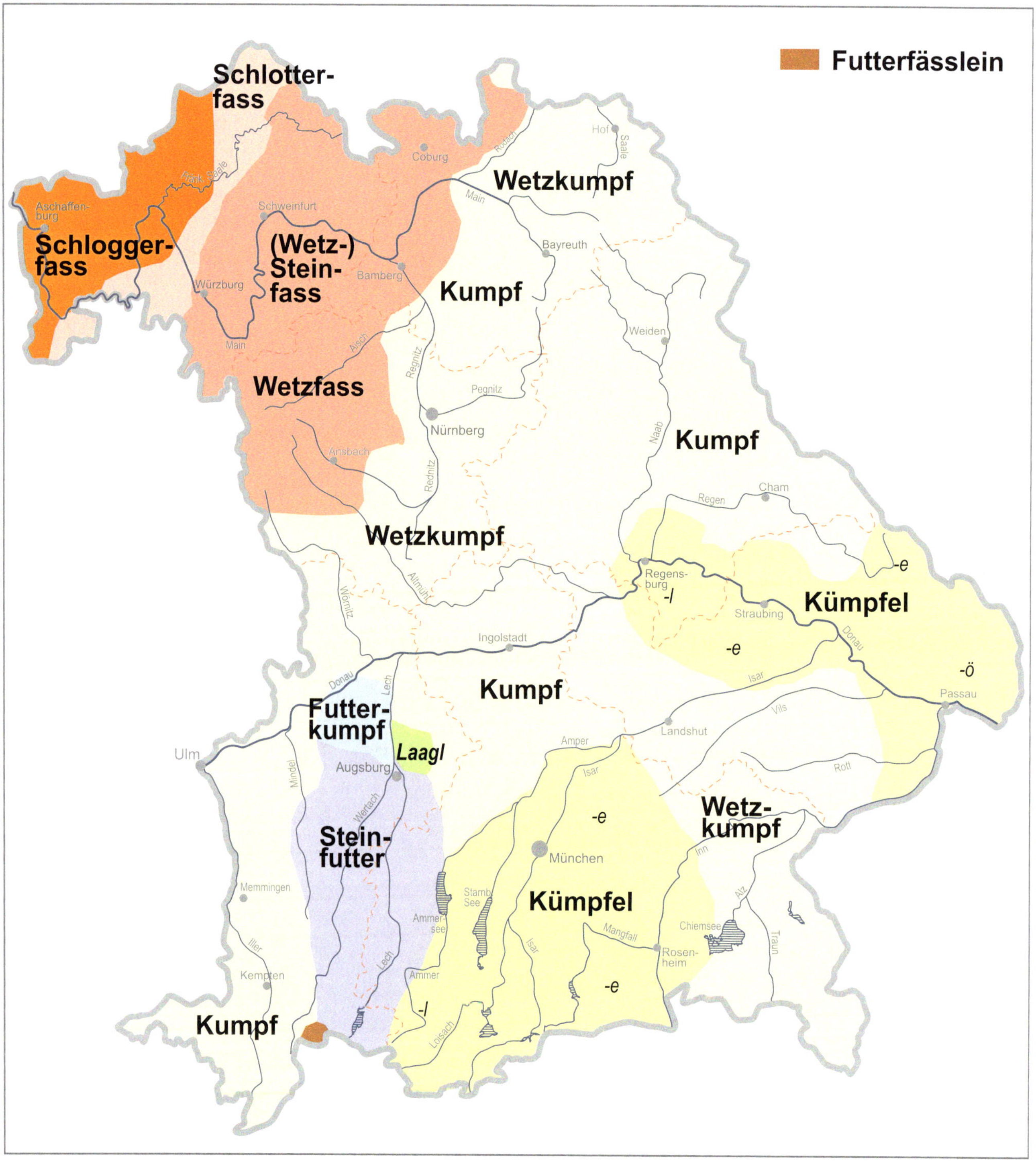

Karte 110: Bezeichnungen für den Wetzsteinbehälter

Die Karte zeigt die Bezeichnungen für jenes Gefäß, das man – am Gürtel oder am Hosenbund befestigt – beim Mähen mit der Sense bei sich trug. Es war mit Wasser gefüllt, damit der darin steckende Wetzstein beim Wetzen immer nass war.
Dieses Gefäß war früher meist aus Holz, oft gedrechselt, erst später wurde es aus Blech hergestellt. Teilweise nahm man dafür aber auch ein Kuhhorn, was sich über ganz Bayern verstreut in den Benennungen **Horn** (z. B. *Hoan, Huan, Wetzhoore*) bzw. **Hörnlein** (z. B. *Hearale, Heandl*) niederschlägt.

Am weitesten verbreitet ist der Ausdruck **Kumpf**, der nur teilweise mit dem Bestimmungswort **Wetz-** näher bestimmt ist. Das Wort ist im Deutschen seit dem 13. Jh. in dieser Bedeutung belegt und ist verwandt mit ähnlich klingenden Gefäßbezeichnungen in mehreren anderen germ. und idg. Sprachen. Seine genaue Herkunft ist nicht geklärt. Ganz vereinzelt ist das Wort mit dem erweiterten Auslaut *Kumpft* belegt, mit hinzugefügtem -t, wie es auch bei "Saft" (mhd. saf) oder dem Suffix "-schaft" (ahd. scaf) der Fall ist.
Die Ableitung von "Kumpf" mit der für Werkzeugbezeichnungen typischen Nachsilbe "-el" (vgl. "Schlegel, Meißel") tritt meist umgelautet als **Kümpfel**, seltener aber auch unumgelautet als **Kumpfel** in zwei zusammenhängenden Gebieten Altbayerns auf. Wie auch in anderen Fällen ist durch die l-Vokalisierung diese Nachsilbe meist auf einen unklaren Vokal reduziert: *Kimpfe, -i, -ö, Kumpfe*. Nur im Südwesten von Obb. und in der Opf. ist das auslautende *-l* erhalten: *Kimpfl.*
Im Bereich von Lech und Wertach wird das Gefäß großflächig als **Steinfutter** *(Stoinfuater, Stuanfuater)* bezeichnet, wobei sich im Grundwort "-futter" die alte Bedeutung von ahd. fuoter 'Futteral' erhalten hat. Dieses germ. Wort ging ins Mittellat. ein und nahm eine lat. Endung an: fotrale. Die heutige Form **Futteral** *(Fuatrááł)*, die auch ganz vereinzelt für den 'Wetzsteinbehälter' belegt ist, ist wohl auf eine im 16. Jh. latinisierte Form vuoteralis zurückzuführen.
An den Rändern dieses Gebietes sind auch Zusammensetzungen von **Futter**- mit -**kumpf** *(Fuadrkumbf)* oder mit -**fässlein** *(Fuaterfässle)* die lokalen Bezeichnungen.
Zusammensetzungen mit dem Grundwort -**fass,** seltener -**fässlein**, herrschen auch im gesamten Nordwesten Bayerns vor, wobei in der Rhön teilweise ein -t bzw. -d (vgl. "Obst" < mhd. obez) angefügt wird: **Schlotterfass** (z. B. *Schlodefas, Schluderfoosd*) und **Schloggerfass** (z. B. *Schlugerfoosd, Schlogäfas*) sind wohl beide, ebenso wie das vereinzelt belegte **Schnoggerfass** (z. B. *Schnogefaas*), als lautmalerische Bezeichnungen zu deuten, die auf das Klappern (= Schlottern) des Wetzsteins im Gefäß zurückgehen. Eine bestimmte Art von Krügen wird im Hessischen als "Schlutte" bezeichnet (Bier-, Essigschlutte). Auch das kann bei der Bildung eine Rolle gespielt haben.
Westlich davon können von der vollen Form **Wetzsteinfass** (z. B. *Wetzsteefasla*) Elemente des Bestimmungswortes weggelassen werden, so dass auch **Steinfass** (z. B. *Staafoos*) oder **Wetzfass** (z. B. *Wetzfås*) als sog. Klammerform entstanden.
Der in einem kleinen Gebiet nordöstl. von Augsburg übliche Typ **Lägel** in der Lautung ***Laagl*** kommt als Bezeichnung für andere "tragbare Gefäße für Flüssigkeiten" weiter verbreitet vor. Es ist ahd. als lâgel(la) 'Fässchen' belegt und wird auf lat. lagena 'Flasche' zurückgeführt. Das inlautende lat. *n* wurde zu *l* umgewandelt, wie auch bei asinus zu "Esel", bei catinus zu "Kessel" und cuminus zu "Kümmel".

Als Seltenheiten treten auf: "Köcher" (in Obb. und Ufr.), "Köchel" (in Obb.), "Scheide" und "Kartusche" (in Ufr.).

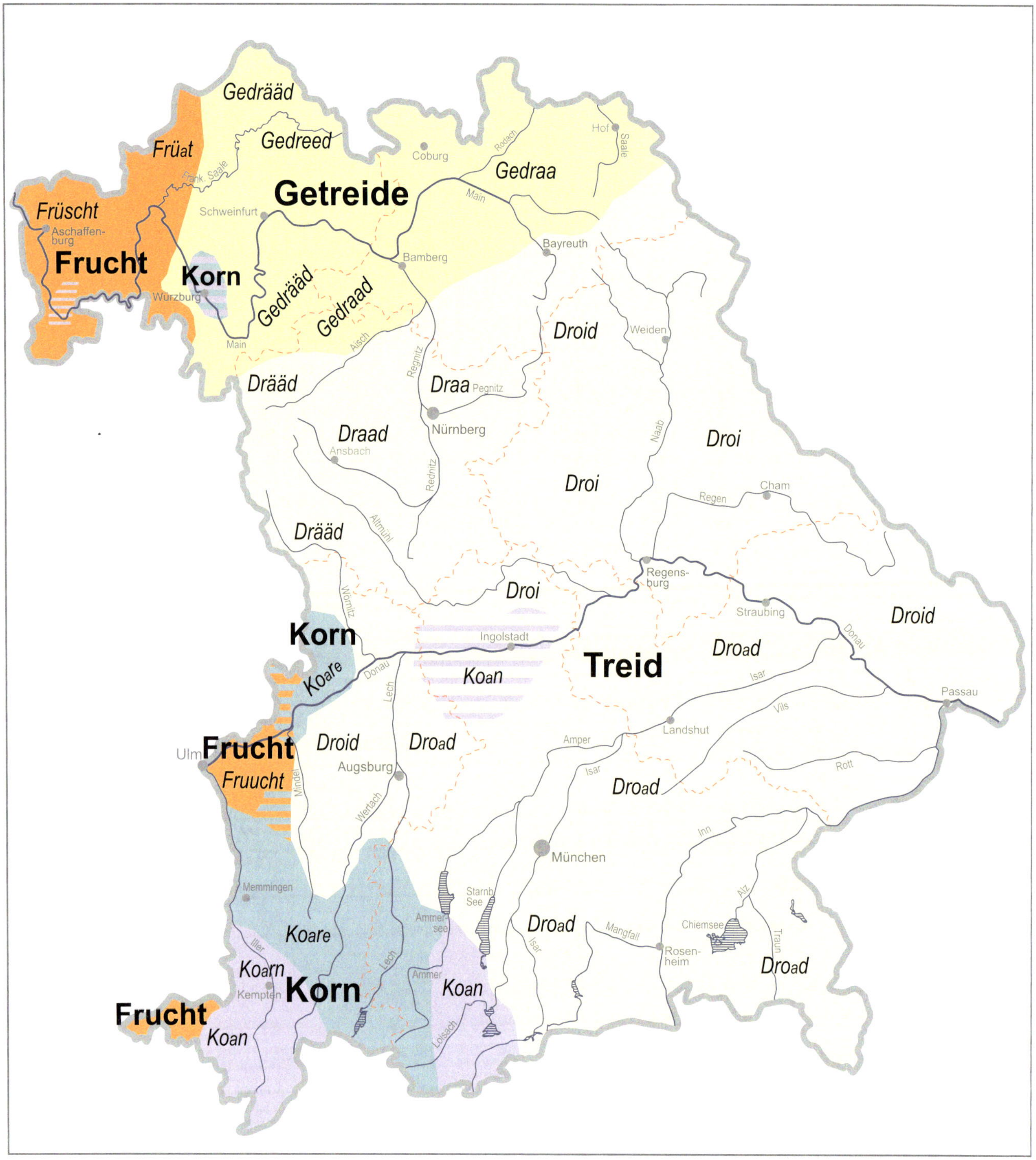

Karte 111: Sammelbezeichnungen für das Getreide

Dargestellt sind auf dieser Karte die ortsüblichen Bezeichnungen für das gesamte noch auf dem Feld stehende Getreide, also keine speziellen Sortenbenennungen.

Der mit Abstand am weitesten verbreitete Worttyp **Getreide** (n.) ist auf spätahd. gitregidi, spätmhd. getreide zurückzuführen. Das Wort ist eine Ableitung vom Verb tragen mittels der ahd. Nachsilbe -idi und der Vorsilbe gi- (also *gi-trag-idi). Sowohl die Vorsilbe als auch die substantivierende Nachsilbe haben kollektivierende Bedeutung. Das alte Suffix -idi ist heute noch im -de von Wörtern wie "Gemeinde, Zierde, Gemälde" resthaft vorhanden. Zur kollektivierenden Wirkung des Präfixes Ge- vgl. Berg/Gebirge, Stuhl/Gestühl, Bein/Gebein; mit verbaler Basis brauen/Gebräu, rauschen/Geräusch, faseln/Gefasel. Der Ausdruck "Getreide" bezeichnete also ursprünglich 'die Gesamtheit des Getragenen', 'was der Boden trägt' oder auch 'Besitz'. Das umgelautete inlautende -egi- ist im späten Mhd. zu einem jüngeren Diphthong ei verschmolzen, welcher in den heutigen Dialekten zum großen Teil wie ahd./mhd. ei gesprochen wird (in Wörtern wie "breit", "heiß"; vgl. Karte 21), gebietsweise aber auch in der Lautung davon abweicht. Die Vorsilbe Ge- ist im größten Teil Bayerns durch Ausfall des unbetonten -e- und durch Lautangleichung von G- und -t- mit dem Wortstamm verschmolzen: Getreide > Gtreide > Treid (vgl. *traage/troong* für 'getragen' oder *trunka* für 'getrunken'). Daher haben sich, da auch der unbetonte Auslautvokal abgefallen ist, die heute einsilbigen Lauttypen *Droad, Droa, Droid, Droi, Dreed, Drääd, Draad* ergeben. Nur in einem nordwestl. Teilgebiet ist die Vorsilbe erhalten: *Gedraa(d), Gedrää(d), Gedreed.* Der Ausdruck ist teilweise, abweichend vom Standarddeutschen, männlichen Geschlechts.
In der heutigen, im Vergleich zu früher sehr eingeschränkten Bedeutung ist das Wort im Ostmitteldt. seit dem 14. Jh. in Gebrauch und wurde auch von Luther so verwendet (getreyde). Aufschlussreich ist die Tatsache, dass das Wort in Basler Nachdrucken der Luther-Bibel durch korn oder frucht ersetzt wurde; dies deutet nämlich darauf hin, dass es zu Beginn des 16. Jhs. im Südwesten des dt. Sprachgebietes nicht im heutigen Sinne verstanden worden wäre.

Die in Teilen von Schw. und Obb. und um Würzburg verbreitete allgemeine Bezeichnung **Korn** (n.) für alle Getreidesorten erscheint meist als *Koare*, eine Lautform, die durch den Einschub eines sog. Sprossvokals (ahd. korn > Koren > Kore) entstehen konnte. In kleineren, auf der Karte farblich abgehobenen Teillandschaften wird das Wort einsilbig ausgesprochen (*Korn, Koarn, Koan* u. ä.).

Frucht (f.), < ahd. fruht, < lat. frûctus, das im ganzen Süden und Westen des dt. Sprachgebietes das dialektale Normalwort für 'Getreide' ist, berührt Bayern nur noch an seinen westl. Rändern. Lautliche Auffälligkeiten zeigen die gedehnten Formen *Fruucht* (westlich von Ulm) und die umgelauteten Typen *Frücht, Früat* bzw. *Früscht* im westl. Unterfranken.

Die Geographie der Bezeichnungen für das Getreide steht in einem engen Zusammenhang mit und in Abhängigkeit von den teilweise sehr unterschiedlichen Bedeutungen von Getreidebezeichnungen:
Dort, wo **Getreide** die Sammelbezeichnung ist, ist **Korn** die dialektale Teilbezeichnung für die Sorte 'Roggen', was sich damit erklären lässt, dass dort der Roggen lange Zeit das (Brot-)Getreide schlechthin war. Hingegen war im südwestl. **Korn**-Gebiet die Sorte Roggen wohl nie vorherrschend, so dass **Korn** die Sammelbezeichnung wurde und der Roggen mit dem auch hochsprachlich üblichen Ausdruck *(Rogga, Roge, Roggn)* benannt wurde.
In dem südwestl. an Bayern anschließenden **Frucht**-Gebiet wird mit dem Ausdruck **Korn** hingegen die früher dort hauptsächlich angebaute Getreideart 'Dinkel' oder 'Spelzweizen' bezeichnet. Diese Sorte wird im **Korn**-Gebiet im Südwesten Bayerns wiederum als **Fesen** *(Feese, Fäase)* bezeichnet.

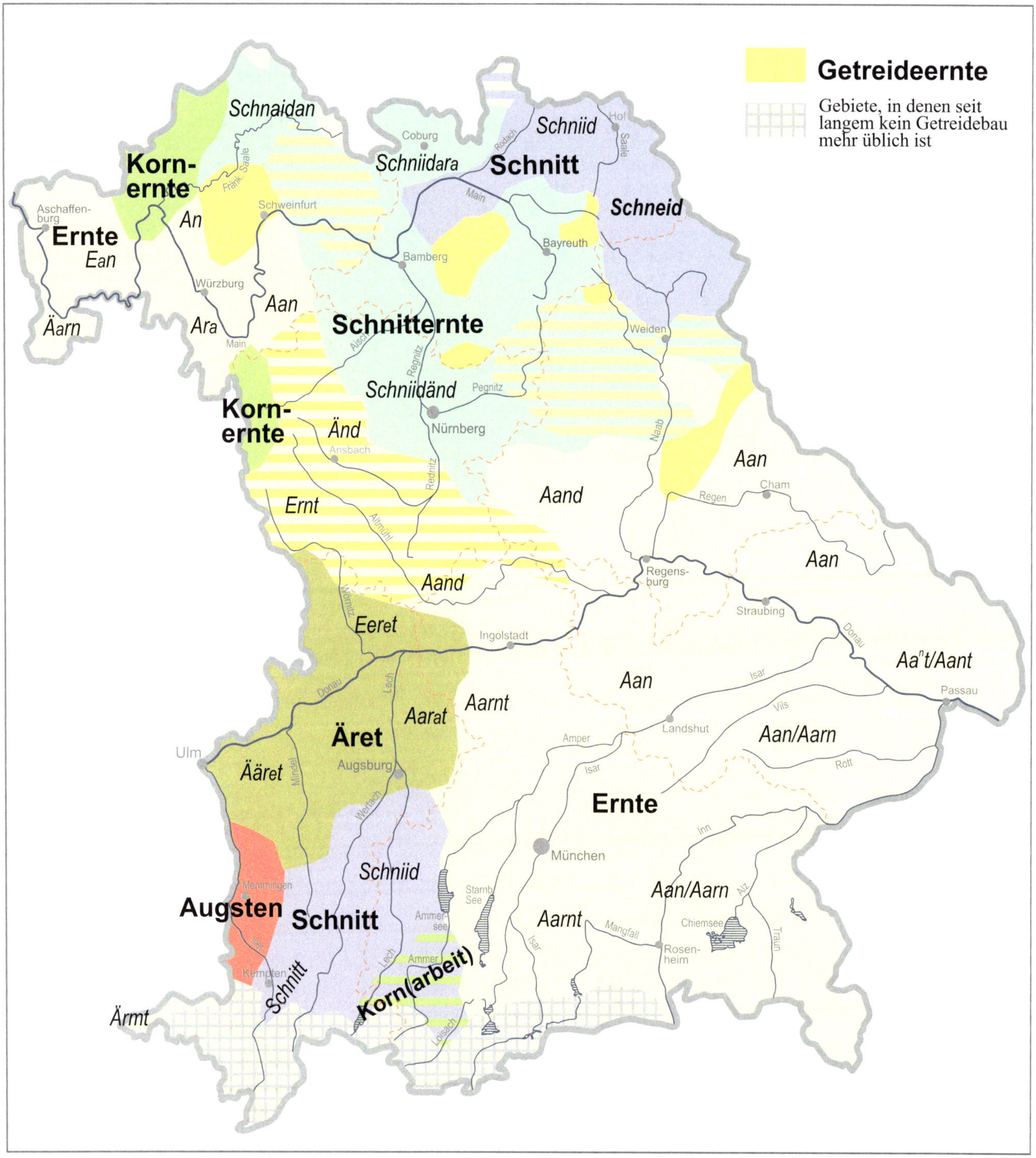

Karte 112: Bezeichnungen für die Getreideernte (Zeit/Ertrag)

Die vorliegende Karte zeigt die Verbreitung der in Bayern ortsüblichen Bezeichnungen für die Zeit, den Ertrag und den Vorgang der Getreideernte. Diese drei Bedeutungen waren schon in alter Zeit nicht voneinander zu trennen, da man damals das Jahr nach den saisonalen landwirtschaftlichen Arbeitsvorgängen gliederte (vgl. unten unter "Augst").

Das einfache Wort **Ernte** (f.) ist in großen Teilen Bayerns in diesem speziellen Sinne in Verwendung, wobei es mit ganz unterschiedlichen Lautungen erscheint: *Ean, Aan,* $Aa^{n}n$*, Ent, Ernt, Arnt, Aant, And;* in Franken teilweise auch in der zweisilbigen Form *Aare, Ara*. Es geht wohl auf mhd. ernde (f.) zurück, welches von einer Pluralform *ernôti, zum ahd. arnôt (m.), herzuleiten ist. Diese Formen sind Ableitungen vom ahd. Verb arnôn 'ernten', das seinerseits eine Ableitung eines ahd. Substantivs arn (f.) bzw. aran (m.) sein dürfte, das in der heutigen Hochsprache nicht mehr existiert. Es lässt sich oft nur sehr schwer erkennen, welche der in Bayern verbreiteten Dialektformen auf das ursprüngliche Substantiv (z. B. *Ara*) und welche auf die Verbalableitung (z. B. *Ernd, Arnd, Aant*) zurückgehen. In Teilgebieten ist das Wort durch Bestimmungswörter wie **Getreide-**, **Korn-** und **Schnitt-** näher präzisiert.
Von der Herkunft her eng verwandt mit "Ernte" ist der auf der Karte eigens ausgewiesenene zweisilbige Typ **Äret** (f.) (*Ääret* im Westen, *Aarat* im Osten), in dem wohl die kollektivierende Nachsilbe "-et" steckt (vgl. dazu S. 221). Bei beiden Worttypen ist der Tonvokal ein "Sekundärumlaut", der mit einer geregelten Verbreitung als *ä* oder als helles *a* ausgesprochen wird (vgl. dazu Karte 6 "Schnäbel").
Der Ausdruck **Schnitt** (weitgehend m., im äußersten Nordosten auch n.), der fast überall in Bayern die bei Einsilblern übliche Vokaldehnung *(Schniid)* zeigt und nur im südwestl. Schwaben regulär Vokalkürze *(Schnit)* aufweist, ist eine (Null-)Ableitung vom Verb "schneiden". Er nimmt also primär Bezug auf das Mähen; denn das Getreide wurde früher meist mit der Sichel Halm für Halm geschnitten. Das Wort wird teilweise in seiner einfachen Form, teilweise in der Zusammensetzung **Schnitt-Ernte** *(Schniidan, Schniideand, Schniidänt,* im Coburger Land *Schniidara, Schniidera)* gebraucht. Eng verwandt mit "Schnitt" ist der Typ **Schneid** *(Schneid)* im Hofer Land, der in allen drei Geschlechtern vorkommt.
Das im Westen von Schwaben verbreitete **Augsten** (m.), gesprochen *Augschte*, beruht auf einer im westl. angrenzenden Oberschwaben in dieser Bedeutung weit verbreiteten Form **Augst** (m.), welche auf den Monatsnamen "August" zurückzuführen ist und damit eine mittelalterliche Entlehnung aus dem Lat. darstellt. Die Endung "-en" ist aus den flektierten Formen (Dativ, Akkusativ) in die Grundform eingedrungen. In der Regel dienten landwirtschaftliche Arbeitsabschnitte als volkstümliche Monatsbezeichnungen. So gibt es im Ahd. z. B. den hornung (= Zeit, in der man die Abwurfstangen, die "Hörner", der Hirsche sammelte), den brâchmânôth (= Juni, in dem man die Brache pflügte), den hewimânôth (= Heumonat, für den Juli) u. a. mehr. Hier ist der umgekehrte Weg gegeben: Der gelehrte Monatsname "August", ursprünglich nach Kaiser Augustus benannt, wurde im Mund des Volkes mit der zu dieser Jahreszeit vorwiegenden Tätigkeit vermischt, was sogar zu einem in der Region üblichen Verb "augsten" *(augschte)* für 'ernten' führte. Sogar für Juli und September ist der ougst im Mittelalter belegt.
Die vor allem im nördl. Bayern mit anderen Ausdrücken vermischt vorkommende **Getreideernte** (z. B. *Draadäand, Droiant*) dürfte wohl meist als die jüngere Ausdrucksweise gegenüber "Schnitt" oder "Schnitternte" einzuschätzen sein.
Die Tatsache, dass am Alpenrand aus klimatischen Gründen der Getreideanbau schon seit langem nur noch eine untergeordnete Rolle spielt, hat zur Folge, dass es dort auch keine eindeutige dialektale Terminologie mehr dafür gibt. Damit könnte auch zusammenhängen, dass man im Raum von Ammer und oberem Lech die Kollektivbezeichnung **Korn** (n.) *(Koare, Koan)* nicht nur für 'Getreide', sondern gleichzeitig auch für die 'Getreideernte' verwendet. Präzisierend sagt man dort aber auch **Kornarbeit** *(Koanarwad)* oder **Kornmahd** *(Koaremaad)*.

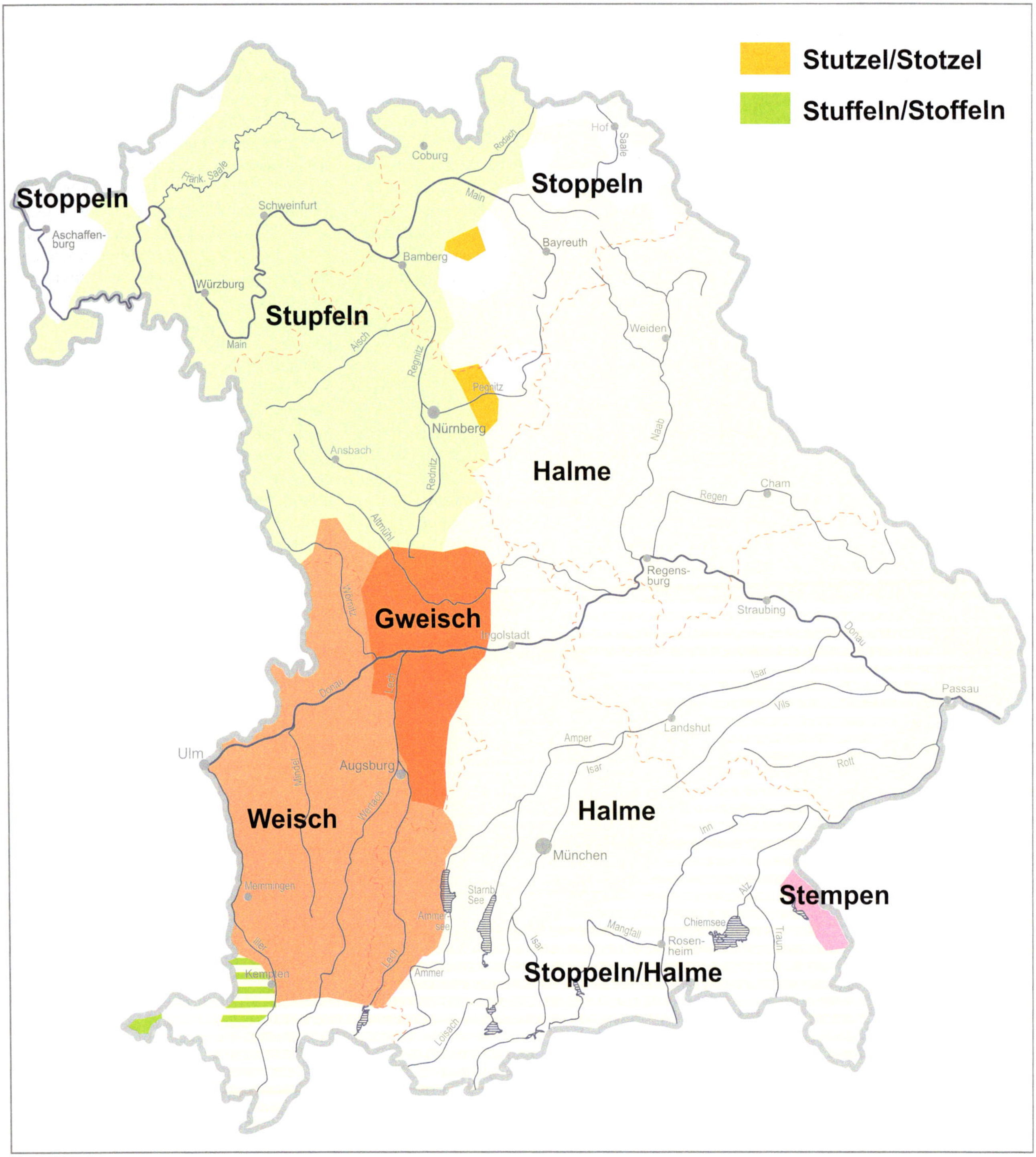

Karte 113: Bezeichnungen für die Getreidestoppeln

Die Karte zeigt die in Bayern üblichen dialektalen Bezeichnungen für die Strohhalmreste, die nach dem Abmähen des Getreides etwa 10 cm hoch über dem Boden stehen bleiben und die danach untergepflügt werden.

Das auch in der Hochsprache übliche Wort **Stoppel** (f.) ist außer in einigen Gebieten im Norden Bayerns auffälligerweise auch am gesamten Alpenrand in Verwendung *(Stoppla, Stoppün, Stoppln)*. Dort war der Getreideanbau im 19. Jh. zugunsten der vom Klima her besser geeigneten Milchwirtschaft aufgegeben worden, so dass hier das alte Dialektwort oft verloren gegangen ist und heute nur mehr das Wort der Schriftsprache vorhanden ist. Auch in Ofr. ist die Verbreitung dieses hochsprachlichen Worttyps wohl damit zu erklären, dass es sich dabei überwiegend um höher gelegene, waldreiche Gebiete (Fränkische Schweiz, Frankenwald, Fichtelgebirge) handelt, in denen der Getreideanbau eher eine untergeordnete Rolle spielt. Bei den "Stoppeln" handelt es sich um eine seit dem 16. Jh. belegte Form aus dem mitteldt. oder niederdt. Sprachraum, was auch an dem ("unverschobenen") inlautenden -pp- ersichtlich ist, die auf ein mittellat. *stup(u)la, lat. stipula 'Halm, Stroh' zurückgeht. Nur im äußersten Nordwesten Bayerns, westlich von Spessart und Rhön, ist die Form mit -pp- bodenständig. Dort heißt auch der 'Apfel' *Abbl* und die 'Pfeife' *Paif* (vgl. Karte 3).
Die entsprechende oberdt. Form gleicher Herkunft mit "verschobenem" Inlaut ist **Stupfel** (f.), das in der hier vorgegebenen Bedeutung heute im Großteil Frankens üblich ist. Es ist bereits im Ahd. als stupfala, stupel belegt.
Auch die im Allgäu teilweise belegten Formen **Stuffel** und **Stoffel** *(Stuffla, Stoffla)* sind auf die nämliche Ausgangsform zurückzuführen, wobei die reguläre "Lautverschiebung" (-p- > -ff-) anzusetzen ist (vgl. S. 65).
Das Wort **Halm** (m.) *(Hoim, Häim, Hölm, Halm)* ist bereits ahd. als halm in der heutigen Bedeutung belegt.
Stutzel bzw. **Stotzel** (m.) erklären sich aus dem Zusammenhang mit dem Verb "stutzen" 'kurzschneiden'. Die Endungen "-el" bzw. "-l" lassen vermuten, dass es sich hier um Verkleinerungsformen handelt.
Zu **Stempen** (m.) findet man bei SCHMELLER die Bedeutungen 'kurzer, zwecklos stehen gebliebener Pflock, Pfahl, Stock'. Das Wort – mit unverschobenem Inlaut-p – ist über eine germ. Wurzel *stamp- 'Pfosten' verwandt mit "Stempel" (ursprünglich 'Stampfgerät'), aber auch mit "stampfen", "Stumpf" und "Stumpen". Auch hier zeigt sich ein Wechsel von verschobenem -pf- und unverschobenen Formen, die wie bei "Topfen/Toppen" (vgl. Karte 75) und "stopfen/stoppen" nur schwer mit der bisherigen Lautverschiebungstheorie zu erklären sind.
Die Herkunft des Wortes **Weisch** (n.) *(Weisch, Waisch)* und der präfigierten Kollektivform **Geweisch** (*Gweisch, Gwaisch*; vgl. S. 233) liegt im Dunkeln; es könnte aufgrund der Lautung ein mhd. *wîsch, ahd. *wîsk angesetzt werden, das aber in den Wörterbüchern nicht belegt ist. Das Wort wird auch als Bestimmungsteil in Zusammensetzungen wie "Weischrübe" oder "Weischklee" gebraucht, wobei es die nach dem Abernten des Getreides angebaute Frucht oder Pflanze benennt.

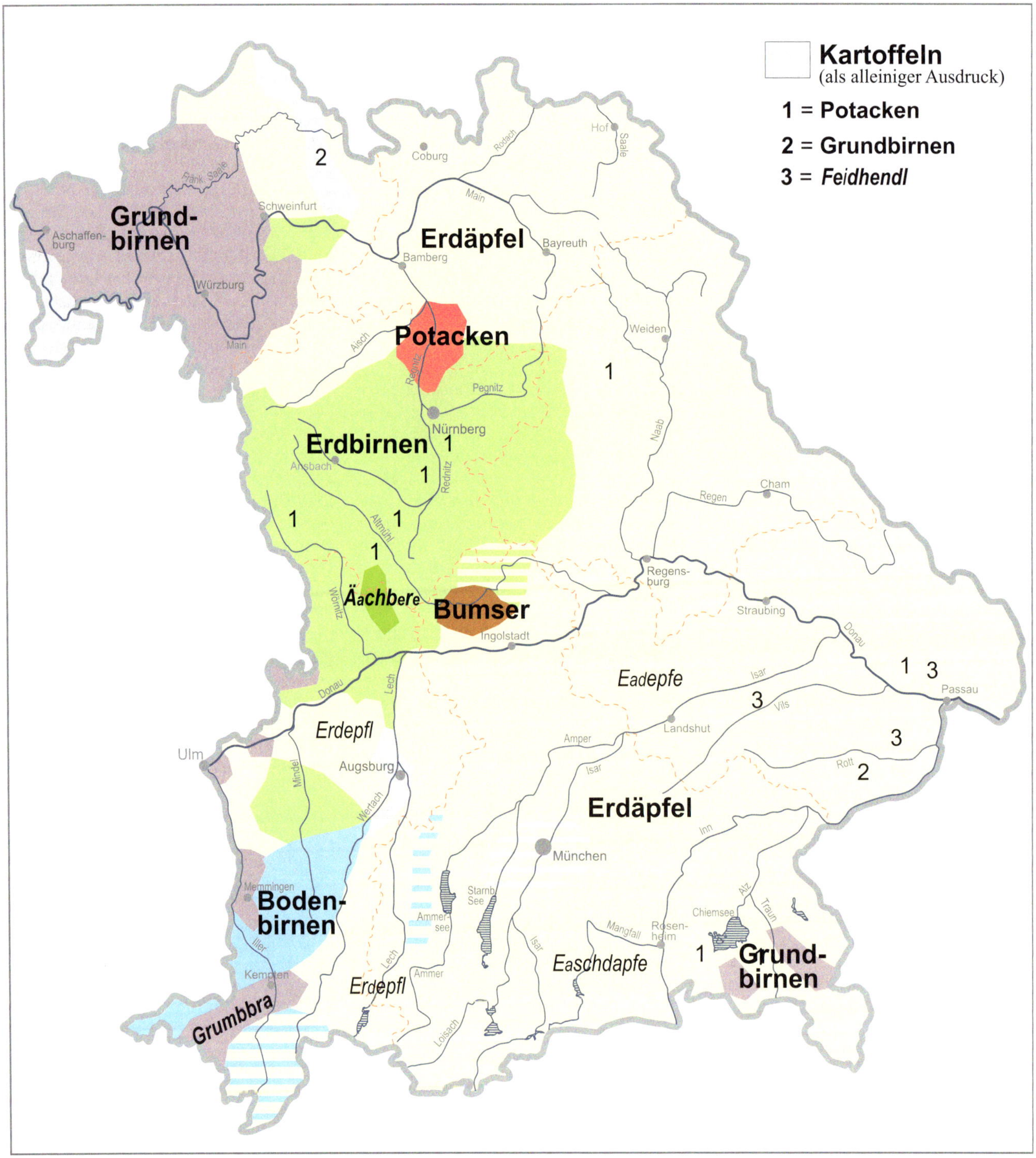

Karte 114: Bezeichnungen für die Kartoffeln

Auf der Karte werden die dialektalen Ausdrücke für die heute standardsprachlich als Kartoffel bezeichneten essbaren Knollen mit dem botanischen Namen "Solanum tuberosum" aufgeführt. Daneben gab und gibt es die sogenannten Topinambur und die Süßkartoffel, die beide in den Dialekten oft die gleichen Benennungen wie die Kartoffel haben, jedoch nicht so weit verbreitet sind.
Mit der Einführung von Pflanzen aus der Neuen Welt entstand auch die Notwendigkeit einer Benennung im dt. Sprachraum. Man muss bei der Erklärung der verschiedenen Bezeichnungen berücksichtigen, auf welchem Weg die Pflanze und ihr Name in den deutschsprachigen Raum gelangten. Eine Bezeichnung kann aus fremden Sprachen direkt übernommen worden sein (Lehnwort), sie kann ins Deutsche übersetzt worden sein (Lehnübersetzung) und sie kann auch eine eigenständige Schöpfung wie etwa ein Scherzname sein.
Von Spanien aus kam die hier besprochene Frucht über Italien zunächst als Zierpflanze, als tartufoli, in den deutschsprachigen Raum. Schon 1573 bestätigt der Augsburger Hans Fugger in einem Brief die Ankunft einer Sendung tartuffeln aus Venedig. Als eingedeutschte Formen sind später tartuffel und tartoffel in der Literatur genannt. Der Wechsel des Anlauts *T* > *K* ist nur schwer zu erklären. In der geschriebenen Sprache kommt die *K*-Form zuerst in einem franz. Text, in einem Pariser Druck von 1600, vor, der nächste stammt von 1639 aus Bern, in Braunschweig ist diese Form 1688 bezeugt, neben der Normalform "Tartoffel". Die *K*-Form ist im roman. Bereich auch dialektal vorhanden, man nimmt als Ursache für ihre Entstehung Dissimilation an. Um einen zweifachen Silbenanlaut mit *T-* zu verhindern, habe sich *K-* in der ersten Silbe durchgesetzt. Eine andere Theorie setzt an der Tatsache an, dass es in oberdt. Dialekten keine behauchten *t*-Laute gab. Das einzige behauchte Phonem sei das *k* gewesen. Dieses sei von den damaligen Dialektsprechern für das von gelehrtem Munde ausgesprochene *th-* ersatzweise verwendet worden.
Mit **Erdapfel** werden seit dem Mittelalter viele Knollengewächse, z. B. auch Melone oder Alpenveilchen, bezeichnet. Sichere Belege für "Erdapfel" in der Bedeutung 'Kartoffel' tauchen ab 1680 auf. Die Erstbelege für **Erdbirne** stammen von 1717 (Luzern) und für **Grundbirne** von 1719 (Kaiserslautern). Aus dem Rheinfränk. und Alem. verbreiteten sich diese Bezeichnungen in der Folge auch auf andere Gebiete.
Alle drei Formen sind in den Dialekten Bayerns nach wie vor gebräuchlich. Häufig werden die Formen mundartlich verschliffen. So sind für **Erdapfel/Erdäpfel** in Franken die Lautformen *Erpfl* und *Arpfl* geläufig. Im Bair. gibt es Varianten mit vokalisiertem *l*, z. B. *Eadöpfi*, *Eadepfa* und daneben *Eadepfül*. Zur Lautform *Easchdepfe* im Süden von Obb. vgl. "Heimgarten" in Karte 54.
Für die in Mfr. und im nördl. Schw. typische Wortform **Erdbirne(n)** finden sich Lautungen von *Äbbian* über *Ebban* bis hin zu *Eabra*. Auch die hier gesondert ausgewiesene, stark verschliffene Form *Äachbere* ist auf "Erdbirne" zurückzuführen.
Die in Ufr. und in kleineren Gebieten in Schw. und Obb. üblichen Typen **Grundbirne(n)** sind regional als *Grombben*, *Grumbbra* oder *Krumpian* verbreitet.
Die Bezeichnung **Bodenbirne(n)**, ausgesprochen u. a. als *Boodebiire*, *-biara*, *Boudabirn*, ist vom Lechrain bis zum Bodensee belegt; sie geht ins 18. Jh. zurück. Im Lechrain wird die "Bodenbirne" eher als scherzhaft empfunden, während *Eadäpfül* dort die übliche Bezeichnung ist.
Unabhängig von den Spaniern gelangte das Wort patate, welches ursprünglich aus einer Indianersprache Haitis stammt, ins Englische und tritt dort heute als "potato" auf. Erstmals ist das Wort im Deutschen 1774 belegt. Auf patate lässt sich wohl auch die nördl. von Nürnberg auffallende Bezeichung **Potacke** – gesprochen als *Bodagn* – zurückführen. Ebenso sind die südl. des Chiemsees vereinzelt notierten *Potati* zu erklären.
Die Bezeichnung "Bumber" wird im Badischen 1922 als selten und alt bezeichnet, es dürfte französisches "pomme de terre" zugrunde liegen. Bereits um 1820 wird die Kartoffel um Eichstätt (Erd-)**Bumser** genannt.
Die scherzhafte Bildung ***Feidhendl*** ("Feld-Hühnlein") in Nby. hat kein abgrenzbares Verbreitungsgebiet, es ist zusätzlich zu "Erdäpfel" an manchen Orten in Gebrauch.
Im Großraum München wird der grundmundartliche "Erdapfel" zunehmend von der standardsprachlichen **Kartoffel** verdrängt. Um Augsburg ist "Kartoffel" bereits als dialektal anzusehen, und auch in den Randzonen von Ufr. ist es der dortigen Mundart zuzuordnen. Hier sind es Ausläufer des sich nördl. anschließenden westmitteldt. Sprachraumes, wo nur das Wort "Kartoffel" gebräuchlich ist.

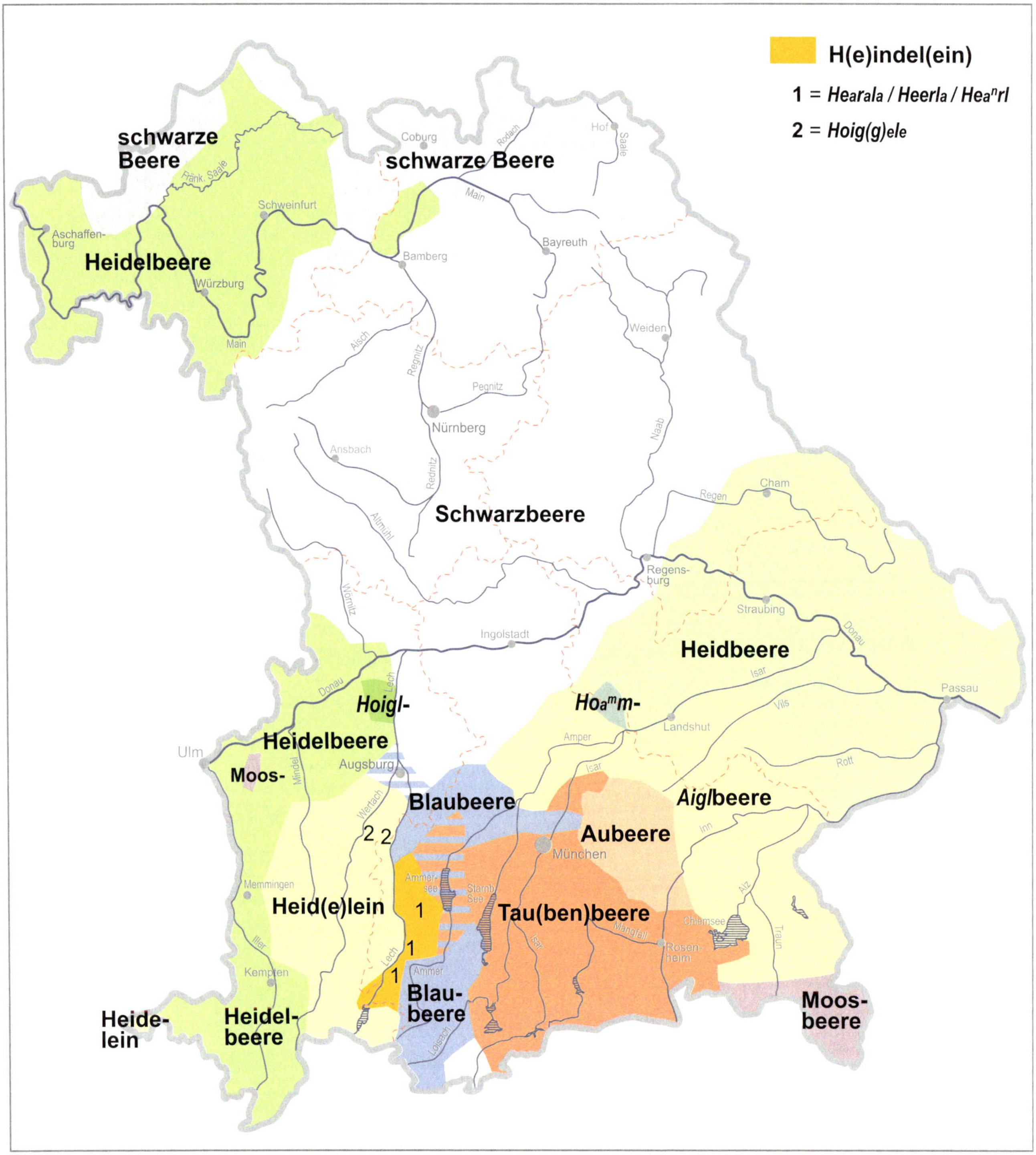

Karte 115: Bezeichnungen für die Heidelbeere

Die **Heidelbeere** ist die Beerenfrucht der etwa 15 bis 50 cm hohen Heidelbeerstaude (Vaccinium myrtillus L.), die vor allem in lichten, bodensauren Laub- und Nadelwäldern gut gedeiht. Die Staude hat eiförmige, feingesägte Blätter, die kugelförmige Frucht ist blauschwarz und hat einen Durchmesser von 5–8 mm. Der Heidelbeere ähnlich ist die **Rauschbeere**, die auf Kiefern- und Birkenmooren und auf Heiden gedeiht, aber wesentlich größer wird.

Die wild wachsenden Beeren werden im Sommer gesammelt und entweder sofort verzehrt oder als Saft, Marmelade oder Kompott haltbar gemacht. Die Heidelbeere war nicht nur für die Versorgung des bäuerlichen Haushalts von Bedeutung. Da die Wälder, die früher in der Regel zur Allmende gehörten, zum Sammeln von Beeren und Pilzen der Allgemeinheit zugänglich waren und immer noch sind, konnten auch Städter und nicht bäuerliche Dorfbewohner zum Heidelbeerenpflücken in die Wälder ziehen.

Neben dem am weitesten verbreiteten Ausdruck Heidelbeere kennt das heutige Hochdeutsch noch **Blaubeere** und das im Rechtschreibduden als süddeutsch oder österreichisch gekennzeichnete **Schwarzbeere**.

Das in allen Typen als Grundwort vertretene Substantiv **Beere** geht auf mhd. ber, ahd. beri (n.) 'Beere, Traube' zurück, das unsicherer Herkunft ist.

Der im Norden Bayerns belegte Typ **schwarze Beere** (z. B. *schwåaza Bea, schwaza Be*) ist die einzige attributive Zwei-Wort-Fügung im gesamten Raum. Diesen Namen verdankt diese Beere – wie die Zusammensetzungen **Schwarzbeere** *(Schwotzbör, Schwåatzba)*, < ahd. swarzberi, und **Blaubeere** *(Blauböör, Blaubeer)* – ihrer schwarzblauen Farbe, wobei die unterschiedliche Einordnung ins Farbenspektrum wohl einem zur Zeit der Benennung regional unterschiedlichen Farbenfeld entsprach, das den einen Betrachter die Beere eher als schwarz und den anderen eher als blau einordnen ließ. Bemerkenswert ist, dass im Nordischen, Englischen und Niederländischen sowie in Norddeutschland vorwiegend die Farbe Blau verwendet wurde.

Heidbeere (z. B. *Hoawa, Håiwal, Hoaber*) aus ahd. heid(i)beri und mhd. heitber heißt die auf der Heide, also auf nicht landwirtschaftlich genutzem, wild bewachsenem Land heimische Beere. Der lautliche Untertyp ***Hoa^{m}mbeere*** ist als "Heidenbeere" zu erklären (vgl. "Röslein auf der Heiden" bei Goethe). "Heiden-" wurde zu "Hein-" kontrahiert, wie etwa "Boden" zu *Boon*, und dann an das folgende b assimiliert, wie beispielsweise *loom* aus "loben".

Der auch hochsprachlich übliche Typ **Heidelbeere** (u. a. *Hoidlbeer, Heedl-, Haidl-, Haale-*) ist wohl ein verdeutlichendes Kompositum zu dem im schwäb.-alem. Raum gebräuchlichen **Heidel** bzw. **Heidelein**, dessen Suffix -el selbst schon, wie bei "Eichel" zu "Eiche", mhd. büechel 'Buchecker' zu "Buche" oder bei "Ärmel" zu "Arm", die Zugehörigkeit ausdrückt.

Im Gebiet des Lechs gibt es einige schwer zu deutende Formen: Die **Heigelbeere** *(Hoigl-)* hat das alte d durch g ersetzt, ein Wechsel, der eventuell durch falsche Restituierung nach d-Schwund verursacht ist und der im Schwäb. auch bei "Reidel/Reigel" für den 'Drehknüttel beim Transport' vorkommt. Es könnte aber auch eine Vermischung mit einem auch im Schwäb. vorhandenen "Äugelbeere" *(Aiglbeer)* stattgefunden haben (s. u.). **Heindelein** *(Hea^{n}dalan, Hia^{n}dalan)* zeigt wohl ein falsch restituiertes *n* (nach Entnasalierung). Und **Herl(a)** u. ä. Typen könnten durch ein ahd. herling 'unreife Traube' beeinflusst oder parallel zu "Heidel" aus "Hard" 'Wald, Gehölz' (aus *härdel) entstanden sein, zumal es auch "Hardl" in der Bedeutung 'Heidekraut' im Gebiet des oberen Lechs gibt.

Eine dritte Möglichkeit der Erklärung wäre folgende: das *d* vor *l* bei "Heidel" reduziert sich oder schwindet ganz (vergleichbar "Odel" > $O^{d}l$ > *Ool*) zu $Hea^{d}l$ bzw. *Heal*, das *l* erhält dabei einen *r*-haltigen Klang, was später zu einer falschen Wiederherstellung des *d* als *r* zum Typ *Hearl* führte.

Da die Heidelbeere der Form und Farbe nach eine gewisse Ähnlichkeit mit dem Auge aufweist, liegt die Annahme nahe, dass hierdurch der Typ **Äugleinbeere** (z. B. *Aiglbial*) motiviert wurde.

Beim Typ **Taubbeere** *(Dauwan, Daubea, Daupan)* gibt es zwei Möglichkeiten der Deutung: Danach hätte einmal die **Taubbeere** ihren Namen den Wildtauben zu verdanken, da die Heidelbeere eine ihrer Lieblingsspeisen war. Das uns vorliegende Material enthält einen Beleg mit inlautendem *n*, nämlich *Dauwanbial*, der eine Herleitung des Bestimmungswortes aus Taube stützen könnte. Das ist aber eher eine volksetymologische Angleichung; denn im Ahd. ist schon eine dûbberi, tûbberi in der gleichen Bedeutung belegt, die aber zu einem Adj. tub 'dunkel', das es in alem. Dialekten gegeben hat und das eventuell ein Lehnwort aus dem Keltischen ist.

Die Deutung von **Aubeere** *(Auwa, Auwan, Aubial)* macht ebenfalls Schwierigkeiten: Der Standort kann nicht Motiv für die Namengebung sein, da Heidelbeeren nicht in Auen wachsen. Wahrscheinlich ist, dass "Aubeere" auf eine Fehldeutung des Anlautes *D-* von **Taubbeere** *(Daupa)* als Artikel (d' Aubeere) zurückzuführen ist, wodurch das erste Glied in **Taubbeere/Taubeere** eine konkrete und vermeintlich korrekte Bedeutung erhalten hätte, nämlich 'die in der Au wachsende Beere'.

Wenn mit **Moosbeere** *(Moosbia, -bür)* tatsächlich Vaccinium myrtillus L. gemeint ist, ist anzunehmen, dass der Name der vor allem in Hochmooren wachsenden gemeinen **Moosbeere** (Vaccinium oxycoccus L.) auf die **Heidelbeere** übertragen wurde.

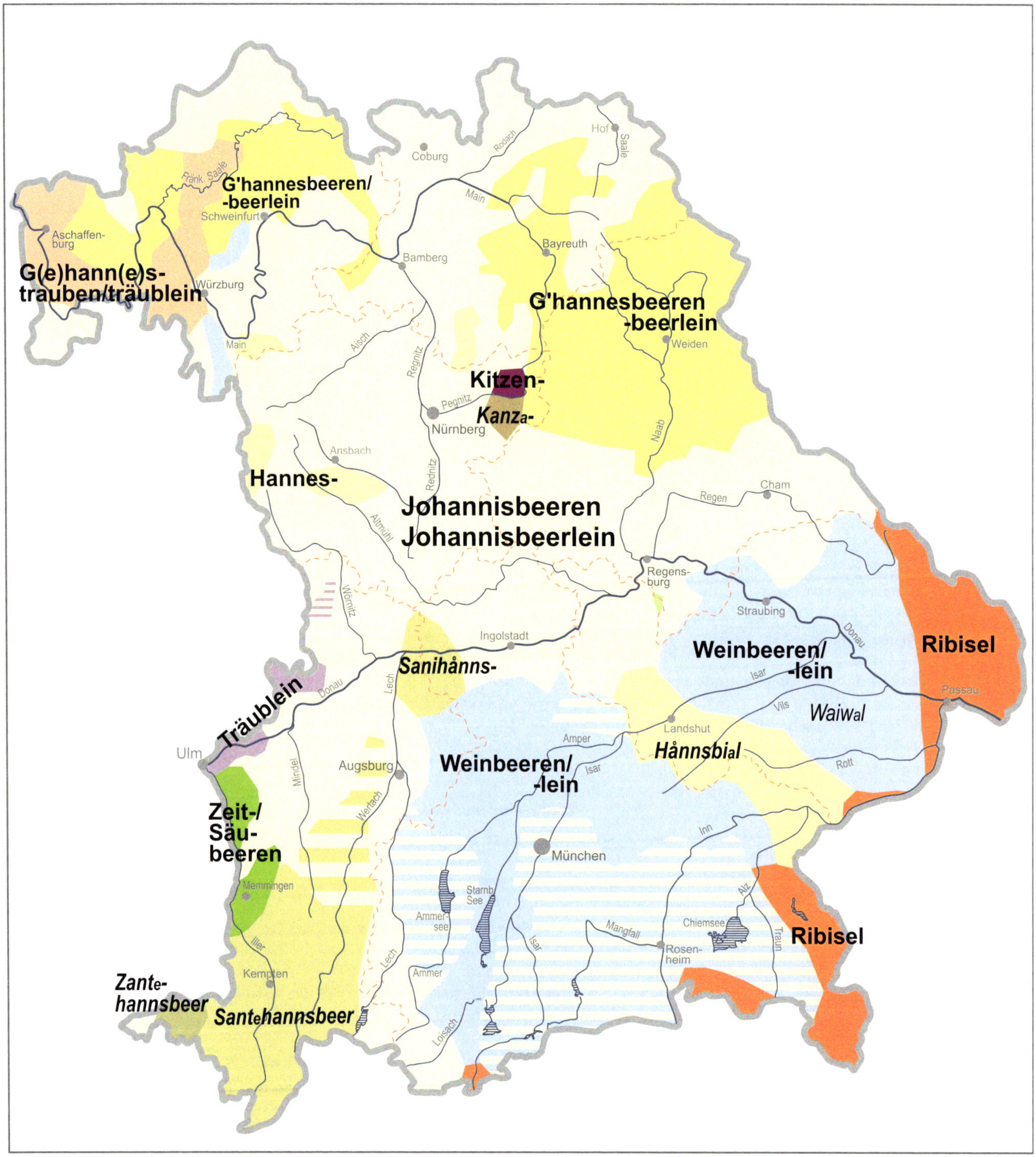

Karte 116: Bezeichnungen für die Rote Johannisbeere

Der Strauch der Johannisbeere (= J.) stammt ursprünglich aus Nordosteuropa bzw. Nordasien; er verbreitete sich über England und Deutschland nach Süden. In Deutschland wird die Pflanze erstmals anfangs des 15. Jhs. erwähnt. Von den wilden Sorten ("Ribes vulgare") stammen unsere heutigen Kulturrassen ab, die man seit dem 16. Jh. in Europa kennt und deren Ursprung in Nordfrankreich und dem heutigen Belgien vermutet wird; die wichtigsten Kultursorten sind nach der Farbe differenzierend benannt, die roten ("Ribes rubrum") und die schwarzen ("Ribes nigrum").

Der botanische Ausdruck "Ribes" hat im äußersten Südosten Bayerns mit **Ribisel** auch eine dialektale Entsprechung. Das Wort ist im Gebiet der alten Donaumonarchie weit verbreitet. Es ist eine seit dem 15. Jh. belegte Entlehnung aus mittellat. ribes(ium), dem wiederum die arabisch-persische Form rîbâs zugrunde liegt, womit man ursprünglich eine im Orient wachsende Rhabarberart ("Rheum ribes") benannte, die genauso wie die J. in der Medizin wegen ihrer Säure als Magenmittel gegen "hitzige" Krankheiten verwendet wurde.

Die Bezeichnung **Johannis**beere bezieht sich auf den Zeitpunkt der Reife, nämlich um den Festtag der Geburt von Johannes dem Täufer am 24. Juni.

Das überall gleichbedeutend in der Grund- oder Diminutivform verwendete Grundwort **-beere** ist seit dem 8. Jh. belegt, ahd. beri, mhd. ber. Die weitere Herkunft des Wortes ist nicht geklärt; es dient als allgemeine Bezeichnung für kleine, runde Früchte strauchartiger Pflanzen.

In Ufr. wird teilweise als Grundwort **-trauben** bzw. **-träublein** verwendet, und im Raum Ulm ist **Träublein** ohne weitere Bestimmung im Sinne von 'J.' in Gebrauch. Ahd. drûbo ist seit dem 9. Jh. belegt und bezeichnet zunächst nur den 'Fruchtstand des Weinstocks'. Die Ähnlichkeit im Fruchtstand hat hier zu einer Bedeutungsübertragung auf die J. geführt. Zur Unterscheidung von der Bedeutung 'Weintraube' ist aber die Verkleinerung mit "-lein" *(Dreible)* oder die differenzierende Bestimmung mit einer Form von "Johannis-" *(Kansbeer, Gehansbejer)* nötig.

Das auch in der Hochsprache übliche Bestimmungswort **Johannis-**, dessen i-Lautung wohl von einer flektierten Form herrührt, erscheint in Bayern in sehr unterschiedlichen Untertypen: Teilweise wird, wie auch bei der Kurzform des Namens, die Vorsilbe "Jo-" weggelassen, also **Hann(e)s**beeren. Im Norden haben wir großräumig statt "Jo-" eine Vorsilbe **Ge-**, die in Regionen entstanden ist, in denen alle anlautenden g- zu j- geworden waren (vgl. Hyperkorrektion S. 39); vergleichbare Fälle sind *gung* für 'jung' oder *Gou-a* für 'Jahr' im nördl. Ofr. Da das e der Vorsilbe überwiegend ausfällt (vgl. Karte 36), verschmilzt das verbleibende G- mit folgendem h, was zu einem *K*-Anlaut führt (auf der Karte aber mit **G'hann(e)s-** verschriftlicht, um die Herkunft durchsichtig zu halten). Hierher gehört auch die lautnah verschriftlichte Form ***Kanza***beeren, die ein Fugenelement aufweist. In Ufr. ist das e in der Vorsilbe teilweise erhalten, was hier mit der Schreibform **G(e)hann(e)s-** ausgedrückt wird.

Bei ***Sante***hannsbeer und ***Sani***hannsbeer ist die Kurzform des Namens durch eine abgewandelte Form von lat. sanctus bzw. sancte 'heilig' ergänzt. Dies gilt auch für ***Zante-***, wo die häufige Verbindung des bestimmten Artikels mit dem Heiligennamen, also die Abfolge "d' Santehannsbeer", völlig in einem Wort verschmolzen ist.

Eine vergleichbare Verschmelzung des Artikels "d(ie)" mit "Säu-" könnte auch bei den Bezeichnungen *Zeidbeer, Zeibeer, Seibeer* an der Iller eine Rolle gespielt haben, die hier zusammenfassend als **Zeit-**/**Säu**beeren eingetragen sind. Beide sind sicher von gleicher Herkunft, wobei aber offen bleibt, welche der beiden Bezeichnungen die ursprüngliche ist und welche durch Umdeutung entstanden ist. Für die Ausgangsform "**d'Säu**beer" spricht die Tatsache, dass auch andere Pflanzen- oder Früchtenamen mit dem Bestimmungswort "Sau-" gebildet sind, wie "Saublume", "Saubohne", "Saubirne". Aber auch für die Deutung "**Zeit**beer" findet man eine Parallele in der Pflanzenwelt, die "Zeitlose", die schon seit dem 11. Jh. als ahd. zîtilôso belegt ist. Bei der Deutung auf "Zeit-" ist allerdings nicht sicher, ob das Bestimmungswort vom zeitigen Reifen dieser Beere motiviert ist oder ob damit auf die Sonnwendzeit bzw. auf die Johanniszeit Bezug genommen wird.

Bei **Kitzenbeer(lein)** liegt möglicherweise ein von der Form motivierter Vergleich mit den Exkrementen der Kitzen vor, nach denen man in Schw. beispielsweise auch Hagelkörner ("Kitzenbollen/-beinlein") benennt.

Die verbreitete Zusammensetzung **Wein**beer(lein) (z. B. *Waibäarli, Wai^{n}bal, Waiwal, Wei^{n}bial, Wei^{n}bürlan*) mag auf Anhieb verwundern und zunächst eine Verwechslung vermuten lassen. Tatsächlich ist bereits im Ahd. wînberi belegt, allerdings nur in der Bedeutung 'Weintraube'. Die Tatsache, dass sich die J., besonders die roten, auch hervorragend zur Bereitung von Wein eignen und dass die Herstellung von J.-Wein in Europa sehr üblich war, legt eine Bedeutungsübertragung auf die J. nahe. Auch im Schwedischen wird die J. "vinbär" genannt.

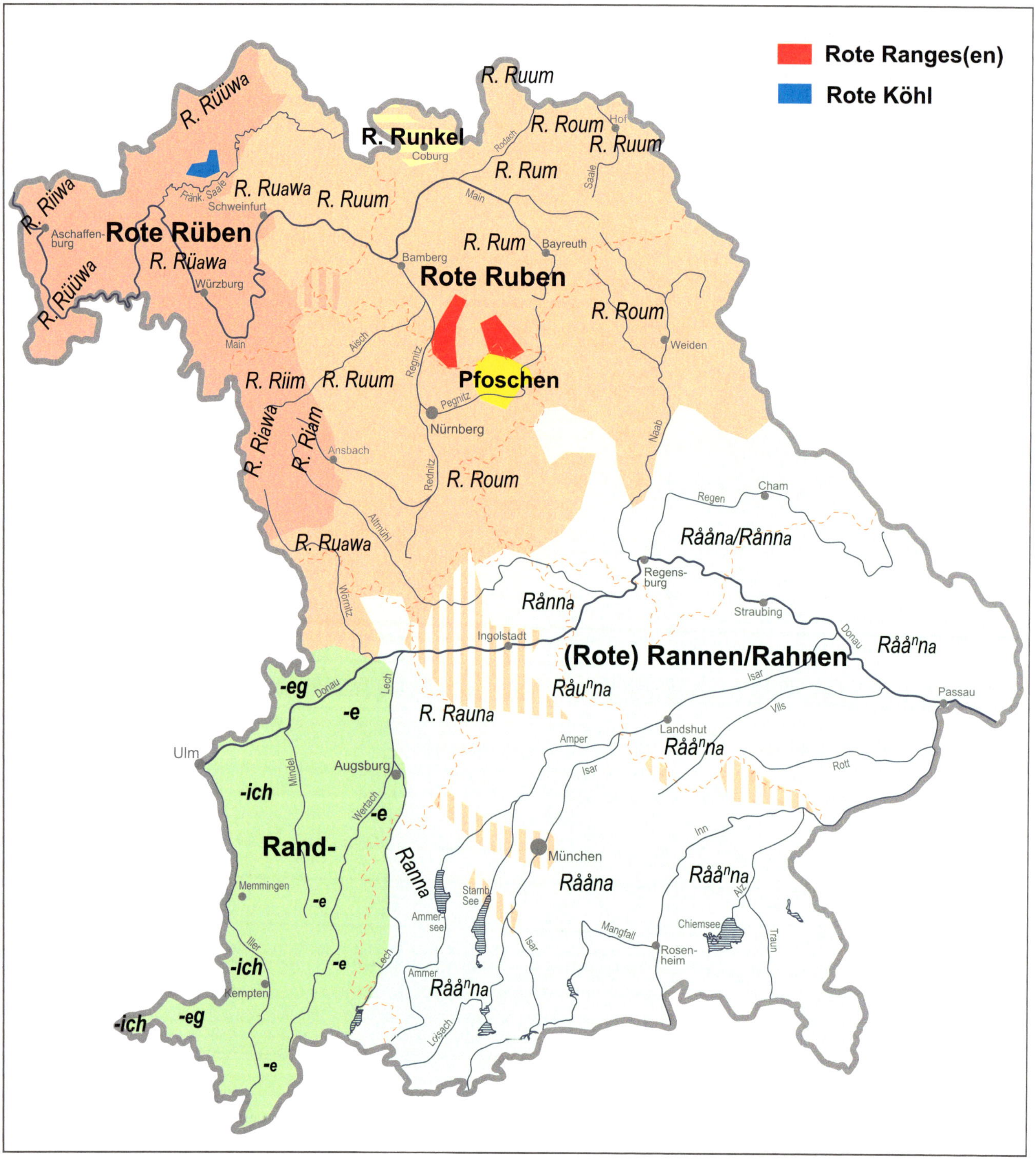

Karte 117: Bezeichnungen für Rote Bete – Rote Rüben

Die "Rote Rübe", überregional meist mit dem Marktwort "Rote Bete" benannt, war ursprünglich eine Pflanze des Mittelmeerraumes, die mit den Römern vor ca. 2000 Jahren über die Alpen nach Süddeutschland kam. Botanisch heißt sie Beta vulgaris v. rapa f. rubra. Diese komplizierte Terminologie ist notwendig, um sie botanisch von der Runkelrübe, die sehr viel größer ist und die an das Vieh verfüttert wird, zu unterscheiden. Regional verbreitet sind auch noch die "Weiße Rübe" und die "Steckrübe", die beide aber in die Gruppe brassica gehören. Diese verschiedenen Rübensorten mussten auch terminologisch auseinander gehalten werden. Dafür bot sich die Farbe an, die bei der hier zu behandelnden Sorte ja sofort ins Auge sticht. Die Form ist für die einzelnen Rübensorten weniger charakteristisch. Die roten Rüben gibt es heute plattrund, walzen- und birnenförmig bis zu lang gestreckt pfahlförmig wie die Wildart. Die heutzutage wegen der guten Erntbarkeit vorwiegend angebauten runden Sorten – sie ragen etwa zur Hälfte aus dem Boden heraus – wurden erst im 19./20. Jh. gezüchtet.

Das Adjektiv "rot" ist in all jenen Gegenden vorhanden, wo "Rübe" als Grundwort zur Bezeichnung dieses Gemüses verwendet wird. Bei anderen Substantiven ist dieses Adjektiv entbehrlich, und es tritt nur fallweise oder gar nicht mehr auf. Das ist vor allem im Süden der Fall. Es kommt in zwei Varianten vor, einmal als "Rübe" und einmal als "Rube". Die nicht umgelautete **Rube** entspricht der im 11. Jh. als ahd. ruoba belegten Form. Der Umlaut tritt in dem Wort erst in mhd. Zeit auf. Ungewöhnlich ist das Auftreten von Kurzvokalen im zentralen Ofr., wobei der Vokalismus sonst in etwa dem in "Kuh" (vgl. Karte 24) entspricht.

Die **Rote Runkel** ist in Thüringen weiter verbreitet; mit "Runkelrübe" wird in der Regel die große weiße bis gelbliche Futterrübe bezeichnet. Die Herkunft des Wortes ist unklar, es taucht erst im 18. Jahrhundert auf; es besteht die Vermutung, dass es zu "Ranke(n)/ Ranken" gehört, was regional ein sehr großes Stück Brot bezeichnet (vgl. S. 163). Mit dem "Ranken" könnten auch die **roten Ranges(en)** nördlich von Nürnberg zu tun haben oder vielleicht mit ahd. (h)ranca 'Zaunrübe', die zwar eine Kletterpflanze ist, aber eine dicke Knolle besitzt. Das Suffix -es gibt es in der Region häufiger, z. B. in "Kümmerles" für 'Gurken' oder "Stachesbeer" für die 'Stachelbeere'. Die Endung ist wohl aus dem Flexionssuffix des Neutrums entstanden, das auch in *Baches*, *Schweines* (aus "(Ge)back(e-n)es", "Schwein(er)nes") vorliegt.

Im Süden gibt es vor allem Formen, die zu einem Stamm **Rann-/Rahn-/Rand-** zu stellen sind. Die Herkunft des Wortes ist unklar. Es wird verschiedentlich ein Bezug zum mhd. Adjektiv ran/rân 'schlank, schmächtig' vermutet. Das könnte sich nur auf die schmale, längliche Form der Rübe beziehen. Diese Worttypen sind nicht vor dem 17. Jh. belegt, also ziemlich jung. Die Endung -en ist ein Pluralflexiv, das in den Singular eingetreten ist, da diese Speise – wie die Äpfel und die Kartoffeln – fast nie als Einzelstück bezeichnet wird. Das *-d-* in "Rand-" ist wohl eine spätere Einfügung, die phonetisch bedingt ist (vgl. S. 151, Stichwort *neistn*, wo dieser Vorgang näher erklärt wird). Die Endungen beim Typ "Rand-" entsprechen in ihrer geographischen Verteilung ganz denen von "Rettich", das ein Lehnwort aus dem lat. radix 'die Wurzel' ist.

Östlich von Nürnberg gibt es das Wort **Pfoschen** für die roten Rüben. Das Wort bezeichnet in den Dialekten häufiger die Steckrübe. Man vermutet darin eine Deformation von "Dorsche(n)", das in der Regel den Strunk des Weißkrauts bezeichnet und das aus dem ital. torso oder einer mittellat. Form entlehnt ist. Solche Umformungen ohne weitere dahinterliegende Systematik kommen besonders häufig bei im Wortschatz isolierten Bezeichnungen vor, die nicht durch eine vielgliedrige Wortfamilie gestützt werden. Das Wort torso (aus klassisch-lat. tyrsus 'Stengel, Strunk einer Pflanze') bekommt erst im 17./18. Jahrhundert seine heutige Bedeutung 'Statue ohne Gliedmaßen'. An der Fränk. Saale gibt es ein kleines Gebiet mit **Köhl**. Dieses Wort ist die umgelautete Form von "Kohl" (aus lat. caulis). Der Umlaut geht auf die Verwendung im Plural (s. o.) oder auf eine ahd. Nebenform von kôl, nämlich kôli zurück. Im Lat. bedeutet caulis vor allem 'Strunk, Pflanzenstengel', so dass hier eine ähnliche Bedeutungsentwicklung vorliegt wie bei "Pfoschen/Dorschen", was auch die Herleitung des "Rann"-Typs aus einem Wort, das 'schlank' bedeutet, etwas stützen könnte.

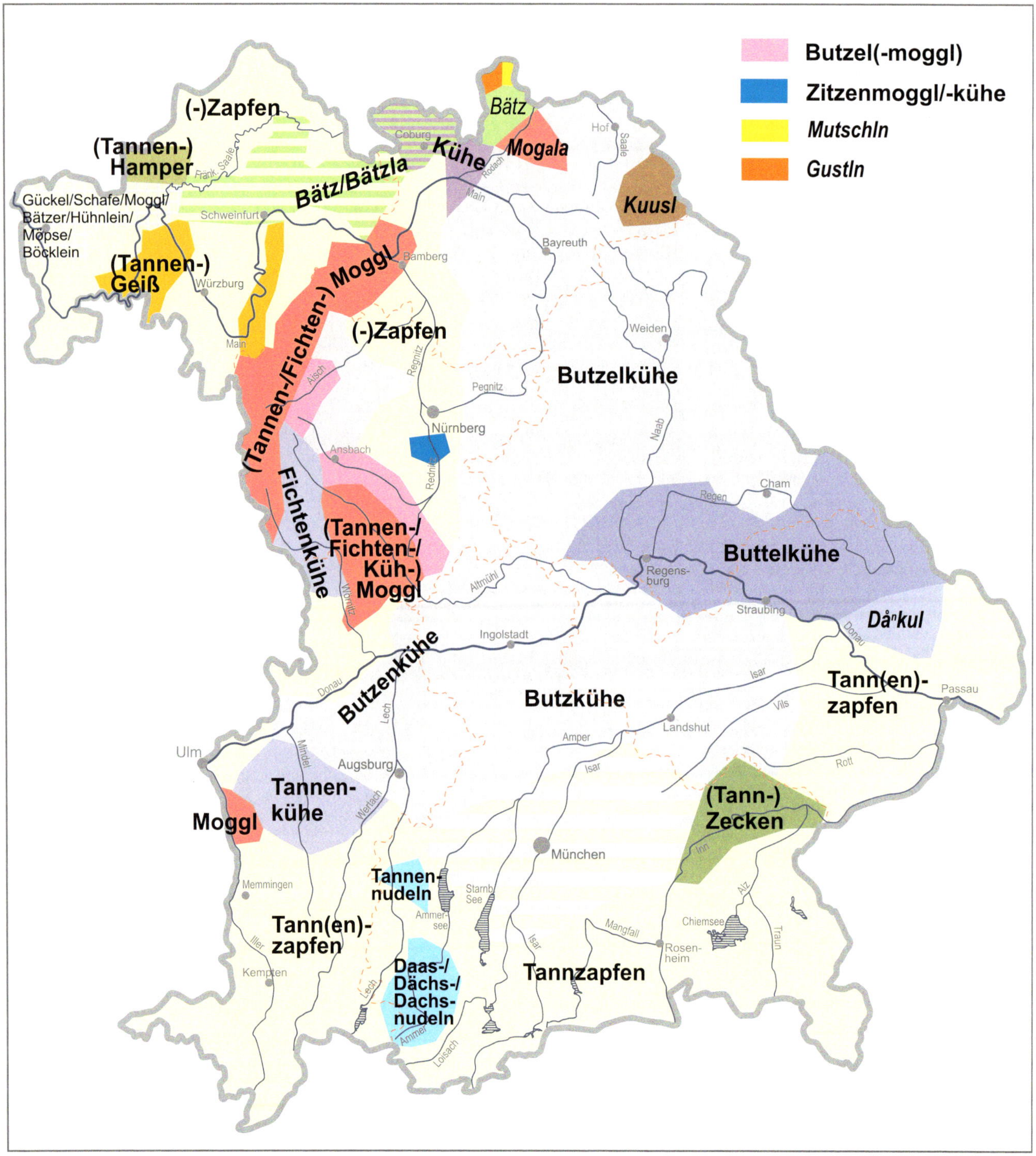

Karte 118: Bezeichnungen für die Tannen- und Fichtenzapfen

Thema der Karte sind die unterschiedlichen Bezeichnungen für die Zapfen von Nadelbäumen, vorwiegend von Fichten oder Tannen.

In Teilen Bayerns kennt man nur den auch hochsprachlich üblichen Bezeichnungstyp **Tann(en)zapfen** (< ahd. zapfo, weitere Herkunft unklar), wobei das Bestimmungswort teilweise auch einsilbig sein kann *(Daa*^{n}*zapfe, Dåå*^{n}*zåpfa)*; im Südwesten hat sich teilweise an der Wortfuge ein *s* eingeschlichen: *Danneszapfe*.
Der überwiegende Teil der anderen Ausdrücke sind entweder einfache Tierbezeichnungen oder sie sind mit einem solchen zusammengesetzt: **Kühe** (eine Diminutivform dazu steckt wohl in ***Då***^{n}***kul***), ***Moggl, Mutschln*** und ***Kuusl*** (alle drei eigentlich Ausdrücke für 'Kälblein'), **Geiß** ('Ziege'), **Hamper** (wohl für 'Pferd', vgl. Karte 107), ***Bätz/Bätzla*** (vielleicht für 'kastriertes Schwein', vgl. Karte 100, oder den Kater, vgl. Karte 93, oder den Bären, vgl. "Meister Petz"), **Zecken** (eventuell wegen ihrer Klebrigkeit vom enthaltenen Harz); ohne klare Gebietsbildung in einem Mischgebiet in Ufr. auch noch **Schafe** *(Schööf)*, **Hühnlein** *(Hüalich)*, **Gückel** *(Gigl)* und **Möpse**. Zu erklären ist dies damit, dass die Baumzapfen früher ein beliebtes und billiges Spielzeug für die Kinder darstellten, die in ihnen unterschiedliche Tiere aus ihrer damals erfahrbaren Wirklichkeit, der heimischen Landwirtschaft, sahen. Möglicherweise standen die Zapfen bei den spielenden Kindern teils auch für Menschen, womit ***Gustln*** (zum Männernamen "August") zu erklären wäre. So könnte man auch ***Bätz*** bzw. ***Bätzla*** erklären, worin der Name "Bernhard" steckt.

Die aus Tiernamen bestehenden Grundwörter sind überwiegend mit Baumnamen zusammengesetzt (**Tann(en)-, Fichten-**), als Bestimmungswort zu "-kühe" ist aber auch großflächig **Butz(en)-** und **Butzel-** in Verwendung, womit man gewöhnlich ein Kleinkind benennt, so dass sich die Bedeutung 'kleine Kühe' ergibt. Eng damit verwandt ist die Zusammensetzung **Buttel**kühe, womit wiederum ein Bezug zu "Buttlein" und "Buttelhenne" hergestellt ist, Ausdrücke für 'junge bzw. noch gefiederlose Hühner' (vgl. Karte 96).
Südlich von Nürnberg gibt es kleinräumig die Tannenzapfen als **Zitzen**moggl bzw. -kühe. Sie standen bei ihrer Benennung wohl im Gegensatz zu den mehr kugeligen Föhren- bzw. Kiefernzapfen, weswegen man sie mit den Zitzen der Kuh in Verbindung brachte.
Im Lech-Ammer-Gebiet vergleicht man die Zapfen aufgrund ihrer länglichen Form mit **Nudeln**, möglicherweise im Gegensatz zu den eher runden Föhrenzapfen. Als Bestimmungswort zu "-nudeln" taucht überwiegend **Daas-** *(Dååsnuudla)* bzw. **Dächs-/Dachs-** *(Dax-, Dåxnuudln)* auf, Bezeichnungen für das 'grüne Reisig', an dem die Zapfen hängen.

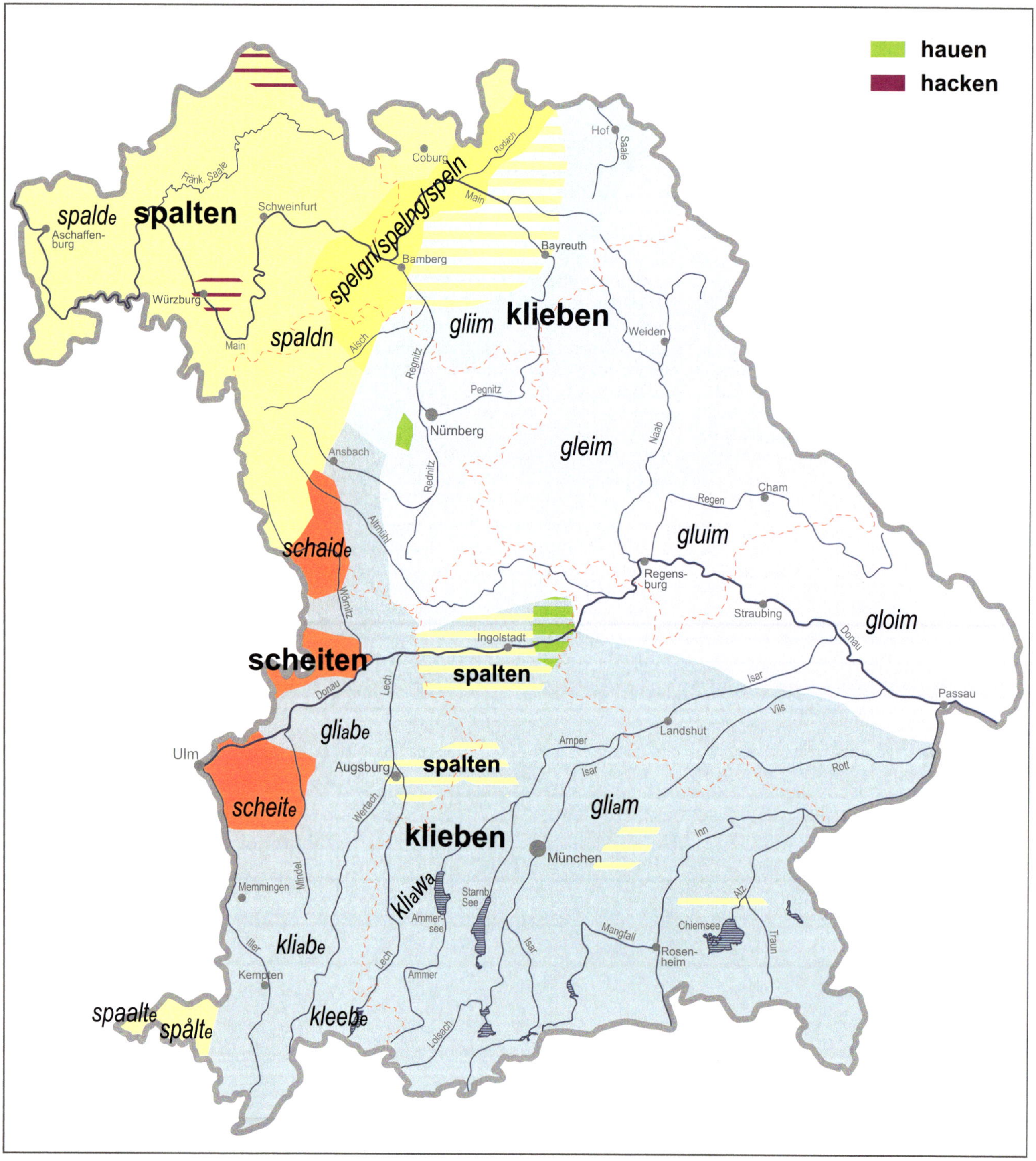

Karte 119: Bezeichnungen für *Holz spalten*

Für die Gewinnung von Brennholz werden die krummen, auch dünneren Teile des Baumstammes sowie die Äste verwendet, die aufgrund des geringen Durchmessers zur Weiterverarbeitung als Nutzholz ungeeignet sind. Im Wald werden zunächst bis zu einen Meter lange Rundhölzer (auch "Roller", "Prügel", "Wargel", "Meterer", "Meterscheit", "Rundling", "Rugel", "Schrot" oder "Remmel" genannt) abgesägt und von diesen werden diejenigen mit größerem Durchmesser entweder vor Ort oder nach dem Rücktransport zum Hof mit Axt/Beil oder mit Keil und Schlaginstrument (Hammer oder Schlegel) der Länge nach aufgespalten. Die in Bayern üblichen Bezeichnungen für diese Tätigkeit sind Gegenstand dieser Karte. Was dabei entsteht, sind "Scheite" bzw. "Scheiter". Das hier verwendete Verb bezeichnet oft auch den Spaltvorgang bei den kürzeren Holzblöcken. Die Meterscheite werden nämlich i. d. R. ein oder zwei weitere Male durchgesägt, um kürzere, ofen- oder herdgerechte Stücke zu erhalten. Dieser Spaltvorgang findet gewöhnlich mit der Axt auf dem Hackstock statt.
Während in weiten Teilen Frankens und im äußersten Südwesten nur **spalten** (< ahd. spaltan) verbreitet ist, kommt es im restlichen Bayern häufig zu Doppelnennungen. Dort, wo **klieben** (< ahd. klioban 'spalten' – eine sehr alte Ableitung dazu ist "Kluft" –) und **scheiten** (zu "Scheit" < ahd. skît 'das Gespaltene') jeweils mit **spalten** konkurrieren, wird letztere Form von den Gewährspersonen i. d. R. als jünger oder gar als hochsprachlich qualifiziert. Mehrmals wird auch angegeben, dass das Zerkleinern der Rundhölzer in der heutigen Zeit maschinell durchgeführt und als "spalten" bezeichnet wird.
Zum anderen wird vielerorts nach der Art oder dem Ort der Tätigkeit bzw. nach der Größe der zu bearbeitenden Holzscheite unterschieden.
In Ufr. kommt vereinzelt **(auf)hacken** neben **spalten** vor. Ersteres gilt überwiegend für die kleineren Stücke, für das "ofenfertige" Brennholz. Gespalten wird aber "im Wald mit Beil und Keil" und "bei größeren Stücken".
Bei der Bedeutung des Begriffspaares **klieben/spalten** zeigen sich regionale Unterschiede.
In Schw. wird "klieben" für die kleineren, mit der Axt geteilten Scheite und Stöcke verwendet, "spalten" dagegen bei den großen, mit dem Keil zu trennenden Scheite.
In Mfr. sowie im süd- bzw. südostbayerischen Gebiet wird mehrheitlich angegeben, dass das "Klieben" bei sehr starken Schrötern oder Stöcken, bei großen Scheiten, nur bei Meterholz geschieht, und zwar bereits im Wald. "Spalten" jedoch bedeute v. a. den Umstand, dass ein Stück Holz mit einem Schlag in zwei Teile oder, wie bereits erwähnt, heute mit der Maschine getrennt wird.
In Obb. und Mfr. wird mitunter das Begriffspaar **hauen–klieben** genannt, und dabei wird ebenfalls eine Differenzierung nach der Größe des Holzes vorgenommen: "klieben" sage man bei großen Stücken, "hauen" bei kleinen.

Alle genannten Typen werden überregional entweder als einfache Verbformen oder mit unterschiedlichen Vorsilben verwendet. Am häufigsten sind **auf-, durch-** und **zer**spalten, **voneinander** und **auseinander** hauen sowie **voneinander, auseinander** oder **auf**klieben.
Die hier verwendeten Verben bezeichnen i. d. R. elementare menschliche Grundtätigkeiten; auch "hacken" gehört dazu, denn die Instrumentenbezeichnung "Hacke" ist vom Verb abgeleitet (vgl. "Reibe" zu "reiben"). Anders verhält es sich beim Verb "scheiten"; es ist vom Substantiv "Scheit" abgeleitet, das selbst wiederum aus einer Wortgruppe stammt, zu der auch "scheiden" gehört.

Vereinzelt werden in Bayern auch weitere Wörter genannt, so "voneinander treiben" und "schroten" in Mfr., "vierteln" in Obb., wobei sich nicht immer sicher sagen lässt, ob nicht ein anderer Arbeitsschritt im Prozess der Brennholzverarbeitung gemeint ist.
Zu den auf der Karte durch farbliche Abstufung berücksichtigten lautlichen Unterschieden bei **klieben** vgl. auch Karte 26 zu mhd. ie in "fliegen".

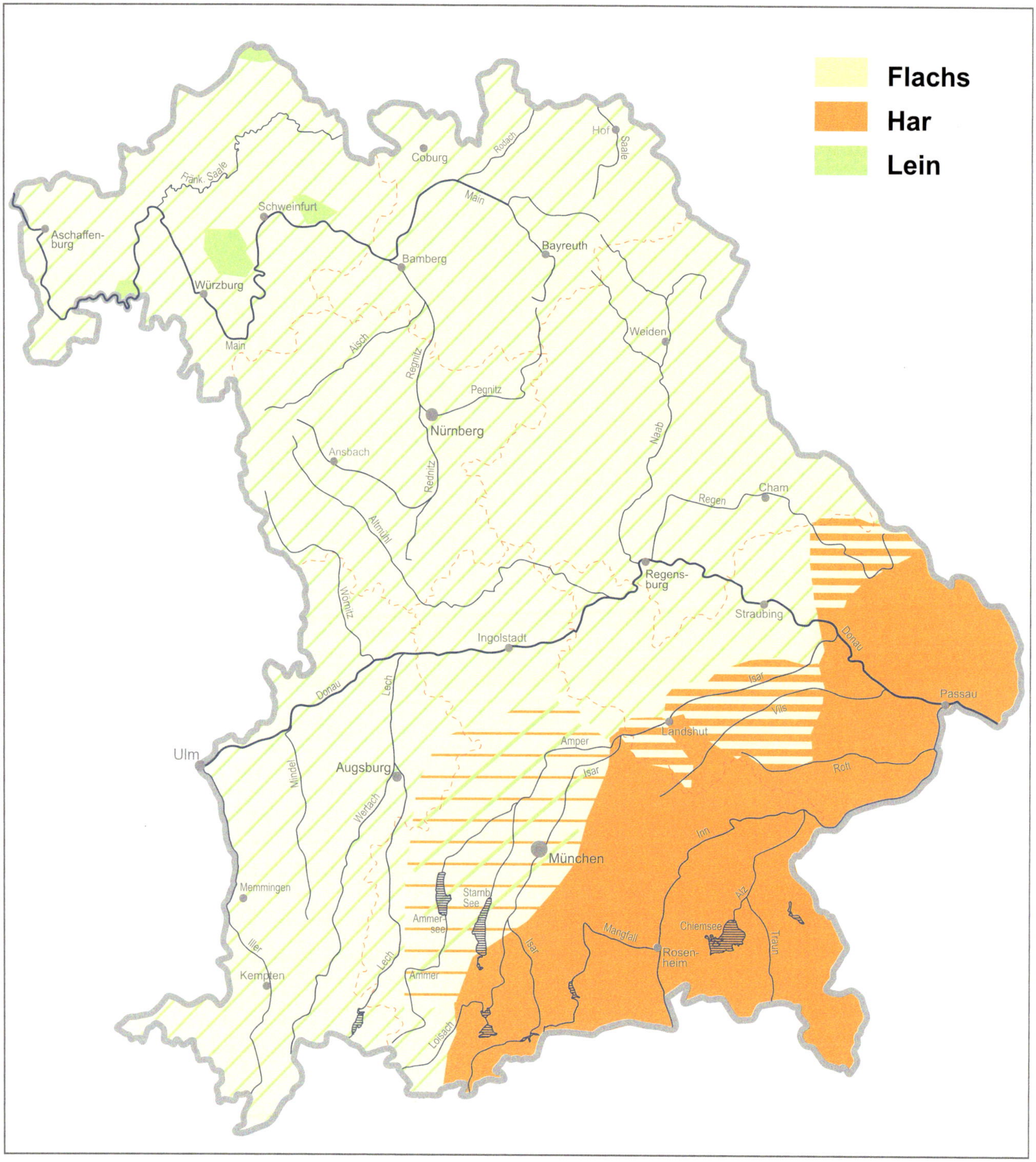

Karte 120: Bezeichnungen für den Flachs

Flachs oder Lein ist als Kulturpflanze die Grundlage für verschiedenartige Leinengewebe, aus denen früher Sommer- und Arbeitskleidung sowie Wäsche genäht wurde. Um von der Flachspflanze zu den Rohfasern und weiter zu Leinentuch zu gelangen, bedarf es eines sehr aufwendigen Arbeitsverfahrens: Der Flachs wurde nicht gemäht, sondern mit den Wurzeln aus dem Boden gerissen, was man u. a. auch "rupfen", "raufen", "liechen" und "fimmeln" nennt. Sodann wurde er meist zum Trocknen ausgebreitet, auch "landen" genannt, bzw. in Büscheln aufgestellt. Mithilfe der kammähnlichen, mit langen und schweren geschmiedeten Eisenzähnen versehenen "Riffel" wurden die Samenkapseln ("Bollen") der Pflanze abgetrennt. Diese breitete man zum Trocknen auf dem Dachboden aus, was im Allgäu die Raumbezeichnung "Bollendörre" entstehen ließ (vgl. Karte 74). Nach dem "Riffeln" galt es, die Stängel durch unterschiedliche Techniken spröde und brüchig zu machen. Dazu wurden sie abwechselnd begossen und an der Sonne gedörrt, teils sogar über dem offenen Feuer geröstet, um schließlich getrocknet eingelagert zu werden. Meist erst im Winter ging man daran, die Fasern zu "brechen" bzw. "grammeln". Das dazu benutzte Gerät nannte man entsprechend "Breche" bzw. "Grammel". Daraufhin bearbeitete man die gebrochenen Fasern noch mithilfe einer "Schwinge", eines flachen Holzschwertes, mit dem man die restlichen Hülsen abschlug. Danach kam die mit nagelgroßen, eisernen Zähnen versehene Bürste zum Einsatz, "Hächel" oder "Harigel" genannt, die fest auf einem Schragen verankert war. Durch sie zog man die Fasern so lange, bis die äußeren Hülsen abgefallen waren und nur noch ganz feine lange Fasern zurückblieben. Diese wurden schließlich zu Garn gesponnen, was man vorzugsweise in geselliger Runde erledigte (vgl. Karte 54). Aus diesen Garnen konnten schließlich Tücher gewebt werden, entweder feines Leinen oder aber eher grobes, "wirkenes" Tuch, auch als "Rupfen" bekannt. Aus Letzterem wurden auch Säcke gefertigt. Das Leinen musste dann noch zum "Bleichen" längere Zeit in Hausnähe ausgebreitet und immer wieder begossen werden. Die vielen "Blaichen" oder "Bleichen" in Flurnamen geben heute noch davon Zeugnis ab.

Der Flachsanbau hatte früher eine große Bedeutung. So haben beispielsweise die später reichen Augsburger Kaufleute der "Fugger" als Textilhändler die Grundlagen für ihren späteren Reichtum gelegt. In weiten Gegenden Bayerns diente der Flachsanbau aber meist nur der Eigenversorgung. Im Allgäu aber, das man früher wegen der blau blühenden Flachspflanze auch das "blaue Allgäu" nannte, spielten der Flachsanbau und die Leinenerzeugung eine geradezu existentielle Rolle, bis es zu Beginn des 19. Jhs. aufgrund von Billigimporten von Baumwollstoffen zur großen Not kam, die erst durch die Umstellung auf die Viehwirtschaft und die Käseproduktion wieder "gewendet" werden konnte. So wurde diese Region schließlich notgedrungen zum "grünen Allgäu".

Das in Bayern verbreitetste Wort für die Pflanze und auch noch für die daraus gewonnenen Rohfasern ist **Flachs** (m.), das schon ahd. als flahs belegt ist und etymologisch mit dem Verb "flechten" zusammenhängt.

Die in Teilen von Obb. und Ndb. übliche Bezeichnung **Har** (m.) leitet sich von gleichbedeutendem ahd. haro ab. Der alte Wortstamm steckt auch in Ortsnamen wie "Harland" oder "Harras" (= 'Flachsröstplatz'). Das ehemals kurze a verbietet den nahe liegenden Erklärungsversuch, die Bezeichnung auf die "haarigen" Fasern zurückzuführen, welche die Pflanze im Lauf ihres Wachstums ausbildete. Denn das "Haar" hat ein altlanges â und kann somit etymologisch nicht mit "Har" zusammenhängen.

Nahezu im gesamten Bayern nannte man als weitere Bezeichnungsmöglichkeit auch **Lein** (m.), < ahd. lîn (n.), < lat. linum. Eine Urverwandtschaft über das Idg. wird als unwahrscheinlich angesehen, ist aber rein theoretisch möglich. Da Flachs bei den Germanen und Kelten sehr alt ist, liegt wohl eine sog. Luxusentlehnung vor, d. h., man übernimmt ein Wort aus einer fremden Sprache, obwohl man die Sache in der eigenen Sprache gut bezeichnen kann. (In ähnlicher Weise werden auch heute fremdsprachige Ausdrücke, wie "campen" oder "shop" übernommen, obwohl es dafür adäquate deutsche Wörter gibt.) Mit "Lein" bezeichnete man immer schon sowohl die Pflanze als auch die daraus hergestellte Leinwand. Das männliche Geschlecht des Wortes ist erst in mhd. Zeit, in Anlehnung an "Flachs", üblich geworden.

Formen von **Werg** (n.), < ahd. wer(a)h, werc, die bei der Befragung häufig genannt wurden, sind auf der Karte nicht berücksichtigt, da damit meist die kurzen Abfallfasern benannt werden, die z. B. als Dichtungswolle oder als Beimischung für Lehm verwendet wurden.

Der Flachsanbau ist ca. 1920 allgemein zum Erliegen gekommen; von daher bestand bei den Befragten für die bayerischen Sprachatlanten teilweise eine Unsicherheit.

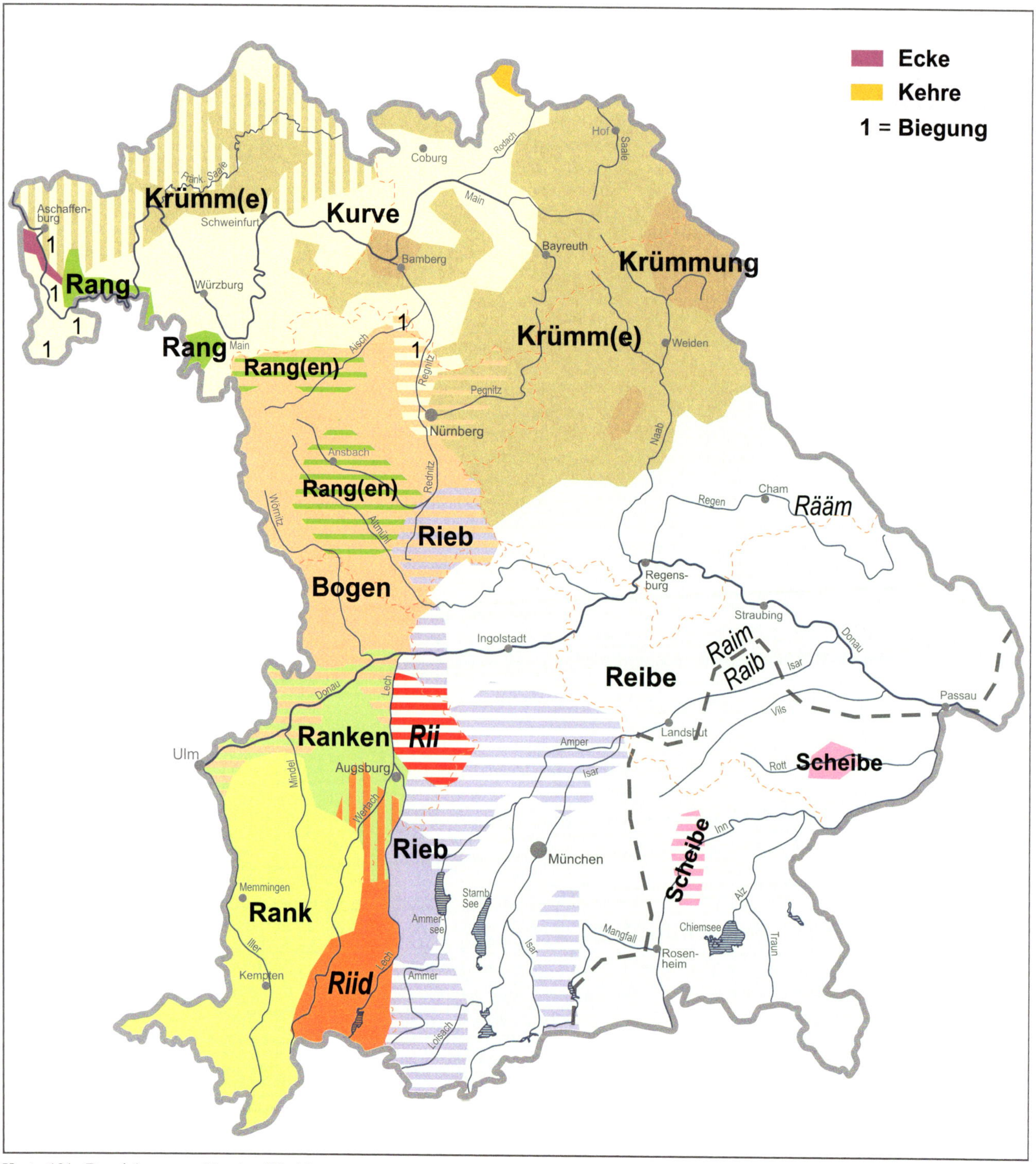

Karte 121: Bezeichnungen für eine Wegbiegung

Es geht hier um eine Kurve, die eine Straße macht, ob sie nun eng im 90°-Winkel ist oder nur eine eher sanfte Biegung. Weite Kurven machen für den Verkehr heute und machten auch früher weniger Schwierigkeiten als enge Kurven. Und die Schwierigkeiten, die man mit diesen Kurven hat, bilden meist die Kontexte, in denen die Wörter auf der Karte vorkommen. Deshalb ist es nicht nur die konkrete Biegung des Weges, sondern auch der Vorgang des Kurvenfahrens, der damit bezeichnet wird, genauso wie es beim Wort "Kurve" im Nhd. der Fall ist. Dieses schriftsprachliche Wort herrscht auch im Maingebiet, ist dort aber jung, weil die "Krümme", die ältere Bezeichnung, auch noch in sich allmählich auflösenden Gebieten vorhanden ist. Das Wort **Kurve** selbst wurde erst im 18. Jh. als Terminus der Mathematik aus dem Lat. entlehnt, lat. curva (linea); es ist ein substantiviertes Adjektiv, genauso wie die **Krümm(e)**, die durch sie verdrängt wird. Dieses Adjektivabstraktum ist schon im Ahd. im 8. Jh. als krumbî belegt. Die **Krümmung** ist zum Verb "krümmen" gebildet. Es ersetzt seit dem 15. Jh. die alte "Krümme", die aber bei Goethe noch das übliche Wort ist. Der **Bogen** ist ebenfalls schon ahd. als bogo 'Bogen, Wölbung, Halbkreis' belegt. Es ist vom Verb "biegen" abgeleitet, genauso wie die "Biegung", die seit dem späten Mhd. als Abstraktum immer mehr an Boden gewinnt. Im thüringischen Nordostzipfel Bayerns findet sich die **Kehre** (ahd. kêra zu "kehren"), ein Wort, das nach Norden hin einen größeren Raum einnimmt. Die im Westen von Nord nach Süd sich erstreckenden Gebiete mit dem **Rang(en)** bzw. **Rank(en)** sind die östlichsten Punkte eines ausgedehnteren Gebietes, das große Teile des deutschsprachigen Südwestens einnimmt. Diesem Wort liegt das Verbum "renken" (z. B. in "einrenken") zugrunde, das ursprünglich so viel wie 'drehend ziehen' bedeutete; der mhd. ranc ist eine 'schnelle Wendung', später ist die Bedeutung 'Kurve' hinzugekommen; "renken" bedeutet dialektal vielfach auch 'eine Kurve fahren'. Im Nhd. gibt es den "Rang/Rank" noch in der Wendung: "einem den Rang ablaufen", das heißt: einen einholen, indem man ihm die Kurve abschneidet. Die **Reib(e)** und der **Rieb** sind beide vom starken Verbum ahd. rîben 'reiben, sich drehen, wenden' abgeleitet (vgl. nhd. r*ei*ben, r*ie*b, ger*ie*ben). "Reiben" hat mit "wenden" insofern zu tun, als das Untergestell des Vorderwagens sich am starren Wagenaufbau "rieb", wenn man eine Kurve fuhr. Mit 'drehen' und 'wenden' haben auch der ***Riid*** und der ***Rii*** zu tun: Ersterer zum ahd. Verb rîden 'drehen. wenden', das Zweite zum ahd. Verb rîhan 'winden, flechten' (mit regelmäßigem Schwund des h). Bleibt noch die **Scheibe** in kleinen Gebieten am Inn und an der Rott zu erklären. Ahd. scîban 'sich rollend fortbewegen, wenden, drehen, schieben' und ahd. skîba 'Scheibe, Kugel' hatten mit dem Transport mithilfe von Rollen, Rädern zu tun. Die frühe Bedeutungskomponente 'drehen, wenden', besonders beim Wagen, ist in den oberdt. Dialekten weit verbreitet gewesen. Und mit "Scheibe" ist auch heute meist noch etwas Rundes gemeint, z. B. bei der Schießscheibe, in der Töpferscheibe und in der Scheibe Wurst oder Brot.

Wir sehen: Im Norden überwiegen Bezeichnungen, die abstrakt den Bogen beschreiben, die aus Adjektiven abgeleitet sind, im Süden solche, die mit dem Wenden und Kehren vor allem beim Pferde- oder Ochsenfuhrwerk zu tun haben. Sie sind konkreter und im entwicklungsgeschichtlichen Sinne älter.

Literaturverzeichnis

Althochdeutsches Wörterbuch. Auf Grund der v. Elias v. Steinmeyer hinterlassenen Sammlungen i. A. der Sächsischen Akademie der Wissenschaften zu Leipzig, bearb. u. hg. v. Elisabeth Karg-Gasterstädt u. Theodor Frings, (später) v. Rudolf Große, Bd. 1 ff. Berlin 1968 ff.

Augst, Gerhard: "Haupt" und "Kopf". Eine Wortgeschichte bis 1550. Gießen/Mainz 1970

Badisches Wörterbuch, hrsg. v. E. Ochs, G. W. Baur, K. F. Müller. Lahr/Schwarzwald 1925 ff.

Bayerisches Wörterbuch, hrsg. v. der Kommission für Mundartforschung, bearb. v. Josef Denz, Bernd Dieter Insam, Anthony R. Rowley u. Hans Ulrich Schmid, Bd. 1 (= Bayerisch-österreichisches Wörterbuch, Teil II: Bayern). München 2002

Baumgarten, Karl: Das deutsche Bauernhaus. Neumünster 1980

Bohnenberger, Karl: Zu gân/gên/gangan. In: Theodor Frings, Hermann Paul u. a. (Hrsg.), Beiträge zur Geschichte der deutschen Sprache und Literatur 59. Halle 1935, S. 235–243

Braune, Wilhelm: Althochdeutsche Grammatik, 13. Aufl., bearb. v. Hans Eggers (= Sammlung kurzer Grammatiken Germanischer Dialekte A. Hauptreihe Nr. 5). Tübingen 1975

Brohmer, Paul: Fauna von Deutschland. Ein Bestimmungsbuch unserer heimischen Tierwelt. 15. Aufl. Heidelberg 1982

Deneke, Bernward: Bauernmöbel (= Ethnologia Bavarica Bd. 2). Würzburg 1976

Deutscher Wortatlas (DWA). 22 Bde. Bde. 1–4 v. Walther Mitzka, Bde. 5–20 hrsg. v. Walther Mitzka und Ludwig Erich Schmitt, ab Bd. 18 red. v. Reiner Hildebrandt. Gießen 1951–1980. Bde. 21 und 22: Ortsregister und Ergänzungskarten, hrsg. v. Reiner Hildebrandt, red. v. Klaus Gluth. Gießen 1978/1980

Diegritz, Theodor: Lautgeographie des westlichen Mittelfrankens (= Schriften des Instituts für Fränkische Landesforschung an der Universität Erlangen-Nürnberg Bd. 14). Neustadt a. d. Aisch 1971

Duden Deutsches Universalwörterbuch. Hrsg. u. bearb. vom Wissenschaftlichen Rat und den Mitarbeitern der Dudenredaktion. 3. Aufl. Mannheim 1996

Ebert/Reichmann/Solms/Wegera: Frühneuhochdeutsche Grammatik (= Sammlung kurzer Grammatiken germanischer Dialekte/A, 12). Tübingen 1993

Fischer, Hermann: Schwäbisches Wörterbuch, weitergeführt v. Wilhelm Pfleiderer, 6 Bde. Tübingen 1904–1936

Fischer, Norbert: Vom Gottesacker zum Krematorium. Eine Sozialgeschichte der Friedhöfe in Deutschland seit dem 18. Jahrhundert. Köln 1996

Fleischer, Wolfgang/Barz, Irmhild: Wortbildung der deutschen Gegenwartssprache. Tübingen 1995

Gosler, Andrew (Hrsg.): Die Vögel der Welt. Stuttgart 1991

Grimm, Jacob u. Wilhelm: Deutsches Wörterbuch (DWB), 16 Bde., Leipzig 1894–1960, Neubearbeitung, Leipzig/Stuttgart 1983 ff.

Gruber, Anton: Die Westallgäuer Mundart. 2 Bde., hrsg. v. Manfred Renn und Landkreis Lindau. Heidelberg 1987

Haase, Hans: Ratgeber für den praktischen Landwirt. 10., verb. Aufl. Hiltrup 1972

Henzen, Walter: Deutsche Wortbildung (Sammlung kurzer Grammatiken germanischer Dialekte/B, 5), 3., durchges. u. erg. Aufl. Tübingen 1965

Hinderling, Robert (mit zwei Karten v. J. Krappmann): Wo der Hund bullt. Oder: Von der "Verrückung" gerundeter Vorderzungenvokale. In: Sprachgeschichten. Ein Lesebuch für Werner König zum 60. Geburtstag (= Schriften zum Bayerischen Sprachatlas Bd. 7). Heidelberg 1993, S. 115–122

Höing, Hans: Deutsche Getreidebezeichnungen in europäischen Bezügen. In: Deutsche Wortforschung in europäischen Bezügen, hrsg. v. L. E. Schmitt. Gießen 1958

Jutz, Leo: Vorarlbergisches Wörterbuch mit Einschluß des Fürstentums Liechtenstein, 2 Bde. Wien 1960

Klausmann, Hubert/Krefeld, Thomas: Sprachliche Indizien einer spätantik-mittelalterlichen Siedlungskontinuität im Allgäu. In: Montfort, 49. Jahrgang, Heft 1. Dornbirn 1997

Kluge, Friedrich: Etymologisches Wörterbuch der deutschen Sprache. 20., v. Walther Mitzka bearb. Aufl. Berlin 1967

Kluge, Friedrich: Etymologisches Wörterbuch der deutschen Sprache. 22., v. Elmar Seebold völlig neu bearb. Aufl. Berlin u. a. 1989

Kluge, Friedrich: Etymologisches Wörterbuch der deutschen Sprache. 23., erw. Aufl. bearb. v. Elmar Seebold, Berlin/New York 1995

Köbler, Gerhard: Wörterbuch des althochdeutschen Sprachschatzes. Paderborn u. a. 1993

König, Werner: dtv-Atlas zur deutschen Sprache. 10., überarb. Aufl. München 1994

König, Werner (Hrsg.): Sprachatlas von Bayerisch-Schwaben (SBS). Heidelberg 1996 ff.

Kolb, Herbert: *gehen und stehen*. In: Herbert Backes (Hrsg.), Festschrift für Hans Eggers zum 65. Geburtstag (= Beiträge zur Geschichte der deutschen Sprache und Literatur 94 [1]). Tübingen 1972, S. 126–141

Krämer, Sabine: Die Steigerwaldschranke. Zum Aufbau einer ostfränkischen Dialektgrenze (= Würzburger Beiträge zur deutschen Philologie Bd. 14). Würzburg 1995

Kranzmayer, Eberhard: Historische Lautgeographie des gesamtbairischen Dialektraums, mit 27 Laut- u. 4 Hilfskarten, Wien 1956

Kranzmayer, Eberhard: Die Namen der Wochentage in den Mundarten von Bayern und Österreich. Wien/München 1929

Lexer, Matthias: Mittelhochdeutsches Handwörterbuch, 3 Bde., Leipzig 1869–1878. Nachdruck Stuttgart 1970

Lindgren, Kaj Brynolf: Die Ausbreitung der neuhochdeutschen Diphthongierung bis 1500. Helsinki 1961

Maierbacher-Legl, Gerdi/Schmid, Gabi: Bauernmöbel. Ausstellung im Freilichtmuseum d. Bezirks Oberbayern an d. Glentleiten, 7. Mai – 4. Dez. 1983 (= Schriftenreihe des Freundeskreises Freilichtmuseum Südbayern Bd. 6). Großweil b. Murnau 1983

Martin, Bernhard: Die Namengebung einiger aus Amerika eingeführter Kulturpflanzen in den deutschen Mundarten (Kartoffel, Topinambur, Mais, Tomate). Gießen 1963

Marzell, Heinrich: Wörterbuch der deutschen Pflanzennamen, unter Mitwirkung v. Wilhelm Wißmann u. a., 5 Bde., Leipzig/(später) Stuttgart/Wiesbaden 1943–1979

Merkle, Ludwig: Bairische Grammatik. München 1975

Metzler Lexikon Sprache, hrsg. v. Helmut Glück. Stuttgart u. a. 1993

Meyers großes Handlexikon, hrsg. v. Bibliographischen Institut Mannheim, 11., neubearb. Aufl. Mannheim 1974

Mintz, Sidney. W.: Die süße Macht. Kulturgeschichte des Zuckers. Frankfurt a. M./New York 1987

Mörtel, Heinrich: Bauernarbeit in Nordostbayern um 1900. Hof 1982

Neubauer, Walter: Deformation isolierter Bezeichnungen. 'wiederkäuen' in deutscher Wortgeographie (= Beiträge zur deutschen Philologie Bd. 22). Gießen 1958

Nübling, Eduard: Studien und Berichte zur Geschichts-, Mundart- und Namenforschung Bayerisch-Schwabens. Festgabe zum 80. Geburtstag des Verfassers (= Veröffentlichungen der schwäbischen Forschungsgemeinschaft bei der Kommission für bayerische Landesgeschichte, Reihe 1, Bd. 16). Augsburg 1988

Paul, Hermann: Deutsches Wörterbuch. 9., vollst. neu bearb. Aufl. v. Helmut Henne u. Georg Objartel unter Mitarbeit v. Heidrun Kämper-Jensen. Tübingen 1992

Paul, Hermann: Mittelhochdeutsche Grammatik. 23. Aufl. neu bearb. v. Peter Wiehl u. Siegfried Grosse (= Sammlung kurzer Grammatiken germanischer Dialekte/A 2). Tübingen 1989

Pfälzisches Wörterbuch. Begründet v. Ernst Christmann, bearb. v. Julius Krämer, 6 Bde. (+ Beiheft). Wiesbaden 1965–1997 (Beiheft: 1998)

Pfeifer, Wolfgang: Etymologisches Wörterbuch des Deutschen, erarb. im Zentralinstitut für Sprachwissenschaft (Berlin) unter der Leitung v. Wolfgang Pfeifer, 2 Bde., 2. Aufl., durchges. u. erg. v. W. Pfeifer, Berlin 1993

Prisma Handwörterbuch Schwedisch-Deutsch. Berlin/München u. a. 1992

Renn, Manfred: Die Mundart im Raum Augsburg. Untersuchungen zum Dialekt und zum Dialektwandel im Spannungsfeld großstädtisch-ländlicher und alemannisch-bairischer Gegensätze. Heidelberg 1994
Röhrich, Lutz: Das große Lexikon der sprichwörtlichen Redensarten, 3 Bde. Freiburg u. a. 1991/1992
Roemer, Th./Scheibe, A./Schmidt, J./Woermann, E. (Hrsg.): Handbuch der Landwirtschaft. 5 Bde, 2. Aufl. Berlin 1952 ff.
Rowley, Anthony: Das "Kollmersche Gesetz" – Die Entwicklung von ahd. und mhd. *a* und *e* in den Dialekten des Bayerischen Waldes. In: Zeitschrift für Dialektologie und Linguistik Bd. 57. Stuttgart 1990. S. 54–59
Schatz, Josef: Wörterbuch der Tiroler Mundarten, für den Druck vorbereitet v. Karl Finsterwalder, 2 Bde. Innsbruck 1955 f.
Schilling, Günther: Die Bezeichnungen für den Rauchabzug im deutschen Sprachgebiet (= Beiträge zur deutschen Philologie Bd. 31). Gießen 1963
Schmeller, Johann Andreas: Bayerisches Wörterbuch, 2 Bde., Neudruck der v. Karl Frommann bearb. 2. Aufl. 1872–1877. Aalen 1961
Schweizerisches Idiotikon. Wörterbuch der schweizerdeutschen Sprache. Gesammelt auf Veranstaltung der Antiquarischen Gesellschaft in Zürich unter Beihülfe aus allen Kreisen des Schweizervolkes. Hrsg. mit Unterstützung des Bundes und der Kantone, Bd. 1 ff., begonnen v. Friedrich Staub, Ludwig Tobler et al., fortges. unter d. Leitung v. Albert Bachmann. Frauenfeld 1881 ff.
Steger, Hugo: Sprachraumbildung und Landesgeschichte im östlichen Franken. Das Lautsystem der Mundarten im Ostteil Frankens und seine sprach- und landesgeschichtlichen Grundlagen (= Schriften des Instituts für Fränkische Landesforschung an der Universität Erlangen Bd. 13). Neustadt a. d. Aisch 1968
Stieß, Angelika: Studien zu den Südgrenzen des Nordbairischen (= Europäische Hochschulschriften, Reihe 1, Deutsche Sprache und Literatur, Bd. 1488). Frankfurt a. M. 1995
Stör, Bernhard: Die mundartlichen Verhältnisse in der Region München, 2 Bde. (= Europäische Hochschulschriften: Reihe 1, Deutsche Sprache und Literatur, Bd. 1715). Frankfurt a. M. 1999
Südhessisches Wörterbuch, hrsg. v. der Hessischen Historischen Kommission, begr. v. Friedrich Maurer, bearb. v. Rudolf Mulch, 5 Bde., Marburg 1965–98
Suolahti, Hugo: Die deutschen Vogelnamen. Eine wortgeschichtliche Untersuchung. Straßburg 1909
Thüringisches Wörterbuch, hrsg. v. der Sächsischen Akademie der Wissenschaften zu Leipzig, Sprachwissenschaftliche Kommission. Auf Grund der von V. Michels begonnenen und von H. Hucke fortgeführten Sammlungen bearb. unter Leitung v. K. Spangenberg, 6 Bde. Berlin 1965–1999
Thüringischer Dialektatlas, begr. und bearb. v. Hermann Hucke, auf Grund des von Thüringer Dialektologen gesammelten Sprachgutes. Berlin 1961/1965
Valentin, Hans E.: Brezen, Kletzen, Dampedei. Brot im süddeutschen und österreichischen Volksbrauchtum. Regensburg 1978
Vilmar, August Friedrich Christian: Idiotikon von Kurhessen. Reproduktion d. Ausgabe von 1886. Wiesbaden 1969
Vollmann, Remigius: Die Volksnamen der Heidelbeere. In: Bayerische Hefte für Volkskunde, 3. Jg., H. 1/2. München 1916
Vorarlberger Sprachatlas mit Einschluß des Fürstentums Liechtenstein, Westtirols und des Allgäus (VALTS), hrsg. v. Eugen Gabriel, Bde. I–V. Bregenz 1985 ff.
Wiesinger, Peter: Die Flexionsmorphologie des Verbums im Bairischen. Wien 1989
Wiesinger, Peter: Fasching und Fasnacht. Ein Beitrag zur historischen Wortgeographie des Bairischen und zur Etymologie. In: Albrecht Greule/Uwe Ruberg (Hrsg.), Sprache, Literatur, Kultur. Studien zu ihrer Geschichte im deutschen Süden und Westen. Wolfgang Kleiber zu seinem 60. Geburtstag gewidmet. Stuttgart 1989
Wiesinger, Peter: Phonetisch-phonologische Untersuchungen zur Vokalentwicklung in den deutschen Dialekten, 3 Bde. Berlin 1970
Wiesinger, Peter: Die bairischen Wochentagsnamen in den deutschen Urkunden des 13. Jhs. In: Geschichte und ihre Quellen. Festschrift für Friedrich Hausmann zum 70. Geburtstag. Hrsg. v. Reinhard Härtel. Graz 1987
Wörterbuch der bairischen Mundarten in Österreich (WBÖ). Hrsg. im Auftrag der Österreichischen Akademie der Wissenschaften v. Eberhard Kranzmayer und Werner Bauer (= Bayerisch-österreichisches Wörterbuch, Teil I: Österreich). Wien 1970 ff.
Zehetner, Ludwig: Bairisches Deutsch: Lexikon der deutschen Sprache in Altbayern. München 1997
Zeller, Kreszentia: So war's einmal im Allgäu. Flachsbau, Sitte und Brauch auf dem Bauernhof vor 1900. Kempten 1976

Register